U0940691

成都高新技术产业开发区

CHENGDU HI-TECH DEVELOPMENT ZONE

桂溪街道年鉴

2010

中共成都高新区桂溪街道工作委员会
成 都 高 新 区 桂 溪 街 道 办 事 处 编

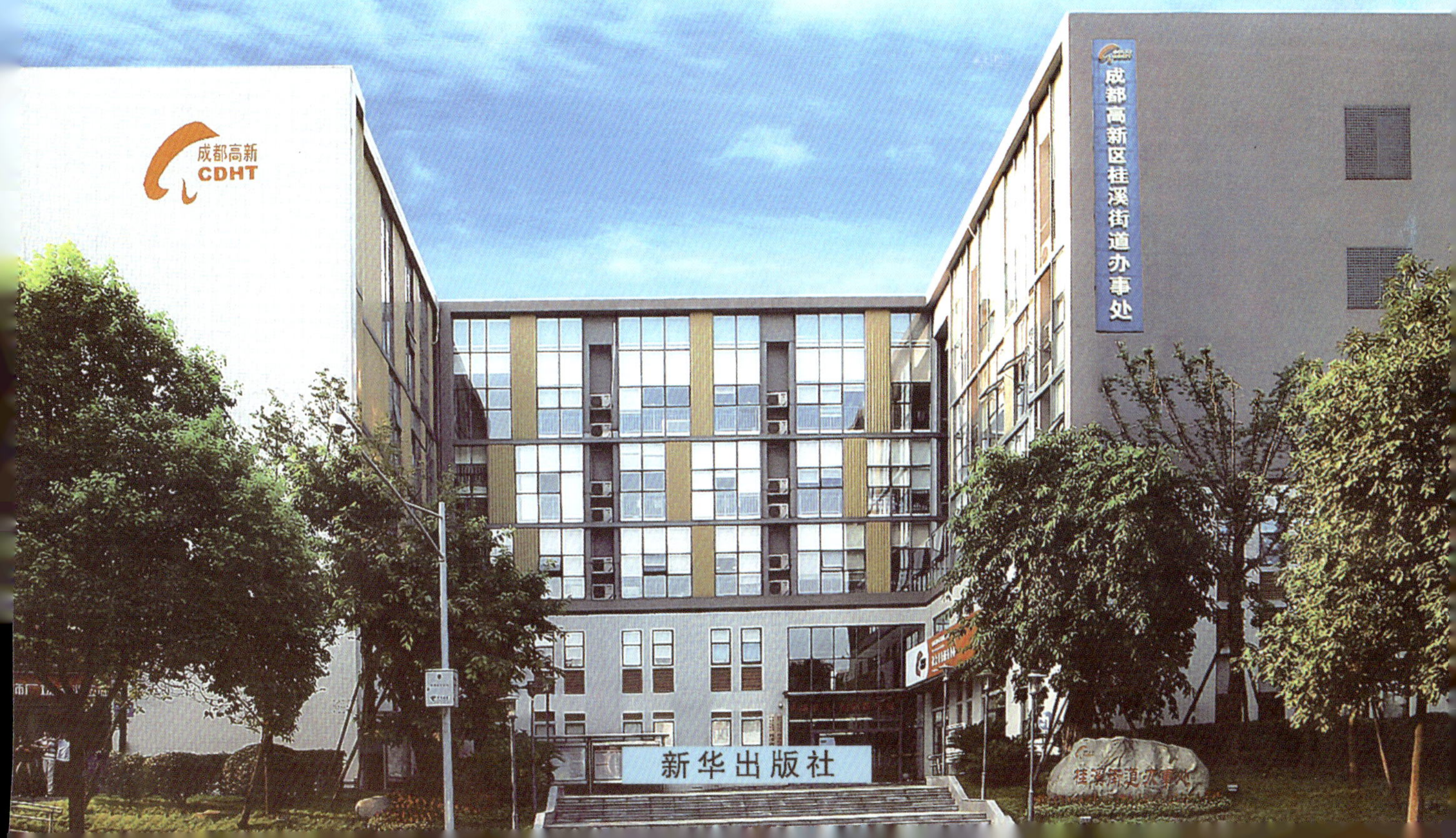

新华出版社

图书在版编目（CIP）数据

成都高新技术产业开发区桂溪街道年鉴.2010／中共成都高新区桂溪街道工作委员会，成都高新区桂溪街道办事处编. —北京：新华出版社，2011.5

ISBN 978-7-5011-9616-6

Ⅰ.①成… Ⅱ.①中… ②成… Ⅲ.①成都市—2010—年鉴 Ⅳ.①Z527.11

中国版本图书馆CIP数据核字(2011)第084436号

成都高新技术产业开发区桂溪街道年鉴（2010）

编　　者：中共成都高新区桂溪街道工作委员会　成都高新区桂溪街道办事处
责任编辑：朱思明
全程设计：[illegible]
出版发行：新华出版社
地　　址：北京石景山区京原路8号
网　　址：http://press.xinhuanet.com　http://www xinhuapub.com
邮　　编：100040
经　　销：新华书店
印　　刷：成都市新都华兴印务有限公司
成品尺寸：210mm × 285mm
印　　张：13.5
字　　数：320千字
版　　次：2011年6月第1版
印　　次：2011年6月第1次印刷
书　　号：ISBN 978-7-5011-9616-6
定　　价：160.00元

本社购书热线：(010)63077122　　中国新闻书店电话：(010)63072012

图书如有印装问题，请与印刷厂联系调换　电话：（028）87704565

成都高新区桂溪街道位置图

成都高新技术产业开发区西部园区
成灌高速公路
成温邛高速公路
羊西线
成都市政府
天府广场
人民南
一环路
二环路
三环路
绕城高速公路
成都高新技术产业开发区南部园区
至机场
桂溪街道
桂溪街道
N
S
成都高新技术产业开发区南部园区桂溪街道
成都高新技术产业开发区桂溪街道办事处

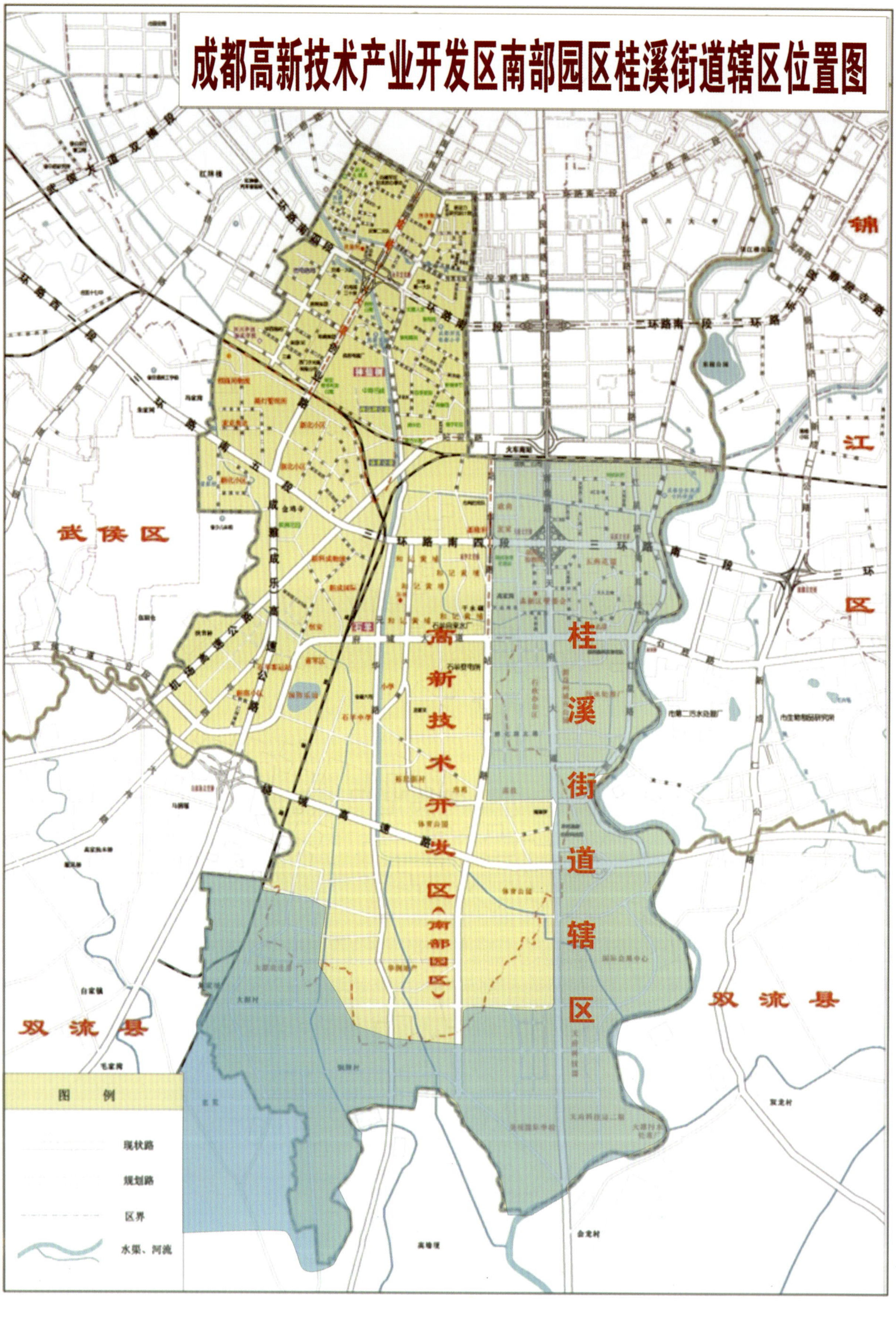

成都高新技术产业开发区南部园区桂溪街道辖区位置图

锦江区

武侯区

双流县

高新技术开发区（南部园区）

桂溪街道辖区

双流县

图 例

现状路

规划路

区界

水渠、河流

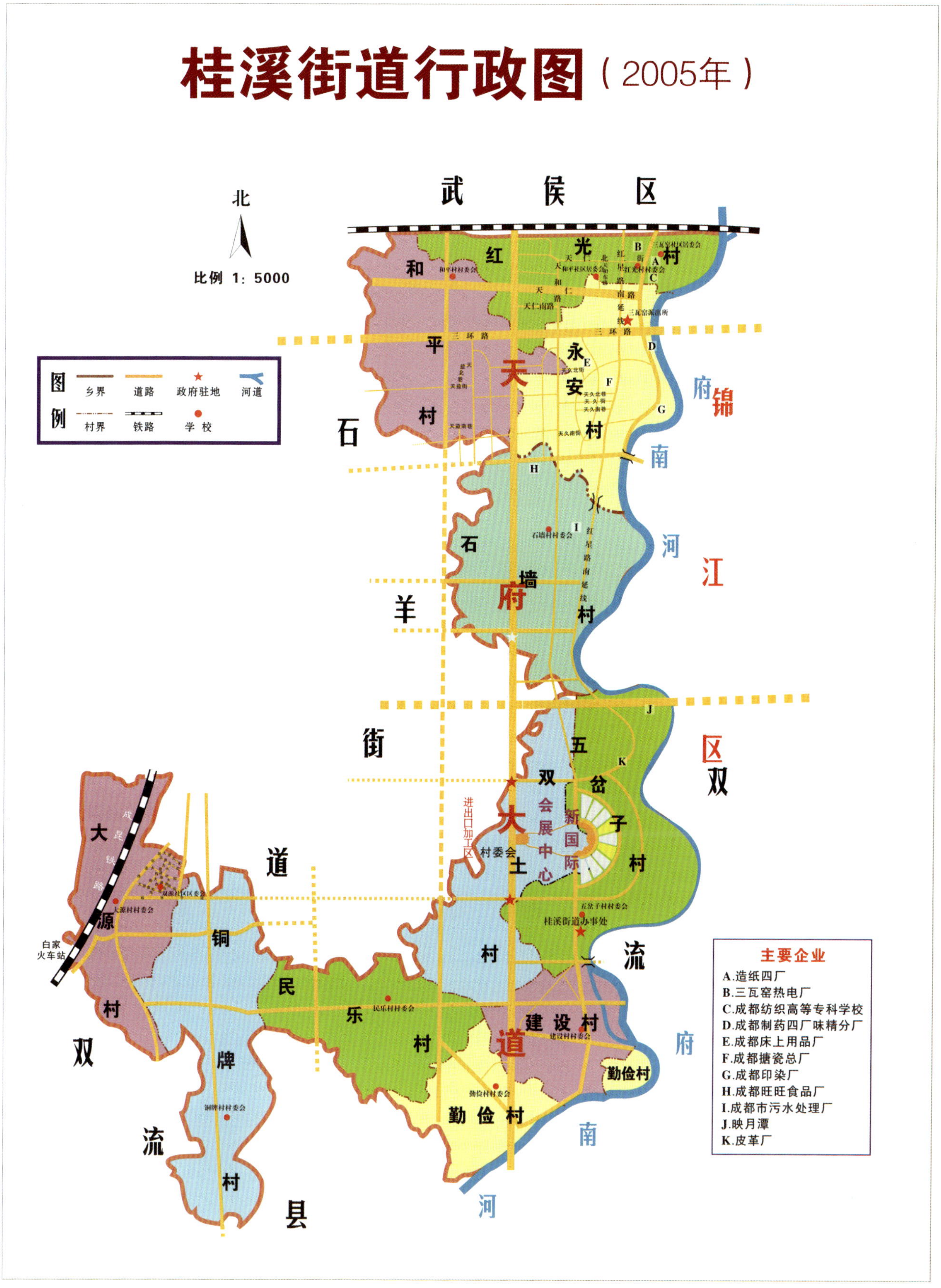
桂溪街道行政图（2005年）
武　侯　区
北
比例 1：5000
图例
乡界
道路
政府驻地
河道
村界
铁路
学校
和平村
红光村
永安村
天府大道
石羊街道
石墙村
五岔子村
双土村
新国际会展中心
府南河
锦江区
双流县
大源村
铜牌村
民乐村
建设村
勤俭村
白家火车站
进出口加工区
桂溪街道办事处
主要企业
A.造纸四厂
B.三瓦窑热电厂
C.成都纺织高等专科学校
D.成都制药四厂味精分厂
E.成都床上用品厂
F.成都搪瓷总厂
G.成都印染厂
H.成都旺旺食品厂
I.成都市污水处理厂
J.映月潭
K.皮革厂

桂溪街道行政图（2009年）

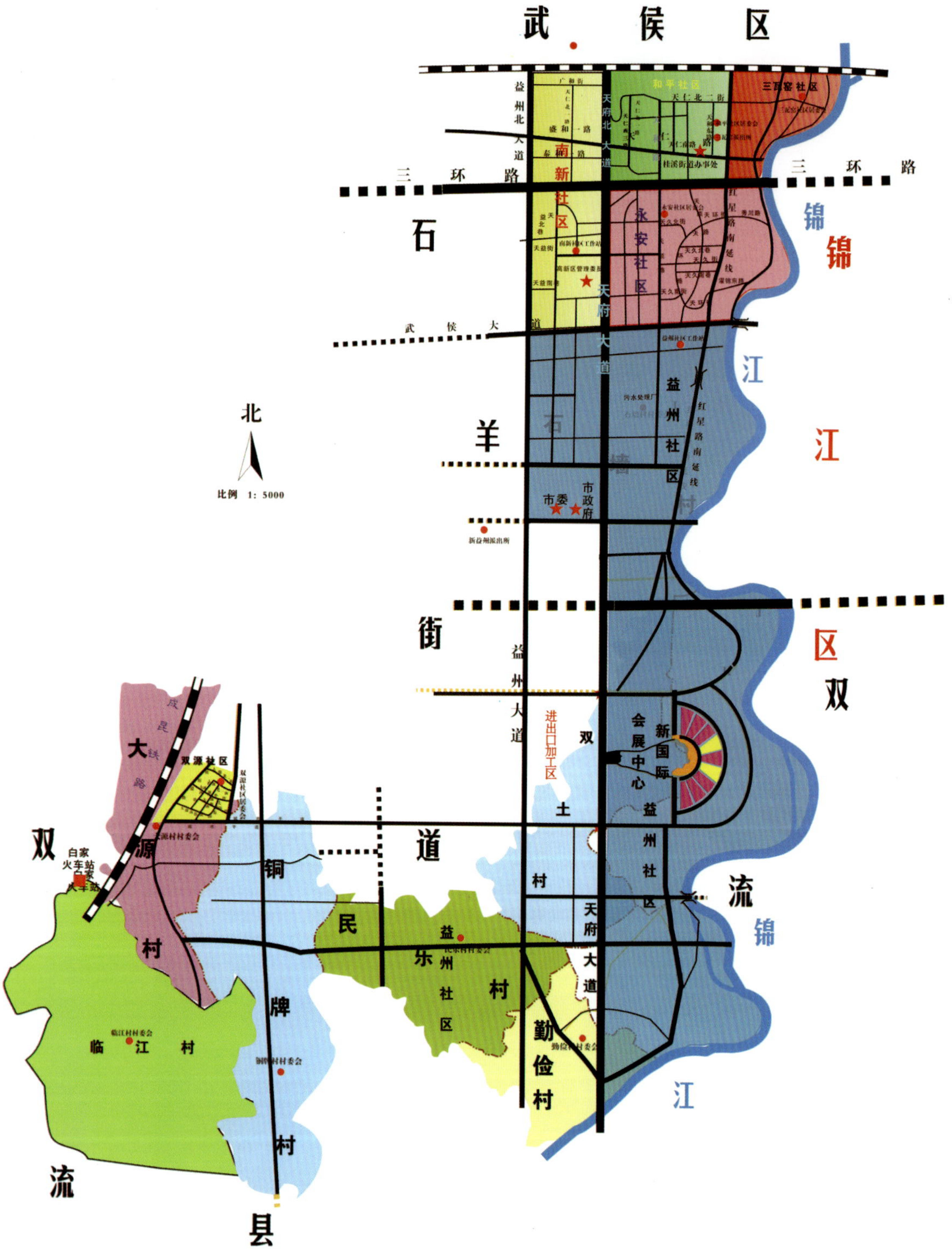
武 侯 区
三 环 路
三 环 路
石
羊
街
道
锦
江
区
双
流
县
双
流
锦
江
天府北大道
天府大道
天府大道
益州北大道
益州大道
武 侯 大 道
南新社区
和平社区
三瓦窑社区
永安社区
益州社区
益州社区
红星路南延线
红星路南延线
盛和一路
天仁路
桂溪街道办事处
高新区管理委员会
南新社区工作站
益州社区工作站
污水处理厂
新益州派出所
市委
市政府
新国际会展中心
进出口加工区
双
土
村
勤
俭
村
民
乐
村
铜
牌
村
临 江 村
大
源
村
双源社区
成昆铁路
白家火车站
临江村村委会
铜牌村村委会
民乐村村委会
勤俭村村委会
北
比例 1：5000

桂溪辖区标志性建筑示意图

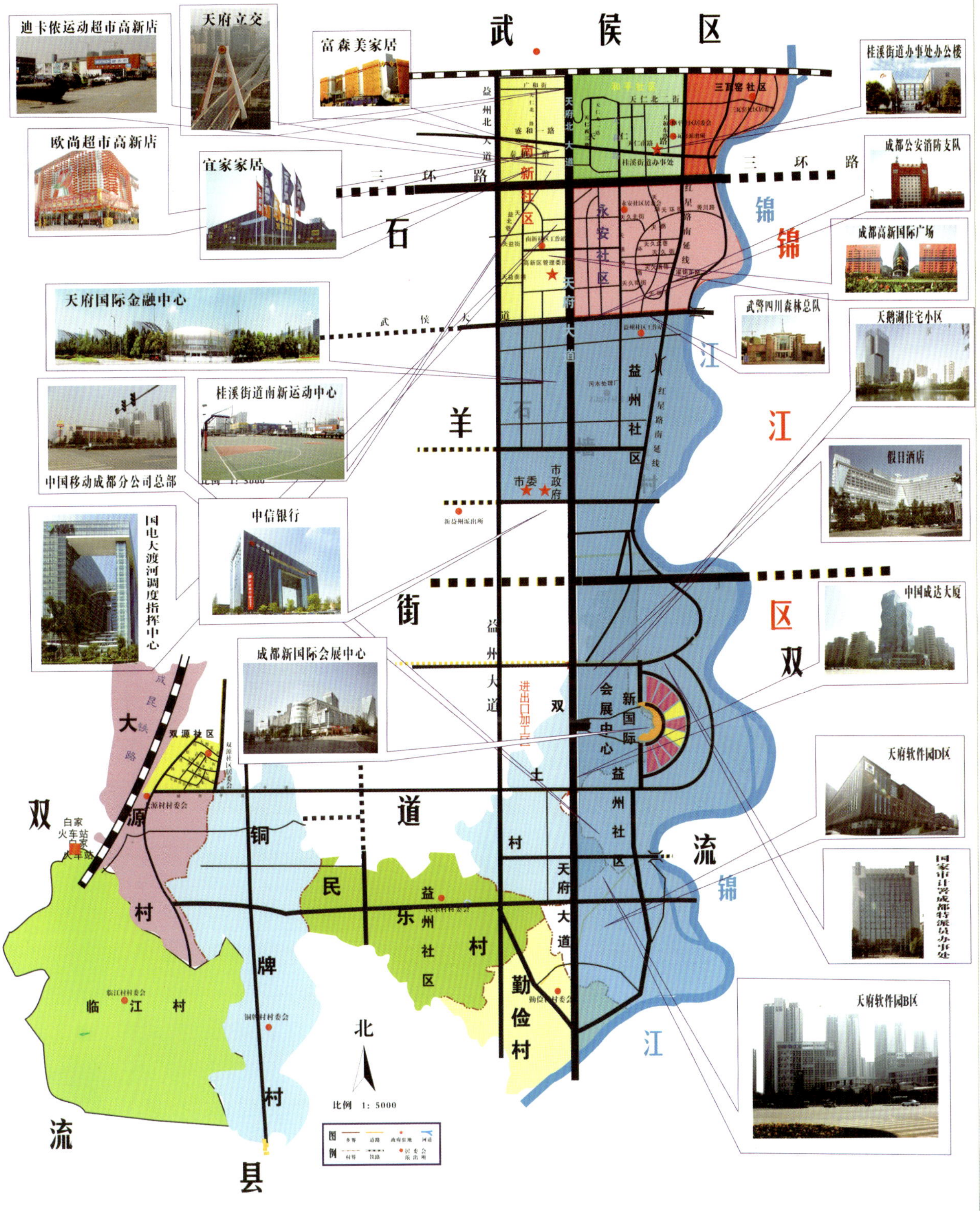

迪卡侬运动超市高新店

天府立交

富森美家居

桂溪街道办事处办公楼

欧尚超市高新店

宜家家居

成都公安消防支队

成都高新国际广场

天府国际金融中心

武警四川森林总队

天鹅湖住宅小区

中国移动成都分公司总部

桂溪街道南新运动中心

假日酒店

国电大渡河调度指挥中心

中信银行

中国威达大厦

成都新国际会展中心

天府软件园D区

国家审计署成都特派员办事处

天府软件园B区

武侯区

石羊街道

锦江区

双流县

三环路

武侯大道

益州北大道

天府北大道

天府大道

益州大道

红星路南延线

盛和一路

天仁北街

广和街

南新社区

和平社区

三官堂社区

永安社区

益州社区

桂溪街道办事处

市委

市政府

新益州派出所

高新区管理委员会

新国际会展中心

进出口加工区

双土村

双源社区

双源村

铜牌村

民乐村

益州社区

勤俭村

临江村

成昆铁路

白家火车站

北

比例 1:5000

图例

特色建筑

成都高新国际广场主楼

国家审计署成都特派员办事处办公楼外景

成都消防大厦、119指挥中心

成都高新区桂溪街道办事处办公楼外景

武警四川森林总队外景

成都天府国际金融中心外景

中国成达大厦外景

中国国电大厦外景

天鹅湖住宅小区外景

成都世纪城新国际会展中心建筑群外景

成都世纪城新国际会展中心展馆外景

成都世纪城假日酒店（五星级）外景

成都市天府大道天府立交桥以南成都高新区桂溪街道辖区概貌

天府国际金融中心夜景

成都市天府大道天府立交桥以南成都高新区桂溪街道辖区夜景

中信银行总部大楼外景

成都高新区天府软件园D区外景

领导关怀

2009年11月17日，全国人大财政经济委员会副主任委员乌日图（右一）视察成都高新区桂溪街道双源社区就业工作。

2009年4月27日，中共四川省委常委、成都市委书记李春城（中）到成都高新区桂溪街道和平综合农贸市场调研指导工作。

2009年12月30日，四川省副省长黄小祥（左四）到成都高新区桂溪街道和平综合农贸市场视察指导工作，中共成都市委常委、副市长赵小维（左三）陪同视察。

2009年9月28日，四川省副省长陈文华（左二）到成都高新区桂溪街道和平综合农贸市场视察指导工作。

2009年9月22日，中共成都市委副书记、市长葛红林（前排左三），中共成都市委常委、副市长赵小维（前排右二）到成都高新区桂溪街道视察工作。

2009年1月11日，国家禁毒办副主任、公安部禁毒局副局长刘跃进（右四）到成都高新区桂溪街道社区康复活动中心检查指导工作。

2009年12月27日，中共成都市委常委、成都高新区工委书记敬刚（前排左二）调研成都高新区桂溪街道辖区城乡环境综合整治工作。

2009年5月8日，成都市副市长谢瑞武（左三）一行到成都高新区桂溪街道双源社区视察工作。

2009年6月26日，成都市市长助理、中共成都高新区工委副书记、成都高新区管委会主任韩春林（右二）调研成都高新区桂溪街道工作。

2009年7月21日，中共成都高新区工委副书记、成都高新区管委会副主任冯亚曦（中）视察成都高新区桂溪街道办事处便民服务中心。

2009年9月15日，国家禁毒办处长宫秀丽（右三）到成都高新区桂溪街道社区康复中心视察、指导工作。

2009年11月27日，四川省综治委三电整治办副主任李琦（左四）一行在中共成都高新区工委委员、政法委书记、公安分局局长张绍文（左二）的陪同下检查指导成都高新桂溪街道综治工作。

街道党工委·办事处领导

成都高新区桂溪街道党工委书记樊晓峰在办公室学习科学发展观。

成都高新区桂溪街道党工委副书记、办事处主任张学文在办公室看书学习。

2009年12月29日，成都高新区桂溪街道办事处领导班子全体成员慰问辖区部队官兵。

2009年9月24日，成都高新区桂溪街道党工委副书记、纪工委书记、综治办主任陈长贵（中）向四川省政务服务中心、成都市政务服务中心相关领导介绍街道的规服工作。

2009年9月11日，成都高新区桂溪街道党工委委员、办事处副主任张仲常（右一）陪同成都高新区食品安全诚信计量惠民工作组对桂溪辖区食品安全进行检查。

2009年12月29日，成都高新区桂溪街道党工委委员、办事处副主任王子琦（左一）陪同成都高新区民生工程检查组对桂溪街道辖区进行检查。

2009年8月18日，成都高新区桂溪街道党工委委员、办事处副主任全少英（左三）出席专家进园区义诊活动暨成都高新区孵化园卫生站成立启动仪式。

2009年7月20日，成都高新区桂溪街道党工委委员、武装部部长马玉良（中）带领治安城管巡逻大队队员对成昆铁路沿线违章建筑进行拆除。

2009年6月29日，成都高新区桂溪街道党工委委员、党政办主任瞿蓉芳（左一）在桂溪街道办事处“阳光家园”和党风廉政建设知识竞赛获奖者合影。

商业卖场

富森·美家居国际商城（南门店）

成都欧尚超市（南门店）

宜家家居（成都店）

迪卡侬运动专业超市（天府店）

村

永安村

2009年3月9日，成都高新区桂溪街道永安村党总支部书记陈古锡在村委会办公室写工作总结。

2009年3月19日，成都高新区桂溪街道永安村村委会主任王开惠参加地方志例会。

和 平 村

2009年5月9日，成都高新区桂溪街道和平村党支部书记杨人瑞在村委会办公室写工作计划。

2009年6月7日，成都高新区桂溪街道和平村两委成员在村委会会议室召开工作会议。

2009年11月12日，成都高新区桂溪街道和平村两委成员和工作人员在村委会前合影。

红光村

成都高新区桂溪街道红光村党支部书记彭建国（右）和红光村村委会主任徐正根（左）在一起研究村委会工作。

2009年1月12日，成都高新区桂溪街道红光村两委成员及红光村党代表在西蜀人家会议室集体学习科学发展观。

2009年1月5日，成都高新区桂溪街道红光村两委在桂溪街道办事处相关人员的指导下在办事处会议室召开红光村集体资产处置工作组会议。

2009年1月10日，成都高新区桂溪街道红光村在村会议室召开红光村集体资产处置工作代表会议。

石 墙 村

2009年1月6日，成都高新区桂溪街道石墙村两委在桂溪街道办事处相关人员的指导下在办事处会议室召开石墙村集体资产处置工作组会议。

成都高新区桂溪街道石墙村集体资产处置代表选举结果统计表。

2009年1月15日，在成都高新区桂溪街道办事处会议室举行了石墙村集体资产处置代表选举，图为投票选举现场。

五岔子村

2009年3月5日，成都高新区桂溪街道五岔子村党支部副书记、村委会主任付冬林学习科学发展观。

2009年1月10日，成都高新区桂溪街道五岔子村召开五岔子村集体资产处置第二次村民代表大会。

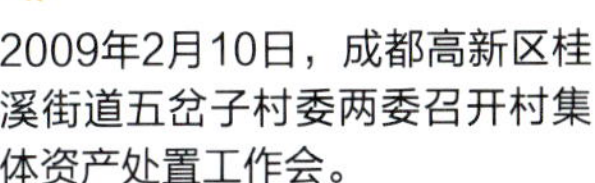

2009年2月10日，成都高新区桂溪街道五岔子村委两委召开村集体资产处置工作会。

双土村

成都高新区桂溪街道双土村党支部书记田春贵在学习科学发展观。

2009年3月15日，成都高新区桂溪街道双土村村党支部书记田春贵（中）、双土村党支部副书记张安松（右）、双土村村委会副主任刘兵（左）召开两委会议。

成都高新区桂溪街道双土村村党支部书记田春贵（中）、双土村党支部副书记张安松（右）、双土村村委会副主任刘兵（左）在村委会前合影。

建设村

2009年3月19日，成都高新区桂溪街道建设村党支部副书记成华利（前排左一）、村委会主任李后全（前排右一）参加地方志例会。

2009年11月19日，成都高新区桂溪街道建设村党支部开展党员活动。

2009年1月19日，成都高新区桂溪街道建设村腰鼓队全体成员合影。

勤 俭 村

2009年3月10日，成都高新区桂溪街道勤俭村村委会办公室召开村民代表会议。

2009年3月16日，成都高新区桂溪街道勤俭村党支部书记陈华永（二排中）与村民代表进行工作交流。

民 乐 村

2009年3月10日，成都高新区桂溪街道民乐村两委及工作人员在村委会外合影。

2009年1月15日，成都高新区桂溪街道民乐村党支部副书记李露英（右）在村委会办公。

2009年6月29日，成都高新区桂溪街道民乐村村委会工作人员检查建筑工地。

铜牌村

2009年2月10日，成都高新区桂溪街道铜牌村两委在村委会外学习科学发展观。

2009年2月20日，成都高新区桂溪街道铜牌村工作人员与村民代表在村委会就村集体资产处置进行交流。

2009年3月14日，成都高新区桂溪街道铜牌村两委和工作人员召开工作会议。

2009年5月12日，成都高新区桂溪街道铜牌村党支部在桂溪街道办事处“阳光家园”召开深入学习实践科学发展观活动动员大会。

大 源 村

2009年2月12日，成都高新区桂溪街道大源村两委和工作人员在大源村村委会学习科学发展观。

2009年3月18日，成都高新区桂溪街道大源村两委和工作人员在村委会召开计划生育工作会议。

2009年6月1日，成都高新区桂溪街道大源村工作人员与队长妇代小组长在村委会会议室就折迁安置工作进行交流。

2009年7月10日，成都高新区桂溪街道大源村党支部书记王书义（左三）、大源村村委会主任高世成（左四）与辖区派出所民警在村委会召开综合治理社会治安工作会议。

临 江 村

2009年5月10日，成都高新区桂溪街道临江村党支部书记杨根（*右三*）在村委会办公室主持召开两委及村民组长经济发展工作会议。

2009年6月7日，成都高新区桂溪街道临江村两委成员在村委会会议室学习科学发展观。

2009年7月2日，成都高新区桂溪街道临江村村委会组织辖区部分企业代表和相关人员进行消防知识的培训和消防技能的演练。

2009年8月1日，成都高新区桂溪街道临江村工作人员在村委会为辖区困难群众发放补助。

社 区

和平社区

2009年1月15日，成都市市长助理、中共成都高新区工委副书记、成都高新区管委会主任韩春林（左四）到成都高新区桂溪街道和平社区调研。

2009年2月20日，成都高新区桂溪街道和平社区党支部书记李国涛（左四）及两委成员对彭州地震灾区的困难群众进行慰问。

2009年4月29日，成都高新区桂溪街道和平社区党支部在辖区居民院落内开展了"文体活动进院落 、全民健身促和谐"的社区运动会选拔赛

2009年8月24日，成都高新区桂溪街道和平社区在社区工作站外开展了以"慈善之心 感恩之举"为主题的为台湾"莫拉克"台风受灾同胞专项募捐活动。

双源社区

2009年3月30日，成都高新区桂溪街道双源社区居民参加文艺汇演。

2009年8月18日，“桂溪街道创业带动就业示范一条街”活动启动仪式在成都高新区桂溪街道双源社区举行。

2009年4月23日，成都高新区桂溪街道双源社区成立了一支由居民代表、商家代表、党员代表和社区工作人员组成的“双源社区就业志愿者”服务队，志愿者共计17名。

2009年6月23日，成都高新区桂溪街道双源社区召开两委成员工作会议。

三瓦窑社区

2009年9月25日，成都高新区桂溪街道三瓦窑社区党支部在桂溪街道办事处“阳光家园”举行深入学习实践科学发展观活动，桂溪街道办事处党工委副书记陈长贵（左三）参加学习。

2009年2月1日，成都高新区桂溪街道三瓦窑社区党支部书记陈治平（右一）和办事处、社区工作人员在社区院落检查卫生情况。

2009年10月20日，成都高新区桂溪街道三瓦窑社区工作人员和辖区志愿者为居民院落打扫卫生。

益州社区

2009年1月16日，成都高新区首支外籍志愿服务队在成都高新区桂溪街道益州社区成立。

2009年6月19日，成都高新区桂溪街道益州社区举办的老年雀王大赛，图为辖区参赛者合影。

2009年4月2日，"天府新城·和谐工地"创建活动启动仪式在成都高新区桂溪街道益州社区举行。

2009年5月26日，第二届"益州杯篮球联赛"在成都高新区桂溪街道益州社区开赛。

永安社区

2009年4月15日，成都高新区桂溪街道办事处永安社区工作站站长魏尤年（右二）组织工作站全体工作人员学习科学发展观。

2009年4月2日，成都高新区桂溪街道办事处永安社区工作站发动社区群众捐书活动现场。

2009年5月26日，成都高新区桂溪街道办事处永安社区工作站组织的“端午粽飘香包粽也快乐”活动。

2009年12月8日，成都高新区桂溪街道办事处永安社区工作站文体总会在和平社区广场参加“庆元旦暨总结汇报演出”。

南新社区

2009年1月29日，成都高新区桂溪街道办事处南新社区工作站在融城理想小广场举行了文体协会联谊会。

2009年 7月28日，成都高新区桂溪街道办事处南新社区工作站成立了“魅力南新 学舟启航”讲师团。

2009年4月19日，成都高新区桂溪街道办事处南新社区工作站在中建三局茂业项目部开展了“法律知识伴我行”的活动。

2009年12月30日，成都高新区桂溪街道办事处南新社区工作站在欧尚超市举办了“喜迎元旦 · 和谐家园”文艺晚会。

派出所

三瓦窑派出所

2009年4月24日，成都高新区公安分局三瓦窑派出所圆满完成“第九届成都国际社会公共安全产品与技术展览会”开幕式安保工作。

2009年11月19日，成都高新区公安分局三瓦窑派出所组织全体民警参加实弹射击训练。

2009年12月19日，成都高新区公安分局三瓦窑派出所党支部召开民主生活会。

2009年7月16日，成都宜家家居商场赠送锦旗感谢成都高新区公安分局三瓦窑派出所。

新益州派出所

▲ 成都高新区公安分局新益州派出所外景。

► 2009年4月24日，在成都高新区公安分局新益州派出所辖区内开展集中整治盲流人员行动。

▼ 2009年1月12日，成都高新区公安分局新益州派出所在双源社区广场向辖区群众开展烟花爆竹节前安全教育活动。

◄ 2009年3月13日，成都高新区公安分局新益州派出所所领导和民警对双河农贸市场进行了安全检查，并开展反扒宣传。

新会展派出所

成都高新区公安分局新会展派出所外景。

2009年2月15日，成都高新区公安分局新会展派出所干警在成都世纪城新国际会展中心执行安保任务。

2009年6月12日，成都高新区公安分局新会展派出所户籍民警入户进行人口普查。

成都高新区公安分局新会展派出所干警的日常训练。

街道城管治安巡逻大队

成都高新区桂溪街道治安城管巡逻大队队员日常训练。

2009年10月12日，成都高新区桂溪街道治安城管巡逻大队队员在成都世纪城新国际会展中心举行的西部博览会上执勤。

2009年7月20日，成都高新区桂溪街道治安城管巡逻大队队员在成昆铁路火车南站沿线执行拆除违章建筑任务。

成都高新区桂溪街道治安城管巡逻大队队员日常巡逻。

街道卫生服务中心

2009年2月20日，国家卫生部全科医师协会副会长、社区卫生服务专家组组长陈博文博士（左一）到成都高新区桂溪社区卫生服务中心调研，中心主任熊伟（右二）陪同。

2009年3月15日，国家卫生部社区卫生处刘利群副处长（左二）成都高新区桂溪社区卫生服务中心调研。

2009年5月8日，四川省卫生厅妇女保健与社区卫生处李玉强处长（左二）到成都高新区桂溪社区卫生服务中心指导工作。

2009年7月10日，成都高新区桂溪社区卫生服务中心化验室为桂溪辖区7-14岁儿童进行免费体检。

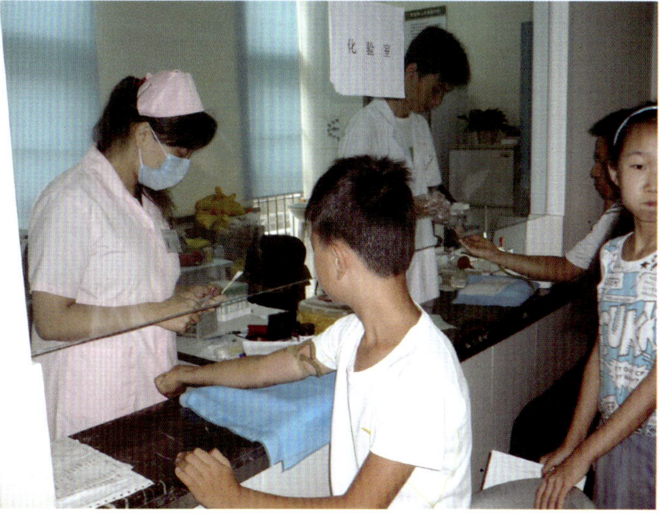

工商所

成都高新区工商局石羊工商所

2009年8月18日，成都高新区工商局局长李永才（右一）在石羊工商所所长刘毅盛（右三）的陪同下在成都高新区桂溪街道和平农贸市场视察生猪产品质量安全追溯体系。

2009年7月12日，成都高新区工商局副局长袁蜀泉（左三）在石羊工商所所长刘毅盛（左四）、副所长李艺（左二）的陪同下在农贸市场进行食品安全检查并同市场管理方代表进行交流。

学 校

成都高新区和平学校

2009年6月1日，成都高新区和平学校合唱队在学校第六届艺术节上演出。

2009年1月20日，和平奖学金颁奖仪式在成都高新区和平学校四楼多功能室举行。

2009年12月10日，成都高新区和平学校开展陶艺教学。

成都高新区和平学校外景

成都高新区世纪城南南路学校

2009年11月11日，成都市教育局督学赵天欣（左三）到学校做教育现代化评估。

2009年9月11日，成都高新区社会事业局局长吕毅（右三）到学校检查建校情况。

2009年7月11日，成都高新区世纪城南路学校学生参加在成都外国语实验学校（西区）组织的2009年全国万人健美操大赛四川分赛区比赛中，荣获二等奖。

2009年9月11日，成都高新区世纪城南路学校首届艺术节现场。

成都七中初中

中共成都七中初中学校支部委员会委员：从左至右：雷国亮、邱兴华（副校长）、曾畅畅、李笑非（副校长）、杨斌（校长）、徐夕明、吴旭光。

2009年9月10日，成都七中初中学校教师篮球队参加成都高新区全民健身运动会“桂溪杯”篮球比赛。

2009年10月19日，成都七中初中学校首期少年军校在庄严的国歌声中正式开学，初2011级全体学生在成都空军司令部教官们的带领下，顺利完成了为期一周的国防训练并获得结业证书。

成都七中初中学校正门外景。

成都高新区大源学校

▲ 成都高新区大源学校外景。

► 2009年6月1日，成都高新区大源学校庆祝六一儿童节文艺演出现场。

▼ 2009年3月11日，成都高新区大源学校成功举办2009年成都高新区“九共体”第二届教学论坛。

◄ 2009年8月11日，由成都高新区大源学校教师自编、自演的音乐剧《心声》荣获2009年高新区教师风采大赛一等奖。

成都美视国际学校

2009年3月26日晚，成都美视国际学校国际部举行了2008—2009学年“家庭之夜”活动，法国驻成都总领事馆总领事Mr. Jacques Dumasy（右一）应邀参加。

2009年4月25日下午，成都美视国际学校举行“国际日”庆祝活动，巴基斯坦驻成都总领事Mr. Masood Akhtan（左一）应邀参加。

2009年4月28日，成都美视国际学校举办成为“IB”学校新闻发布暨答谢会。会上IBO亚太地区北京办事处负责人王红女士（左）向林华玉校长（右）授牌。

2009年4月28日，成都美视国际学校举行“成为IB学校”新闻发布会暨答谢酒会。中共成都高新区工委委员、管委会副主任李岷雪到会祝贺并发表讲话。

成都职业技术学院

2009年4月10日，法国雅高学院落户成都职业技术学院，成都市委副书记、市长葛红林（右一）和法国雅高集团创始人保罗·杜布吕先生（左一）出席揭牌仪式。

2009年3月20日，成都职业技术学院学生钟越在2009年第六届全国高职高专实用英语口语大赛中获非英语专业组一等奖。

2009年1月5日，成都职业技术学院学生李令获得2008中国成都国际软件设计大赛最佳设计奖和大学生创业园“金钥匙”。

2009年10月20日，成都职业技术学院与成都高新区管委会签订全面合作框架协议，共建高新区成职软件园，中共成都高新区工委委员、成都高新区管委会副主任傅学坤（左一）出席签约仪式。

成都职业技术学院价值近100万元的虚拟导游实训。

成都职业技术学院自主开发的物业管理监控实训系。

文 化

摄影获奖作品

峡谷炊烟——获得2009年“天府广场新城市杯”最佳风光片奖 作者：岳炳瑞

蜗牛——获得2009年“佳能杯”优秀奖 作者：岳炳瑞

梦里水乡——获得2009年“城市摄影大赛风光摄影”优秀奖 作者：岳炳瑞

照　片

2009年3月9日，成都高新区桂溪街道办事处地方志、年鉴工作全体编撰人员合影，责任总编张景山（前排右一）、总编谭伯祥（前排左三）。

2009年6月9日，四川省禁毒委在成都金沙世纪酒店召开四川禁毒工作综合会议。会上成都高新区桂溪街道综治干事宋荣娥（二排右四）被国家禁毒办、共青团中央四川省禁毒委评为“2008年《禁毒法》集中宣传行动优秀禁毒志愿者”。

成都高新区桂溪民兵应急分队在2008年“5·12”抗震救灾中获奖人员——黄涛（右二）被成都市政府评为“成都市抗震救灾先进个人”，张景山（右一）被成都警备区评为“抗震救灾先进个人”，辜建（左一）、崔静彧（左二）、刘剑（左三）、袁凌（左四）、李天福（右五）、张景山（右一）被成都市武侯区武装部记“个人三等功”一次。

成都高新技术产业开发区桂溪街道年鉴（2010）组稿人员

单位	姓名	单位	姓名
党政办公室	欧光蓉	社会治安综合治理办公室	宋荣娥
治安城管巡逻大队	但永宏	社会事务和人口与计划生育科	高国容
经济发展科	徐　霞	城市管理科	王　斌
财政所	高　超	劳动和社会保障所	陈　洁
社区管理服务中心	董　萍	永安村	王开慧
和平村	秦开珍	红光村	徐正根
石墙村	林素香	五岔子村	张国清
双土村	刘　兵	勤俭村	林传咏
民乐村	刘　建	铜牌村	刘连宇
大源村	钟思娟	临江村	张玉聪
建设村	成华利	和平社区	晏启顺
双源社区	苏德军	三瓦窑社区	徐德春
益州社区工作站	何　雪	永安社区工作站	林健英
南新社区工作站	陈　利	社区卫生服务中心	陈　燕
三瓦窑派出所	潘　茜	新益州派出所	周　璟
新会展派出所	蒲元武	成都高新区工商局石羊工商所	李　艺
成都高新区国家税务局税源管理二处	付　斌	成都高新供电局南区供电所	田科娜
成都高新区地税局第一直属分局管理四科	谭丽霞	成都高新区和平学校	廖有俊
成都高新区世纪城南路学校	余　峰	成都市第七中学（初中部）	邱兴华
成都高新区大源学校	张　圆	成都美视国际学校	黄浩军
成都职业技术学院	李新华	成都欧尚超市高新店	李艳梅
成都富森美家居投资有限公司	熊　云	成都迪卡侬运动超市高新店	冷若冰
成都宜家家居有限公司	汪　澜	成都华昌物业发展有限责任公司	伍建梅

序　言(一)

邓小平在改革开放之初的1979年10月，与中国大百科全书出版社负责人谈话时指出："编辑出版年鉴十分必要，这是国家的需要，四化建设的需要。"在全面建设小康社会的今天，编辑出版具有中国特色社会主义新年鉴更有必要。年鉴是全面、系统、准确地记述上年度事物运动、发展状况为主要内容的资料性著述，是汇辑一年内的重要时事、文献和统计资料，按年度连续出版的工具书。

从2010年起，每年出版发行《成都高新技术产业开发区桂溪街道年鉴》，逐年全面系统地记述桂溪街道政治、经济、文化、社会建设的成果，客观真实地总结建设发展中的经验和教训，对规划未来，启示后人，践行科学发展观，建设和谐文明的现代桂溪街道，实现成都高新区创建"全国一流、西部第一"园区的发展目标，实现成都市推进城乡一体化，"建设世界现代田园城市"的战略目标，都具有十分重要的现实意义。

成都高新技术产业开发区桂溪街道(前身为桂溪乡)自1996年成立以来，经过桂溪人14年的艰苦努力，经济发展在成都市街道中已名列前茅，各方面已位列成都高新区首位。桂溪街道地处成都高新区南部园区的核心地带，地理优势十分明显，在成都高新区高新技术产业发展和成都市统筹城乡一体化的建设中得到快速发展，从20世纪末的一个比较落后的城郊乡镇迅速发展成为一个配套功能比较完善的现代城市街道辖区。桂溪街道基础设施完善、科技和经济优势显著、教育资源富足、政治、金融、商贸地位突出。

年鉴的出版发行是全体编撰人员的智慧结晶、辛勤付出的硕果，在这里我代表党工委感谢他们的努力，希望在今后的工作中加强对现行国家政策的学习，重视对新、特、精资料的收集，熟悉改革现实，使年鉴更加贴近生活、服务现实，增强资治力度。只有使年鉴在内容和形式上适应市场经济的需求，并且真正走向社会、走向市场、走向百姓，才能更好地发挥年鉴在地方经济和社会发展中的作用。

希望桂溪街道办事处各部门、各社区要珍惜、重视编撰人员的工作成果，发挥年鉴在招商引资、对外宣传、传统教育中的作用，在日常工作中要读好、用好年鉴的内容，使年鉴很好地为街道政治建设、经济建设、社会建设服务。

衷心希望《成都高新技术产业开发区桂溪街道年鉴》越办越好，全面、真实地记录成都高新区桂溪街道辖区的建设发展历程，为桂溪街道的科学发展和和谐民生添上浓墨重彩的一笔！

成都高新区桂溪街道党工委书记　樊晓峰

序　言（二）

《成都高新技术产业开发区桂溪街道年鉴（2010）》是成都高新技术产业开发区桂溪街道办事处成立以来的首部年鉴，这是桂溪街道2009年度基本情况的真实写照，也是过去的一年桂溪街道办事处方方面面工作的一个缩影。

编纂年鉴不仅可以固化年度工作、反映街道发展轨迹，为上级了解下情提供参考资料，也为辖区企事业单位和居民群众提供政治、经济、文化和社会生活咨询服务。这是我们总结过去、鉴往知今的一个尝试。同时，通过年鉴，我们还向外界敞开了一扇展示桂溪风貌的窗口。今后，我们将本着一年一鉴的原则，继续编纂年鉴，及时把桂溪辖区的崭新面貌呈现给大家，为桂溪街道地方志的编纂提供翔实、可靠的资料。

2009年是不平凡的一年，是2008年发生汶川“5.12”特大地震灾害后重建的第一年，在成都高新区党工委、管委会的直接领导下，桂溪人辛勤耕耘，兢兢业业，克服困难，为桂溪的发展打下了坚实的基础。作为成都天府新城高新区南区最为核心的部分，桂溪肩负着光荣的使命和重大的责任，《成都高新技术产业开发区桂溪街道年鉴（2010）》的出版恰逢其时。它是蕴含丰富、查检便捷的信息库，为政务决策、群众参与、科研创新、经济活动、社会生活提供多方位的咨询；是向外界展示成都高新区桂溪街道崭新风貌和发展变迁的窗口，为桂溪街道和外界的经济文化交流铺路架桥。美丽在街道绽放，和谐与发展共荣。感谢桂溪辖区的建设者、工作者和居民群众，感谢关心和爱护桂溪街道的各级领导和部门。

《成都高新技术产业开发区桂溪街道年鉴（2010）》的编辑出版是一项系统工程，它融汇了方方面面的智慧和辛勤劳动。衷心感谢所有参与资料收集、整理和编辑、出版的同志，是他们采珠撷英，去芜存菁，才为我们提供了一个可信、可用的优秀读物。衷心希望《成都高新技术产业开发区桂溪街道年鉴》越办越好，全面、真实地记录成都高新区桂溪辖区的建设发展历程。

成都高新区桂溪街道党工委副书记、办事处主任　**张学文**

编辑说明

一、《成都高新技术产业开发区桂溪街道年鉴（2010）》（简称《成都高新区桂溪街道年鉴（2010）》）是成都高新技术产业开发区桂溪街道办事处主办的地方综合年鉴，旨在系统记述2009年度全辖区政治、经济、文化、社会等情况，为党政机关、企（事）业单位、各界人士和中外投资者了解、认识成都高新区桂溪街道提供资料性文献。

二、编纂《成都高新区桂溪街道年鉴（2010）》，以马克思列宁主义、毛泽东思想、邓小平理论和“三个代表”重要思想为指导，运用辩证唯物主义和历史唯物主义观点，全面落实科学发展观，实事求是地记录成都高新区桂溪街道2009年度经济、社会发展情况，注重特色，突出基层，注重实用，为党政存绩，为人民记功，为促进成都高新区桂溪街道经济建设和社会发展服务。

三、《成都高新区桂溪街道年鉴（2010）》的记载时限为2009年1月1日至2009年12月31日，某些条目因内容所需而适当超越时限。

四、《成都高新区桂溪街道年鉴（2010）》采取分类编辑法，以类目、分目、条目为三层次结构。全书设综述、大事记、特载、专文、组织机构、党务·政务、军事·政法、工商·税务、城市建设、学校、企业、村、社区、人物、文件存目、附录，共计16个类目，除特载、专文、大事记、综述、人物、文件存目、附录因内容特殊而只设两个层次外，其他类目均为三个层次。全书以不同字体、字号为各类标题来表现不同层次，条目标题加【】表示。

五、《成都高新区桂溪街道年鉴（2010）》资料由桂溪街道办事处各部门、街道各村委会、社区居委会、社区工作站、企(事)业单位提供，并经其领导审核，如有数字与统计数字不一致的，则以统计数字为准。

六、《成都高新区桂溪街道年鉴（2010）》具有多重检索功能，前有中、英文目录，每页有眉题，后有索引，索引标题相同的在括号内说明其区别，全书还配有光碟以方便查阅。

七、《成都高新区桂溪街道年鉴（2010）》的组稿、编辑和总纂工作都是集体协作完成的，并得到各级领导的重视和街道各部门、街道各村委会、社区居委会、社区工作站、企（事）业单位的大力支持。编辑部对所有关心、支持和直接参与年鉴编纂工作的人员表示感谢。

八、《成都高新区桂溪街道年鉴（2010）》虽经多次审校，也难免有失误，恳请读者批评指正。

成都高新技术产业开发区桂溪街道年鉴编辑部

Editor’s Note

I. The Yearbook of Chengdu Hi–Tech Industrial Development Zone Guixi Sub–District (2010) (hereinafter referred to as the Yearbook of Chengdu Hi–Tech Zone Guixi Sub–District (2010)) is the comprehensive regional yearbook edited by the Chengdu Hi–Tech Industrial Development Zone Guixi Sub–District Office to systemically record the annual situations related to nature, politics, economy, culture, society and others of the sub–district in 2009. The yearbook is designed to make personnel of the CPC and governmental organs at all levels, enterprises and institutions, research institutes, and Chinese and foreign investors learn about Chengdu Hi–Tech Zone Guixi Sub–District.

II. The compiling of the Yearbook of Chengdu Hi–Tech Zone Guixi Sub–District (2010) should take Marxism–Leninism, Mao Zedong Thought, Deng Xiaoping Theory and the Important Thought of “Three Represents” as the guide, fully implement the Scientific Outlook on Development, and by applying the view of dialectical materialism and historical materialism, record in a realistic way the economic and social development of Chengdu Hi–Tech Zone Guixi Sub–District in 2009 and facilitate its economic construction and social development.

III. The Yearbook of Chengdu Hi–Tech Zone Guixi Sub–District (2010) covers a period from January 1, 2009 to December 31, 2009, but some contents may be out of the time limit.

IV. Three levels of framework are adopted in the Yearbook of Chengdu Hi–Tech Zone Guixi Sub–District (2010). The yearbook includes 16 chapters of Summary, A Chronicle of Major Events, Special Edition, Special Articles, Organizations, CPC and Governmental Affairs, Military Affairs and Legal Systems, Industry and Commerce, Taxation, Urban Construction, Schools, Enterprise, Villages, Communities, Personage, List of Documents and Appendix. While chapters of Special Edition, Special Articles, a Chronicle of Major Events, Summery, Personage, List of Documents and Appendix only have two levels because of their special contents, all other chapters have three levels. Different fonts and sizes of words are used to feature the chapters, sections and articles.

V. The materials in the Yearbook of Chengdu Hi–Tech Zone Guixi Sub–District (2010) are provided by different departments of the Guixi Sub–District Office, villagers’ committees, community residents’ committees, community working stations, enterprises and institutions in the sub–district and reviewed by relevant leaders. In case the figures on the yearbook are not in line with the statistics, the statistics dominate the figures on the yearbook.

VI. The Yearbook of Chengdu Hi–Tech Zone Guixi Sub–District (2010) has strong search capabilities. There are Chinese and English table of contents, headers on every page and indexes in the yearbook. Where the articles in indexes have the same topic, the differences will be listed in the brackets. Otherwise, the discs are provided together with the yearbook.

VII. The edition of the Yearbook of Chengdu Hi–Tech Zone Guixi Sub–District (2010) is completed by collectives and supported by leaders at all levels and different departments the Guixi Sub–District, villagers’ committees, community residents’ committees, community working stations, enterprises and institutions in the sub–district. The editorial department would like to extend its sincere thanks to all members who support and directly participate in the edition of the yearbook.

VIII. Although the Yearbook of Chengdu Hi–Tech Zone Guixi Sub–District (2010) has been proofread for several times, there may be still some mistakes in it. Readers are asked to criticize our work.

Editorial Department of the Yearbook of
Chengdu Hi–Tech Industrial Development Zone Guixi Sub–District

目 录
CONTENTS

综 述
Summary

大事记
A Chronicle of Major Events

特 载
Special Edition

专 文
Special Articles

组织机构
Organizations

桂溪街道领导机构
Leading Organization of Guixi Sub-District

桂溪街道党工委工作机构
CPC Working Committee Organization of Guixi Sub-District

桂溪街道村级党组织
Village Party Organization of Guixi Sub-District

桂溪街道社区党组织
Community Party Organization of Guixi Sub-District

办事处工作机构
Working Organization of Administration Office

桂溪街道村自治组织
Villagers Autonomous Organization of Guixi Sub-District

桂溪街道社区自治组织
Community Residents Autonomous Organization of Guixi Sub-District

桂溪街道社区工作机构
Community Working Organization of Guixi Sub-District

公安工作机构
Organization of Public Security

工商、税务机构
Organization of Industry and Commerce, and Taxation

街道服务机构
Service Organizations of Sub-District

党务·政务
CPC and Governmental Affairs

党务工作
CPC Affairs

工商·税务
Industry and Commerce, and Taxation

工 商
Industry and Commerce

税 收
Taxation

城市建设
Urban Construction

居住建设
Housing Construction

道路建设
Road Construction

产业园
Industrial Parks

学 校
Schools

成都高新世纪城南路学校
Chengdu Hightech Zone Shijichengnanlu School

成都高新和平学校
Chengdu Hightech Zone Heping School

成都高新大源学校
Chengdu Hightech Zone Dayuan School

成都美视国际学校
Chengdu Meishi International School

企　业
Enterprises

村 Villages

社　区 Communities

双源社区
Shuangyuan Community

三瓦窑社区
Sanwayao Community

益州社区
Yizhou Community

永安社区
Yong'an Community

南新社区
Nanxin Community

人　物
Personage

副处级以上领导简介
Leaders at Deputy Division Director Level or Above

科室领导简介
Leaders of Administrative Sections and Offices

村、社区党组织领导简介

CPC Branch Leaders of Villages and Communities

村委会、社区居委会主任简介

Leaders of Villagers' and Community Residents' Committees

站、所、学校领导简介

Leaders of Stations,Offices and Schools

有贡献人员

Contributed to the people

获奖集体和个人

Award-winning collective and individua

长寿老人

Long-lived people

文件存目

List of Documents

附 录
Appendix

调研文章
Research Articles

索 引
Index

综 述

SUMMARY

自然地理

【地理位置】 成都高新技术产业开发区（以下简称成都高新区）桂溪街道（原成都高新区桂溪乡和三瓦窑街道）位于成都高新区南部园区的东南部，北纬30° 31′ 40″ -30° 36′ 8″，东经104° 00′ 45″ -104° 01′ 43″。北起火车南站，南与双流县接壤，东依成都市锦江区，西接石羊街道和双流县白家镇。面积23.06平方公里。辖永安、和平、红光、石墙、双土、五岔子、建设、勤俭、民乐、铜牌、大源、临江12个村和和平、双源、三瓦窑3个成熟社区，益州、永安、南新3个新兴社区，人口约6.86万。街道办事处驻地天仁路176号，距成都市中心天府广场6公里，火车南站1公里，白家火车站6公里，成都双流国际机场9公里。

【建置沿革】 上溯到清朝末年，成都高新区桂溪街道现辖区域属华阳县,清朝末年、中华民国初年至1928年（中华民国一十七年）分属华阳县石羊镇、华阳县协和乡、中和镇之一部分。1928年，桂溪街道现辖区域部分属于华阳县第二区石羊镇九合三团（管辖的馨香甲、鱼庆甲、桂元甲、崇礼甲、崇清甲、义和甲、君亲甲、君平甲等），部分属于华阳县中和和协和行政区域。1935年，华阳县国民政府实行联保制，桂溪街道现辖区域部分属石羊行政区域，部分属协和、中和行政区域。1940年，华阳县国民政府实行新县制，整编保甲，石羊联保划分为石羊乡和桂溪乡（桂溪正式建乡，乡公所设在桂溪场即三瓦窑场镇上的文昌宫内），桂溪乡辖9个保。桂溪街道现辖区域部分（北4村和三瓦窑社区、和平社区）属于华阳县桂溪乡之一部份，南7村属华阳县中和镇和协和乡之一部份。1950年，桂溪乡隶属华阳县，所辖9个保，改为9个村。1958年，华阳县桂溪人民公社成立。1959年10月，桂溪人民公社划归成都市郊区。1960年，政社合一的桂溪乡，改称桂溪公社，划入成都市归金牛区管辖。1984年，成都市金牛区桂溪人民公社更名为桂溪乡，乡界和幅原面积均无变化。1990年，成都市调整行政区划，桂溪乡划归成都市武侯区。1996年4月23日，桂溪乡的和平、永安、石墙、红光4村，双流县中和镇的双土、五岔子、建设3村，双流县华阳镇的勤俭、民乐、铜牌、大源4村和三瓦窑街道划归成都高新区，组建新的桂溪乡，保留三瓦窑街道建制。三瓦窑街道办事处和桂溪乡人民政府驻石墙村，合署办公，至此，桂溪街道辖区范围基本定型。2001年12月，四川省人民政府撤消桂溪乡原桂溪乡政府建制，和三瓦窑街道办事处正式更名为成都高新技术产业开发区桂溪街道办事处，辖区范围不变，街道办事处暂驻五岔子村。2008年4月，桂溪街道办事处治所迁至成都高新区天仁路176号。

【地质地貌】　成都高新区桂溪街道的地质单元为成都坳陷，上部覆盖第四纪松散堆积物，主要有沙卵砾石、含泥砾石和粘土等，天然承载力为0.2~0.5兆帕，底部基岩为白垩系灌口组底层，自然承载力为0.5~2.4兆帕，底层未发现断裂构造，属一类建筑场地。桂溪街道地处成都平原的腹心地带，地势平坦，海拔高度450~500米，整个区域呈西北高东南低走势，平均坡降为2.2‰。西北为黄泥土壤，东南系锦江冲积而成的褐色沙土。

【气　候】　成都高新区桂溪街道气候属四川盆地亚热带湿润季风气候，终年温暖湿润，雨量充沛，四季宜人。年平均气温16.4℃，年极端最高气温37.3℃，年极端最低气温-5.9℃，全年无霜期300天左右，年平均降雨量1148.8毫米，年平均日照数1238.6小时，全年日照率28%，多年平均气压956.3帕，年平均相对湿度82%，年静风频率46%，年平均风速为1.2米/秒。

【水　系】　流经成都高新区桂溪街道的河流有锦江、朱家沟、摸底河和栏杆河，均源于岷江内江水系。成都市的母亲河——锦江，由北到南从桂溪辖区的东边流过；朱家沟，在桂溪街道的正北部，从西向东流经辖区的和平社区；摸底河，由北向南从桂溪街道的中心地带穿过；栏杆河，由北向南流经桂溪街道的大源村、民乐村和铜牌村。

独具特色

【区位优势明显】　成都高新区桂溪街道辖区地处成都市城南副中心区域，经过近14年的建设，到2009年底，辖区已经由一个传统的农村乡镇蜕变成一个成都市主城区最具活力、发展速度最快、配套功能比较完善的现代城市街道辖区。桂溪街道基础设施完善，邮政、通信、移动通信、网络全部开通，供水、供电、供气充足。全辖区有大小街道100多条，形成了城市街道路网。有天府大道、益州大道和科华南路（红星路南延线）从北到南纵贯辖区全境；三环路（南段）、府城大道、绕成高速路（南段）横贯辖区东西。成（都）昆（明）电气化铁路从桂溪街道北部和西部经过，设火车站一个，成都地铁一号线从桂溪街道中心穿过，途中经停火车南站、高新、金融中心、孵化园、海洋公园和世纪城6个地铁站，大大方便了老百姓的出行。中共成都市市委、成都市人大、成都市人民政府、成都市政协四大班子及所属办事机构在桂溪辖区办公，成都海关、国家审计署成都特派员办事处、武警四川省森林消防总队机关设在桂溪街道辖区，成都高新区党工委、管委会的治所——成都高新区国际广场设在桂溪街道南新社区。工商银行、建设银行、农业银行、交通银行、农业发展银行、兴业银行等多家银行都在桂溪辖区设有分行，具有中国西部“鸟巢”之称的成都天府国际金融中心，进驻了民生银行等多家商业银行；正在设计筹建的金融后台服务中心也在桂溪街道辖区内。占地100公顷，总建筑面积173万平方米，中国西部最大、设施最完备的被称为中国“西部第一馆”的成都“世纪城”新国际会展中心坐落桂溪街道辖区，成为西部会展经济的“发动机”，多次承担各种高规格、大规模、具有全球影响力的展会，在带来较好的经济效益和国际影响力的同时，也让各国的参会代表感受了桂溪街道的发展变化和独特魅力。全球著名的零售企业、世界500强企业瑞典宜家家居、法国欧尚超市、法国迪卡侬运动超市落户桂溪辖区，与本土优秀企业富森·美家居构成了具有强大凝聚力和辐射力的商圈经济，未来还有荷兰凯丹广场和国内著名家电连锁企业苏宁广场建成营业。

【经济实力强】 成都高新区桂溪街道全口径财政收入1996年为494万元，1998年为1186万元，2000年为4004万元，2001年为5005万，2002年为6078万，2003年为10058万元，2005年为16254万元，为1996年的31倍。2009年办事处实现全口径财政收入5.73亿元，其中：实现国税收入2.76亿元，实现地税收入2.78亿元，实现非税收入0.19万元。完成全年目标任务的124%，奋斗目标的119%。与去年同期相比，增长141%。2004年底街道辖区共有企业1400余家。纳税在100万元以上的企业有23家，纳税超500万的有3家。2004年税收入库12，859万元。2009年，全年办事处共引进企业570家，是2008年全年完成量的133.8%，注册资金12.25亿元，其中注册资本1000万元以上的12家，500万-1000万元以上的6家，当年税收超过100万的达10家；办事处共引进市外资金10.4亿元，完成目标任务的140%，在成都高新区各街道办事处中位居前例；桂溪街道辖区企业全年实现规模以上工业增加值较上年增加约7.7亿元，完成目标任务的110%；全年完成固定资产投资约10.1亿元，完成目标任务的126%，其中工业投资约5亿元，完成全年目标任务的125%；重点批发和零售企业实现销售收入约15亿元，完成全年目标任务的125%。2009年，桂溪街道主要经济指标高于去年同期水平，综合评价位居成都高新区5个街道前列。

【规模宏大的软件产业园】 成都市最大的国家级软件产业园——天府软件园（一、二、三期）在成都高新区桂溪街道的南部落户。成都天府软件园是一座立足成都，服务全球软件及服务外包企业的国际化生态园区。它由成都高新投资集团有限公司开发建设，总建筑面积100万平方米，拥有世界一流的市政基础设施、商务配套设施及咨询网络。作为成都发展软件与服务外包产业的重要载体，天府软件园已成为成都软件与服务外包产业的核心聚集区。园区自建成以来，已经吸引了包括IBM、SAP、NOKIA、NEC、DHL、新电、海辉、马士基、埃森哲、华为、腾讯、阿里巴巴等众多国内外知名企业入驻，园区工作人员12000多人。目前，成都天府软件园已成为国内外知名软件和服务外包企业在中国战略布局的首选地、以及国内外软件产业资源汇聚的焦点。

【中国西部最大的孵化基地】 位于成都高新区桂溪街道辖区的成都高新孵化园是由成都高新区管委会统一规划设计，于2002年2月动工兴建，2003年10月投入使用的一个综合性集中式科技成果孵化基地，由成都高新区技术创新服务中心统一管理。园区占地22.644万平方米，总建筑面积22万平方米。成都高新孵化园建有9个孵化单元和综合服务楼、运动健身场所、专家公寓、会议中心等配套实施，其中孵化楼建设由成都高新区管委会投资为引导，吸引社会资本投资兴建。园区构建软件、IC设计、中医药、新材料等专业孵化器。2003年10月，成都高新孵化园启用。2003年成都高新孵化园软件孵化器一期27000平方米实现100%的入驻，引进有任我行公司、华为成都公司等软件企业和研发机构。软件孵化器二、三期引进有联想集团、中兴通信等龙头企业，引进范围有：软件开发、集成电路设计、信息安全技术、数字娱乐等。2005年孵化园在孵企业达210家。截至2009年年底，成都高新区创新中心管理孵化面积13.24万平方米，新增企业103家（其中留学人员和博士企业53家），吸引以留学人员和博士为代表的高级人才317人，培育毕业企业42家，形成自主知识产权131项，为企业从政府、银行和投资机构实现融资2.3亿元，规模以上企业实现工业增加值10.2亿元。园区被工业和信息化部软件与集成电路促进中心以及中国软件与信息服务外包产业联盟共同授予“2009年软件与信息服务外包公共支撑平台最佳园区组织奖”称号；园区还荣获由四川省科技厅等6个部门授予的“四川省集成电路设计产业技术创新联盟”称号，成为四川省首批产业技术创新联盟试点单位。园区与成都市团市委共建首批成都高新青年（大学生）创业示范园，建成成都·全球多语信息转换中心，成功承办“第四届中国—欧盟投资贸易合作洽谈会”。成都高新孵化园拥有国家软件产业基地（成都）和技术平台、国家信息安全成果产业化基地（四川）、国家网络游戏动漫产业发展基地、国家数字媒体技术产业化基地、国家863软件专业孵化器四川基地、国家集成电路设计成都产业化基地共6个国家级专业化孵化基地。

【特色建筑物】 成都高新区桂溪街道辖区内拥有众多的特色建筑，经过多年建设已成为成都高新区乃至成都市的地标性建筑，其中最具代表性的建筑有成都高新国际广场、成都“世纪城”新国际会展中心、中国成达大厦、成都天府国际金融中心、天府立交桥。成都高新国际广场位于天府大道北段，是2005年以前天府大道沿线三环外建设标准最高、商务环境最好、建筑设计最具个性的甲级写字楼群，由五座各具形态的建筑组成，远看整体建筑犹如将一块宝石切割成五块并把它们分开，打破了传统的建筑形态，形成强烈的视觉冲击；成都“世纪城”新国际会展中心位于天府大道中段，由规模庞大的建筑群体组合构成，被誉为中国“西部第一馆”，集展览、会议、酒店、餐饮、娱乐、休闲、购物为一体。新国际会展中心拥有九个室内展馆，面积达20万平方米，整个展馆成弧形银杏叶状向外展开，展厅采用无柱单层机构，最高处净高21米、最低处12米，建筑和施工的难度和技术含量相当高；中国成达大厦位于天府大道中段，成达大厦是中国成达工程有限公司总部办公大楼（公司前身为化工部第八设计院），建成于2008年，位于天府大道中段279号，楼高145米，建筑面积75000平方米。这是成都第一座外立面不规则的建筑，奇特的外形让人过目难忘，又因夜晚灯光射出时有水晶的质感，民间别称“水晶塔”；成都天府国际金融中心位于成都市高新区天府大道北段西侧，是一个智能化、生态化的大型多功能办公园区。用地面积约22万平方米，总建筑面积37万平方米。办公园区首先被考虑建成一个公园，绿地率达到41%。所有建筑物都座落在树林的背景中。建筑群采用相似建筑造型，以7号楼为核心，由高到低沿半圆形依次展开，形成独特的向心之势。所有建筑外立面由纵横交错的钢条包裹，现代感和立体感十足，有西部“鸟巢”之称；成都天府立交桥（斜拉桥）是成都市（1995—2020）城市规划“五路一桥”中特指的一桥，位于成都市人民南路南沿线跨火车南站交汇处，是辖区由北向南的起点。天府立交桥桥梁索塔外观呈“A”字型，塔高78.3米，箱形断面，直径达8米的的桥徽是最能代表成都历史文化的金沙遗址出土的“太阳神鸟”造型。天府立交桥是成都市自二十世纪以来最大的市政工程之一，是成都市的标志性建筑。

（张渝康）

大事记

A CHRONICLE OF MAJOR EVENTS

1月

5日，成都高新区桂溪街道党工委组织召开2008年度桂溪街道社会评价会。街道党工委书记樊晓峰代表街道党工委、办事处从德、能、勤、绩、廉5个方面进行述职。

8日，成都高新区桂溪街道共青团工委被成都市共青团工委授予成都市抗震救灾先进基层团组织、2008年度高新区志愿者先进集体称号。

9日，成都高新区桂溪街道党工委副书记、纪工委书记陈长贵与辖区7名社区戒毒康复人员谈心，并看望慰问敬老院五保老人。

11日，国家禁毒办副主任、公安部禁毒局副局长刘跃进一行到桂溪街道"大走访"，认为桂溪社区戒毒（社区康复）试点工作卓有成效，值得推广。

12日，成都高新区桂溪街道党工委书记樊晓峰分别走访慰问和平社区贫困党员，并为其送上日常生活用品及慰问金。

12日，成都高新区桂溪街道党工委书记樊晓峰，党工委副书记、办事处主任张学文带领班子成员到和平社区、双源社区、三瓦窑社区、临江村开展"送温暖"慰问走访活动。

4~12日，成都高新区桂溪街道办事处对辖区57家餐饮单位、12所学校进行了食品安全专项检查，并对受检单位提要求。

13日，成都高新区桂溪街道党工委、办事处在双流县"西蜀人家"会议中心召开"2008年度工作总结表彰会"，表彰先进集体49个、先进个人85人。

13日，成都高新区纪工委副书记、监察局局长吴方在街道党工委副书记、纪工委书记陈长贵，党工委委员、党政办主任瞿蓉芳的陪同下，到和平社区慰问贫困家庭。

14~17日，经过成都高新区桂溪街道办事处积极协调，天府长城恒泽动力项目部近300名民工领到被拖欠工资款项210余万元，4位民工代表送来锦旗表示感谢。

15日，成都高新区党工委副书记、管委会副主任冯亚曦在街道党工委副书记、办事处主任张学文等陪同下慰问了双源社区困难党员。

15日，成都市市长助理、成都高新区党工委副书记、管委会主任韩春林，成都高新区区党工委委员、组织部部长、人事劳动和社会保障局局长袁宗勇，成都高新区区党工委委员、成都市武侯区武装部部长林明全等领导前往成都高新区和平社区看望慰问贫困党员及残疾人家庭，并要求街道和社区在社区服务方面多下工夫，尽力解决老百姓生产生活问题。

15日，成都高新区桂溪街道党工委书记樊晓峰带领班子成员前往成都消防支队、武警四川森林总队看望慰问了部队官兵。

15日，成都高新区桂溪街道党工委副书记、办事处主任张学文带领街道班子成员看望慰问了桂溪敬老院的五保老人。

16日，成都高新区桂溪街道联合美视国际学校建立了高新区首支外籍志愿者服务队，并举办了“志愿服务无国界，爱心传递你我他”爱心志愿服务活动。

17日，和平社区隆重举行“2008年度总结表彰大会暨书记民主评议大会”。街道党工委书记樊晓峰到会并讲话。

19日，成都高新区桂溪街道党工委书记樊晓峰，党工委副书记、办事处主任张学文到桂溪社区卫生服务中心看望慰问了医务工作者。

21日，成都高新区桂溪街道办事处为临江村2组、6组打的两口深井全面完工。各项水质指标正常，现已正常供水。并开始正常供水。

22日，成都高新区桂溪街道新春团拜会隆重举行。街道党工委书记樊晓峰代表街道党工委、办事处向大家致新年贺词。随后，进行了精彩纷呈的表演。

23日，成都高新区桂溪街道党工委副书记、纪工委书记陈长贵带队到临江村、双源社区进行了节前走访、慰问。

23日，成都高新区桂溪街道和平社区在“成都市清洁城市大行动”第九次测评中以82分的高分名列全市第一，高于市平均分8.6分。

24日，成都高新区桂溪街道召开节前工作部署会议，要求强化社会治安综合治理，切实做好节日期间值班备勤工作，做好应付各种突发事件的准备工作。

24日，成都高新区桂溪街道党工委书记樊晓峰带领班子成员看望慰问了一直坚守在工作岗位的环卫工人及社区干部，并为他们送上了新春的祝福和问候。

24日，成都高新区桂溪街道党工委副书记、办事处主任张学文带队对辖区9家烟花爆竹销售点进行了节前安全检查，并责不符要求的销售点进行现场整改。

2月

1日，成都高新区桂溪街道纪工委对机关各部门、村（社区）节后人员到岗情况进行检查，全体人员均按时到岗。

1~2日，成都高新区桂溪街道各部门分别召开工作会，研讨2009年工作。

4日，成都高新区党工委委员、管委会副主任杜必强率相关部门负责人到桂溪调研城乡环境综合整治工作。街道党工委书记樊晓峰，党工委副书记、办事处主任张学文参会。

6日，成都高新区桂溪街道机关全体工作人员深入学习了《成都高新区机关工作人员日常行为规范（试行）》。

10日，成都高新区桂溪街道组织了社区工作站负责人及社区两委工作人员开展竞聘演讲测评会。

12日，成都高新区机关工委书记马烈红一行到桂溪街道调研工青妇工作。街道党工委书记樊晓峰，街道党工委副书记、纪工委书记、总工会主席陈长贵参会。

13日，成都市文明调查队到桂溪就创建文明城市市民心态进行调查，听取市民意见。

13日，成都高新区桂溪街道举办了党群工作联席会，各村、社区支部书记、党务干事、工青妇干事参加了会议。

17日，新龙公司对成都高新区桂溪街道各科室负责人进行了数字化培训。

17日，成都高新区桂溪街道办事处组织开展辖区群宴管理知识培训，各村（社区）卫生工作人员及流动厨师接受了培训。

18日，成都高新区桂溪街道办事处举办了辖区银企座谈会，部分银行及辖区其他重点企业参加了会议。

18日，成都高新区桂溪街道综治委对2008年度独立院落、企事业单位“无刑事案件”创建先进单位进行了总结表彰。

23日，成都高新区桂溪街道在高新区率先完成辖区内规模以上企业的经济普查工作。

24日，成都市综治办主任李创江，德阳市综治办主任蒲为分别率队调研桂溪社会治安防控网络建设工作。街道党工委书记樊晓峰，街道党工委副书记、纪工委书记、综治办主任陈长贵参会。

24日，成都高新区党工委管委会办公室副主任尹刚一行调研桂溪街道目标工作。街道党工委副书记、办事处主任张学文参会。

25日，成都高新区桂溪街道党工委副书记、纪工委书记陈长贵主持召开了非公企业党建工作研讨会。

26日，成都高新区桂溪街道召开了第120次党工委会议。

27日，成都高新区桂溪辖区2009年首场大型招聘会在双源社区广场举行，提供就业岗位1130个。高新区人事劳动和社会保障局副局长王红，街道党工委书记樊晓峰，党工委副书记、办事处主任张学文出席。

3月

2日，成都市促进城乡充分就业专员办公室第五督察组检查指导桂溪街道就业工作。

3日，成都高新区桂溪街道办事处协同区工商、卫生、质检等部门督察临江村食品安全工作。

4日，成都高新区桂溪街道办事处联合区相关职能部门专项整治双源社区居民楼餐饮店无证经营现象。

5日，成都高新区桂溪街道工青妇“三色”活动启动仪式暨“快乐粉色”三八妇女节趣味运动会在双源社区举行。

6日，成都高新区桂溪街道党工委副书记、办事处主任张学文率相关科室负责人到双源社区调研、指导工作。

9日，成都高新区桂溪街道办事处会同社会事业局与双流县就临江村居民子女就学事宜达成初步意见。

9日，甘孜州公安局禁毒支队队长王建平率队到桂溪交流社区戒毒（社区康复）工作。

10日，成都高新区桂溪街道办事处组织了“三瓦窑110KV变电站建设专家宣讲答疑会”，和平社区100余名群众参加会议。

11日，西安杨凌示范区管委会考察团到桂溪街道考察调研，街道党工委副书记、办事处主任张学文全程陪同。

11日，成都高新区桂溪街道办事处联合区社会事业局、桂溪卫生服务中心举办了“未成年人健康教育知识讲座”。

12日，成都高新区桂溪街道办事处在双源、和平社区组织开展了“植树造林、绿化国土”植树活动。

12日，成都高新区桂溪街道办事处举办了街道、社区（村）地方志工作人员培训。

13日，成都高新区党工委副书记、管委会副主任冯亚曦率队调研桂溪农迁社区建设与管理工作。

13日，成都高新区桂溪街道党工委、办事处组织机关全体工作人员及各社区负责人专题学习谭东同志先进事迹。

15日，卫生部社区卫生处副处长刘利群，中国医学科学院、北京协和医学院医学信息研究所所长代涛一行到桂溪社区卫生服务中心调研。

18日，雅安市公安局禁毒支队政委王跃林率队到桂溪交流禁毒工作。

18日，成都高新区桂溪街道召开非公企业党建工作联系会，23家非公企业党（联合）支部书记、委员参加会议。

19日，成都高新区桂溪街道党工委召开第121次（扩大）会议，街道党工委、办事处领导、各部门负责人围绕如何加强农迁社区的管理和服务提出了建设性意见。

19日，成都高新区桂溪街道综治委组织社区康复人员及其家属开展户外垂钓活动。

20日，成都高新区桂溪街道办事处召开了农迁社区书记主任会议，对农迁社区管理和服务相关问题进行了研讨。

21日，由省科委、高新区科技局主办，社区建设杂志社、桂溪街道办事处承办的“科普进社区”活动在双源社区举行。

17日，成都高新区桂溪街道办事处召开2009年一季度行政效能监督员例会。

19日，成都高新区桂溪街道团工委联合和平学校团委举办了“延续世界的梦想——桂溪街道火炬手走进和平大讲堂”活动，奥运火炬手、办事处工作人员董涛受到了师生们的热烈欢迎。

25日，国家禁毒局副局长陈绪富，《禁毒周刊》总编孙轩一行5人在省禁毒办主任、省公安厅副厅长吴健，省公安厅禁毒总队长赵建川等领导的陪同下调研桂溪街道社区戒毒（社区康复）工作。

25日，成都高新区桂溪街道党工委书记樊晓峰，党工委副书记、办事处主任张学文到和平社区调研社区建设工作。

26日，成都高新区桂溪街道召开了第122次党工委会议。

26日，成都高新区桂溪街道组织辖区重点楼盘招商部、物业部、各社区举行桂溪重点楼盘招商引资工作座谈会。

26日，成都高新区桂溪街道利用全国糖酒会在世纪城新会展中心召开的契机，在会展中心9号馆举行了“会展临时工服务队”启动仪式。

27日，“劳动监察护好航、就业社保你我他”就业文艺晚会在双源社区举行。

30日，《中国社会报·禁毒周刊》总编孙轩、编辑部主任郭毅一行实地调研桂溪街道社区戒毒（社区康复）工作。

31日，成都高新区桂溪街道召开2009年第一季度社区建设工作联席会。

31日，成都市卫生局妇幼保健与社区卫生处处长杨跃林在高新区社会事业局副局长唐亮等领导的陪同下，到桂溪社区卫生服务中心视察工作。

31日，桂溪街道志愿服务总队荣获共青团成都市委和成都青年志愿者协会“2008年度成都青年志愿者行动先进集体”荣誉称号。

4月

1日，成都高新区桂溪街道主要领导亲临临江村实地走访，解决临江村二组村民与中石油公司成都分公司生产生活纠纷问题。

3日，成都高新区桂溪街道组织召开辖区党支部成员培训会。培训由省委组织部宣传处处长李杰授课。

3日，成都高新区桂溪街道民兵圆满完成成都市人防系统物资设备器材捐赠发放仪式会场秩序维护任务。

7日，成都高新区促进充分就业工作督察组组长王振甲一行视察双源社区手工业实操基地运行情况。

9日，成都高新区桂溪街道办事处在双源社区阳光家园举办就业观念引导及医保政策培训会。

10日，成都高新区桂溪街道召开2009年工作会，街道党工委书记樊晓峰，街道党工委副书记、办事处主任张学文分别作了重要讲话。

10日，成都高新区桂溪团工委组织召开联谊会，就资源整合、区域共建、改进青少年思想道德建设进行探讨。

15日，成都高新区桂溪街道领导班子及相关职能科室负责人前往新益州派出所调研。

15日，南京市卫生系统相关领导到桂溪社区卫生服务中心视察工作。

16日，成都高新区桂溪街道党工委组织辖区外来流动党员和部分挂靠在街道阳光家园流动党员党支部的自主择业军转干部召开座谈会。

17日，成都高新区桂溪街道办事处组织辖区181家企业约260人参加劳动保障法规专题培训会。区劳保局劳动处处长严闯和劳动处及就业处的相关同志出席会议。

22日，成都高新区桂溪街道办事处组织双源社区便民服务中心窗口工作人员及部分社区居民代表到区政务大厅进行参观学习。

22日，成都高新区桂溪街道社区戒毒（社区康复）领导小组携手武侯二医院组织康复人员开展心理交流、体育竞技活动。

22日，四川省陆军预备役高射炮兵师师领导检查预备役汽车营二连连队建设情况。

27日，卫生部新闻办主任杨金瑞率领中央媒体采访团到桂溪社区卫生服务中心采访。

27日，四川省委常委、市委书记李春城在市委常委、高新区党工委书记敬刚陪同下到桂溪街道双源社区调研农迁社区青年创业工作。

28日，成都市武侯区委政法委副书记温静率队调研桂溪治安城管队伍整合工作。高新区两委办副主任、综治办主任卢哲平，高新区两委办综合处副处长谯哲等相关负责同志参加会议。

28日~29日，成都高新区桂溪街道办事处开展辖区安全生产、消防防范、食品安全专项联合大检查活动。

5月

3日，成都高新区桂溪街道社区卫生服务中心在双源社区开展预防呼吸道传染病宣传和义诊活动。活动发放宣传资料10000余份，现场义诊群众100余名。

4日，成都高新区桂溪街道团工委组织各界优秀青年代表开展纪念五四运动90周年活动。

4日，成都高新区桂溪街道党工委办事处办公会上，街道党工委书记樊晓峰传达了高新区中心组学习会议精神和敬刚书记重要讲话精神。

5日，成都高新区党工委委员、管委会副主任唐华在街道党工委书记樊晓峰、党工委委员、办事处副主任张仲常的陪同下调研双源社区工作。

5日，成都高新区桂溪街道党工委副书记、

办事处主任张学文，党工委委员、办事处副主任王子琦一行调研双源社区青年自主创业项目。

7日，成都高新区财政局局长王晋成、副局长张平及相关处室负责人与西南财经大学副院长一行来桂溪调研。

7~8日，成都高新区桂溪街道组织辖区四川陆军预备役高射炮兵师汽车营二连应急分队战士参加为期2天的军事训练。

7日，成都高新区桂溪街道党工委委员、办事处副主任张仲常主持召开了防汛禁烧工作会，与铜牌、民乐、大源、勤俭、临江等五个村签订了2009年度秸秆综合利用和禁烧目标任务书。街道党工委副书记、办事处主任张学文参加了会议。

7日，成都高新区桂溪街道办事处召开了双源社区油烟扰民整治工作推进会。

8日，成都高新区桂溪街道"千部电影进社区"活动启动仪式在双源社区广场举行，高新区社事局局长吕毅、街道党工委书记樊晓峰等领导出席了仪式。

8日，由桂溪街道办事处承办的"高新区老年人文艺展演"在双源社区广场隆重举行。

8日，成都高新区桂溪街道机关全体人员参加了数字化社区信息平台培训会。

9日，邛崃市阳安镇镇长高志勇一行60余人到双源社区参观学习。

10日，成都高新区桂溪街道妇联以"母亲节"为契机在辖区学校广泛开展为妈妈做节日贺卡活动。

11日，成都高新区桂溪街道办事处在天府长城小区广场举办了"希望·爱"——桂溪街道纪念五四运动九十周年暨汶川大地震一周年文艺演出。高新区社事局副局长黄永祥、街道领导樊晓峰、张学文等与群众共同观看了演出。

11日，成都高新区桂溪街道党工委副书记、办事处主任张学文主持召开了甲型H1N1流感防治工作会，对防治工作进行了安排。

11日，成都高新区桂溪街道党工委副书记、办事处主任张学文主持召开了城乡环境综合整治工作例会，通报了5月8日高新区整治工作例会精神及第一次城乡环境综合整治测评结果。

11日，成都高新区桂溪街道妇联组织六个社区的130名辖区贫困母亲观看电影活动。

11日，沈阳高新区劳动和社会保障局局长姜兴东率考察团一行到桂溪参观调研就业工作。

11日，成都高新区桂溪街道治安城管巡逻大队与三瓦窑派出所民警成功抓获一名涉嫌抢夺的犯罪嫌疑人。

12日，成都高新区党工委委员、政法委书记、公安分局局长张绍文到桂溪召开会议，安排部署修建三瓦窑变电站相关工作。

12日，成都高新区桂溪街道党工委书记樊晓峰，党工委副书记、办事处主任张学文率队前往南新、永安、益州社区调研工作。

12日，成都高新区桂溪街道组织全体机关干部、村（社区）两委人员、辖区企业党支部代表观看电影《五月的声音》。

13日，黑龙江省大庆市让胡路区政府及大庆市公安局禁毒支队相关领导就社区戒毒工作赴桂溪交流、学习。

13日，成都高新区桂溪街道城乡环境综合整治领导小组召开了双源社区楼下餐馆油烟扰民专题研讨会。

14日，成都高新区桂溪街道办事处邀请成都步升管理咨询有限公司咨询师黄毅对双源社区、和平社区、三瓦窑社区的主任、内审员、联络员、治安城管巡逻大队环保工作人员进行了ISO14001认证培训。

15日，成都高新区桂溪街道流动人口服务管理宣传工作正式启动。

15日，成都高新区桂溪街道团工委组织辖区志愿者及团员志愿者代表与高新区志愿服务队到彭州葛仙山镇开展志愿服务活动。

15日，成都市检察院党组成员、纪检组组长王万忠，高新区检察院邓志城处长等一行赴桂溪街道调研“检察工作点”工作。

15日，成都市政府副市长谢瑞武、省劳动保障厅巡视员张格民、市政府副秘书长周万生一行视察双源社区就业工作情况。

17日，由成都高新区机关工委主办、桂溪街道办事处承办的“华润·凤凰城”杯高新区第二届趣味运动会取得圆满成功。“青春·文明·梦想”活动正式启动。

18日，成都高新区桂溪街道组织召开了流动人口服务和管理动员培训大会，对各社区负责人及180余名信息采集员进行了业务培训。

21日，友好单位武汉市洪山区张家湾街道（青菱乡）考察组一行19人到桂溪参观考察，与街道班子成员进行了座谈。

21日，成都市建委主任黄平一行到桂溪视察了和平农贸市场修建情况，高新区规划建设局副局长张海涛，桂溪街道党工委副书记、办事处主任张学文和兴城公司总经理助理胡建向黄平主任汇报了相关情况。

21日，成都高新区桂溪街道召开党群联席会。街道党工委副书记、纪工委书记陈长贵出席并讲话。

21日，成都高新区桂溪街道组织四家广告公司就社区戒毒（社区康复）中心街景宣传打造进行了比选。

22日，省、市政协委员赴成都高新区桂溪街道双源社区视察统筹城乡综合配套改革建设工作，街道党工委书记樊晓峰向委员们汇报了工作情况。

22日，成都市促进城乡就业专员办第三督察组组长赖辉、在高新区人事劳动和社会保障局副局长王红的陪同下检查了和平社区充分就业工作。

22日，成都高新区桂溪街道流管办组织辖区各流管站站长和流动人口协管员前往芳草街道办事处参观学习流动人口服务管理的相关业务知识。

23~24日，街道举办了社会工作者考前培训，约40名报名者参加了培训。

25~26日，成都高新区桂溪街道经发科组织双源社区腰鼓队在辖区开展禁烧秸秆，保护环境宣传活动。发放禁烧宣传资料共计1000余份。

26日，“多样桂溪 才智母亲”文明家庭警语名句征集活动颁奖仪式在阳光家园隆重举行，来自辖区各行业的30名母亲获得了表彰奖励。

26日，由成都高新区桂溪街道综治委联合街道工青妇组织开展的“端午节”包粽子比赛活动在社区戒毒（社区康复）中心举行。

27日，成都高新区桂溪街道党工委召开第124次会议，对领导分工进行了调整。

27日，成都高新分局治安署治安大队副大队长杨文星等流推办相关领导莅临桂溪街道流管办检查流动人口服务管理第二阶段工作。

27日，成都高新区桂溪街道办事处组队参加了“高新区老年卡拉OK大赛”，获得二等奖1名，三等奖2名，优秀奖1名。

31日，成都高新区桂溪街道党工委副书记、办事处主任张学文带队参加了高新区“贯彻《食品安全法》、建设食品放心城”活动启动仪式。

6月

1日，成都高新区桂溪街道总工会就如何更加有力维护辖区职工合法权益、夯实与企业相互沟通交流平台等召开总工会委员会议。

1日，成都高新区桂溪街道流管办在办事处4楼会议室召开了流动人口服务管理第二阶段工作总结暨培训会议。

1日，为加强城乡环境综合整治工作，进一步推进城乡和谐发展，办事处召开城乡环境综合整治例会。

2日，四川省禁毒委在金沙世纪酒店举行四川省禁毒工作综合会议，桂溪街道被评为四川省社区戒毒（社区康复）工作示范点，宋荣娥同志荣获国家优秀禁毒志愿者荣誉称号。

2日，成都市委常委、高新区党工委书记敬刚，高新区党工委委员、管委会副主任李岷雪，高新区两委办主任林海等到桂溪调研。

2日，市流推办督导处副处长励兵及相关工作人员到桂溪检查流动人口服务管理第二阶段工作。

3日，成都高新区社事局局长吕毅、副局长唐亮、高新区民政司法处处长杨晋平一行到桂溪指导社区服务工作。

3日，成都市市长助理、高新区党工委副书记、管委会主任韩春林，高新区党工委委员、管委会副主任李岷雪，高新区两委办副主任卢哲平一行到桂溪调研。

4日，成都高新区桂溪街道总工会组织辖区优秀青年参加了“因为优秀，我们同行”杰出青年观金沙活动。

4日，成都高新区桂溪街道流管办在办事处4楼会议室召开各工作站专职协管员答疑会。

5 日，成都高新区桂溪办事处联合高新区供电局在双源社区广场开展了世界环境日宣传活动。

5日，成都高新区党工委委员、政法委书记、公安分局局长张绍文，高新区两委办副主任卢哲平到桂溪街道办事处调研。

5日，成都高新区桂溪街道办事处召开了桂溪辖区2009年企事业单位、工地治安防范工作会。

6日，成都高新区桂溪街道团工委联合双源社区组织辖区60余名小学生在阳光家园开展了“创意大PK”课外实践活动。

8日，成都高新区桂溪街道党工委副书记、纪工委书记、流管办主任陈长贵带队到双源社区检查流管站常态建设工作。

8日，按照区城乡环境综合治理“六乱”的要求，办事处开展了集中突击整治“六乱”专项行动。

8日，成都高新区桂溪街道办事处召开安全生产与消防防范工作专题会议，通报上半年安全生产运行情况，安排部署当前工作任务。

8日，成都高新区桂溪街道办事处在和平学校举办“父母大课堂”巡回讲座，北京外国语大学高校演讲团核心成员李明薇主讲《如何有效地进行家庭沟通》，100余名教师和家长参加了讲座。

9日，成都高新区桂溪街道办事处配合高新区执法局对火车南站铁路沿线垃圾清理、违章搭建等进行了检查。

10日，成都高新区桂溪街道办事处对新修的大源、三瓦窑农贸市场进行了达标测评。

11日，成都高新区桂溪街道组织各社区及临江村书记（主任）、工作站站长、工青妇干事，企业党支部近30人研讨整合志愿者资源、党建群团工作措施。

11日，成都高新区桂溪街道党工委委员、办事处副主任张仲常组织召开招商引资工作座谈会，辖区各社区主任及相关工作人员参加了座谈会。

11日，成都高新区桂溪街道综治办与新益州派出所在临江村开展学习《禁毒法》宣传教育活动。

11日，成都高新区桂溪街道高新区党工委

委员、政法委书记、公安分局局长张绍文，国土分局局长官旭与街道樊晓峰、张学文等领导共商变电站建设工作。

12日，成都高新区桂溪街道组织街道机关全体干部传达了高新区促进机关行政效能建设工作要求，集中观看了抗震救灾纪实片。

12日，成都高新区桂溪街道党工委副书记、纪工委书记、流管办主任陈长贵带队检查辖区6个社区第三阶段工作进展情况。

14日，成都高新区桂溪街道办事处在辖区欧尚超市举行2009年安全生产月主题宣传活动。

15日，成都高新区桂溪街道办事处迎接了市流管办督导处副处长周岭辉对流动人口服务管理工作第三阶段推进情况的突击检查。

16日，成都高新区桂溪街道工青妇组织为外来务工人员举办的培训班在中建三局成都电力生产调度基地工地开课。

16日，街道办事处组织辖区内3个农迁社区负责人及相关人员到肖家河街道办事处参观学习院落经验。

16日，成都高新区桂溪街道流管办在街道阳光家园绿色网吧正式展开信息集中录入工作。

17日，成都高新区桂溪街道综治办在永安社区开展了一场声势浩大的禁毒宣传教育活动。

17日，成都高新区桂溪街道劳动保障所组织各社区业务主办及部分就业协管员，共计15人参加社区数字化管理系统培训。

18日，绵阳市禁毒缉毒支队政委黄小灵一行赴桂溪街道调研社区戒毒（社区康复）工作。

19日，成都高新区桂溪街道党风廉政建设“第一责任人”——街道党工委书记樊晓峰围绕深入学习贯彻党的十七届三中全会、中纪委十七届三次全会精神同实现辖区经济平稳较快发展主讲党课。

22日，成都高新区桂溪街道党工委书记樊晓峰，街道党工委委员、办事处副主任全少英等一行到三瓦窑社区检查指导社区建设工作，并与居民们亲密交谈。

23日，成都高新区桂溪街道党工委副书记、办事处主任张学文召开会议，专题研究双源社区就业服务中心装修方案。

23日，成都高新区桂溪街道社区卫生服务中心和天府软件园有限公司联合举办“天府软件园《食品安全法》培训会”。

23日，成都高新区桂溪街道综治办组织社区戒毒（社区康复）人员到龙泉驿区洛带镇开展了登长城活动。

23日~24日，成都高新区桂溪街道党工委书记樊晓峰率队检查三瓦窑、双源社区上半年工作完成情况。

25日，成都高新区桂溪街道召开2009年目标工作培训会，各社区、村目标管理员及负责人参加了培训。

25日，成都高新区桂溪街道召开了各村联谊会，街道领导班子成员、各村书记主任参加了会议。

25日，成都高新区桂溪街道党工委召开第125次会议，要求班子成员按照党风廉政建设责任制分工开展好各项工作，会议还对加强联系基层及群众工作提出了要求。

26日，成都市市长助理、高新区管委会主任韩春林一行实地调研桂溪城乡环境综合整治工作。

26日，成都高新区桂溪街道组织召开《高新区党工委管委会班子学习实践活动专题民主生活会分析检查报告》测评会，街道党工委书记樊晓峰详细解读了《报告》。

29日，成都高新区桂溪街道组织辖区各党支部在辖区阳光家园开展了建党88周年知识竞赛。

30日，成都高新区桂溪街道组织辖区机

关、各社区（村）及非公企业党支部在办事处会议室举办庆祝建党88周年演讲比赛。

7月

1日，成都高新区桂溪街道召集机关科室负责人、各社区主任、桂溪环卫公司负责人会议，安排文明指数测评迎检工作。

2~3日，成都高新区党工委委员、政法委书记、公安分局局长张绍文等领导到桂溪指导修建变电站相关工作。

4日，成都高新区对口扶贫单位甘孜州理塘县组织部副部长谢永忠一行9人到桂溪考察工作。

6日，成都高新区桂溪街道召开行政效能工作会，组织各社区主任、相关部门负责人及社会事务（便民）服务中心窗口工作人员参加。

6~11日，成都高新区桂溪街道机关30余名工作人员冒着酷暑进行“庆国庆、迎中秋”节目彩排，街道领导樊晓峰、张学文、全少英、马玉良等前往慰问并指导。

7日，成都市目督办副主任舒雪萍在区两委办副主任尹钢的陪同下检查桂溪街道城乡规划工作。

7日，成都高新区桂溪街道党工委副书记、纪工委书记、流管办主任陈长贵主持召开流动人口服务管理工作推进会，通报了近期流管工作进展情况。

7~17日，成都高新区桂溪街道纪工委、规服办督察组对街道机关、6个社区和4个服务中心工作人员工作作风进行了突击检查。

8日，成都高新区执法局局长陆军陪同市督察组检查指导桂溪街道整治违章搭建工作。

8日，广州市花都区党组成员、新华街道党工委书记潘志军一行12人到桂溪考察学习。双方就加强招商引资、合作双赢进行了交流。

8日，成都高新区桂溪街道综治委召开综治工作现场会，辖区各社区（村）书记、11家工地负责人参加会议。

8日，成都市人大常委会副主任童若春一行莅临桂溪社区卫生服务中心视察并调研“引导患者合理就医的对策研究”课题。

9日，广东省汕头市金平区政法委副书记王少波一行10人，到桂溪街道社区戒毒（社区康复）活动中心参观、学习。

10日，成都高新区桂溪街道与高新区人事劳动和社会保障局劳动处共同召开了劳动合同法和集体合同疑难问题研讨会。

11日，成都高新区桂溪街道机关30余名工作人员参加了高新区机关庆“七一”文艺演出暨国庆60周年节目预演，街道主要领导到场为演员们加油鼓劲。

12日，成都高新区桂溪街道发挥新南天地商圈整体联动作用，成功挡获在富森美家居附近撬车盗窃财物后逃离的3名嫌疑人及车辆。

13日，成都高新区桂溪街道行政办公会上，街道主要领导对做好综合文明指数测评、加强工作作风和行政效能建设等工作进行了安排部署。

13日，为期一周的首期（SYB）创业培训班在和平社区开班，37人参加了培训。

14日，成都高新区党工委副书记、管委会副主任冯亚曦到双源社区、三瓦窑社区视察文明指数测评迎检工作推进情况。

14日，成都高新区桂溪街道党工委委员、办事处副主任王子琦一行到益州社区调研社区建设工作。

15日，成都高新区桂溪街道召开行政效能专题会议，街道党工委书记樊晓峰、党工委副书记、纪工委书记陈长贵等参会并对坚持劳动纪律、改进工作作风、提高行政效能等提出了要求。

15日，成都高新区桂溪街道治安城管巡逻大队组织第一批次巡逻队员（60余人）前往雅居乐参加了为期1天的防洪抢险培训演练。

16日，成都高新区桂溪街道目督办对益州、双源社区和临江村进行了半年目标抽查。

16日，成都高新区桂溪街道召开了经济普查工作总结表彰会。

17日，成都高新区党工委委员、政法委书记、公安分局局长张绍文带队检查指导桂溪街道流管办、社区流管站的建设及运行情况。

17日，成都高新区桂溪街道组织机关工作人员观看了廉政教育片《廉政中国.李培英贪污受贿警示录》。

17日，成都高新区桂溪街道办事处召开就业工作半年总结会。

18日，由高新区发展策划局、高新区地税局、桂溪街道办事处共同承办的“高新区机关亲子活动”顺利举行，并在大源学校成功落幕。

19日，由成都高新区桂溪街道妇联主办、和平社区协办的桂溪2009年暑期“父母大课堂”讲座在和平社区活动中心举行。

21日，成都高新区党工委副书记、管委会副主任冯亚曦一行到桂溪街道调研指导规服工作。

21日，成都高新区桂溪街道配合区城管执法局对广和一街铁路沿线违章搭建的9处房屋（2000平方米）进行了强制拆除。

21日，大源临时农贸市场完成搬迁，双源农贸市场正式开业，街道领导樊晓峰、张学文等到场视察了开业工作。

23日，成都高新区桂溪街道在四楼会议室召开了农贸市场管理培训会。

23日，成都高新区桂溪街道领导樊晓峰、张学文等与三瓦窑、益州、会展派出所新到任负责人叶祥渝、周又光、魏平等同志座谈。

23日，成都高新区桂溪街道在阳光家园启动了2009年度入党积极分子培训工作，50余名入党积极分子参训。四川省委党校党史党建教研部侯德邻教授主讲了第一课。

23日，成都高新区桂溪街道办事处组织辖区窗口工作人员和社区居民代表一行14人到高新区政务服务中心进行了参观学习。

23日，成都高新区桂溪街道办事处组织辖区各市场检测员参加食品安全检测培训，由厦门海荭兴仪器有限公司张荣宝老师主讲。

24日，成都高新区桂溪街道妇联、和平社区妇女工作委员会在社区卫生服务中心开展了“出生预防干预”为主题的孕期知识培训。

27日，成都高新区桂溪街道党工委、团工委组织党员、团员志愿者在辖区各公交站点开展了主题为“构建和谐桂溪 争做文明乘客”的文明劝导活动。

27日，成都高新区桂溪街道、永安社区联合开展了“暑假安全游泳知识讲座”，向辖区小朋友实地讲解游泳安全知识。

27日，成都高新区桂溪街道召开部分村拆迁安置工作座谈会，街道领导樊晓峰、张学文及五岔子、双土、勤俭、民乐、铜牌、大源村负责人参加了会议，对拆迁难点户工作进行了分工。

27日，成都高新区就业督察组对街道贯彻落实就业优先战略工作方案落实情况进行了检查指导。

27~31日，成都高新区桂溪街道劳保所对富森美家居和欧尚超市店中店劳动合同实施情况进行了摸底，调查店中店83家。

28日，成都高新区桂溪街道总工会在省电力调度中心工地开展了“关爱农民工 送电影到工地”的公益活动。

28日，成都高新区桂溪街道召集相关科室人员，就职能下放进行逐项分析，拟订职能下放方案。

28日，成都高新区两委办副主任尹刚带领高新区民生工程监督员到双源社区、孵化园卫生服务站、南新体育中心，实地检查民生工程目标半年完成情况。

28日起，成都高新区桂溪街道巡逻大队加大了对原大源村农贸市场拆除后的流动摊贩的整治力度。

28日，成都高新区桂溪街道召开了辖区自主择业军转干及流动党员军转干“八一”慰问座谈会。

28~30日，成都高新区桂溪街道治安城管巡逻大队按照治理“六乱”要求，整治乱堆乱放5处、乱摆摊点2处。

28~30日，成都高新区桂溪街道劳保所结合益州社区“和谐工地”创建，走访辖区工地22家。

29日，成都高新区桂溪街道领导王子琦、马玉良等带队慰问了高新区消防大队、武侯区武装部、预师等单位。

29日，成都高新区桂溪街道团工委联合双源社区组织社区少年儿童在阳光家园多功能厅开展儿童果蔬改造比赛。

29日，福建省南平市公安局禁毒支队支队长黄益通一行到桂溪参观考察社区禁毒（社区康复）工作。

30日，成都高新区党工委委员、管委会副主任李岷雪在社会事业局局长吕毅、桂溪街道党工委书记樊晓峰等领导陪同下亲临和平社区慰问优抚对象张治富。

30日，成都高新区桂溪街道领导慰问了成都消防支队、四川省武警森林总队等单位。

31日，成都高新区桂溪街道召开了机关转业干部“八一”座谈会。

31日，成都高新区桂溪街道组织社区戒毒（社区康复）人员开展7月观影主题活动。

31日，成都市流管办第二检查组在市流管办督导处励兵副处长带领下检查了桂溪流管工作情况。

31日，成都高新区党工委委员、政法委书记、公安分局局长张绍文一行到桂溪检查双源社区流管站的建设及工作开展情况。

8月

3日，成都高新区桂溪街道双源社区便民服务大厅社保窗口正式开放，社区居民不出社区就能轻松办理各项社保业务。

4日，成都高新区桂溪街道对辖区内的在建工地开展了“工地是否按时发放农民工工资”的摸底调查。

4日，成都高新区桂溪街道召开了第126次党工委会议。讨论了街道下半年财政预算调整方案，议定了治安城管巡逻大队编制等事项。

5日，成都高新区桂溪街道在阳光家园开展了“社区少年儿童内务整理比赛”。

5日，成都高新区桂溪街道召开了机关全体工作人员、各村、社区负责人会议，贯彻传达7月29日高新区党工委（扩大）会议精神。

5日，成都高新区桂溪街道召开了2009年7月综治工作例会。

6日，成都高新区党工委委员、组织部部长、人事劳动和社会保障局局长袁宗勇一行到桂溪调研人力资源状况。

6日，成都高新区桂溪街道在阳光家园开展了未成年人教育专题活动。

7日，成都高新区桂溪街道召开半年工作总结会，街道领导、机关全体工作人员及各社区（村）书记、主任参会。

10日，成都市促进城乡充分就业专员办公室第三督导组组长赖辉一行在街道领导王子琦陪同下调研桂溪街道双源社区促进充分就业工作。

10日，高新区党工委委员、管委会副主任唐华一行到桂溪和平农贸市场调研建立生猪溯源体系试点工作。

11日，成都高新区桂溪街道党工委委员、办事处副主任张仲常陪同市食安委等有关部门负责同志就桂溪和平农贸市场就生猪产品质量安全可追溯体系建设试点工作进行实地走访。

11日，成都高新区桂溪街道党工委副书记、办事处主任张学文，党工委委员、办事处副主任王子琦率城管科相关人员检查了桂溪敬老院改造工程推进情况。

11日，由成都高新区桂溪街道阳光家园、非公有制企业联合党总支主办的迎国庆“爱国歌曲大家唱”歌咏活动顺利举行。

11日，中国医药卫生事业发展基金会副秘书长韩卫强一行到桂溪社区卫生服务中心指导工作。

11日，成都高新区党工委委员、管委会副主任杜必强检查了大源村旧市场逢场赶集、新农贸市场管理以及群宴基地、老年活动室建设等城乡环境综合整治点位工作推进情况。

12日，成都高新区桂溪街道召开2009年大学生暑期社会实践座谈会。

13日，成都高新区桂溪街道组织辖区村、社区、非公企业党支部等17个支部30余名党务工作人员进行了业务知识培训。

13日，成都高新区桂溪街道党工委副书记、办事处主任张学文、副主任王子琦、全少英率队到双源幼儿园现场办公，确保幼儿园9月按时开园。

14日，成都高新区桂溪街道党工委副书记、办事处主任张学文带领部分班子成员前往人防疏散基地蒲江县复兴乡走访慰问，并带去道路建设扶持金5万元。

17日，成都高新区桂溪街道劳保所对欧尚超市、富森美家居的用工情况进行走访，并发放2000份劳动用工合同书。

17日，成都高新区桂溪街道城管科对辖区商场、物业小区、车站、商家店铺等进行了“门前五包”检查，对不文明行为进行了劝导、指正。

18日，成都高新区桂溪街道双源社区举行“创业带动就业示范一条街”启动仪式。

18日，成都高新区孵化园举办了卫生进园区义诊活动暨高新区孵化园卫生站成立启动仪式。

18日，成都高新区桂溪街道组织看望辖区因见义勇为而负伤的社区康复人员，并送上600元整慰问金。

18日，成都高新区桂溪街道流管办对各流管站进行三级巡查，对各社区录入情况进行检查。

19日，成都高新区桂溪街道总工会主席陈长贵主持召开总工会全体委员会议，对近期总工会工作进行了安排部署。

19日，成都高新区桂溪街道机关二支部召开党员大会，总结上半年支部工作、通报了下半年工作计划。

20日，成都高新区桂溪街道接受中国青年报记者关于提高居民文明素质、开展志愿者服务工作的采访。

20日，成都高新区桂溪街道经发科对相关科室负责人、重点岗位工作人员、治安巡逻大队中队长、副中队长、各社区（村）环保员开展了环保培训。

20日，成都高新区桂溪街道对和平社区各院落门卫防范措施落实情况进行了检查，提出了整改意见。

20日，成都市中心城区生猪产品质量安全可追溯体系建设在桂溪辖区和平综合农贸市场正式启动。

21日，成都高新区桂溪街道社事科特邀华西附二院张迅教授为辖区内准妈妈、待孕妈妈召开了出生缺陷干预知识讲座。

21日，成都高新区桂溪街道劳保所在富森美家居组织了劳动合同法培训会，高新区劳动处处长严闯授课，商场24家企业共30人参加了培训。

21日，成都高新区桂溪街道劳保所分别在和平社区和双源社区组织了以“保护劳动者自身权益”为主题的宣传活动。

24日，成都高新区桂溪街道三瓦窑社区开展了以“保护劳动者权益”为主题的劳动保障法律法规宣传活动，发放了各类劳动法律宣传手册。

24日，成都市流管办和区流推办相关工作人员对桂溪辖区流动人口服务管理工作情况进行了复查。

24日，成都高新区桂溪街道召开行政办公会，传达了8月21日高新区农转居社区建设和管理服务工作联席会精神，要求街道要抓好行政效能建设，社区要加强精细化、专业化管理。

24日，成都市总工会高新区办事处负责人到美视国际学校，宣传校工会关系下放政策。

24~25日，成都高新区桂溪街道党工委书记樊晓峰，党工委副书记办事处主任张学文到和平、三瓦窑和双源社区暗访社区管理情况。

25日，成都市锦江区公安分局禁毒大队一行赴桂溪街道社区戒毒（社区康复）活动中心参观、交流。

25日，成都高新区桂溪街道开展了主题为“慈善之心，感恩之举”的捐赠活动，机关全体同志纷纷慷慨解囊，为台湾同胞筹集赈灾款共5910元。

25日，成都高新区桂溪街道流管办对各流管工作站进行了工作台账检查，并抽查了信息采集点工作人员对流程、职责的熟悉情况。

26日，成都高新区桂溪街道南新社区开展了绿色夏令营系列活动之“绿色上网、净化心灵”活动。

26日，成都高新区桂溪街道党工委委员、办事处副主任全少英主持召开狂犬病防治工作会，安排部署近期狂防工作。

26日，成都高新区桂溪街道劳保所调解中建三局三峡大厦工程项目部19名工人以极端方式讨要工资事件。经协调，劳动者于当日下午顺利拿到拖欠工资。

26日，成都高新区桂溪街道城管科与兴城公司进行了石墙农贸市场的移交。

27日，成都高新区纪工委副书记、监察局局长吴方带着纪工委同志捐赠的3600元现金来到对口帮扶单位和平社区，慰问郑某等6位贫困青少年。

27日，成都高新区桂溪街道党工委副书记、办事处主任张学文，党工委委员、办事处副主任王子琦到双源社区现场办公解决大源街（步行街）管理及社区院落改造有关问题。

27日，成都高新区桂溪街道党工委书记樊晓峰带领部分班子成员及部门负责人，前往高新区对口帮扶对象甘孜州理塘县走访慰问，并送去扶贫资金10万元。

27日，成都高新区桂溪街道通过广播、宣传栏等方式面向社会为“双源社区创业超市”招租手工业项目。

31日，成都高新区桂溪街道党工委副书记、办事处主任张学文主持会议，讨论并安排街道“红色歌潮·天府新城歌飞扬”大型活动。

9月

1日，成都高新区党工委副书记管委会副主任冯亚曦一行到桂溪调研规范化服务工作。

1日，成都高新世纪城南路学校举行落成仪式暨开学典礼，街道党工委委员、党政办主任瞿蓉芳出席并表示祝贺。

1日，成都高新区桂溪街道斥资300余万元打造的“星级幼儿园”桂溪双源幼儿园正式开园，入园儿童达400余人。

2日，成都高新区桂溪街道召开独立院落、企事业单位“无刑事案件”创建活动半年总结表彰会。

2日，成都高新区桂溪街道办事处按照标准化菜市场创建要求，完成了和平、石墙、双源三个农贸市场管理公告栏及快速检测公示栏的制作。

3日，资阳市雁江区纪委、发改局有关领导到桂溪交流学习项目组织实施管理代建工作。

3日，成都高新区桂溪街道党工委召开第127次会议，会议指出当前的重点工作是加强农迁社区的建设和管理服务工作，并要求对大源三期入住前的筹备工作进行专题研讨。

4日，成都高新区三级政务服务中心联席会在桂溪街道办事处召开，高新区党工委副书记、管委会副主任冯亚曦，区相关部门负责人、各街道主要领导参会。

4日，成都高新区桂溪街道组织社区戒毒（社区康复）人员与辖区音乐协会志愿者一道，开展了“唱红歌·庆国庆”活动。

4日，成都高新区桂溪街道组织教育、卫生相关工作人员到辖区各托幼机构检查甲型H1N1流感防控工作。

7日，简阳市公安局禁毒大队大队长刘翠云一行赴桂溪街道就社区戒毒（社区康复）工作进行交流、学习。

7日，成都高新区桂溪街道召开行政办公会，强调各项工作要围绕老百姓需求，服务百姓、满足百姓、方便百姓。

7日，成都高新区桂溪街道党工委副书记、办事处主任张学文主持召开“红色歌潮，天府新城歌飞扬”第二次推进会，了解工作推进情况，并安排近期工作。

7~8日，成都高新区桂溪街道对各社区流管站服务管理信息质量检查记录情况进行了抽查。

8日，成都高新区桂溪街道党工委副书记、办事处主任张学文，副主任王子琦与劳保所全体人员共同探讨就业工作现状及存在的问题。

8日，成都高新区桂溪街道对各村、社区经办人进行城乡居民基本医疗保险涉及人员名单核实工作业务培训。

8日，成都高新区桂溪街道召开小金库专项治理工作会，并对国库集中支付及明年预算工作做出安排。

9日，成都高新区桂溪街道党工委副书记、办事处主任张学文主持召开甲型H1N1流感防控工作会议，安排部署有关工作。

9日，成都高新区桂溪街道党工委书记樊晓峰带队走访了人防疏散基地蒲江县复兴乡。

10日，成都市、高新区、桂溪街道红十字会在桂溪街道双源社区联合举办了“急救为人道”应急演练活动。

10日，四川省人大常委会王宇坤副主任在市人大常委会副主任童若春陪同下视察了桂溪和平综合农贸市场食品安全及猪肉溯源试点工作。

11日，成都市、区人大代表、政协委员一行到桂溪视察食品安全和诚信计量惠民工作。

11日，成都高新区桂溪街道党工委副书记、办事处主任张学文主持召开城乡环境综合整治工作例会。

11日，成都高新区桂溪街道总工会“情浓职工·清凉一夏”趣味游泳活动在永安社区传奇健身俱乐部举行。

12~13日，街道组织劳动保障所全体工作人员和社区就业工作人员共34人开展团队拓展训练。

13日，在高新区全民运动会气排球比赛中，桂溪代表队勇夺亚军。

14日，成都高新区桂溪街道接受市流管服务处相关工作人员对街道流管办近期流动人口信息工作开展情况的突查。

15日，成都高新区桂溪街道召开《甲型H1N1流感社区预防性消毒及杀虫培训》工作会。

15日，国家禁毒办处长宫秀丽到桂溪指导、调研社区戒毒（社区康复）工作。

15日，成都高新区桂溪街道在欧尚超市对75家店中店进行了劳动法律法规宣传。

17日，成都高新区桂溪街道召开了国庆期间维稳安保工作会。

17日，成都高新区桂溪街道召开了节前流动人口工作会。

17日，成都高新区桂溪街道组织辖区各便民服务中心负责人及窗口工作人员一行12人到芳草街道办事处社会事务服务中心进行参观学习。

18日，成都高新区桂溪街道隆重举行深入学习实践科学发展观活动动员大会。

19日，成都高新区桂溪街道机关支部组织支部委员、党小组长召开了第一次深入学习实践科学发展观活动工作会。

21日，成都高新区桂溪街道召开学习实践科学发展观领导办公室工作会议。

21日，成都高新区桂溪街道党工委、办事处召开办公会，要求街道领导、部门要深入联系村、社区、非公企业，确保每周有一天到基层办公，加强与百姓的交流和沟通，带动村、社区开展工作。

22日，成都市委副书记、市长葛红林，成都市委常委、副市长赵小维，成都市副秘书长王明江一行莅临桂溪辖区和平综合农贸市场视察生猪产品质量安全追溯体系建设试点及食品安全工作。

22日，成都市规服办副主任周诚、市政务服务中心协调督察处副处长黄蔚一行到双源社区便民服务中心视察。

23日，成都高新区桂溪街道组织开展市政府机关服务中心后勤工作人员招聘会，共19名辖区居民面试成功，达成初步用工协议。

24日，成都高新区桂溪街道联合成都电视台第二频道举办了庆国庆60周年“红色歌潮·天府新城歌飞扬”大型主题歌会。

24日，成都市市委常委、副市长赵小维率队到桂溪街道办事处、三瓦窑派出所调研国庆期间综治维稳和流管工作。

25日，成都高新区桂溪街道开展“讲感情、献爱心、送温暖”节日慰问活动。

25日，成都高新区桂溪街道在临江村组织34家企业（共50人）开展建设劳动合同制度实施示范城区工作培训会。

27日，成都高新区桂溪街道组织南新社区、益州社区、和平社区积极开展为本辖区13户家庭贫困的流动人口计划生育家庭送温暖慰问活动。

27日，街道召开第128次党工委会议，议决了社区主任助理选聘方案等事项。

27日，成都高新区桂溪街道组织孵化园第一联合党支部30余名党员和积极分子观看了国庆献礼大片《建国大业》，拉开了学习实践活动的序幕。

27日，成都高新区桂溪街道组织召开双源社区三期管理模式及国有资产管理研讨会，街道办事处领导班子全体成员及各科室负责人参加会议。

28日，成都高新区桂溪街道党工委委员、办事处副主任全少英同志带领相关工作人员到黄龙溪桂溪敬老院慰问五保老人和工作人员。

28日，四川省副省长陈文华，成都市市委常委、副市长赵小维一行在高新区党工委委员、管委会副主任唐华陪同下到桂溪街道视察生猪质量追溯体系试点工作。

28日，成都高新区桂溪街道结合深入学习实践科学发展观活动的开展，组织全体党员与机关工会一起举办了“唱红歌·颂祖国”的红歌会。

29日，成都高新区桂溪街道对社区服刑后出狱重点人员进行慰问，送上了月饼等慰问品。

29日，成都高新区桂溪街道党工委副书记、纪工委书记陈长贵对新聘人员进行了岗前教育谈话。

29日，成都高新区桂溪街道召开国庆期间综治维稳工作会议。传达了9月24日赵小维副市长重要讲话精神，对国庆期间的维稳、值班、安全等工作进行了安排。

29日，成都高新区桂溪街道在和平广场开展了《成都市市容和环境卫生管理条例》宣传活动。

30日，成都高新区桂溪街道对行政效能社会评价调查报告中的问题和建议进行了分解，督促各部门和社区抓好落实。

10月

9日，成都高新区桂溪街道组织全体机关人员学习中共中央总书记、国家主席、中央军委主席胡锦涛同志在国庆庆典上的重要讲话精神。

9日，成都市政府副秘书长王平江一行到桂溪视察和平综合农贸市场。

9日，成都高新区桂溪街道办事处对机关及各社区（村）工作人员国庆节后到岗情况进行了突击检查。

10日，成都高新区桂溪街道在辖区内开展双源三期有奖征名活动。

12~13日，成都高新区桂溪街道治安城管巡逻大队分别召开第三季度绩效考核研讨会、作风纪律动员会。

13日，根据成都高新区桂溪街道党工委会议要求，三个农转非社区主任助理选聘工作正式拉开帷幕。

13日，成都高新区桂溪街道在欧尚超市、富森美家居分别成立了劳动争议调解工作站并授牌。

13日，成都高新区桂溪街道组织辖区各村、社区以及街道治安城管巡逻大队相关负责人召开桂溪辖区“西博会”维稳安保工作会议。

14日，成都高新区桂溪街道对南新、三瓦窑社区参与志愿服务的6家商铺进行了志愿服务点授牌。

14日，成都高新区桂溪街道党工委副书记、办事处主任张学文召开西博会期间工作安排会议，要求做好辖区公共秩序、公共服务等工作。

14日，成都高新区两委办综合处副处长谯哲到桂溪街道指导“西博会”期间维稳安保工作。

14日，成都高新区桂溪街道召开社区工作联席会，探讨社区固定资产管理、农迁社区物业化管理等议题。

14日，成都高新区桂溪街道党工委副书记、办事处主任张学文主持召开狂犬病防治工作会，对迎接市狂犬病防治工作组检查予以安排。

13~15日，成都高新区桂溪街道对辖区内的双源社区、南新社区和益州社区流管站工作情况进行突击检查。

15日，成都高新区桂溪街道和平社区代表高新区接受了市联合督察组对狂犬病防治工作的检查。

15日，成都高新区桂溪街道邀请省委组织部信息中心主任、省科学发展观活动成都督察组副组长李杰做了深入学习实践科学发展观专题辅导。

15~17日，西博会期间，成都高新区桂溪街道组织30余名志愿者在辖区开展了文明劝导、道路引导等志愿服务。

12~18日，成都高新区桂溪街道班子成员分别前往联系点，重点围绕目前各社区面临的困难和障碍等亟待解决的突出问题进行深入探讨，广泛收集社区党员群众对街道科学发展和利民惠民改善民生等方面的意见和建议。

19日，成都高新区桂溪街道2009年工会、共青团、妇联业务大练兵知识竞赛活动在双源阳光家园举行。

20日，蒲江县复兴乡政府领导班子一行12人到桂溪街道交流人防疏散基地工作。

20日，成都高新区桂溪街道劳动和社会保障所在辖区范围内各工地开展了为期1天的劳动法规宣传活动。

20日，成都高新区桂溪街道“零家庭暴力”社区打造启动仪式在三瓦窑社区举行。

21日，成都市武侯区政法委综治办主任杨林一行到桂溪街道社区戒毒（社区康复）活动中心参观、交流。

21日，成都高新区桂溪街道办事处主任张学文、副主任王子琦、全少英，武装部长马玉良到和平广场、火车南站检查城乡环境综合整治工作。

22日，安阳市人大常委会副主任李苏庆，副市长张曼如一行到桂溪辖区和平综合农贸市场调研市场管理工作。

22日，成都市城乡环境综合整治工作小组到桂溪督察指导工作，街道党工委书记樊晓峰，街道党工委副书记、办事处主任张学文陪同。

23日，成都市商务局王永刚处长一行5人检查指导桂溪街道城乡环境综合整治工作，实地查看双源农贸市场。

23日，成都市政务中心规服办主任薛志明一行到双源社会事务服务中心调研规范化服务工作。

23日，成都高新区桂溪街道“零家庭暴力”主题演讲比赛在三瓦窑社区举行。

24日，成都高新区桂溪街道机关支部组织全体党员参观大邑县建川博物馆，接受爱国主义教育。

26日，成都高新区桂溪街道党工委副书记、办事处主任张学文同志，街道党工委委员、办事处副主任全少英同志带队到桂溪敬老院慰问五保老人。

26日，成都高新区桂溪街道组织青年志愿者、治安巡逻队员对辖区黑网吧开展了社会评价监督活动。

27日，成都高新区桂溪街道学习实践活动指导督察组第一组召集机关一支部、二支部、双源社区党支部及阳光家园非公企业党支部等8个学习组负责人开会，督察学习情况。

27日，成都高新区桂溪街道办事处举行了宣传片及宣传画册比选说明会，街道主要领导及相关分管领导参加了会议。

27日，成都高新区桂溪街道携手武侯区第二人民医院美沙酮门诊主任、心理医生为康复人员及其家属开展身心健康教育讲座。

28日，成都高新区桂溪街道党工委召开第129次会议，街道党工委书记樊晓峰强调要做好党风廉政建设工作。

28日，成都高新区计划生育目标检查组对桂溪街道办事处计划生育目标工作进行年终检查。

28日，成都高新区桂溪街道组织机关、辖区各社区（村）、单位及家庭代表队共10支代表队开展了党风廉政建设知识竞赛。

28日，成都高新区对口帮扶单位甘孜州理塘县的相关领导参观考察桂溪街道。

29日，成都高新区桂溪街道党工委副书记、办事处主任张学文主持召开了城乡环境综合整治领导小组工作例会。

29日，成都高新区桂溪街道党工委委员、武装部部长马玉良主持召开了辖区冬季征兵工作动员会。

30日，高新区管委会领导李岷雪主持召开高新区农转居社区建设与管理服务暨街道工作联席会议，街道负责同志和相关人员参加了会议。

11月

2日，雅安市雨城区禁毒办一行到桂溪街道社区戒毒（社区康复）中心进行考察交流。

3日，成都高新区桂溪街道辖区石墙农贸市场正式开业，街道党工委书记樊晓峰等领导视察了市场开业情况。

4日，成都高新区桂溪街道23名聘用人员在阳光家园参加了街道组织的社区主任助理选聘笔试。

4日，成都高新区桂溪街道党工委书记樊晓峰带队视察大源三期筹备组工作开展情况，并与筹备组负责人探讨了电梯公寓农迁社区管理模式。

4日，成都高新区桂溪街道总工会与成都新市民学校在永安社区联合举办了“桂溪街道新市民企业培训班”，辖区居民和企业员工代表参训。

4日，成都高新区桂溪街道党工委委员、办事处副主任王子琦主持召开新南四期（一阶段）分房工作会。

4日，成都高新区老协工作调研会在桂溪街道办事处双源社区阳光家园召开，桂溪街道、社区老协就工作开展情况进行了汇报。

3~5日，成都高新区学习实践活动督察组第一组副组长、调研员刘焕春及桂溪街道学习实践活动督察组第一组组长王无抽查了机关二支部部分党员的学习笔记。

4~5日，成都高新区桂溪街道南新社区在融城理想广场、欧尚超市广场举办了“学习科学发展观，构建和谐新社区”作品展。

5日，成都高新区学习实践活动检查指导组组长蒋天泉、副组长刘焕春等与街道学习实践活动领导小组及各工作组成员进行了座谈交流。

5日，省中医药专家组对桂溪社区卫生服务中心创中医药示范单位进行检查。

5日，成都高新区桂溪街道在阳光家园举行了辖区劳动保障知识竞赛，双源社区、劳保所和新社区代表队分获一、二、三等奖。

5日，成都高新区统筹办到桂溪街道检查统筹城乡目标完成情况及食品安全工作，街道党工委委员、办事处副主任张仲常向检查组进行了汇报。

6日，成都高新区桂溪街道工青妇组织联合和平社区党、团支部，组织志愿者到黄龙溪桂溪敬老院看望慰问老人。

6日，成都高新区桂溪街道组织各社区流管站专职协管员到各社区相互学习、交流。

6日，成都高新区桂溪街道召开机关工作人员会议，街道党工委书记樊晓峰传达了4日高新区党工委（扩大）会议精神，党工委副书记、纪工委书记陈长贵传达了5日高新区纪工委扩大会议精神。

6日，成都高新区桂溪街道组织机关工作人员培训，学习了《中华人民共和国突发性事件应对法》及数字化社区平台升级后新功能的应用。

6日，成都高新区桂溪街道治安城管大队

作风纪律整顿动员大会在孵化园召开，会议对作风整顿提出了要求。

7日，成都高新区桂溪街道接受了成都市城乡环境综合整治工作测评。

8日，成都高新区桂溪街道机关40多名运动员参加了运动会个人、集体项目的比赛。

9日，成都高新区桂溪街道益州社区、南新社区、永安社区、武警消防特勤二中队联合举办了“11·9”消防体验之旅拓展训练活动。

10日，成都高新区就业督察组组长王振甲一行到辖区和平社区、双源社区、三瓦窑社区召开就业座谈会，街道调研员刘焕春参加座谈。

11日，成都高新区桂溪街道邀请高新区人事劳动和社会保障局副局长王红、劳动处处长严闯、就业处处长邓换生、社保处副处长夏莉到桂溪研讨劳动保障工作。

11日，成都市卫生局、成都市民政局、成都市劳动和社会保障局、成都市残联等部门到桂溪检查重性精神疾病阳光救助工作。

11日，成都市成华区禁毒办组织14个街道办事处的综治工作人员到桂溪街道社区戒毒（社区康复）活动中心参观、交流。

12日，都江堰市平义社区卫生服务中心一行到桂溪社区卫生服务中心参观。

12日，成都高新区桂溪街道组织召开了第四季度社区负责人联席会。

16日，成都高新区桂溪街道完成了对临江村饮水井净水设备比选。

16日，成都市劳动监察总队检查组一行在总队书记李阡佰的率领下，到桂溪街道检查劳动监察两网化工作开展情况。

16日，成都高新区桂溪街道召开了学习实践活动工作推进会，街道党工委副书记、纪工委书记、学习实践活动领导小组副组长陈长贵作了总结性发言并提出要求。

17日，全国人大常委会财经委副主任委员乌日图一行在高新区党工委委员、组织部部长、人事劳动和社会保障局局长袁宗勇等领导陪同下到桂溪街道双源社区调研农迁社区就业工作。

17日，成都高新区党工委副书记、管委会副主任冯亚曦一行到桂溪街道调研规范化服务型政府及投资软环境测评工作开展情况。

17日，成都市信访局副局长李帮荣、市办信处副处长虞小兵一行4人检查指导桂溪街道信访工作。

17日，成都高新区桂溪街道办事处针对农村财务检查中出现的问题，对村工作人员进行了财务培训。

17日，成都高新区桂溪街道治安城管巡逻大队对三环路以内的燃煤整治情况进行了检查。

18日，成都市人大高新代表联络处主任陈学云、高新区政协工作联络处主任杜国林等人大、政协代表一行视察桂溪街道双源社区就业工作。

18日，成都高新区桂溪街道举办社区主任助理竞聘演讲，共9名社区主任助理入围人员参加了竞聘演讲。

18日，成都高新区桂溪街道在时代晶科工地组织开展了流动人口知识竞猜活动。

19日，成都高新区桂溪街道党工委副书记、办事处主任张学文主持召开大源三期社区配套建设工作会。

19日，成都市商务局对桂溪辖区的双源农贸市场、和平农贸市场创建标准化市场进行了验收。

19日，成都高新区桂溪街道组织辖区6所托幼机构负责人召开了甲型H1N1流感防控工作经验交流总结会。

19~20日，成都高新区桂溪街道召开了为期两天的务虚会，全体机关工作人员、各社区（村）干部、派出所领导共同谋划2010年工作思路及措施。

20日，成都高新区桂溪街道各社区的8名“五老”同志利用休息时间，对社区的网吧进行监督管理。

23日，成都高新区桂溪街道党工委、办事处召开行政办公会，要求做好年底各项目标的自查工作；结合务虚会精神，分析优势，提出工作计划及预算安排。

24日，成都高新区桂溪街道召开行政效能暨发展软环境测评工作会，樊晓峰、张学文等街道领导及相关部门和社区负责人参加了会议。

24日，成都高新区桂溪街道党工委副书记、纪工委书记陈长贵主持召开了公共服务评价测评工作会。

24~25日，成都高新区桂溪街道党工委副书记、纪工委书记、流管办主任陈长贵带队对辖区内各社区流管站常态化管理工作进行检查。

25日，成都市城调队在双源社区对15户居民进行了公共服务评价问卷调查工作。

25日，成都市城管局领导一行10人对桂溪辖区市容市貌及环境卫生进行了检查。

25日，成都高新区桂溪街道学习实践活动指导督察组第一组检查了街道机关支部、二支部、双源社区、三瓦窑社区、卫生中心党支部等8个学习小组的学习开展情况。

25日，成都高新区桂溪街道组织监控室、门卫室全体人员进行了消防安全知识及消防系统使用的培训。

25日，成都高新区桂溪街道对原大源村农贸市场进行了规模较大的集中整治。

26日，成都高新区桂溪街道组织辖区企业参加了行政效能暨发展软环境集中测评。

26日，成都高新区桂溪街道党工委召开第130次会议。

26日，成都市食品安全办公室和高新区食品安全办公室工作人员对和平农贸市场生猪溯源体系工作进行了检查。

26~27日，成都高新区桂溪街道综治委组织召开综治维稳信访工作培训会，街道党工委副书记、办事处主任张学文到会。

27日，省综治委三电办副主任李琦一行4人检查高新区综治维稳暨平安创建工作，桂溪街道代表高新区接受检查，高新区党工委委员、政法委书记、公安分局局长张绍文，桂溪街道领导樊晓峰、陈长贵等陪同。

27日，成都高新区桂溪街道组织辖区全体劳动就业协管员召开座谈会，结合街道务虚会，谋划2010年劳动就业工作思路。

27日，成都高新区桂溪街道组织各村（社区）、派出所、机关各科室相关负责人召开2009年综治维稳信访业务培训会。

27日，成都高新区桂溪街道完成社区居委会主任助理选聘工作，冷文、李佳、叶莉分别为和平、双源、三瓦窑社区居委会主任助理。

12月

1日，成都高新区桂溪街道办事处主办、双源社区、社区卫生服务中心承办的义诊宣传活动在双源社区新广场举行。

2日，成都高新区桂溪街道总工会顺利通过成都市总工会组织的“示范街道总工会”检查验收。

3日，成都高新区桂溪街道办事处举行用工单位暨劳动合同示范城区创建先进单位表彰座谈会。

4日，成都高新区桂溪街道在和平社区广场举办了大型法制宣传活动。

5日，成都高新区桂溪街道组织辖区全体窗口工作人员开展了以“团结、互助、沟通、和谐”为主题的拓展训练活动。

7日，成都高新区两委办副主任尹刚一行到对口联系的双源社区进行座谈，街道党工委副书记、办事处主任张学文参加座谈。

7日，成都高新区桂溪街道党工委办事处召开行政办公会，要求全体人员自觉遵守党风廉政建设相关规定，不放松思想警惕。

8日，成都市城乡就业督察专员办第三督察组组长赖辉一行检查了桂溪街道2009年充分就业重大决策目标完成情况。

8日，成都高新区桂溪街道党工委委员、党政办主任瞿蓉芳召集各部门负责人座谈，研讨活力团队打造工作。

8日，成都高新区桂溪街道党工委委员、办事处副主任张仲常主持召开辖区农贸市场工作会，对市场管理提出相关要求。

9日，成都高新区桂溪街道党工委书记樊晓峰召集会议传达高新区惩防体系建设工作会精神，部署相关工作。

9日，成都市民政局侯华同志一行到桂溪街道检查指导城乡一体化社会救助信息平台工作。

9日，成都市市长助理、高新区管委会主任韩春林，高新区党工委委员、管委会副主任杜必强一行到桂溪街道视察城乡环境综合整治工作。

9日，成都市政法委副书记姚成毅一行在高新区党工委委员、政法委书记张绍文陪同下检查指导“二星级”平安街道创建工作。

10~11日，街道领导樊晓峰带领村、社区书记、主任参加了高新区第六届村、社区基层干部培训班的培训。

14日，成都高新区党工委委员、管委会副主任李岷雪一行，在街道党工委书记樊晓峰陪同下，到成都高新区世纪城南路学校视察桂溪乙肝补种点工作。

14日，成都高新区桂溪街道召开了维稳、安保工作联席会。

14日，成都高新区桂溪街道召开“一村一大”参加公务员考试报名动员会。

15日，成都高新区桂溪街道召开社区主任助理选聘工作总结座谈会。

16日，成都高新区桂溪街道召集各部门信息员进行了工作座谈。

15日，成都高新区桂溪街道治安城管大队在十八步岛召开了“门前五包”工作总结会。

16日，成都高新区桂溪街道党工委委员、办事处副主任全少英主持召开了12月份社区负责人例会。

16日，成调队开展第五次城乡环境综合整治测评，检查了在桂溪辖区的街面、河道、市场等点位。

17日，成都高新区桂溪街道召开学习实践活动专题民主生活会征求意见会，机关各部门工作人员代表、各村、社区、企业负责人和群众代表、人大代表等参加会议并提出了意见和建议。

17日，成都高新区桂溪街道接受了高新区安监局的安全生产目标检查。

17日，成都高新区桂溪街道办事处召开了“征收城市生活垃圾处置费”工作总结会。

17日，成都高新区桂溪街道召开党工委会议，学习《高新区关于集体决策重大事项报告备案制度》，提出开好民主生活会的要求。

17~18日，成都高新区桂溪街道召开了辖区重点企业统计年报会。

17~18日，成都高新区桂溪街道组织各社区流管站站长、副站长、流动人口管理协管员共56人开展了素质拓展训练。

17~18日，成都高新区桂溪街道党工委副书记、办事处主任张学文深入社区院落，指导文明社区示范院落的创建工作。

21日，成都高新区桂溪街道党工委办事处召开行政办公会，提出了2010年工作思路及做好民生工作的五个重点。

21日，成都高新区社会事业局卫生处负责人与桂溪街道计生部门工作人员前往临江村4组，慰问计划生育“三结合”帮扶对象。

21日，成都高新区桂溪辖区综治委组织召开治安防范工作会，街道领导樊晓峰、马玉良及三瓦窑派出所所长等出席会议。

21日，成都高新区桂溪街道针对临江村村民反映粮田减产事宜，组织成都兰月公司的农业专家进行实地考察，提出了相关指导意见。

22日，按照成都高新区桂溪街道学习实践活动深入社区的要求，街道党工委书记樊晓峰到和平社区现场办公。

22日，成都高新区桂溪街道接受了高新区科技局对科普工作的检查。

22日，成都高新区在永安社区召开治安防范工作现场会，街道党工委副书记、纪工委书记、综治办主任陈长贵参加了会议。

22日，成都高新区桂溪街道办事处举行就业业务主办竞（续）聘演讲（述职）及满意度测评会。

22日，成都高新区桂溪街道召开2009年度社会保险待遇资格核查暨城乡居民基本医疗保险筹资工作总结会。

23~24日，成都高新区桂溪街道流管办对各社区流管站在流动人口常态化管理及数据精细化操作方面进行检查。

23日，成都高新区桂溪街道举行了就业业务主办述职及竞聘演讲测评会。

24日，成都高新区桂溪街道党工委组织召开了以“加强学习、强化服务、凝聚民心、促进发展”为主题的桂溪街道党工委领导班子学习实践活动专题民主生活会。

24日，成都高新区桂溪街道开展计生《流动人口条例》培训活动。

25日，成都高新区桂溪街道党工委副书记、纪工委书记、综治办主任陈长贵在新会展派出所主持召开工地、物管治安防范工作会。

25日，成都高新区桂溪街道和平、三瓦窑社区的“文明和谐家庭户”评选总结表彰会在和平广场举行，街道领导樊晓峰、全少英出席会议并颁奖。

25日，成都高新区桂溪街道组织机关全体工作人员召开会议传达23日高新区党工委（扩大）会议精神。

29日，成都高新区两委办副主任尹刚率领民生工程监督员对桂溪街道民生工程项目——和平社区广场改造、和平文体活动中心修建进行了检查验收。

30日，四川省副省长黄小祥、成都市市委常委、副市长赵小维率食品安全、商务部门相关同志莅临桂溪辖区和平综合农贸市场视察生猪产品质量安全追溯体系建设试点及食品安全工作。

31日，成都高新区党工委管委会办公室副主任卢哲平一行，到双源社区看望了3位定点帮扶困难户。

31日，成都高新区桂溪街道益州社区、洲际酒店集团成都世纪城酒店群联合主办的“2010年迎新长跑”活动在新世纪城会展中心举行。

31日，成都高新区桂溪街道组织召开社区招商引资工作例会，各社区主任和招商引资人员参加了此次会议。

（本类目供稿单位：党政办）

特载
SPECIAL EDITION

奋力拼搏　勤奋工作　为建设和谐桂溪作出新的努力

——在桂溪街道2009年总结表彰会上的讲话(摘录)

成都高新区桂溪街道党工委书记　樊晓峰

回顾2008年，桂溪街道党工委、办事处在成都高新区党工委、管委会的领导下，按照“全面贯彻党的十七大精神，进一步提高创新能力，强化服务意识，融洽干群关系，围绕世界一流园区的建设，以经济建设为中心，队伍为保障，社区建设、城市管理和充分就业为重点，更具勇气、更添锐气、更多和气、更加大气，构建和谐桂溪”的工作思路，求真务实、锐意进取，取得了较好的工作成绩。特别是街道党工委领导班子调整后，经过半年的磨合，班子成员在工作中思路明确、措施得力、相互补位，共同进步，形成了一个团结、和谐、务实、创新的班子。通过不懈努力，优质地完成了上级下达的各项工作。在这里我代表街道领导班子对大家在极不平凡的2008年获得的荣誉和取得的成绩表示祝贺。特别是各社区创新思维开展工作：和平社区，(坝坝)会不仅融洽干群关系而且化解了矛盾；双源社区，加强了社区规范管理，提升服务水平，取得了成效；三瓦窑社区，开展的“民意直通车”，主动为民解忧，深得百姓欢迎。

求真务实、扎实工作，办事处整体工作不断上新台阶

按照2008年统筹城乡综合配套改革试验区建设工作要求，全面推进了各项工作的开展。

经济工作取得新的突破

全年，办事处引进企业426家，注册资金8.35亿元，市外资金任务完成近6个亿，在高新区名列前茅。经过努力，全年完成全口径财政

收入41300万元，比去年同期增长131.56%，完成全年目标任务39241万元的105.25%，完成全年奋斗目标40811万元的101.2%。

民生工作扎实推进

就业工作，抓出了特色和亮点。与辖区26家大型用工企业签订了优先用工协议。双源社区失地居民许伯详创立的“甜露制衣厂”解决了辖区68名失地农民就业，配发9台流动就业服务花车，解决8位居民就业问题。办事处投入1700万元购商铺7195.51平方米用于居民创业。成都市委、市政府重大决策检查组在检查桂溪的劳动就业工作时给予了高度评价。

2008年是迎接中央文明委对创建全国文明城市检查验收达标最重要的一年，街道根据创建全国文明城市工作要求，积极推进了创建工作的开展。街道投入大量资金，积极改善社区内外环境，完成了和平社区塑钢门窗更换、双源社区的楼道粉刷、自行车棚改造等工程，三瓦窑破产企业宿舍的综合整治，并开展了物业化管理试点工作。着力打造社区文艺团队，定期组织各种演出活动，让百姓得到了实惠。明年，我们将抓紧进行和平社区服务中心新建、文体中心新建、双源社区幼儿园装修等重点工程。

创造性地开展了五好文明家庭户评选活动，办事处出资133.77万元，在辖区三个农转居社区内评选出了6526户五好文明家庭和65户五好文明家庭标兵户，并举办了授牌文艺演出，使辖区百姓自觉参与文明创建，并让广大群众分享到辖区经济和社会发展的成果。

按“成熟一个处置一个”的原则开展5个村的农村集体资产处置工作，并实行“领导包片”制度。目前永安、和平、五岔子等3个村已开始进行受益人分配，超额完成了目标任务。

积极开展抗震救灾、重建家园工作，“5·12”地震后，街道班子全体成员及相关人员，送去赈灾资金6.5万元以及食品、饮用水等物资2车，28.58万元的食用油、衣物等物资以及欧尚超市捐赠的价值近3万元的食品、药品。累计临时安置灾民132名。派出武装民兵200余人，挖掘出遇难人员10多名、幸存者2名。组织志愿者500余人次，搬运救灾物资1000余吨。

完善医疗卫生服务体系，重点开展了灾后消杀、除“四害”工作，确保了全年无大灾大疫。公开招聘了社区卫生服务中心医护人员23名，11月完成了中层人员竞聘。为辖区7307名儿童免费进行了麻疹强化免疫接种。对辖区内419家单位进行食品安全监督检查共5000余次。

顺利实现双流县西航港临江村人员和土地划转工作，为成都市金融后台中心项目建设提供了保障。

狠抓管理，创新工作，辖区稳定得以巩固

街道党工委、办事处实行了领导包片制度，将综治目标与经济挂钩，并层层签订责任书。高峰同志在桂溪街道办事处《关于下发<桂溪辖区2008年度发案控制管理办法>的通知》上批示：“桂溪街办制定的发案控制管理办法，责任明确，奖惩分明，具有借鉴意义，请区综治办将此办法转发各街办综治办，并督促落实”。大源村创新工作，与30家单位签订了综治、安全、计生综合责任书。街道未发生一起大规模群体性事件。在全市率先圆满完成了三轮车终止营运工作，实现了“两会”、奥运期间“零进京”目标。同时街道成功整合治安城管队伍的经验也得到上级领导的肯定，并表示要将桂溪经验作为亮点在全市推广。

街道办事处开展的特色社区戒毒（社区康复）试点工作，成立了组织领导机构，建立了帮

教联系制度，建成了140平方米的活动中心，从健康、心理、文化、就业、替代治疗等多方面挽救帮扶吸毒人员。省、市领导对桂溪街道所做的工作给予了充分肯定。

深化党建工作，树立清廉清风，有效的促进反腐倡廉建设

在党建工作方面：年初，街道党工委及早分解下达了党建和基层民主政治建设目标任务。4月，实施了和平、三瓦窑、双源三个成熟社区的支部书记交流任职。近期，又结合社区实际，成立了双源社区党总支，并通过公推直选方式选举产生了五个支部委员会。另外，机关二支部换届选举也采用了公推直选方式。2008年，街道通过“三联”网络收集民意100余件，解决了群众多方面的实际问题。民乐村在每周二还派车接送村民到办事处办事，三瓦窑社区创新建立了“阳光短信通”平台，及时与社区党员沟通服务，双源社区引进了利安水电超市，解决了群众缴费难问题。发挥党员先锋模范作用，倡议基层党员积极支持灾区重建家园，辖区党员共交纳特殊党费15.69万元。为畅通民意诉求渠道、提高政务服务效率，12月9日，桂溪街道开展了“民意直通车、服务直通车、监督直通车”活动，特邀了10家公共事业单位参加，对居民们提出的10项问题进行了回复和处理，居民们十分满意。

2008年，街道党工委认真落实工委组织部关于加强非公企业党建工作的要求，共调查走访非公企业503家，街道党工委批准同意成立了非公企业党支部21个，成立了联合党支部10个，共覆盖非公企业253家，让591名非公企业党员找到了组织。

在党风廉政建设方面：认真落实党风廉政建设责任制，并层层分解落实责任；积极开展了“树清廉清风、促高新发展”活动。发放廉政倡议书、小卡片，结合法制宣传、文明创建等开展了廉政建设大型宣传活动，通过廉政讲座、观看警示片、廉政进工地等活动，营造了良好的廉政氛围；打造“精品工程”。聘请专业公司对辖区廉政文化建设进行整体策划，将各种廉政名言、警句、诗歌、绘画融入街景中；建立健全监督机制。对街办建设项目招投标、政府采购等实行全过程监督，开展了社区干部离任经济责任审计工作；为抗震救灾保驾护航，对“5.12”震灾后的工作纪律、政令畅通等提出了要求，开展了民政救灾帐篷排查，对抗震救灾的捐赠工作进行了全程监督，并在5月19日余震预报后督察了社区干部到岗履职情况；承办了高新区“认知高新 共创文明”廉政建设文艺会演，并组织了辖区廉政建设文艺巡演。

在干部队伍建设上：街道党工委开展了创“四好”活动，坚持机关人员学习培训制度，开展了向抗震救灾先进典型学习的活动。坚持村、社区书记主任联席会制度，统一思想认识，加强沟通联系，解决面临的问题。在社区建设工作上，组织社区人员开展了系列培训，已进行了社区服务、写作、摄影、网络搜索技巧等培训，并有街道主要领导主讲，提高了社区干部队伍素质。

展望2009年，我们更加有信心，有决心，在高新区党工委的正确领导下，通过“紧紧围绕高新区建设世界一流园区的目标，以民生工作为重点，经济发展为支撑，综治维稳为保障，队伍建设为关键，着力抓好社区建设和充分就业工作，努力把桂溪打造成有为、有效、有信、有限的“四有”办事处。”的思路，树立与时俱进、勇于实践、锐意创新的工作精神，坚持爱岗敬业、埋头苦干、艰苦奋斗的工作态度，以扎实工作、力争上游的精神状态，奋力拼搏，勤奋工作，为和谐桂溪建设作出新的努力，开创更加灿烂的明天！

打造"有为、有效、有信、有限"街道

——在桂溪街道2009年度工作总结表彰会上的讲话(摘录)

成都高新区桂溪街道党工委副书记、办事处主任 张学文

2009年，桂溪街道党工委、办事处在高新区党工委、管委会的领导下，按照"紧紧围绕高新区建设世界一流园区的目标，以民生工作为重点，经济发展为支撑，综治维稳为保障，队伍建设为关键，着力抓好社区建设和充分再就业工作，努力把桂溪打造成'有为、有效、有信、有限'办事处"的工作思路，结合学习实践活动的深入开展，精心组织，狠抓落实，全年工作取得了良好成绩。

强化招商引资 确保财政收入

街道办事处制订了奖励办法，鼓励村、社区招商引资，确保在建工地税源不漏，并建立定点联系企业制度，提供良好服务。截至12月31日，办事处新引进企业570家，引进资金12.25亿元，引进市外资金10.4亿元。街道办事处实现全口径财政收入5.73亿元，完成奋斗目标(4.83亿元)的119%，超额完成任务。

深入开展学习实践活动 推进基层民主政治建设

根据高新区工委组织部安排，街道开展了第二批学习实践科学发展观活动，辖区19个党(总)支部982名党员、184家企业350余名党员参加了活动。创新实行了领导班子每周到社区、村、企业蹲点办公1天的制度，为群众办实事。得到了省委学习实践活动第一巡视组组长董玉梅等领导的好评。

基层民主政治建设方面，1~12月，街道开放"三会"24次，95名党员、群众代表列席会议，开放议题100余个。召开了20余次听证咨询会，通过"三联"制度收集并解决民情民意100余件。在"阳光家园"举办80余次活动，新成立8家非公企业支部，新覆盖企业79家。全年共上报党建信息80余条，其中街道组织开展的村(社区)、非公企业党支部党务工作人员业务知识培训工作信息被成都市委组织部组工信息正刊第54期(总2863期)进行了刊登。创新开展了"党员责任岗"、民意直通车进院落、社区创"五好"支部、双源社区党总支"1+3"、院落公开征集"三会"参会代表等活动。

工青妇方面，辖区志愿者服务队已达到32支；开展主题活动30次；帮扶弱势青年35人次；街道团组织获市级以上表彰4个；接待来信来访8人件(次)。创新建立了成都市首支外籍志愿者服务队，开展了街道"三色"系列活动，举办了首届"绿色夏令营"系列活动。设立6家社区志愿服务点，《中国青年报》对志愿者服务点进行了专访报道。在高新区率先争创成都市"示范街道工会"，已通过检查验收。此外，还创新开展了三瓦窑社区"零家庭暴力"活动。

保持充分就业成果 促进失业人员就业

截至12月，辖区总劳动力19092人，全口径有就业愿望和就业能力的17728人，就业17448人，辖区就业率为98.4%，其中“4050”就业率为98.1%，动态消除了“零就业”家庭。农村富余劳动力转移就业率96.8%。共培训1005人，培训后上岗895人；创业培训100人，创业成功69人。召开招聘会17场，达成初步意向547人，成功上岗125人。共处理劳资纠纷事件案件187起，涉及金额约2307万元，涉及人数3581人。

创新开展工作方面，一是启动“创业带动就业示范一条街”活动，优惠出租办事处商铺鼓励失地农民创业和带动就业，造就小老板50人，提供社会岗位196个，带动本辖区就业117人。高新区委领导袁宗勇，成都市就业局副局长王卫华均肯定了示范推广价值。9月高新区就业工作会上，向全区推广。市政府副市长谢瑞武，全国人大常委会、财经委副主任委员乌日图，全国人大财经委委员何晓卫，全国人大财经委调研室主任朱明春等先后调研并肯定推广价值。《成都日报》11月24日进行了深入报道。4月，双源社区青年实施的中国青年创业国际计划扶持项目（废旧蓄电池检测修复中心）也受到省委常委、市委书记李春城，市委常委、高新区党工委书记敬刚的关注。二是依托独有的会展经济，组建了“临时服务队”解决用工。三是与辖区工地签订规范用工行为承诺书82份，受到了市劳动监察总队领导的赞扬，并在全市推广。四是实行91家大型企业单位定期联系制度，使用本辖区居民达到858人。

抓好综治维稳 维护辖区稳定

街道办事处先后开展了“严打整治”、“火车站盲流人员整治”、“学校周边整治”等专项行动。1~12月份，辖区发生刑事案件303起，行政案件252起，巩固物防建设，修复和改造治安监控系统，新增320个点位的防盗伞，督促加强了院落门卫、单位安保的管理工作。开展了巡逻队伍应急和处突演练。同时，创新开展了桂溪特色的“无刑事案件”创建、和谐工地创建、新南天地商圈治安整体联动等工作。维稳工作实行信访逐级负责制、领导包案制，全年，共接待来信来访31件，120余人次，办结率100%，未出现一例非正常上访或群体性事件。街道先后代表高新区迎接了成都市信访局副局长李帮荣、省综治委三电办副主任李琦等的检查，并被认为具有示范推广价值。

社区戒毒（社区康复）试点工作成效明显，开展美沙酮替代治疗，组织戒毒康复人员及家属开展每月主题活动，帮助11名康复人员就业。桂溪模式作为省级“社区戒毒（社区康复）示范点”面向全国推广。2009年，国家禁毒委副主任、公安部禁毒局副局长刘跃进，国家禁毒办副主任，公安部禁毒局副局长陈绪富，国家禁毒办处长宫秀丽，省公安厅禁毒总队长赵建川，高新区委领导张绍文等分别到桂溪调研指导。3月30日，《中国社会报·禁毒周刊》总编孙轩、编辑部主任郭毅进行了深度采访报道。5月11日，成都市禁毒委专门下发了《关于表彰推广高新区及高新区桂溪乡禁毒工作模式的通知》（成禁字[2009]2号）。

流动人口服务管理工作取得良好成绩，9月，桂溪辖区数据维护名列全市第二、常态化管理人居工作量名列全市第一，10月，上述排名分别名列全市第三、全市第二。成都市市委常委、副市长赵小维，高新区委领导张绍文在视察时也肯定了流管工作成绩。

深化惠民行动 实施民生工程

2009年办事处启动的社区重点工程项目

建设：南新体育运动中心建设，桂溪敬老院综合改造，和平社区服务中心，和平社区文体活动中心，和平社区广场改造，为临江村打10口深水井解决村民饮水问题。

全年，办事处发放低保金1435人次，金额33万元；医疗救助133人次，金额45万元。新安置残疾人就业11名。办理廉租住房租金补贴37户，实物配租房3户，经济适用房11户。1~12月共对 483人次给予残疾人特困金补助，金额达48300元。对678名80周岁以上老人发放长寿补贴417050元，为4697名60周岁以上过生日的老人发放了价值140910元的购物券。共计普查育龄妇女7691人。

办事处制订社区卫生可持续发展五年规划，在全市为首创，《成都日报》进行了报道。具体实施的医疗卫生服务工作也得到了各级领导的高度重视和肯定，卫生部新闻办主任杨金瑞率CCTV、中国卫生画报及健康报记者到桂溪采访。卫生部社区卫生处副处长刘利群，中国医学科学院、北京协和医学院医学信息研究所所长代涛，中国医药卫生事业发展基金会副秘书长韩卫强，成都市人大常委会副主任童若春先后到桂溪调研指导工作。8月13日《新闻联播》也进行了报道。7月，桂溪辖区创新建成高新区孵化园卫生服务站。

规服创新工作，一窗式综合岗服务、办理事项下沉社区等特色工作多次受到高新区党工委副书记、管委会副主任冯亚曦的关注和视察，并在桂溪召开了现场会。另外，省政务服务中心副主任陈建平、市政务中心规服办主任薛志明、副主任周诚等先后视察并肯定推广价值。

推进城乡统筹　构建和谐桂溪

按照2009年统筹城乡综合配套改革试验区建设工作要求，全力推进了各项工作的开展。

在社区建设工作上，创新开展了居委会主任助理的选聘工作，聘用3名同志为农迁社区居委会主任助理。实行机关新进干部到农迁社区锻炼3个月的制度。坚持社区负责人联席会制度。在08年创新开展“五好文明家庭户”评选活动基础上，今年又出资150万开展“和谐文明家庭户”评选活动，进一步提高了居民的文明素质，调动了居民参与社区建设的积极性；指导社区成立了4个文体协会。开展了清明节、五·四运动暨汶川大地震纪念文艺演出、“红色歌潮”等大型活动。将农迁院落道路、楼道、绿化养护工作打包，引进公司管理，并创新开展了清洁院落评选活动。和平社区在“成都市清洁城市大行动”第九次测评中，名列全市第一；在高新区城乡环境综合整治测评中，和平社区获得了院落管理第3名成绩。

在食品安全上，进行食品安全监督检查共851次。卫生防疫上，强化了传染病特别是甲型H1N1流感的防治工作，对接触者进行了隔离观察。对辖区6.3万只动物实行了强制免疫。对口帮扶上，为彭州葛仙山镇官仓村捐赠了价值4万余元的办公物资，划拨帮扶资金18万元，向高新区对口帮扶单位甘孜州理塘县划拨帮扶资金10万元。

辖区新建的和平、双源综合农贸市场已申报“四川省标准化菜市场示范项目”。同时，和平综合农贸市场被成都市确定为全市首家生猪产品质量安全可追溯体系建设试点单位。四川省副省长陈文华，成都市委副书记、市长葛红林，市委常委、副市长赵小维，省人大副主任王宇坤等领导先后视察并予以肯定，并要求向各地、市（州）、区（县）推广。

开展城乡环境整治　提升区域环境质量

街道办事处以城乡环境综合治理工作为契机，深化全国文明城市创建成果。共投入资金680余万元，对积存生活垃圾、建渣进行清运，清理河道3处，购置更新780个果屑箱，垃圾桶65个。积极开展“门前五包”责任制群众性活动，纠正出摊占道经营行为3300起，取缔乱摆摊设点2200个、流动摊贩4600起；整治各类布幅广告、纸幅、立面等各类小广告1800起；清除“牛皮癣”小广告4200起；拆除违章搭建3500平方米。全年，征收城市生活垃圾处理费187.6万元，超额完成了奋斗目标任务的124.2%。做好了西博会、糖酒会、车展、WCG等重大会议和活动的市容秩序和安保工作。

开展了环保有奖知识问答、文艺演出、知识讲座、宣传活动等，并开展了办事处和3个社区ISO14001环境管理体系认证工作。

健全教育监督 推动反腐倡廉

一是树立科学发展观，认真落实党风廉政建设责任制。二是深化行政效能建设，努力构建规范化服务型政府。三是加强纪检队伍建设，推动反腐倡廉工作，对近年来的办事处招投标项目进行了抽查。四是实施廉政文化进社区，宣传教育入家庭。特别是推行“廉政屏保”进机关、社区活动，被成都市纪检监察信息采纳刊登。五是高新区内率先制定并实行行政效能管理办法。

2010年工作思路

2010年街道总体工作思路是：“以科学发展观为指导，紧紧围绕成都市建设世界现代田园城市和高新区建设世界一流园区目标，重民生、保稳定、谋发展，加强学习，注重创新，主动融入天府新城建设，争创城乡统筹、区域转型的新成效。”2010年，桂溪街道将积极进取，创新特色，确保辖区经济发展、社会事务等迈上新台阶，为此，要重点抓好以下工作：

抢抓机遇 优化提升经济结构

在整合辖区各种社会服务资源，为天府新城产业发展提供优质的社会治安、医疗卫生、城市管理等配套服务，打造优良的生产和发展环境的基础上，利用天府新城核心区域的品牌优势和依托孵化园、软件园产业平台，做好招商引资和现有企业协税护税工作，力争新引进企业600家，其中注册资金100万元以上的120家，引进市外资金有较大幅度的增长；全年全口径财政收入超过6.55亿元，比2009年增长15%以上，实现街道经济发展的历史性突破。

狠下工夫 完善便民惠民举措

办事处在抓好经济工作的基础上，加快社区重点配套设施的建设，通过畅通民意诉求、开展“暖心工程”、促进创业就业、加大救助力度、强化社会服务、丰富文化生活等各项举措，力争实现“五民五好”目标：即化民怨、力争居民心情好；解民难、力争居民生活好；重民享、力争居民居住环境好；助民富、力争居民收入好；促民强、力争居民身心好。

深化环境综合整治 服务天府新城建设

继续深化城乡环境综合整治工作，推进城乡协调发展。确保和平一期院落、双源社区44号院落绿化试点改造等重点工程和特色亮点工程的建设。结合ISO14001环境管理体系工作，加强对河道、主要道路、院落、市场的清扫保洁，按照天府新城，城市核心区域标准不断提升区域生态环境质量和城市管理水平。强化文明执法和以人为本的理念，采取疏导结合方法，树立良好的市容市貌。

坚持动态管理 促进充分就业

按照成都市创建“充分就业城市”要求，加强对失业人员和居民择业观的宣传和引导，继续做好就业基础性工作。加强对企业和建筑工地的走访，及时准确掌握企业用工情况，稳定就业岗位和劳动关系。扩大双源、和平手工业基地创业实效，巩固深化创业带动就业一条街工作成果。

深化平安创建 维护社会稳定

健全突发性事件、群体性信访突发事件的处置预案和信息渠道的畅通工作，坚持三个制度（综治维稳信访例会制度；重点工作研判制度；领导包案、部门具体负责、社区落实责任的制度），切实做到“发现得早、控制得住、处置得好”。继续开展争创“三星级”平安街道和桂溪特色的“无刑事案件”创建、“天府新城·和谐工地”创建、新南天地商圈治安整体联动等工作。深化社区戒毒（社区康复）工作，争创全国示范点。加强对特殊流动人口的管理，完善流动人口信息服务应用平台工作，全力维护好辖区政治稳定、社会安定的新局面。

加强队伍建设 争创一流桂溪

按照“四好”班子的要求和办事处“三多三少”的衡量标准，加强队伍的培训教育，丰富形式和内容，探索激励机制，体现人文关怀，更好地调动广大干部群众创新开展工作，为成都建设世界现代田园城市、高新区创建世界一流园区、构建和谐桂溪再立新功。

（本类目供稿单位：党政办）

图1：成都高新区桂溪街道辖区天府软件园B区

专文

SPECIAL ARTICLES

在世界一流园区的建设过程中打造一流的办事处团队

2005年，我国在新的历史时期第一次鲜明的提出建设“世界一流园区和创新型园区”的发展目标，以此为标志，高新区建设从此揭开了新的序幕。2008年，在科技部开展的54个国家级高新区综合考评中，成都高新区排名紧随北京中关村、上海张江、深圳高新区之后，跃升至全国第四位。面对着前所未有的机遇和挑战，街道办事处如何紧密与成都高新区的建设目标保持高度一致，并为世界一流园区的建设作出贡献，是我们每一位街道工作者所必须认真思索和作出回答的，本文试着从办事处机关团队建设方面作一粗浅分析解答，不当之处敬请领导和同事批评指正。

一、街道基本情况

成都高新区桂溪街道办事处地处成都市南大门，是天府新城建设的核心区域，位于成都高新区东南部，北起火车南站，东依府河，西邻石羊街道办事处，南与双流县接壤，幅员面积21平方公里，辖12个行政村和6个社区，户籍人口47000人，流动人口约23000人，是一个城乡统筹城市化进程极快的涉农街道（截至2009年仅剩3个村未拆迁）。

街道办事处下设三科、两所、一办、一中心（经发科、社事科、城管科、财政所、劳保所、党政办、社区中心），共有79名工作人员，其中正编在岗干部50人、聘用人员29人；男性49人、女性30人，党员52人，大学本科54名，平均年龄37岁。

二、街道团队建设中存在的问题

团队精神是指团队成员为了集体利益与目标而相互协作、尽心尽力的意愿与作风。一个有效的团队将充满生机和活力，能使人不辞劳苦、精诚团结、忠于职守、敬业向上，能使整个集体变得更富于生命力和创造性。

桂溪街道办事处从1996年筹备组建至2009年走过了十三年的历程，其间在高新区党工委、管委会的坚强领导和办事处全体干部群众的共同努力下，经济收入、社会事务、辖区稳定等工作都取得了较大的成绩，先后被评为成都市“文明单位标兵”、“平安街道”、“城市容貌整治先进单位”、“拥军优属先进单位”、“防范和处理邪教工作先进集体”及“社区戒毒、社区康复工作省级示范点”等称号。办事处全口径财政收入已由当初的500多万元猛增至现在的5亿多元，农迁社区全部实现充分就业社区，市容市貌随着天府新城的建设更加现代、时尚，社会治安状况越发稳定，一个环境优美、秩序良好、功能完善、文明和谐的新型现代化办事处正在形成。在办事处机关团队建设方面，爱岗敬业和奉献精神得以倡导和认同，广大干部的责任心、执行力得以进一步提高，办事处的服务水平和办事能力有了明显进步，但是与世界一流园区建设的要求相比还有一定的差距，这不仅表现在办事处的理念、思想解放程度、服务水平和办事能力上，更主要表现在以下两个“三多三少”方面，这就是：

1.意识形态方面，计较抱怨多，包容理解少；个人自我多，团队意识少；客观强调多，主观自查少。

2.在具体工作上，安于现状多，开拓创新少；按部就班多，特色亮点少；随意无序多，总结提炼少。

三、打造一流办事处团队的几点思考

1.首先应进一步明确“一流”的内容，量化其指标，从而让机关干部有明确的目标和奋斗方向。要继续在发扬更具勇气、更添锐气、更多和气、更加大气的“四更”精神和努力构建有为、有效、有信、有限的“四有”办事处方面下功夫、花力气，进一步树立勇于突破、敢于争先的思想，加强责任心、进取心和服务心建设，以人为本、注重团结、高标定位、追求卓越，共同为办事处有为、高效、诚信而努力。

2.进一步营造公平环境，完善激励机制。在管理上特别强调“以人为本”，以走进员工心灵的方式强化管理、增强认同，体现公平。要以感情为轴线、真诚为圆心，更加主动关心帮扶员工，给予其充分的理解信任和尊重，使其自觉自愿接受关怀，并以极大的热情投入到工作中，要在进一步完善聘用人员激励机制基础上，加大正编人员的激励机制建设，最大限度地调动和发挥全体员工的工作主动性和积极性，进一步倡导“高标处事、低调做人”，使其保持积极平和的心态，从而增加理解包容，增强团队协作。当然，如果条件成熟，加大管委会和办事处一般工作人员的交流力度也是保持工作激情、完善激励机制的有效举措。

3.进一步加强学习培训，提高全体员工的整体综合素质。目前，虽然办事处坚持了定期学习制度，但针对每一位员工具体的系统培训是缺失的，工作人员中多数人由于种种原因从参加工作至今未得到系统学习培训的机会，在思想观念、工作观念、思维方式等方面都存在不同程度的缺陷。因此，在注重实效的前提下充分引进和利用社会资源，为其提供学习培训机会，无疑会对其自身综合素质的提高起到事倍功半的作用。要在坚持“走出去”与“请进来”相结合的学习培训方式基础上，认真疏理工作中存在的薄弱环节和需进一步提升的能力素质，有针对性地开展各类学习培训，建设“学习型”办事处，有效提高工作人员的整体素质和水平。

4.进一步注重创新，增强办事处的核心竞争力。

创新是社会发展的动力，桂溪街道办事处在其成长发展过程中，率先进行了村集体资产处置工作，成功地解决了村社拆迁后的遗留问题。在全市创造性地开展了农迁社区“和谐文明户”的评选活动，规范了农迁人员的行为习惯，提高了农迁人员融入社会的能力，并使其得到了政府的关怀、享受到了区域发展的成果。但由于区域城市化进程太快，过去积累和探索出的经验对新的形势下工作的指导是有限的，因而必须通过不断的创新才能更有效地推进工作，解决各种纷繁复杂的新旧问题，并做出特色和亮点，从而增强街道的核心竞争力。要通过创新机制的建立，倡导和鼓励村、社区和机关各部门应用各种理论学习成果，并结合自身实际进行创新，形成善于创新、敢于创新的工作局面。

（桂溪街道党工委书记　樊晓峰）

桂溪街道创新社区卫生服务工作的几点收获

在成都高新区党工委、管委会的正确领导下，桂溪街道党工委、办事处本着以人为本、服务于民的工作原则，围绕重视全面协调、坚持可持续发展的工作思路，不断深入学习实践科学发展观，加快实践创新，让老百姓共建共享发展成果。从2008年至2009年，在创新医疗服务机制，提升卫生服务理念上取得了长足进步。

一、主要做法

（一）体制创新，桂溪卫生院成功转型

2007年10月，区、街道斥资1000万元打造的公益性、非盈利性的桂溪社区卫生服务中心正式启用，各类门诊、B超室、心电图室……1600平米的社区卫生服务中心医疗科室一应俱全。桂溪医院顺利转型为桂溪卫生服务中心，这仅仅是在桂溪社区卫生服务中心运行机制改革的一个开局。桂溪社区卫生服务工作在高新区党工委、管委会领导及社会事业局、街道党工委、办事处的高度重视下，贯彻执行国务院新的卫生改革有关政策，深化社区卫生综合改革，开创了“政府办、街道管、三级考、社会评”的具有高新特色的社区卫生服务管理体系，全面落实疾病监测、卫生监督和妇幼保健等公共卫生工作，以社区公共卫生服务为重点，加强内涵建设，不断提高社区居民健康水平，保障人民群众健康需求，采用小窗口，积极施展大服务，促进了社区卫生服务水平的提升。

（二）机制创新，提高医疗服务积极性

1.人事制度改革　打破人才瓶颈技术短板

事业单位人事制度改革是干部人事制度改革的重要组成部分，对改善体制环境，推进人才战略，激发人才活力，促进社会和谐都具有重要意义，为此，桂溪街道对社区卫生服务中心的人事制度进行了改革探索。一是“能进能出”的定编定岗不定人的人事制度改革，推动桂溪社区卫生体系医疗综合服务水平的有形升级。桂溪社区卫生服务医技人员面向社会公开招聘，择优录取、竞争上岗，进一步改变社区卫生服务人员结构，提高服务水平。目前，中心48位在职人员中：研究生3人；本科12人；大专21人；大专以下学历仅12人，有效地保障了在职人员的医技水平。二是完善收入分配体系，根据《成都高新区社区卫生服务中心工作人员薪酬分配体系指导意见（试行）》（成高人发〔2009〕2号）精神，以岗位设置为基础，按工作职责，任职条件，工作强度等因素确定岗位薪酬标准。在编人员的身份作为档案身份，与实际岗位挂钩。三是以完善绩效考核制度为抓手，建立了人才进得来、留得住的激励机制，规范收入分配体系，建立绩效考核标准，进一步调动社区卫生服务中心工作人员的工作积极性。今年1月，《成都高新区桂溪社区卫生服务中心医护人员绩效考核办法(试行)》正式施行。中心组织，各科室（站）要参与对各岗位人员的绩效考核，考核结果作为当月和年终绩效工资的依据；制定职工绩效考核细则（服务数量(40%)、服务质量(30%)、满意度(30%)），根据对员工的绩效考核结果进行奖惩，决定去留，按工作业绩大小，奖勤罚懒，拉开收入距离，不能搞平均主义。

2.财务管理改革，体现社区卫生服务的公益性、非盈利性

要实现社区卫生服务的功能再造及长效运转，仅仅是提升就医环境、引进医务人员，显然是不够的，“收支两条线管理”从源头上让医务人员从“以药补医”的经济效益中剥离出来，从而真正实现社区卫生服务的公益性、非盈利性。桂溪街道紧扣高新区社区卫生服务中心运行机制改革思路，设立了‘社区卫生服务管理办公室’，启动收支两条线管理，收入、支出纳入街道财政，集中分户管理、核算，中心财会人员由街道财政所委派，实行预算制。在财政部门指导下，加强对“收支两条线”管理工作，严格执行《成都高新区社区卫生服务机构收支两条线管理办法（试行）》（成高财发〔2007〕71号）文件精神，科学核定收入和支出项目，合理安排预算，保障中心正常运行，经费合理使用。切断医护人员收入与医疗服务收费的联系，确保了中心可持续发展，保障了医务人员的收入，引进高技术、高学历医务人员为辖区老百姓提供公共卫生和基本医疗服务。

3.日常管理改革，消除社区卫生服务维持运转的弊端

辖区居民多数为农转居人员，人均收入水平不高，一直以来“看病贵、看病难”成了限制社区卫生服务发展的一块绊脚石。社区卫生服务中心改变过去常规的药品进货方式，基本用药“政府采购、统一配送、零差率销售”，并由政府采购服务中心负责，通过公开招标选定三家药品配送企业，保证了配送工作的及时高效。共有536种社区卫生基本用药通过实行“政府采购、统一配送、零差率销售” 有效的降低了采购和使用成本，其中西药下降42%、中药下降28%，单处方费28.26元，使辖区居民实现了“看得上病、看得起病、看得好病”。

（三）理念创新

1.提升公共卫生服务理念，实现人人享有公共卫生和基本医疗卫生服务

桂溪街道党工委、办事处高度重视社区卫生服务工作。一是把社区卫生服务作为社区服务的重要组成部分予以综合安排，以提升不断辖区居民健康水平为目标，实现人人享有公共卫生和基本医疗卫生服务。

二是着眼长远，系统规划部署辖区卫生服务体系发展，制定《高新区桂溪社区卫生服务可持续发展规划（2009—2013年）》(以下简称《规划》)。《规划》2009年3月正式实施。五年目标：人人享有公共卫生和基本医疗卫生服务。锁定五年，全面推进社区服务可持续发展的运行机制和管理体制改革，建立健全设施完善、运行科学、人才稳定、功能良好、老百姓满意的社区卫生服务体系，做到辖区居民“小病在社区、大病进医院、康复回社区”。力争到2013年，在桂溪街道建成机构设置合理、服务功能健全、人员素质较高、运行科学、管理规范、机制稳定、措施有效的社区卫生服务机构，中心服务水平达到全国社区卫生服务先进水平。

三是关爱特殊群体，制定并实施了《桂溪辖区弱势群体补充医疗救助办法(试行)》。在构建街道“人人享有公共卫生和基本医疗卫生服务”的均衡医疗保障体系中，低保人员、特困残疾人、低收入人员等弱势群体，将获得为量身定做的补充医疗救助。今年，街道计划对辖区100名长期患病，且家庭贫困的弱势群体进行医疗救助补贴，通过分梯度的医疗救助，尽可能让他们不花钱，就能得到及时、有效的全方位治疗。“人人享有优质公共卫生和基本医疗卫生服务”的目标，已然渐行渐近。

2.强化延伸服务理念，构建医疗服务新模式

桂溪辖区位于成都高新区东南部，北起火车南站，东依府河，西邻石羊街道办事处，南与双流县接壤，幅员面积21平方公里，辖12个行政村和6个社区，户籍人口46979人，流动人口约32000人。社区卫生服务中心肩负起了捍卫辖区居民健康的重要角色，然而辖区地域广、人口多，居民就近就医难以实现。为此，桂溪社区卫生服务中心一方面推出了“1+3”的医疗配置即“一个中心，三个服务站”，先后成立了双源社区卫生服务站、天府软件园卫生服务站和孵化园卫生服务站，延伸了社区医疗服务，切实做到让辖区居民“不出家门，就近就医”。另一方面中心与大型综合医院、保健机构和专科医院(成都市第一人民医院、成都市第四人民医院、武侯区保健院、成都中医药大学附属医院）签定对口辅导及双向转诊协议（专家坐诊、免费为中心进修医技人员），开通绿色通道（中心转诊的病人给予优惠），引导居民到社区卫生服务机构首诊。

二、工作成效

产业发展是高新区的“主动脉”，但在产业发展的同时，必须将优势资源“反哺”民生事业，让产业发展的成果惠及每个高新人。社区卫生服务是构筑区域和谐不可或缺的民生支点，桂溪社区卫生服务中心承接社区卫生服务综合改革的契机，在全面完成基本公共卫生指标的基础上，从规范管理上下功夫，全面落实民生工程“六免五进社区”惠民措施，认真落实各项惠民政策，为构建和谐桂溪做出了新贡献。

★2008年全年惠民门诊56026人次，优惠592799.36元。

★2009年1月至今惠民门诊87878人次，优惠538054元。

★2009年对辖区重点人群（60岁以上老人免费体检人数1848人、残疾人免费体检人数115人、低保户免费体检人数52人、7–14岁儿童免费体检人数1101人、育龄妇女免费体检人数4651人）免费健康体检。并对辖区100名90岁以上老年人免费上门进行健康体检。

★2009年免费为辖区持有残疾证的残疾人康复理疗服务1743人。

★2009年根据《成都高新区管委会关于印发贫困群众医疗救助暂行办法的通知》（成高管发[2006]27号）文件规定，对辖区持有《残疾人证》的贫困精神残疾病患者共计48人进行医疗康复救治，并为每一位贫困精神残疾人员建立病情档案，进行健康教育知识宣传，定期上门为精神疾病患者做健康体检。

★2009年8月，为认真贯彻落实“六免五进”民生工程的重要举措，高新区卫生孵化园卫生服务站特邀市一医院及363医院医技人员针对颈椎病、腰椎病等园区白领常见疾病提供了免费的医疗帮助，并发放医疗宣传资料80余份，现场前来咨询、就医的企业员工络绎不绝，起到了良好的宣传效果。

一直参与《规划》制定、讨论的华西医科大学李宁秀教授，对桂溪街道谋划、制定《规划》给予充分肯定：“我曾参与过很多卫生服务发展规划的起草、审议，但以街道为单位，制定街道社区卫生服务发展规划，还是头一次。构建社区卫生服务体系，仅仅拥有宏观的方略是不足以支撑的，这个体系的每项职能完成，都必须要有街道的搭台、参与，制定中长期规划，就是着眼于当下，为未来社区卫生服务发展布局，在这一点，桂溪街道思考超前，所为超前。”

今后桂溪街道党工委、办事处将按照高新区党工委、管委会的各项工作要求，紧扣“高新特色”，一如既往的做好各项工作，在探寻产业可持续发展路径的同时，不断深化创新，将优势资源“反哺”民生事业，让产业发展的成果惠及辖区每一位居民。

（桂溪街道办事处　张学文）

组织机构

ORGANIZATIONS

桂溪街道领导机构

【桂溪街道党工委】 中共成都高新区桂溪街道工作委员会于2002年7月成立，是中共成都高新区工作委员会的派出机构，其前身是中共成都高新区桂溪乡工作委员会和中共成都高新区三瓦窑街道工作委员会，对街道的各项工作实行全面领导，在街道各行政组织、经济组织、群众组织中起领导核心作用。负责贯彻执行党的路线、方针、政策和国家的法律、法规，积极组织实施上级党组织的决议，讨论、决定本街道党的建设、经济建设、社会事业发展的重大问题，完成各项任务。领导基层党组织搞好党的思想、组织和作风建设，坚持党管干部的原则，依照权限，做好干部的培养、选拔、使用和管理工作，负责基层党组织的设立及调整，审批新党员，抓好党员的教育和管理工作。发挥基层党组织的战斗堡垒作用和党员的先锋模范作用。依托区域优势，深化社区党建工作。领导街道办事处的工作，支持和保证行政组织、经济组织依法行使管理职能，保证上级政府的政令畅通，促进街道经济和各项社会事业的发展。领导街道思想政治工作和精神文明建设，搞好社会治安综合治理，开展形势、政策、法制宣传教育，提高党员群众的思想政治觉悟和科学文化素质，努力创造良好的社会环境。领导人民武装、统战工作和工会、共青团、妇联等群团组织，支持群众组织独立负责地开展工作。做好本辖区省、市、区属单位的有关协调工作和人民代表工作，密切党群关系，促进共同发展，推进社区建设。加强党工委以及办事处领导班子的自身建设，加强党风廉政建设，教育党员、干部遵纪守法，增强勤政意识，同一切违法行为作斗争。

街道党工委书记：樊晓峰

街道党工委副书记：张学文

街道党工委副书记、纪工委书记：陈长贵

街道党工委委员：张仲常、王子琦、高　健（2009年5月调出）、全少英（2009年5月调入）、马玉良、瞿蓉芳、门建新（2009年8月调出）。

【2009年街道党工委领导名单及分工】 街道党工委书记樊晓峰：主持街道全面工作。

街道党工委副书记张学文：负责街道办事处的全面工作。协助党工委书记做好街道全面工作。

街道党工委副书记、街道纪工委书记陈长贵：主持街道纪工委工作（兼任街道综治办主任、流管办主任）；负责党务、综治、维稳、信访、人事、工青妇、流动人口服务管理工作。分管党政办公室。

街道党工委委员张仲常：协助党工委书记分管经济工作。

街道党工委委员王子琦：协助党工委书记分管国土城管工作

街道党工委委员全少英：协助党工委书记分管社会事务工作

街道党工委委员、武装部部长马玉良：负责武装民兵、预备役、征兵、综治巡逻、城管执法、环保工作。分管治安城管巡逻大队。

街道党工委委员、党委办主任瞿蓉芳：主持党工委办公室工作。负责办事处目标、机关内部协调管理工作。分管社会事务服务中心。

街道党工委委员、三瓦窑派出所所长门建新：负责三瓦窑派出所全面工作及辖区综治、维稳工作

【桂溪街道办事处】 成都高新区桂溪街道办事处于2002年7月成立（前身是成都高新区桂溪乡人民政府、成都高新区三瓦窑街道办事处），是成都高新区管委会派出机构。桂溪街道办事处下设社会事务和人口计划生育科、经济发展科、城市管理科、财政所、劳动和社会保障所、社区管理服务中心。承担教育、科学、卫生、防疫、民政、司法、老龄、人口与计划生育。街道经济发展计划的编制和组织实施，街道企业、农村集体经济组织和其他经济组织的管理和服务、招商引资、环境保护、安全生产、防汛、统计。承担土地管理、农房建设管理、征地拆迁、环卫、市容市貌、绿化、城管执法。承担街道财政预决算管理、财务会计培训与管理、内部审计、协调工商和税务。承担辖区内劳动就业和社会保障等公共服务职能；承担辖区内文化、社区建设等公共服务职能。

【2009年街道办事处领导名录及分工】 街道办事处主任张学文：主持街道办事处工作；分管财政所。

街道办事处副主任张仲常：负责经济、安全、动防、防洪、城乡统筹、市场管理及农业工作。分管经济发展科。

街道办事处副主任王子琦：负责劳动就业、社会保障、国土、拆迁安置、城市建设工作。分管劳动和社会保障所、城市管理科。

街道办事处副主任全少英：负责社会事务、计划生育、老龄、社区建设工作。分管社会事务和人口与计划生育科、社区管理服务中心。

街道办事处办公室主任瞿蓉芳：主持办事处办公室工作。负责办事处目标、机关内部协调管理工作。分管社会事务服务中心。

街道办事处副局级调研员兼成都高新区地方志办公室副主任谭伯祥：负责成都高新区地方志和年鉴编纂工作。

街道办事处调研员刘焕春：协助副主任王子琦负责劳动就业、社会保障工作。

街道办事处助理调研员王无：协助党工委副书记陈长贵负责工会工作。

街道办事处副调研员张景山：协助党政办主任瞿蓉芳负责地方志工作。

【中共桂溪街道纪律检查工作委员会】 中共成都高新区桂溪街道纪律检查工作委员会是中共成都高新区纪律检查工作委员会、成都高新区监察局的派出机构，纪工委受党工委

和上级纪委的双重领导，其职责是：负责落实上级党委和纪委关于加强党风廉政建设的决定，维护党的章程和其他党内法规，检查党的路线、方针、政策和决议的执行情况，对党工委及其成员和其他党员、干部实行党章规定范围内的监督；协助党工委贯彻落实党风廉政建设责任制，加强党风廉政建设，纠正部门和行业不正之风，对党员、干部进行党风廉政、党纪政纪教育；受理对党组织或党员违反党纪、败坏党风等行为的检举、控告，受理党员对所受处分不服的申诉，维护和保障党员的正当权利和合法权益；检查所属单位党组织和党员、干部违反党的章程及党内法规的案件，并按照《关于处分违犯党纪的党员批准权限规定》和干部管理权限履行审批手续；负责辖区纪检监察、党风廉政建设和反腐败工作；完成上级纪委和街道党工委交办的各项工作任务。

纪工委书记：陈长贵

纪工委委员：瞿蓉芳　韩　霜　徐爱武　周学儒

【桂溪街道武装部】 成都高新区桂溪街道武装部于2007年7月成立，是成都高新区桂溪街道党工委的军事部，办事处的兵役机关，在成都市武侯区武装部和成都高新区桂溪街道党工委、办事处领导下，对辖区内的民兵、预备役和兵役工作实施领导。其主要职责是：组织和带领民兵、预备役和兵役工作实施领导。其主要职责是：组织和带领民兵、预备役人员维护社会治安，参加两个文明建设和抢险救灾。协助有关部门做好拥军优属工作和军（警）民共建工作；负责民兵组织建设，完成民兵、预备役组织的整顿工作和预备役人员的登记、统计任务；负责民兵、预备役军事训练，并做好训练和执勤中武器装备的管理、维护和安全工作；负责本区域的征兵工作和预备役士兵、预备役军官登记统计工作；协助有关部门开展国防教育，做好退伍军人的安置和烈军属的优抚工作；负责拟制本区域内的战时动员方案，做好战时兵员动员工作；完成街道党工委、办事处和上级军事机关交办的其他工作任务。

武装部部长：马玉良

武装干事：郭　科

（本分目供稿单位：党政办）

图2：2009年8月7日桂溪街道半年工作会现场。

桂溪街道党工委工作机构

【党工委办公室】 成都高新区桂溪街道党工委办公室2002年7月成立，是成都高新区桂溪街道党工委的办事机构，承担街道党工委的日常工作，负责街道党组织建设、政治宣传、纪律检查、行政监察、精神文明建设、人事、工会、共青团、妇联等党务群团工作，负责人大代表、政协委员的联络工作。

主任：瞿蓉芳

副主任：李从节

工作人员：郭科、蒋艺兰、宋立新、王有兴、徐爱武、高瑛、张小梅、符佳毅、秦璐、谭蓉、田理会、吴暇、杨林、王秋霞、吴杰、欧光荣

【桂溪街道总工会】 桂溪街道总工会于2006年9月正式成立，在组织建设方面，街道总工会按照相关法律法规，选举产生主席、副主席。选举产生工会经费审查委员会、工会女职工委员会、工会劳动争议调解委员会、工会法律监督委员会、工会劳动安全监督委员会。工会委员会下设工会办公室。各社区成立社区工会委员会。截至2009年10月，街道总工会批准成立辖区企业基层工会组织258个。

主席：陈长贵（兼）

常务副主席：高　瑛

委员：王无、蒋艺兰、邓雯、李露英、胥理清、秦开珍、田海波

【共青团桂溪街道工作委员会】 共青团桂溪街道工作委员会成立于2002年7月，其前身为共青团桂溪乡工作委员会，于1996年成立。共青团桂溪街道工作委员会有委员7名，下设办公室。2009年团工委书记高瑛。各社区有独立团支部。截至2009年，辖区新成立非公企业团支部67个，成立志愿者服务队36支，注册志愿者600余人。

团工委书记：高瑛

委员：罗王军、董涛、王秋霞、吴瑕、李伟、陈洁

【桂溪街道妇女联合会】 桂溪街道妇女联合会于2002年7月成立，其前身桂溪乡妇女联合委员会于1996年成立，1997年第一届妇女代表会议正式召开。桂溪街道妇女联合会现任妇联主席高瑛。桂溪街道妇联重点开展“女性素质工程”、“女性家庭文明工程”和“社会维权工程”建设活动。

妇联主任：高　瑛

委员：张琼、左晓红、高国容、张小梅、李丽、成华利

【社会治安综合治理办公室】 成都高新区桂溪街道社会治安综合治理办公室2002年7月成立，是承担综合治理、维护社会稳定、来信来访、防止邪教、禁毒、流动人口管理等职能的管理机构，下设流动人口服务管理工作办公室，桂溪街道流动人口服务管理工作办公室是在成都高新区流管办指导和街道流管工作领导小组领导下开展工作，作为履行本辖区流动人口服务和管理各项职责的下设工作机构。

社会治安综合治理办公室副主任：黄涛　王际明（成都市公安局高新分局特派员）

工作人员：宋荣娥　张帆、陈曦、袁佳、熊鑫、刘杰慧

【治安城管巡逻大队】 成都高新区桂溪街道综治巡逻大队1996年成立，2007年6月与街道城管中队合并更名为成都高新区桂溪街道治安城管巡逻大队。是承担综合治理、维护社会稳定、城市综合管理、环境保护等工作的职能部门。

街道城管执法中队中队长、治安城管巡逻大队大队长：黄涛

街道城管执法中队副中队长：廖宗儒

街道治安城管巡逻大队副大队长：李天福

街道治安城管巡逻大队副大队长：陈军

工作人员：邓雯、但永宏、韩蕾、葛利萍

一中队：中队长刘剑、副中队长陈光南；

二中队：中队长王利、副中队长周林；

三中队：中队长郭岗、副中队长袁刚；

四中队：中队长黄文彬、副中队长何少红。

【2009年治安城管巡逻大队新聘用队员名单】 雷力、白海鹰、罗进、张宇、倪天龙、李治刚、林森、杨贤新、徐飞、李进、江林、王坤、李建伟、张成林、彭建刚、林云洪、晏威、朱鹏云、郭陈涛、徐坤、付伟、敖聪、马祯模、唐忠程、白林、张雨、李勇、李道明、黄建彬、罗家龙、刘洋、

易昆、陈雯、钟华、吴杰、陈曦、范俊、雷强、徐孝利、季跃平、张渝康、白润、林波、张洪建、袁进、蒲雷、颜言、张杰(小)、廖洁、何登金、张宇(大)、李敏、乔正、李昌、邹洪亮、余张军、郭家建、敖永强、杨鹏、郭家贵、徐渤蘅、张林、马开斌、杨万里、汪强、徐田、方显廷、孟怀、马军、王明、程海祥、胡鹏、徐超、郭奇

【2009年1月-12月治安城管巡逻大队离队人员花名册】 程兴涛、范俊、汪平、李天福、张徐扬、曾建连、吴珂、徐洪、陈飞、李勇、徐强、吴杰、徐涛、王磊(小)、张雨、蒲雷、张渝康、李万坤、陈龙、雷力、何波、苏建军、钟华(女)、徐孝利(女)、陈雯(女)、杨贤新、谢名强、陈科敏、徐渤蘅、谭章弟、廖 伟、胡鹏、高亮、邹洪亮、余 刚

【桂溪街道治安城管巡逻大队人员花名册(2009年1月)】

副大队长:李天福

副教导员:陈军

中队长(一中队):刘剑

副中队长:陈光南

一组:漆洪建、张家洪、邱进、苏建军、曾军、廖建明、马明、钟文强、李长辉、赵翊、吴成金、方洪军、谭章弟、张徐扬

二组:吴兵、赵庆源、卢熙、廖伟、廖远龙、郑 义、付建均、刘青勇、陈建、张徐、徐言林、刘 振、范超、王庆

三组:辜建、谢永德、袁军、张万刚、白代志、林振丰、谢名强、路章全、李万坤、沈超、付伟、钟文成、陈龙强、游江

四组:王锐、晏江、文忠、郭怀福、林文、刘洪军、廖波、卢明、胡羚、郑浩、高瑞、廖远松、徐 强、薛兵、张庆

二中队(中队长):王利

副中队长:何少红

五组 :苏开福、叶志远、周加波、龙文均、王洪根、张立恒、袁旭东、余刚、陈培、苏波、郑万明、徐言刚、周瑞勇、陈科敏、何光胜、高亮

六组:李华富、贾先强、黄军、葛长勇、刘志威、周建、陈波、汪平、吕建国、郑万平、方洪雨、文明强、魏夕见、彭高兵、刘加、张怀兵

七组:张登勇、张光平、毛亨友、白建兵、李加军、林振东、唐炳祥、徐林、林美昌、林涛、黄波、何波、徐辉

八组:先海涛、李诗铭、刘年、张永贵、李明、陈 龙、王路、黄东、张杰、张敏、王磊(大)、袁龙其、钟学东、谭国平、熊建

三中队长:郭岗

副中队长:袁刚

九组:漆贵洪、郑万兵、韩旭林、朱昌华、陈能虎、赵亮、吴军、张永鑫、杜强、徐炳林、彭云贵、张永洪

十组:宁月荣、袁凌、张占伟、徐伟、蒋维雄、周 强、白代勇、巫天佐、董强、周建华、袁华、吴 珂、林美远、王际成、罗永志

十一组 :崔静彧、罗世林、张小波、李靓、赵勇、白中良、高传云、张维春、白成荣、廖文、李军、李子龙

十二组:庄福明、蔡汝涛、郑长志、谭先志、范国元、朱世明、方明、林文峰、代大根、付成义、韩 伟、张正德

后勤中队:黄文彬

副中队长:周 林

伙食团组长:李保友

副组长:李代强

炊事班:郑三峰、林振奎、何浩、廖忠良

监控室组长:范旭均

监控副组长:郭华伟

监控室:敬红花、林家华、敖锡伟、秦沛、杨陈

勤务组(组长):但永宏

副组长:葛利萍

社区警务室：刘静、曾建连、彭红、石红、林琳

协警组组长：谭　峰

副组长：张占斌、蒋元伟、伍贵云、王磊（小）、谭德君、马涛、徐　洪、许航、张朝刚、徐涛、杨高飞

【桂溪街道治安城管巡逻大队人员花名册（截至2009年12月）】

副指导员：陈军

中队长（一中队）：刘剑

副中队长：陈光南

一组：、张家洪、邱进、曾军、廖建明、马明、钟文强、李长辉、赵翊、吴成金、方洪军、罗进、林文峰、余张军、程海祥

二组：吴兵、赵庆源、卢熙、廖远龙、郑义、游江、刘青勇、陈建、张徐、徐言林、刘振、张宇（小）、李治刚、彭建刚、郭家建、敖永强

三组：辜建、谢永德、袁军、张万刚、白代志、林振丰、路章全、沈超、付伟（大）、钟文成、陈龙强、付建均、郭家贵、马军

四组：王锐、晏江、文忠、郭怀福、林文、刘洪军、廖波、卢明、胡羚、郑浩、高瑞、廖远松、薛兵、张庆、雷强、徐飞、张朝刚、李敏

二中队（中队长）：王利

副中队长：周林

五组：苏开福、何光胜、周加波、王洪根、陈培、郑万明、周瑞勇、李进、何登金、苏波、徐超、郭奇

六组：李华富、黄军、刘志威、刘加、郑万平、文明强、彭高兵、张怀兵、林云洪、汪强

七组：谭峰、叶志远、张立恒、龙文均、徐言刚、江林、李昌、林森、徐田、方显廷

八组：贾先强、郭华伟、葛长勇、周建、吕建国、方洪雨、魏夕见、张成林、陈波、张杰（小）

政务中心：张占斌、倪天龙、李建伟、白林、徐坤、付伟（小）、王坤、张洪建、颜言、白海鹰、杨朋、袁进

三中队长：郭岗

副中队长：袁刚

九组：漆贵洪、郑万兵、韩旭林、朱昌华、陈能虎、赵亮、吴军、张永鑫、杜强、徐炳林、彭云贵、张永洪、李道明、廖洁

十组：宁月荣、袁凌、张占伟、徐伟、蒋维雄、周　强、白代勇、董强、周建华、袁华、林美远、王际成、罗永志

十一组：崔静彧、罗世林、张小波、李　靓、赵勇、白中良、高传云、张维春、白成荣、廖文、李军、李子龙、黄建彬、罗家龙

十二组：庄福明、蔡汝涛、郑长志、谭先志、范国元、朱世明、方明、代大根、韩伟、张正德、刘洋、易昆

双源监控室：敬红花

双源监控室：林家华

双源监控室：敖锡伟

办事处监控室：秦沛

办事处监控室：杨陈

双源社区警务室：刘静

和平社区警务室：彭红

副组长：李代强

炊事班：郑三峰、林振奎、何浩、廖中良

勤务组（组长）：但永宏

副组长：葛利萍

数化：石红

协勤人员：林琳

内勤：陈曦

分局执勤：杨高飞、许航、谭德君、蒋元伟、伍贵云、白润、唐忠程、袁旭东、范超、王庆

四中队：黄文彬

副中队长：何少红

十三组：张登勇、林振东、毛亨友、唐炳祥、徐林、黄波、季跃平、朱鹏云、林波、王明

十四组：先海涛、刘年、李明、张杰（大）、张永贵、王磊、黄东、钟学东、马祯模、张宇（大）

十五组：李保友、张光平、白建兵、李加军、林美昌、林涛、徐辉、晏威、郭陈涛、马涛、孟怀

十六组：范旭均、李诗铭、王路、熊建、张敏、袁龙其、谭国平、敖聪、乔正、张林、马开斌、杨万里

（本分目供稿单位：党政办）

桂溪街道村级党组织

【永安村党总支】 中共成都高新区桂溪街道永安村总支部委员会是领导永安村村民委员会及各种组织开展各项工作的基层党组织，2009年前有8个党小组，80余名党员。

党总支部书记：陈古锡

党总支部副书记：贾成英

委员：汪玉先、王平、方义彬

（陈古锡）

【和平村党支部】 中共成都高新区桂溪街道和平村支部委员会是领导和平村村民委员会及各种组织开展各项工作的基层党组织，2009年前有8个党小组，81名党员。因征地拆迁大部分党员分别转入和平社区党支部、新北社区党支部、新光社区党支部、紫薇社区党支部、南新社区党支部以及庆安社区党支部，截至2009年12月和平村党支部党员总人数为8人。

党支部书记：杨人瑞

党支部副书记：秦开珍

支部委员：符顺福

（秦开珍）

【红光村党支部】 中共成都高新区桂溪街道红光村支部委员会是领导红光村村民委员会及各种组织开展各项工作的基层党组织，2009年前有5个党小组，52名党员。

党支部书记：彭建国

党支部副书记：李国涛

支部委员：徐正根、刘桂蓉、晏代富

（徐正根）

【石墙村党支部】 中共成都高新区桂溪街道石墙村支部委员会是领导石墙村村民委员会及各种组织开展各项工作的基层党组织，2009年前有6个党小组，104名党员。

党支部书记：袁德昌

党支部副书记：李世蓉

支部委员：廖泗河、白俊、林素香

（林素香）

【五岔子村党支部】 中共成都高新区桂溪街道五岔子村支部委员会是领导五岔子村村民委员会及各种组织开展各项工作的基层党组织，2005~2006年最后一届有8个党小组，69名党员。

党支部副书记：付冬林

支部委员：张国清

（张国清）

【双土村党支部】 中共成都高新区桂溪街道双土村支部委员会是领导双土村村民委员会及各种组织开展各项工作的基层党组织，2009年前有11个党小组，69名党员。

党支部书记：田春贵

党支部副书记：胡华英

支部委员：李瑞均

（田春贵）

【建设村党支部】 中共成都高新区桂溪街道建设村支部委员会是领导建设村村民委员会及各种组织开展各项工作的基层党组织，2006年最后一届有5个党小组，45名党员。（2006年12月张基勇调到街道双源社区任双

源社区筹备组组长）2006年最后一届党支部书记张基勇。

党支部副书记：成华利。

支部委员：赵伟。

（成华利）

【勤俭村党支部】 中共成都高新区桂溪街道勤俭村支部委员会是领导勤俭村村民委员会及各种组织开展各项工作的基层党组织，2009年有1个党小组，党员5人。

党支部书记：陈华永

党支部副书记：廖远建

支部委员：陈治平

（林传咏）

【民乐村党支部】 中共成都高新区桂溪街道民乐村支部委员会是领导民乐村村民委员会及各种组织开展各项工作的基层党组织，2009年有8党小组，党员58人。

党支部书记：廖德猛

党支部副书记：李露英

支部委员：李德春

（刘 建）

【铜牌村党支部】 中共成都高新区桂溪街道铜牌村支部委员会是领导铜牌村村民委员会及各种组织开展各项工作的基层党组织，2009年有9个党小组，党员64人。

党支部书记：李宗根

党支部副书记：高冬

支部委员：贺嵩

（刘连宇）

【大源村党支部】 中共成都高新区桂溪街道大源村支部委员会是领导大源村村民委员会及各种组织开展各项工作的基层党组织，2009年有6个党小组，党员53人。

党支部书记：王书义

党支部副书记：杨利强

支部委员：高世成、敖锡富、刘忠平

（钟思娟）

【临江村党支部】 中共成都高新区桂溪街道临江村支部委员会是领导临江村村民委员会及各种组织开展各项工作的基层党组织，2009年有8个党小组，党员110人。

党支部书记：杨根

党支部副书记：张洪建

支部委员：古学军、张蓉华

（张玉聪）

桂溪街道社区党组织

【和平社区党支部】 中共成都高新区桂溪街道和平社区支部委员会是由和平社区党支部全体党员选举产生领导本社区全面工作，支持和保证居民委员会、经济组织、群众自治组织充分行使职权的基层党组织，成立于2001年12月4日，2009年有12个党小组，党员201人。

党支部书记：李国涛

党支部副书记：胡艳

支部委员：张庆、晏启顺、梁玉梅

（晏启顺）

【双源社区党总支部】 中共成都高新区桂溪街道双源社区总支部委员会是由双源社区党总支部全体党员选举产生领导本社区全面工作，支持和保证居民委员会、经济组织、群众自治组织充分行使职权的基层党组织，于2008年12月成立，有总支委员5人；党总支书记严雨坤，共有党员288人，下设五个支部，各支部有支委成员3人，有党小组15个和15个下设支部成员。

社区党总支书记：严雨坤

社区党总支副书记：胡华英

总支委员：苏德君、赵伟、邓枝

（苏德君）

双源社区党总支分支下设5个党支部，第一支部书记：苏德君，委员：何霞、徐永俊。第二支部书记：朱昌兵，委员：钟思娟、张正云。第三支部书记：茹宗仁，委员：徐孝利、袁小兵。第四支部书记：彭建，委员：但艳、漆贵君。第五支部书记：赵伟，委员：徐娟、李志刚。

（苏德君）

【三瓦窑社区党支部】 中共成都高新区桂溪街道三瓦窑社区支部委员会是由三瓦窑社区党支部全体党员选举产生领导本社区全面工作，支持和保证居民委员会、经济组织、群众自治组织充分行使职权的基层党组织，成立于2002年6月26日，有6个党小组，党员73人。2009年9月22日之前社区党支部书记张基勇，2009年9月22日之后社区党支部书记陈治平。

社区党支部副书记：陈善军。

支部委员：李后全、宋克基、罗安松。

（徐德春）

办事处工作机构

【办事处办公室】 成都高新区桂溪街道办事处办公室于2002年7月成立，是成都高新区桂溪街道办事处的行政办事机构，承担办事处的目标、规服、档案、文印、机关事务等管理职能。

主任：瞿蓉芳。

副主任：李从节。

工作人员：朱涛、李丽、徐全、张渝康（地方志）、张媛；后勤人员：李晓明、李有福、吴永德、龙文昌、陶小利、旷才琼、刘燕、胡吉、石映春、温定强。

【社会事务和人口与计划生育科】 成都高新区桂溪街道办事处社会事务和人口与计划生育科是承担教育、科学、卫生、防疫、民政、司法、老龄、人口与计划生育等职能的管理、服务机构。

科长：陈攀慧。

工作人员：高国容、周学儒、胡智敏、付燕、洪彬、谭莉、闵万军。

【经济发展科】 成都高新区桂溪街道办事处经济发展科是承担经济发展计划的编制和组织实施、企业、农村集体经济组织和其他经济组织的管理和服务、招商引资、安全生产、市场管理、防汛、统计等职能的管理服务机构。

科长：李婷。

工作人员：何义忠、石旭东、何明山、杨燕、黄建明、徐霞、丁翼、邱玉梅（临江村会计）。

【城市管理科】 成都高新区桂溪街道办事处城市管理科是承担辖区工程建设包括社区公共设施建设、农房管理、土地监察、征地拆迁、规划建设、街面绿化、社区院落改造、房屋维修等职能的管理、服务机构。

科长：李发云。

副科长：曾林彬。

工作人员：陈古金、王斌、廖永伟、吴超国、王兰。

【财政所】 成都高新区桂溪街道办事处财政所是承担街道财政预决算管理、财务会计培训与管理、内部审计、协税护税等职能的管理、服务机构。

所长：韩霜。

工作人员：谢明清、王 静、何顺燕、杨莉、高超、刘汉蓉（永安、南新、益州社区工作站、桂溪敬老院会计）；刘桂蓉（和平社区会计）；钟顺蓉（社区卫生服务中心会计）；钟文君（三瓦窑社区会计）；黄平会（双源社区会计）；张燕（个体代征点工作人员）。

【劳动和社会保障所】 成都高新区桂溪街道办事处劳动和社会保障所是承担辖区劳动就业和社会保障等公共服务职能的管理、服务机构。

所 长：张琼。

副所长：林世良。

工作人员：周旭东、熊艳、周能、周洁、谢义忠、陈辛、任洁、陈玉萍、陈洁、廖志国、林敏、王鑫（2009年12月到岗）、李义。

图3：2009年11月27日桂溪街道办事处召开劳动就业协管员座谈会

【社区管理服务中心】 成都高新区桂溪街道办事处社区管理服务中心是承担社区建设的指导和服务、文化建设、文化市场监管、小区和院内的绿化和保洁等职能的管理、服务机构。

主任：徐德文。

工作人员：董萍、左晓红、简志伦、董涛、谢芹春、余剑侠。

（本分目供稿单位：党政办）

桂溪街道村自治组织

【永安村村委会】 成都高新区桂溪街道永安村村民委员会是永安村村民进行自我管理、自我教育、自我服务的基层群众性自治组织，接受永安村党总支领导。

村委会主任：王开惠。

委员：王平、甘晓丽。

（王开惠）

【和平村村委会】 成都高新区桂溪街道和平村村民委员会是和平村村民进行自我管理、自我教育、自我服务的基层群众性自治组织，接受和平村党支部领导。

村委会主任：符顺福。

委员：刘朝阳、张占斌。

（秦开珍）

【红光村村委会】 成都高新区桂溪街道红光村村民委员会是红光村村民进行自我管理、自我教育、自我服务的基层群众性自治组织，接受红光村党支部领导。

村委会主任：徐正根。

委员：郭忠清、李保友。

（徐正根）

【石墙村村委会】 成都高新区桂溪街道石墙村村民委员会是石墙村村民进行自我管理、自我教育、自我服务的基层群众性自治组织，接受石墙村党支部领导。

村委会主任：廖泗河。

委员：解梅、周义。

（林素香）

【五岔子村村委会】 成都高新区桂溪街道五岔子村村民委员会是五岔子村村民进行自我管理、自我教育、自我服务的基层群众性自治组织，接受五岔子村党支部领导。

村委会主任：付冬林。

委员：郭开成、周远华。

（张国清）

【双土村村委会】 成都高新区桂溪街道双土村村民委员会是双土村村民进行自我管理、自我教育、自我服务的基层群众性自治组织，接受双土村党支部领导。

村委会主任：胡华英

副主任：刘兵。

委员：胡登云、张淑蓉、宋素华。

（田春贤）

【建设村村委会】 成都高新区桂溪街道建设村村民委员会是建设村村民进行自我管理、自我教育、自我服务的基层群众性自治组织，接受建设村党支部领导；2006年最后一届村委会主任李后全。

委员：陈利、郭彬。

（成华利）

【勤俭村村委会】 成都高新区桂溪街道勤俭村村民委员会是勤俭村村民进行自我管理、自我教育、自我服务的基层群众性自治组织，接受勤俭村党支部领导。

村委会主任：陈治平。

委员：廖远建、林传咏。

（林传咏）

【民乐村村委会】 成都高新区桂溪街道民乐村村民委员会是民乐村村民进行自我管理、自我教育、自我服务的基层群众性自治组织，接受民乐村党支部领导。

村委会主任：高兴贵。

委员：蒲晓玲、唐云。

（刘　建）

【铜牌村村委会】 成都高新区桂溪街道铜牌村村民委员会是铜牌村村民进行自我管理、自我教育、自我服务的基层群众性自治组织，接受铜牌村党支部领导。

村委会主任：高冬。

委员：余静容、刘连宇。

（刘连宇）

【大源村村委会】 成都高新区桂溪街道大源村村民委员会是大源村村民进行自我管理、自我教育、自我服务的基层群众性自治组织，接受大源村党支部领导。

村委会主任：高世成。

委员：敖锡富、杨利强。

（钟思娟）

【临江村村委会】 成都高新区桂溪街道临江村村民委员会是建设村村民进行自我管理、自我教育、自我服务的基层群众性自治组织，接受临江村党支部领导。

村委会主任：张朝忠。

委员：刘泽富、张玉聪、张会英、古学军。

桂溪街道社区自治组织

【和平社区居委会】 成都高新区桂溪街道和平社区居民委员会是根据《中华人民共和国居委会组织法》由和平社区全体有选举权的居民民主选举产生的群众性自治组织，接受和平社区党支部的领导；成立于2007年12月18日。在居委会的领导下分别成立了社区团支部、妇代会、老协会，残疾人协会，计生协会，调解委会员，民间艺术团，志愿服务站等机构。2009年居委会主任张庆。

委员：叶建国、郭素清。

工作人员：李伟、杨林、邓强、黄伟、胡宁东、代明、张德才、赖贤贵。

协管员：高丽华、彭远超、李丹、王倩、张娜、张艳、朱艳、陈亚莉、杨洪明、伍彩云、方文、乔勇、李伟、廖洋、陈诚。

（晏启顺）

【双源社区居委会】　成都高新区桂溪街道双源社区居民委员会是根据《中华人民共和国居委会组织法》由双源社区全体有选举权的居民民主选举产生的群众性自治组织，接受双源社区党总支的领导；成立于2007年9月。在居委会的领导下分别成立了社区团支部、妇代会、老协会，残疾人协会，计生协会，调解委会员，民间艺术团，志愿服务站等机构。2009年居委会主任胡华英。

副主任：茹宗仁。

委员：成华利、姜素群、朱昌兵。

工作人员：彭建、向永聪、王秋霞、高琴英、颜邦贵、蔡兴彬。

协管员：敖小军、廖丹、廖丽蓉、王燕飞、李姝、蒙佳、钟明辉、陈云龙、杜双九、卢兵、郭忠文、陈立蓉、李利、林晓艳、李姝莉、张英、陈飞。

（苏德君）

【三瓦窑社区居委会】　成都高新区桂溪街道三瓦窑社区居民委员会是根据《中华人民共和国居委会组织法》由三瓦窑社区全体有选举权的居民民主选举产生的群众性自治组织，接受三瓦窑社区党支部的领导；成立于2002年6月28日。在居委会的领导下分别成立了社区团支部、妇代会、老协会，残疾人协会，计生协会，调解委会员，民间艺术团，志愿服务站等机构。2009年居委会主任李后全。

委员：高小兰、张祥春。

工作人员：叶莉、钟文君、李洪元、杨小清、吴瑕，张黎明、游洁、徐影。

协管员：敖娟、张红全、何译、林阳、舒远金、张洪全、胡国群、杨凯、徐德春、刘青全。

（徐德春）

桂溪街道社区工作机构

【益州社区工作站】　益州社区工作站是成都高新区桂溪街道办事处的派出机构，行使社区居民委员会的管理职能，负责益州社区的全面工作。

站长：陈治平。

副站长：罗王军。

工作人员：廖发智、何雪、李茜、陈岚、李佳

协管员：杨敏、史磊、周兵、尹理。

（何　雪）

【永安社区工作站】　永安社区工作站是成都高新区桂溪街道办事处的派出机构，行使社区居民委员会的管理职能，负责永安社区的全面工作。

副站长：魏尤年。

工作人员：林健英、冷文、谢君瑶、秦秀娟。

协管员：张一军、杨平、尹诚诚、林佳丽。

（林健英）

【南新社区工作站】　南新社区工作站是成都高新区桂溪街道办事处的派出机构，行使社区居民委员会的管理职能，负责南新社区的全面工作。

站长：陈近。

副站长：李天福。

工作人员：杜在春、陈利、秦芳。

协管员：韩付萍、彭梅、杨菲、唐鸥。

（陈　利）

公安工作机构

【三瓦窑派出所】　成都市公安局高新分局三瓦窑派出所成立于1971年9月，历经两次区划调整，现由成都高新区公安分局管辖。三瓦窑派出所所址占地总面积4293平方米，现有办公用房90多间。派出所现有民警33人，其中所长、教导员各1人，副所长1人，副所长兼刑警中队长1人；内勤民警4名、社区民警9名、刑警中队民警9人、治安民警5名、综治民警1人和住街道办事处民警1人。民警队伍中，中共党员24人，占民警总数的72.7%；女民警2人，占全所民警数的6.1%。全所民警均为大专以上文化程度，年龄最大的53岁，最小的28岁，全所民警平均年龄40.7岁。三瓦窑派出所管辖区域位于成都市城南城市副中心，总面积10.8平方公里。东临府河，南与双流华阳交界，西面与本区石羊街道办事处接壤，北至机场路；辖区内有成都市人民政府办公区、高新区管委会办公区、成都国家软件产业基地、天府孵化园等党政机关、高科技产业、企事业单位211家；大专院校1家，中、小学，幼儿园7家；有天府长城、凯丽滨江、五洲花园、东苑小区等中高档住宅楼群9处；有成都地铁一号线、天府长城、中兴通讯、网通等大中型建筑工地22处；辖区现有居民院落29个，楼栋159栋，15673套房间，实有人口10319户，32866人，其中常住人口7260户，29273人，暂住一月以上人口8567人，境外临时居住人员64人。出租房屋2218户，办理暂住证3479人。

所长：门建新。

教导员：李永辉。

基础副所长：曾武斌。

刑侦副所长：杨溢。

治安副所长：应斌。

刑侦民警：赵国、温仑勇、陈赟、潘君、胡猛、罗宁、李书鹏。

社区民警：张继国、刘卫兵、黄卫东、刘真英、张忠、林建军、何平、孟庆一、陈勇、罗绪昌、张建新、杨巍。

治安民警：赵祖石、王迅、丁茂明、王健、郑建国、吕磊。

综治民警：隆建、王际明。

内勤民警：潘茜、胡彬。

（潘　茜）

【新益州派出所】　成都市公安局高新分局新益州治安派出所于2007年4月开始筹建，2008年11月5日正式挂牌成立，派出所的主要职责是围绕市行政办公中心处置各类突发性群体性事件；及市行政办公中心为重点开展治安安全防范工作。2008年12月1日因市委市政府南迁暂缓，根据工作需要和上级领导的安排，派出所由治安派出所转变为行政派出所，工作职能转变为以“发案少、秩序好、社会稳定、群众满意”的工作目标，重点保稳定，着力抓打击，扎实搞防范，积极构建和谐警民关系，不断增强人民群众的安全感和满意率；目前，新益州辖区面积8.3平方公里，有1个社区（双源社区），4个行政村（大源村、铜牌村、民乐村、临江村）。19条街道，居民院落13个，楼栋148栋，公交车站4个，火车站1个。辖区实有人口共11828户、29571人，其中常住人口7100户、19950人，人户分离有人无户4339人，登记暂住一月以上人员5282人，出租房屋2072间。2009年辖区发刑事案件55件，破刑事案件25件，破案率45.5%，打击处理14人。行政拘留67人；新益州治安派出所现有民警33人，其中：所领导5人，内勤民警2人，刑侦民警9人，治安民警5人，社区民警10人，借调2人，平均年龄34岁，中共党员22人。大专以上文化程度的33人，其中本科文化程度的30人，大专文化程度的3人。

所长：周又光。

教导员：骆永红。

基础副所长：叶波。

治安副所长：何刚。

刑侦副所长：田琲。

刑侦民警：程曦、岳欣、李崎、曹毅、张艺兴、鄢翔、耿雷、陈潇鸿、乔宇。

社区民警：张厚坤、刘东、郭勇、陈强、萨永、刘威、陈潜、王德、李党军、李伟。

治安民警：周云鹏、刘青峰、刘澈、李云辉、陈岷佳。

内勤民警：周璟、杨兰。

借调民警：刘兴涛。

原所长叶祥渝（2009年8月调出）、原教导员杨顺刚（2009年7月调出）、原刑侦副所长刘昕（2009年7月调出）、石晓帆（2009年7月调出）、李述波（2009年9月调出）、张建新（2009年9月调出）。

（周　璟）

【新会展派出所】　成都市公安局高新分局新会展派出所于2009年7月正式挂牌对外办公，现由成都公安局高新分局管辖。

新会展辖区位于成都市南郊，属城郊结合部，总面积3平方公里，地处天府大道左侧，东面与双流中和交界，府河以内，西面与石羊街道辖区交界，天府大道为界，南面与华阳交界，府河以内；北面与绕城高速为界；辖区有天府软件园、世纪城会展中心、四川广播电视大厦、烟草大厦、成达大厦、世纪城假日酒店、洲际酒店、成都地铁一号线等企事业单位和设施；辖区现有居民院落5个，楼栋48栋，6695套房间，实有人口3319户5986人，其中常住人口1026户，2316人，暂住一月以上人口8567人，境外临时居住人员64人。出租房屋2218户，办理暂住证3479人。新会展派出所所址占地总面积3400平方米，现有办公用房33多间，建有值班室、监控室、档案室、办证室、询问室、调解室、备勤室、阅览室、洗衣房、浴室、食堂和停车场等。我所现装备机动车辆13辆，计算机31台，单警装备32套，照相摄像器材10套；新会展派出所现有民警32人（女4人），其中所长1名，教导员1名，副所长3名，社区民警7名，治安民警11名，刑侦民警6名，内勤2名，1名借调分局。党员23名；大专以上文化程度名，占民警总数的100%。全所民警年龄最大49岁，最小25岁，平均年龄为34.1岁。新会展刑警中队7人，其中刑警队长1名，刑警民警6名，党员6名，均大专以上文化程度，平均年龄30.9岁。

所长：魏勇。

教导员：周朝晖。

基础副所长：李非。

治安副所长：李恒萍。

刑侦副所长：刘昕。

刑侦民警：刘飞、李海凌、李柯、杨黎、曾艾、马进。

社区民警：杨洲、李兴友、刘志军、熊玲、吕楠楠、杨鑫林。

治安民警：邵图强、张帆、白建伟、赵荣、徐成全、汪雷、陈林、何俊、熊伟、赵磊、黄长高、王颖、杨建伟。

内勤民警：李可、蒲元武。

（李　非）

工商、税务机构

【成都市高新工商局石羊工商所】　成都市高新工商行政管理局石羊工商所是成都市高新工商局的派出机构，1996年6月成立。管辖成都高新区石羊街道办事处、桂溪街道办事处所辖区域，面积约40平方公里。工商所设“三室一站一队”，即登记管理室、监督管理室、综合管理室、消费者申诉举报投诉站和市场巡查队。基本任务是：依据法律、法规的规定，对辖区内的企业、个体工商户和市场经营活动进行监督管理，保护合法经营，取缔非法经营，维护正常的经营秩序。石羊工商所现有干部七名，辖区内各类经营主体约4000户。2003年1月，该所被成都市工商局授予“达标工商所”。

所长：刘毅盛。

副所长：李艺、何宗伟。

工作人员：高群、黄洪彦、扎西尼玛 、邓荣。

（李　艺）

【国家税务局税源管理二处】 成都高新区国家税务局税源管理二处隶属于成都高新区国家税务局，办公地址在成都高新区桂溪街道办事处二楼。

工作职能：主要负责辖区内的税源调研、分析、管理和纳税服务工作。

副处长：黄至（负责全面工作）。

副处长：葛正华。

工作人员：李千、赵欣 、羊鸿雁、郭静宏、刘惠、杨建芳、张樱、宋辉、孔庆祝、蒋畅、叶晓蓉、沈尚玲、王建平、付斌。

（付　斌）

【地税分局管理四科】 成都高新区地税局第一直属分局管理四科现有工作人员11人，其中正式干部8人。办公地址在成都高新区石羊街道办事处二楼。

工作职能：主要负责高新区南区石羊及桂溪街道办非房地产、建安、区本级、涉外企业的其他税收征收管理工作。

科长：谭丽霞（负责全科的全面工作）

工作人员：刘青、陈琦、张俐娟、余劲、杨仕龙、许世伟、潘超。

（谭丽霞）

街道服务机构

【社区卫生服务中心】 成都高新区桂溪街道社区卫生服务中心是高新区桂溪街道办事处举办的公益性非营利性医疗机构，是成都市及各区基本医疗定点机构，成立于2007年10月，是由原成都高新区桂溪医院转型而来，中心下设双源社区卫生服务站、天府软件园卫生服务站和孵化园卫生服务站；辖12个行政村和6个社区，户籍人口47000人，流动人口约21800人。（其中低保101人、残疾566人、60岁以上的老年人4776人、育龄妇女6953人、0~3岁的儿童1082人）。中心以团队责任医师服务模式，服务于社区居民；硬件设施：中心拥有X光机、B超机、全导联心电图机、半自动生化分析仪、微量元素分析仪、全自动血液细胞分析仪、视力筛查仪等检查仪器；以及雾化吸入仪、TDP治疗仪、口腔治疗椅、电针机等治疗设备，拥有门诊观察床16张。开设了全科诊疗、计划免疫、妇女保健、儿童保健、口腔诊疗、中医诊疗、康复理疗、医学检验、医学影像、健康教育等服务项目，为社区居民提供“六位一体”服务；人员构成：中心现有工作人员68人，专业技术人员42人（其中高级2人、中级2人），全科医师18名、中医医师4名、社区护士11名、药剂7人。

主任：熊伟。

副主任：黄勇。

工作人员名单：黄维田、黄轶、杨仕林、邓远书、陈贵勤、王梅、杨聚华、周敏、邓永杰、张家莉、朱晓燕、薛智勇、李培、刘宜梅、张昱、黄维庆、易正奎、李天福、张修贵、白桂林、蔡小玲、陈兴梅、何扬玲、陈艳、邓莉、邓秋蓉、罗江会、吴启英、李佩、李成娜、杨智、伍小英、杨玉、夏庆、陈龙飞、叶敏、高徐琴、侯秀彬、何勇、刘储敏、肖庆华、周丽、郭燕、李觅、袁杰聪、李强、林海涛、王雨、张忠荣、催静玲、段晓婧、陈鑫、杨国宾、黄再华、张海燕、吴美蓉、高坤、唐泽、晋慊、夏露、牟正玲、任凌霞、黄新睿、兰清清、肖忆萍、钟顺容。

（陈　燕）

图4：桂溪街道卫生服务中心孵化园卫生服务站外景

【桂溪街道敬老院】　成都高新区桂溪街道敬老院是由政府投资、管理的公益性慈善机构，服务对象是全辖区的五保老人。敬老院位于成都市双流县黄龙溪镇学府路17号，现有五保老人47名，其中桂溪街道19名、石羊街道24名、芳草街道2名、火车南站街道2名。为进一步完善敬老院设施，今年街道又投入资金80余万元，对敬老院进行全面改造；新增工作人员5名，截至年底共有工作人员9名。在冬季到来之时，为敬老院老人添加保暖毛衣、鞋等，共花费近5000元。现该院占地面积2000余平方米，建筑面积1717平方米，拥有床位60个，最大饱和床位数80个；按照《四川省敬老院规范化建设标准》的要求，2009年桂溪街道办事处再次投入资金80万元对敬老院进行了改造装修，并花费7万余元资金新购买了1部车辆。敬老院配备了食堂、餐厅、会议室、阅览室、健身器材、医务室、43寸背投、DVD、棋牌、全自动洗衣机、冰箱、面包车、电话、空调等公共设施；每间房间配有衣柜、床、床头柜、电视机（25寸彩电）、热水器、卫生间等设施；每年按季节为老人添置了取暖器及衣服等生活设施；敬老院具备了优越的生活条件；敬老院现已入住五保老人47名（其中桂溪街道19名、石羊街道24名、芳草街道2名、火车南站街道2名）。

院长：方义国。

工作人员：张彬、黎建军、罗志中、唐静、曾礼树、冷锡英、刘惠群、林素香。

（高国容）

【成都高新供电局桂溪供电所】　成都高新供电局桂溪供电所于1997年11月18 日成立，2010年7月因体制改革，桂溪供电所与石羊供电所合并，更名为南区供电所。南区供电所现有职工22人，其中管理人员5人，专职电工17人，供电辖区包括石羊、桂溪两个街道办事处。桂溪辖区内供电面积约27.5平方公里，现有配电台区82台，配电变压器总容量25280KVA。10KV线路34.8公里，低压线路72.5公里，用电客户5890户。

供电所所长：程亮。

工作人员名单：王盛、宋远洪、李江、周俊、张海霞、田科娜、余秋静、聂坤元、饶俊洪、张静、周国彬、张永才、魏才富、白登义、刘德清、池家良、杨林、敖平、高远明、廖永禄。

（田科娜）

党务·政务

CPC AND GOVERNMENTAL AFFAIRS

党务工作

【宣传工作】 2009年，成都高新区桂溪街道党工委主动公开相关政府信息，为方便公众了解信息，桂溪街道办事处政府信息公开形式上主要采用了在政府网站开辟专栏，抓好信息公开窗口建设；加强政府信息公开工作机制建设，形成统一受理、统一办理、规范服务的工作流程，规范有序地将城乡建设和管理中的重大事项予以公开；2009年全辖区工作要点等情况通过政府网站、政务公开栏、工作简报等形式向公众公开，主动公开信息数2983条：上传桂溪街道网站1440余条、市政府网站238条、高新区公众信息网663余条、公开栏发布411篇、公开资料发布201条、新闻媒体发布30余条。编辑创建简报15期、桂溪快讯24期、每月动态12期、大事记12期，为群众了解实情以及政府掌握舆情发挥了积极的作用；2009年，按照高新区科技局要求，街办大力推行数字化社区信息平台的建设，投入约19万进行配套设施的完善，通过资金与硬件的投入打造，及时将政策方针、工作动态、办理事项、用工信息等面向居民公布。按社事局要求投资10万元建成和平、三瓦窑两个基层文化信息共享点，按发展策划局要求投资15万元新建青少年绿色网络空间1处，按照高新区发展策划局的要求投资27万元在辖区17个社区院落大门安装多媒体LED显示屏，投入4万元维护办事处网络硬件及电脑、网站，投入3万元支付网络光纤费用。全年累计投入约60万元；并通过辖区17个社区院落大门安装的LED显示屏，及时发布市、区、街道新闻和宣传片，发布通知，进行重大事项公示等。

重大宣传活动：2009年桂溪街道开展了第二批学习实践科学发展观活动，辖区19个党（总）支部982名党员、184家企业350余名党员参加了活动。创新实行了领导班子每周到社区、村、企业蹲点办公1天制度，为群众办实事。

对外宣传：2009年，桂溪街道志愿者服务队已达到32支，开展主题活动30次，帮扶弱势青年35人次，获市级以上表彰4个，接待来信来访7人件（次）。创新建立了成都市首支外籍志愿者服务队，开展了街道“三色”系列活动，举办了首届“绿色夏令营”系列活动。设立6家社区志愿服务点，《中国青年报》进行了采访报道。在高新区率先争创成都市"示范街道工会"，已通过检查验收。此外，还创新开展了三瓦窑社区"零家庭暴力"活动。

【组织工作】 2009年，成都高新区桂溪街道工委在组织工作方面开展以下工作——基层民主政治建设：2009年1~11月桂溪街道党工委开放"三会"22次，80余名代表列席，开放议题100余个。召开了20余次听证咨询会，通过"三联"制度收集并解决民情民意100余件；在"阳光家园"举办80余次活动，新成立11家非公企业支部，新覆盖企业71家；创新开展了"党员责任岗"、民意直通车进院落、社区创"五好"支部、双源社区总支"1+3"、院落公开征集"三会"参会代表等活动。

基层党组织建设：2009年，成都高新区桂溪街道党工委下设机关党支部2个，社区（村）党总支部2个、党支部14个，街道流动党员党支部1个。截止2009年12月，有在册党员1195名，其中离退休党员245人，占20.7%，农业党员204人，占17.03%，两新经济组织党员315人，占26.29%，在岗职工党员431人，占35.98%。全年共发展新党员30人（非公企业党组织党员5人），占去年培训人员的73%，转正预备党员28人（非公企业党组织党员5人），按期转正率100%。共发放党员证948本，其中非公企业党支部16本。2009年被高新区工委组织部表彰为先进基层党组织5个，优秀党务工作者1人，优秀共产党员22人。

阳光家园建设：2009年，桂溪街道在"阳光家园"共举办了40余次活动，有3000多人参加了各类活动。主要涉及党建知识、廉政文化知识、群团知识有奖竞赛和爱心服务日、家庭教育、非公企业党建工作联席会、就业观念及医保政策讲座、公民道德会议、排练舞蹈、多样桂溪才智母亲颁奖仪式、自愿小天使比赛、村（社区）党支部各类学习等活动。广泛开展了两新经济党组织党建工作，建立了企业党支部QQ群，通过阳光家园热线，解决了居民以及辖区企业与街道的交流沟通，更好地发挥了载体作用。

非公企业党建工作：截至2009年12月，桂溪辖区共建非公企业独立党支部31个，非公企业联合党支部13个（覆盖企业 313 家）。组织非公企业党支部开展了"迎国庆唱红歌"、优秀党员参观金沙遗址等互动联谊会以及党建、党风廉政、群团知识竞赛活动，邀请非公企业党支部委员参加街道党建联系会、党务工作业务培训会。全年桂溪街道为辖区12家非公企业党支部下拨党建经费2万多元，组织120余名企业党员开展各类活动，投入活动经费3万余元。

【党风廉政建设】 2009年，成都高新区桂溪街道纪工委多次召开会议，组织纪工委全体成员学习纪检监察工作相关文件，研究本年度街道党风廉政建设及反腐败工作，明确街道纪工委要加强制度建设，充分发挥为中心工作、重点工作保驾护航的作用，确保街道党工委、办事处的各项重点工作落在实处；同时加大招投标过程的监督力度，强化源头治理；针对创建文明城市工作明确了街道纪工委成员分片包干责任制。

2009年4月，桂溪街道党工委机关支部与辖区各村、社区党组织进行培训，邀请了四川省委组织部信息中心主任李杰教授到街道进行专题讲座。街道各党组织、辖区非公企业党支部成员和部分党员代表100余人聆听了李教授的讲座。李教授以基层党组织工作的重要性为切入点，紧紧围绕如何处理好各种关系、如何正确看待人生、如何对待工作，怎样工作等、为讨论的主题。以抛砖引玉的方式，引导大家摆正位置，正确对待工作中所产生的各类压力。在宽松活跃的课堂气氛中圆满完成了这次辖区党组织成员的培训会，大家用热烈的掌声肯定了李教授的精彩讲课。

2009年，桂溪街道党工委下发了《关于开展建设工程、公共服务、物品采购等项目招投标和比选工作检查的通知》。加强对招投标过程的监督。11月4日，街道党工委书记樊晓峰、副书记陈长贵、办事处副主任王子琦召集新增的5家项目代理公司负责人进行座谈交流。街道领导详细听取了各代理公司的服务业绩、服务资质，以及参与办事处工程管理服务的服务诚意、服务保障、服务报价等问题，并从加强工程建设的监督管理方面提出了要求。对社区绿化管、养、辖区道路清扫、保洁、辖区内农贸市场等工程建设项目招投标进行监督，避免干预招标、虚假投标、串标等问题；强化财务管理，对社区财务工作进行审计，坚持对村财务的季度检查，针对存在的问题，及时纠正，并对责任人予以告诫谈话；坚持党务、政务公开，通过公开栏、会议公开等方式切实接受广大党员、群众的监督。

2009年桂溪街道信访办共受理群众来信来访31件次（其中，纪检举报4件、反映征地拆迁11件、市长信箱2件、市长公开电话1件、管委会主任公开电话2件，其它11件），其它11件全部办结，办结率100%，积案处理完成率100%。

街道纪工委认真落实《中共成都高新区纪工委关于切实做好2009年元旦春节期间落实廉洁自律和禁止奢侈浪费行为等纪律规定工作的通知》精神；街道纪工委认真监督，财政所严格把关，坚决执行高新区关于规范公务员津贴补贴工作的规定，未违规发放任何补贴。

【非婚生子案】 2009年9月22日，成都高新区纪工委作出将成都高新区桂溪街道三瓦窑社区张某、桂溪街道民乐村蒲某开除党籍处分和免除张某三瓦窑社区党支部书记的决定。

张某，男，生于1975年4月，汉族，大专文化，2004年离婚。成都高新区桂溪街道三瓦窑社区党支部书记。蒲某，女，生于1974年5月，汉族，中共党员，大专文化，2006年离婚。成都高新区桂溪街道民乐村工作人员。张某蒲某均为离婚人员，两人于2007年建立恋爱关系并未婚同居。2008年12月12日，蒲某产下了与张某所生的男孩。两人明知根据计划生育的相关法规，不符合再生育二胎的条件，经过商议由蒲某另找一个未婚男性以虚假结婚的形式骗领获取生育指标。2008年6月，蒲某采取隐瞒表亲关系与其未婚的表弟黄某登记结婚并顺利申请到《再生育准生证》。2009年1月，小孩入户后，蒲某与黄某协议离婚。张、蒲二人非婚同居，并超生小孩的这种行为在社会上、在群众中造成极坏影响，对成都高新区的社会管理形象和计生政策目标执行形象造成极大的损害。根据群众举报，2009年7月20日，成都高新区纪工委委员会议研究，决定对其立案调查，成都高新区纪工委对反映成都高新区桂溪街道三瓦窑社区党支部书记张某违法超计划生育问题进行调查，查明张某同蒲某非法同居并超计划生育一子，其行为已严重违反了党的纪律。根据《中国共产党纪律检查机关案件检查工作条例》第十六条、十七条第四款和《中国共产党纪律处分条例》第一百六十六条第二款以及《四川省人口与计划生育违法违纪行为责任追究办法（试行）》第七条第一款的规定，2009年9月22日，成都高新区纪工委决定将成都高新区桂溪街道三瓦窑社区张某、桂溪街道民乐村蒲某开除党籍并免除张某三瓦窑社区党支部书记。

【精神文明建设】 2009年，成都高新区桂溪街道党工委结合辖区实际，组织各社区在传统节日期间开展了“我们的节日·春节”、“我们的节日·中秋节”、“我们的节日·端午节”、“我们的节日·清明节”等主题活动。街道和社区相继开展了以猜灯谜、包粽子、中华经典诵读、民俗文化表演、中秋赏月、慰问孤寡老人、缅怀革命先烈为内容的感受传统文化魅力的主题活动。使群众真正感受到了"我们的节日"带来的温暖,传递了邻里之间、人与人之间的互助友爱,弘扬了中华民族的传统美德。

2009年,桂溪街道党工委以加强社会公德建设为主题,在辖区范围内广泛开展公民道德建设"宣传教育"活动。活动主题为弘扬社会公德,倡导文明新风。街道机关及各社区以群众性文艺表演、市民学校讲座、散发宣传单等形式,广泛组织开展各类宣传教育活动,大力宣传文明礼貌、助人为乐、爱护公物、保护环境、遵纪守法的社会公德,形成了良好社会氛围。

2009年,桂溪街道党工委开展了创建文明社区示范院落活动,以提升各农迁社区居民居住环境,进一步增强市民文明意识、普及文明知识,优化桂溪整体文明程度手段和形式,并在双源社区、和平社区、三瓦窑社区各院落及双源、和平广场安装了LED多媒体播放器,共计17个。该多媒体播放器主要面向社区群众播放时事新闻、政策法规以及高新区、桂溪街道、各社区工作动态,并就群众反映的意见建议及时督办回复。此外,为配合文明社区示范院落创建,街道办事处在各院落开展了"文明家庭户"及"文明家庭标兵户"评选活动。

图6:2009年3月8日,在桂溪街道和平社区和平广场举行主题活动,图为社区居民舞金龙表演现场。

【工会工作】 2009年,成都高新区桂溪街道总工会以创建"示范街道总工会"为契机,不断增强工会组织活力 。一是积极发展工会会员;二是完善社区(村)组织体系;三是不断加强自身建设。2009年,已顺利完成30家非公企业建会任务,其中1家外资企业建会,新增会员人数超过700人,辖区机关、事业单位建会率、职工入会率达100%,建会任务名列高新区首位。初步形成了街道总工会—社区(村)工会—企业工会三级基层工会组织的复合型网络系统;组织活动:2009年,桂溪街道总工会多次主动上门服务、向企业宣传建会内容;根据需要,新建立了总工会信息QQ群,及时掌握基层工会动态及在线交流回答企业疑问。今年,完成企业职工医疗互助保险报名登记企业27家,职工参保人数379人;开展"送电影·送知识"进工地活动12次,分别覆盖新希望国际、中铁八局、华为赛门铁克在建项目工地工人4000余人次;帮扶活动:2009年,桂溪街道总工会针对辖区农转非居民、暂住人口、下岗失业人员不定期在阳光家园"新市民学校"开展素质教育和技能、就业培训,全年完成培训700余人。在今年组织辖区各基层工会开展惠民帮扶活动中,分别在2009年春节、端午节、五一节、重阳节等节日期间,慰问困难职工200余人次。

【共青团工作】 2009年,成都高新区桂溪街道共青团分别与30名贫困青少年建立了对口帮扶关系,动态管理服刑人员子女、贫困青少年、闲散青少年、城市留守儿童信息库,实施长效帮扶机制,在六一儿童节、五四青年节等开展送温暖活动210余次;资助贫困学生19名,发放宣传资料3000多份;2009年,桂溪街道团工委新成立志愿者服务队12支(其中联合美视国际学校成立了成都首支外籍志愿服务队),新增注册志愿者2271人,新成立商铺志愿服务点4家,开展爱心志愿服务150余次,实现了志愿服务孤、老、残、弱全覆盖；2009年，桂溪街道团工委以“阳光家园”等为阵地，多次联合其他团组织开展青少年节假日文化活动。5月12日，与成都职业技术学院携手举办“以爱为名·拥抱新生”悼念汶川地震一周年默思祈福暨朗诵诗歌会。7月13日，与四川大学锦城学院团支部开展了“点对点”功课补习启动仪式。8月，与中建三局项目流动团员共同举办喜迎国庆60周年演讲比赛。2009年全年开展青少年节假日活动覆盖达2500余人次；2009年桂溪街道团工委在团的基层组织建设、队伍建设、作风建设、团建创新和优化建设方面积极探索，大胆实践，不断取得新进展。今年新增企业团组织4个，发展新团员45名，成功推荐优秀团员申请加入中国共产党28名；桂溪街道共青团主动加强与劳动部门的联系，及时跟踪了解适合大学生就业的招聘信息，建立健全了辖区准大学毕业生和未就业大学毕业生数据库。目前登记在册大学毕业生73人，通过推荐成功上岗15人，转移青年就业15人，扶持双源社区失地农转非人员YBC项目创业1人。

【妇联工作】 2009年，成都高新区桂溪街道妇联依托家庭和社区两大工作阵地，积极开展就业需求现状调查、就业招聘活动。2009年4~11月，分别在双源、和平、益州三社区召开女性专场招聘会；2009年7~12月，分别在南新、永安、三瓦窑三社区举办维护妇女儿童合法权益法律法规知识讲座培训，全年现场求职人数700余人，达成用工协议70余人。截至2009年12月，桂溪街道妇联共接待来访妇女8人，维权调解率达100%。反映的问题主要涉及两大类：一类是婚姻家庭问题，大多带有暴力倾向；另一类是农迁社区居民离异妇女在利益分配上受到不公平待遇。尽管来访事件有的比较复杂，但我们都积极协调各方关系，或给予法律援助，或给予协商调解，做到记录健全，落实到位；桂溪街道妇联创新在三瓦窑社区启动“零家庭暴力社区”试点工作，社区居民积极响应，迄今无一例家庭暴力发生；永安社区苟正康由于其突出表现，成都市妇女联合会授予该同志“成都市家庭教育优秀志愿者”荣誉称号。今年相继开展的“多样桂溪 才智母亲”文明家庭警语名句征集、“卡片传真情——妈妈我爱您”、“父母大课堂”家庭教育活动效果突出，获得社区居民的一致认可。2009年9月，经过典型塑造，桂溪街道社会事务服务中心获得成都市“巾帼文明岗”称号。街道总工会积极向辖区银行、长江三峡总公司等大型企事业单位宣传“巾帼建功”活动，努力让其加入到创建“巾帼建功”活动中来。街道政府服务大厅荣获成都市“巾帼文明岗”称号，另有辖区8个单位荣获高新区“巾帼文明岗”称号。

【人大代表】 2009年，桂溪街道辖区当选成都市武侯区第五届人大代表的有9人，其中女性3人。

表1：桂溪街道成都市武侯区第五届人大代表名单

姓名	性别	民族	单位及职务
丁春玲	女	汉	成都百施特金刚钻有限公司资源部经理
王　军	男	汉	成都职业技术学院财经贸易系主任助理
刘妙丽	女	汉	成都纺织高等专科学校教师（副教授）
江明才	男	汉	武警四川省森林总队政治部副主任
李岷雪	男	汉	成都高新区党工委委员、管委会副主任
严雨坤	男	汉	成都高新区桂溪街道双源社区党总支部书记
洪艳亨	女	汉	原成都高新区桂溪街道党工委副书记、办事处主任
徐洪兴	男	汉	成都市消防支队队长
樊晓峰	男	汉	成都高新区桂溪街道党工委书记

【政协委员】 2009年，成都高新区桂溪街道辖区有四川省、成都市、成都市武侯区三级政协委员共14人（女性委员8人）其中四川省政协委员4名，成都市政协委员4名，成都市武侯区政协委员6名。

表2: 桂溪街道四川省政协委员单

序号	姓名	性别	现任职务（职称）
省	刘光基	男	四川种都种业有限公司总经理
省	李勇库	男	审计署驻成都特派员办事处特派员、党组书记
省	王　琳	女	原成都高新区管委会副主任
省	杨惠恒	女	中国联合通信有限公司四川分公司总经理、党委副书记
市	赖咏梅	女	成都市兴城投资有限公司总经理助理、高级工程师
市	代晓桦	女	欧盟项目孵化中心（成都）主任、成都南祥生物制品有限公司董事长
市	陈阳寿	男	成都市消防支队副支队长
市	何晓婉	女	成都职业技术学院党委副书记

表3: 桂溪街道成都市武侯区政协委员名单

序号	姓名	性别	现任职务（职称）
区	何静蓉	女	成都高新区政协工作联络处原主任
区	郑洪华	女	成都高新区管委会巡视员（朝鲜族）
区	杨　东	男	成都高新区经贸发展局局长
区	郑　莉	女	成都高新区党工委委员、管委会副主任
区	关　旭	男	成都高新区国土局局长
区	张　玮	男	成都高新区巅峰软件集团总裁

【社会治安综合治理】 2009年，成都高新区桂溪街道综合治理办公室与辖区各村村委会、社区居委会签订目标责任书，下发成高桂综治委[2009]8号文件，明确各村、社区居委会负责人综治维稳实绩考核、目标责任金缴纳细则。按照“属地管理”原则，各村村委会、社区居委会也与管辖范围内的企事业单位签订责任书，落实综治维稳责任。维稳工作领导小组对可能影响社会稳定的矛盾纠纷进行集中排查，梳理出涉稳矛盾23起，摸清重点突出问题、重点涉稳人员、重点涉稳地区，建立了重点人头台账。按照底数清，情况明、谁主管、谁负责的原则，严格落实领导包案责任制。“国庆60周年”及“西部博览会”期间，制定《成都高新区桂溪辖区社会治安综合治理委员会关于印发<“国庆节”和“西部博览会”期间突发性事件处置预案>的通知》（成高桂综治委发［2009］14号）文件，与各村村委会、社区居委会、机关各科室、重点区域各责任单位签订《桂溪辖区国庆期间60周年暨西部博览会维稳安保工作目标责任书》20份，与机关各科室具体责任人签订稳控责任书9份，各村村委会、社区居委会与具体责任人签订稳控责任书25份，进一步完善了处置突发性事件及群体性事件工作体系，圆满完成“国庆”及“西博会”期间维稳安保工作，受到了各级领导一致好评。

街道综治办坚持每月综治例会制度，定期分析辖区发案特点及防控举措，对治安重点区域、重点时段进行了重点布控。及时开展“严打整治”、查禁“赌博机”、“火车站盲流人员整治”、“学校周边整治”等专项行动，有效遏制了各类违法犯罪活动。随着辖区面积扩大、市政府南迁、经济发展、人口聚集，2009年，辖区共立刑事案件303起，与去年同期的292件比上升3%。治安城管巡逻队挡获案件58起，挡获嫌疑人99人；立行政案件252起，治安城管巡逻队挡获案件65起，挡获嫌疑人90人，有力打击了犯罪分子嚣张气焰。街道将刑事案件控制在304件指标范围内，完成了控案任务，净化了社会治安环境。

图7：2009年3月30日，《中国社会报·禁毒周刊》总编孙轩、编辑部主任郭毅一行实地调研桂溪街道社区戒毒（社区康复）工作，桂溪街道党工委书记樊晓峰（中）在调研会上介绍社区戒毒（社区康复）工作情况

【禁毒工作】 2008年6月，为全面落实《中华人民共和国禁毒法》的有关规定，深入开展社区戒毒和社区康复工作，根据国家禁毒委《关于做好〈中华人民共和国禁毒法〉贯彻实施有关工作的通知》（禁毒委发［2008］1号）及《关于开展社区戒毒和社区康复试点工作的通知》（禁毒办通［2008］26号）。四川省禁毒办已确定成都市高新区桂溪街道办事处为社区戒毒（社区康复）试点工作省级联系点。

2009年，街道党工委、办事处根据国家禁毒委员会及四川省、成都市、高新区禁毒委关于开展社区戒毒（社区康复）工作的指示精神，在省、市、区禁毒办的指导下，积极探索，不断创新，社区戒毒（社区康复）工作取得了阶段性成效。2009年6月9日，四川省禁毒委授予桂溪街道“社区戒毒、社区康复工作省级示范点”称号；桂溪街道办事处宋荣娥同志被国家禁毒办、共青团中央、四川省禁毒办、共青团四川省委分别评选为全国“2008年《禁毒法》集中宣传行动优秀禁毒志愿者”；为取人之长，补己之短，街道领导带领相关人员到洪雅县中保镇、金堂县清江镇、广安市观阁镇等单位参观学习；2008年11月13日，国家禁毒办常务副主任、公安部禁毒局局长杨凤瑞，2009年1月11日，国家禁毒办副主任、公安部禁毒局副局长刘跃进，2009年3月25日，国家禁毒办副巡视员陈绪富，2009年3月23日，《中国社会报·禁毒周刊》总编孙轩、编辑部主任郭毅以及黑龙江，广东，福建，甘孜，绵阳，雅安等二十余地相关单位领导陆续前来指导工作。通过交流，进一步完善了社区戒毒（社区康复）工作流程、职责，健全了例会制度、培训制度、帮教制度、定期谈话制度、定期开展活动制度等；为优化社区戒毒（社区康复）工作流程，丰富社区戒毒（社区康复）人员精神生活，重拾生活的信心和乐趣，街道确立了以社区戒毒（社区康复）人员及其家属每月开展一次以健康回归、灵魂回归、信心回归为目的主题活动，并在活动中设立一、二、三等奖以示鼓励。今年春节在敬老院开展慰问老人、献爱心活动；三月开展垂钓比赛；四月在社区戒毒（社区康复）活动中心开展俯卧撑、乒乓球等体育竞技赛；五月开展“端午节”包粽子比赛，《中国社会报·禁毒周刊》作了宣传报道；六月开展登“金龙”长城户外活动；七月观看爱国电影；八月开展“唱红歌·庆国庆”活动；九月由街道志愿者对康复人员开展读书学习辅导活动，系列活动的开展为构建健康活动中心平台奠定了基础；桂溪街道社区戒毒（社区康复）工作以健康回归（体育锻炼）、灵魂回归（爱心感化）、信心回归（社会活动）为主题，深化了社区戒毒（社区康复）工作。目前街道正在以“关爱人性”“抚慰内心”为主题，打造一条桂溪禁毒示范街，从示范街广场走廊、雕塑、宣传栏、广告语、墙报、垃圾桶等细节处展现桂溪街道对人性的尊重与关怀，争创国家禁毒示范点。

【来信来访】 2009年，成都高新区桂溪街道综治办建立信访代理制，实现区、街道、村（社区）三级联网式接访。坚持高新区工委领导下访制度，直接处理化解矛盾。充分发挥“检察工作点”的作用，为信访人员提供法律咨询，引导其依法信访。按照基层民主政治建设要求，社区干部认真写好民情日记和坚持每月对社情民意的研判，通过“直通车”、基层民主进院落、社区建设大家谈坝坝会等多种形式，广泛宣传《信访条例》。2009年，街道信访办共接待群众来信来访31件，120余人次（按信访程序受理20件/次），其中市、区交办案件11件，反映征地拆迁12件，当场处理8件，全部办结，办结率100%，积案处理率100%。与2008年同期相比信访案件下降23%，全年未发生一起大规模群体性事件，圆满完成“零进京”各项目标任务。

图8：2009年度桂溪辖区独立院落“无刑事案件”创建活动总结表彰会现场

（本分目供稿单位：党政办）

综治创新

【“无刑事案件”创建活动】 2009年，成都高新区桂溪街道辖区综治委对参加“无刑事案件”创建活动的46个独立院落、企事业单位进行了全面考核，并对其中22个先进单位进行了表彰奖励，辖区群防群治工作取得了较好的成效——

新南天地商圈治安整体联动：南新社区新南天地商圈，聚集了欧尚、宜家、迪卡侬、富森美家居等外资、私营企业，通过成立新南天地商圈治安整体联动队，构建了商场治安、商圈治安、辖区治安三维一体的整体联动体系，达到了有案件时控制得住、无案件时防范得牢的目的，为消费者、商场、商圈提供了安全放心、秩序稳定、治安良好的外部环境。2009年新南天地商圈治安整体联动队共挡获刑事案件3件7人，治安案件4件6人，特别是2009年7月12日，香港家具商与富森美共同举办的家具展销会期间，新南天地治安整体联动队成功挡获盗窃车内财物犯罪团伙，充分体现了整体联动、多方协同的作用，受到了商家、各级领导的表彰和奖励，多家新闻媒体作了宣传报道。

【“天府新城·和谐工地”创建活动】 2009年，成都高新区桂溪街道辖区综治委根据益州社区特殊的地理位置及复杂的综治形势组织23家单位开展了“天府新城·和谐工地”创建活动。通过确定单位专职负责人，加强内部管理力度，同时强调工作的沟通与协作，截止2009年底，参与创建的单位80%以上实现了“无一起治安刑事案件；无一起因生产、消防、食品引起的安全事故；无一起因劳资经济纠纷引起的堵路堵门事件；无一起非法上访事件；无一例流动人口计划外生育事件”的“五无”创建标准。

图9：“天府新城·和谐工地”创建活动启动仪式现场

【流动人口管理】 2009年，成都高新区街道党工委、办事处根据成高管发［2009］9号文件精神，制定了《深入推进辖区流动人口服务管理基础工作建设实施意见（试行）》（成高委发［2009］42号），成立了由街道主要领导为组长、各分管领导及派出所负责人为副组长、各村（社区）书记为成员的流动人口服务管理工作领导小组。辖区现有流动人口管理办公室1个，工作人员4人；社区流管站7个，专职协管员24人、兼职流动人口信息采集协管员285名、流动人口信息登记报送点153个，初步形成了办、站、点的直线管理模式及全方位、广覆盖、多层次的流动人口管理格局，深入推进流动人口服务管理工作。

街道办事处开辟了专门宣传专栏及一楼大厅LED显示屏，各社区利用宣传橱窗、广播等工具及动员志愿者进行静、动态宣传流管知识。街道、社区还组织专人在各主要路口、居民院落、大型用工单位散发、张贴和悬挂流动人口管理宣传品。全年，宣传资料总计印制分发2万余份，各社区流动人口服务管理工作知晓率达100%；严格工作流程，确保任务完成，为确保流动人口集中清理阶段工作的顺利开展，街道制订了详细的培训、采集、录入工作计划，办、站、点工作人员对所负责的区域实行网格化管理，对操作过程中出现的问题通过例会形式予以解决。全年组织学习培训120余次，培训人员2200余人（次）。

街道流管办强化辖区“办、站、点”三级流动人口服务管理职责，组织实施三级巡查。街道流管办对社区流管站工作每周巡查一次，社区流管站对信息采集点的工作每周巡查两次，并建立流动人口及房屋异动情况基础台账。

街道流管办按照高新区推进办的要求及时上报信息、更新数据。按照成都市政府《关于开展流动人口推进工作巩固复查项目行动的通知》。积极开展流动人口信息自查、倒查工作，确保信息准确、鲜活；继续强力推进流动人口服务管理宣传工作，在各社区院落、门卫张贴成都市公安局、成都市流动人口服务管理办公室发布的《关于加强流动人口和出租房屋管理的通告》；街道流管办于今年8月1日完成信息集中采集工作开始进入常态工作。截至2009年底，辖区内共有房屋23217户，出租房4477户，大型用工单位115家，流动人口23186人。

2009年10月12日至10月14日，街道流管办、双源社区流管站协助社区卫生服务站为600多名流动人口已婚育龄妇女提供免费健康体检，并发放计划生育知识小册，受到了广大育龄妇女的欢迎。2009年11月18日，桂溪街道流管办组织南新社区流管办在时代晶科工地开展了流动人口知识竞猜活动。此次活动，通过PPT展示了流动人口工作宣传资料。随后，进行了流动人口知识竞猜活动，让大家了解和熟悉了流动人口的权利和义务。

2009年6月1日至8月1日街道流管办共采集房屋信息22200条，出租房信息4480条，大型用工单位信息121条，流动人口信息20571条。2009年8月1日12月30日，进入常态化阶段共采集房屋信息23217户，出租房4477户，大型用工单位115家，流动人口23186人。

2009年8月20日，在桂溪街道和平社区流管站协管员对出租房屋走访时，发现天仁北二街1号2栋1单元22号房内有两男一女可疑人员并及时上报三瓦窑派出所。经三瓦窑派出所民警检查发现，三人对吸毒事实供认不讳，其中一人系网上在逃人员。目前，三名犯罪嫌疑人已被公安机关依法行政拘留。

2009年8月24日，在桂溪街道永安社区流管站协管员采集房屋信息时，发现泰和佳园出租房内有一女（代某）可疑人员，在进行房内检查时发现有吸毒用具。代某对吸食冰毒一事供认不讳，现被依法处以十五天的治安拘留。

2009年9月至今，街道流管办参与流动人口基础信息集中更新维护工作的88个街道中一直名列前茅。从开展流动人口服务管理工作以来，已召开小型招聘会11场，为流动人口提供就业岗位920个，达成初步意向244人，成功上岗86人。协调解决流动人口工资拖欠5起，共计507万元。帮助解决流动人口农民工子女就学986名。通过流动人口房屋信息调查为契机，陆续发现广和一街违章建筑房屋，现已拆除95间，共计1200平方米。街道流管办为财政所提供有效的出租房屋信息，成功收税达28万余元。

为推动已完成试点工作辖区流动人口及出租房屋信息采集工作步入常态化管理机制及贯彻市流管办《关于建立完善基层流动人口服务管理长效机制的指导意见》的精神，市流管办于2009年11月2日至4日，采取抽查的方式对第一、二批重点辖区9月、10月的常态化管理进行工作督导，桂溪街道在全市9月份数据维护工作情况统计排名第二，常态化管理人均工作量分析排名第一，10月份在数据维护工作情况统计排名第三。

【扬尘整治】　2009年，成都高新区桂溪街道办事处将扬尘整治工作列为城市管理“重要工程”，加强对建筑工地噪音扰民、扬尘污染、建筑弃土污染等问题的整治力度。街道治安城管巡逻大队按照《成都市城市扬尘污染防治管理暂行规定》、《成都市城市市容和环境卫生管理条例》等法律、法规，开展扬尘治理工作，对辖区在建工地进行全面普查。出动车辆1200台次、人员3000人次，检查运渣车辆1800台次。对工地、出入口未硬化的责令施工方立即停工待硬化完，或打围后符合标准再进行施工；对进出未冲洗降尘的现场督促冲洗后再出场。另外，还加大对各施工工地渣土运输超载、冒载、撒漏的执法检查力度。二是将冲洗除尘和清扫保洁相结合，每天出动洒水车数辆（每天平均冲洗6—8台次）对辖区主街干道和建设工地周边道路进行冲洗除尘作业。全年环境空气质量优良天数达到了311天以上，实现了空气质量优良天数≥311天/年的国家环保模范城市任务标准。

【环境卫生整治】　2009年，成都高新区街道环境卫生整治工作，治安城管巡逻大队督促环卫公司加强环保作业质量，日常垃圾的清运力度，使其日常作业有了很大提升，垃圾清运工作做到“日产日清”，保证了垃圾的日常清运工作。形成“纵到底、横到边、全覆盖、无缝隙”的环境卫生管理网络。全年以来，办事处总共投入资金680余万元，委托环卫公司对辖区内的大小生活垃圾、建渣进行彻底清运，购置更新780个果屑箱、垃圾桶65个。清运大小生活垃圾1.7万吨、卫生死角100余处、清理河道3处，整治效果良好，做到了辖区环境整洁，下水畅通。

【市容市貌整治】　2009年，成都高新区街道市容市貌整治工作，治安城管巡逻大队以“城乡环境综合整治”为契机，积极开展落实市容环境“门前五包”责任制的群众性活动，建立“门前五包”工作站，安排“门前五包”监督员及治安城管巡逻大队对主要道路、城区出入通道及周边商家店铺经营秩序进行整治，纠正商家出摊占道经营行为3300起，取缔乱摆摊点2200个、流动摊贩4600起。整治各类布幅广告、纸幅、立面等各类小广告1800起；清除建筑物、市政公用设施及店铺橱窗乱张贴、乱喷涂“牛皮癣”小广告4200起；规范户外广告、招牌的设置管理，加强了城市照明设施的维护管理。按照“统一”和“规范”的原则，规范户外广告、招牌的设置管理和城市照明设施的维护管理，城市景观面貌得到了有效改善。

【车辆乱停乱放整治】　2009年，街道车辆乱停乱放整治工作，街道治安城管巡逻大队抽调专门人员配合交警一、三分局对辖区范围内车辆乱停乱放现象采取“疏堵结合”的方式进行了整治，设置非机动车停放栏600米，加强停车管理，规范和限制道路停车，坚决清理整顿乱停车、乱放等违章行为，整治活动主要以宣传、纠正乱停乱放行为、劝导文明停车秩序为主，配合交警处罚违章车辆300余起，劝导文明停车3600次。

街道治安城管巡逻大队为了不断巩固创建全国文明城市成果，美化城市环境，提升城市形象，结合辖区实际情况将和平社区天仁北二街、天和东街、天仁北一街、天仁路以及和平社区生活服务广场进行重点打造，提升桂溪整体形象，突出区域特色，进一步改善人居环境、提高群众生活质量。此外，街道办事处在目前社区环境的基础上，利用植物、地形、构筑物、配套设施等方面的合理配置与完善，总投入资金128万元，用于和平社区亮点工程打造（景观墙改造工程、商招店招整改、改造和平社区广场工程项目），其中，景观墙改造工程、商招店招改造50余万元，和平社区广场改造78万元。景观墙改造工程从2009年4月18日开工，5月底工程已完工，改造面积6000余平方米。天仁北一街12家商铺商招店招按统一标准制作，于2009年4月18日开工，7月中旬完工。和平社区广场改造面积4000余平方米，从2009年4月18日开工，7月中旬完工。现和平社区已打造出别具一格的社区景观，为居民提供了一个休闲、娱乐场地。

【违章搭建整治】 2009年，整治违章搭建。由于历史原因，成都火车南站（站南）区域，大约有8千平方米的“城中村”，临时住户414家，约2千多人，4.47公里长的铁路沿线脏、乱、差现象十分严重。2009年初，按照“城乡环境综合整治”工作要求，桂溪街道办事处责成街道治安城管大队协助高新区执法局、规划建设、国土、安办、公安等相关部门联合对该区域的环境清理整治。2009年6月，在省、市治理办的高度关注和积极协调下，成都市“铁路沿线城乡环境综合治理现场办公会”在高新区召开，会议制定了整治方案。随后，街道办事处协助各相关单位立即行动，首先对414家住户逐一动员自拆违建，共发放张贴320份拆违通告，并做好现场取证和记录统计工作。经过近一个月的努力，部分人员主动搬离，相关部门对限期未自行拆除的进行了多次劝导教育，确保拆违工作顺利展开。7月份，街道办事处配合相关部门，按照相关法律法规，依法对未自行拆除的违法建设进行强制拆除，共计拆除违法建筑8100平方米，圆满完成了强拆任务。街道治安城管巡逻大队加强宣传引导，以求营造守法环境，降低违建意欲，减轻对抗压力，从重从严查处违章建筑。对辖区主干道路、城区出入通道及周边内乱搭建窝棚、擅自改变房屋承重结构等违章搭建行为发出限期整改通知书45份，共拆除违章搭建3500平方米，极大的遏制了辖区违法违章行为。

街道治安城管巡逻大队制定并下发了《成都高新区桂溪街道办事处关于下达2009年ISO14001环境管理体系运行暨ISO14001国家示范区持续改进工作专项目标的通知》（成高桂街发［2009］31号）文件。环境宣传、环境管理、生态建设、环保法制建设等各项工作中都取得了较好效果。随着ISO14001环境管理体系认证在桂溪街道办事处三个社区正式启动，按照ISO14001环境管理体系认证的标准要求，多次对和平、三瓦窑、双源社区主任、内审员、联络员在街道办事处召开了ISO14001环境管理体系培训会。目前，三个社区ISO14001环境管理体系外审已顺利通过，并获卡狄亚标准认证（北京）有限公司认证。

街道治安城管巡逻大队工作成果——成功案例：2009年7月12日，桂溪街道治安城管巡逻大队50名队员参加成都市委、市政府在富森美家具举办的“成都购物节、香港国际家具节”执勤安保任务，下午13点55分，执勤便衣组在守点时发现一辆前后无牌照的黑色丰田（车上坐了三名可疑男子）“凯美瑞”尾随了一辆黑色别克凯越车进入迪卡侬东面停车场，该车与通报的盗窃嫌疑车辆资料比较符合。治安城管巡逻大队立即用电台向现场指挥员通报了该情况，新南天地商圈治安整体联动系统按照指挥员的部署立即设立两道关卡对迪卡侬停车场形成了包围圈。14时04分，嫌疑车上三名男子对停车场三辆车进行撬车盗窃财物后准备离开时，发现设置的第一道关卡后加大油门强行冲撞，撞坏设卡的巡逻摩托车三辆；嫌疑车冲出第一道关卡后更是加大油门疯狂逃窜，丧心病狂的在都会路上连续撞毁8辆车后，被第二道关卡（以警车和巡逻摩托车设卡）逼停，车上的两名嫌疑人员跳车逃窜，最终三名犯罪嫌疑人被桂溪治安整体联动便衣人员挡获。随后，被带回三瓦窑派出所接受审查，该案已上报省公安厅。此次迅速而得力的围捕行动再一次彰显了新南天地商圈治安整体联动的运作实效，受到了媒体高度关注，获得了周围商家一致称赞并送锦旗表感谢。事后，高新区两委办综和处副处长谯哲亲自前往街道办事处慰问街道治安城管大队队员，对大队所做的成绩给予了充分的肯定和高度评价。做到了有案件时控制得住，无案件时防范得牢，有力的震慑了各类犯罪活动，为整个高新区提供了一个秩序稳定、治安良好的环境。

【违规事件处理】 2009年，成都高新区桂溪街道办事处处理违规事件工作，关于对街道治安城管大队辜某等七名队员“取保候审”期间的处理意见——街道治安城管大队一中队三组组长辜某、副组长谢某、队员路某、付某、陈某、郭某、马某7人在2009年9月22日挡获犯罪现行期间，造成犯罪嫌疑人意外身亡。经大队研究决定，对辜某等七名队员在“取保候审”期间做出以下处理意见：

对辜某等七名队员做暂时停职处理；

被取保候审的七名队员按照本人原工资中的固定部分（基本工资、年限工资）发放，取消其工资中活的部份（即绩效奖、交通补贴、通讯补贴、岗位补贴）。

图10：2009年10月9日桂溪街道治安城管巡逻大队召开整顿纪律作风工作会。

（本分目供稿人：但永宏）

行政事务

【目标管理】 2009年，成都高新区桂溪街道办事处健全目标管理网络，成立了街道目标管理督查工作领导小组，由街道党工委、办事处领导牵头负责，成员由机关各部门负责人组成。下设目标管理督查办公室，与党政办合署办公。各村、社区，机关各部门均设置了1名专（兼）职目标管理员。

目标责任制　目标责任分解落实。街道根据高新区下达的工作目标和2009年新形势，对目标管理实施细则和目标责任书进行了较大调整，并以签订目标责任书或以文件下达的形式，将任务层层分解到各村（社区）、机关各部门，综治等重要目标对村（社区）两委主要领导实行风险责任金制度。

目标管理 2009年街道要求各村（社区）、各部门坚持季度自查；目督办根据具体目标任务，按季度进行督查，坚持半年目标检查和年终目标考核制度，根据目标奖惩办法考核和奖惩；对统筹城乡、民生工程、农转居社区建设和管理、行政效能、群众满意度测评等紧急或影响全局的事件，及时检查，并以目标督查的形式进行通报和促进整改。

目标督查 在2009年目标工作中，目标管理督查工作要求资料齐全、整理规范，按时报送各类材料和报表。建立了街道目标、村（社区）级目标管理工作档案，包括目标责任书、管理实施细则、半年目标自查报告、年终目标自查报告、工作总结等，按区两委目督办的要求，及时上报年度工作目标任务、目标自查报告、年度工作总结、区下达的各类督办工作完成情况等资料。

目标设置 2009年度工作目标设置科学。采取年度工作目标与专项工作目标相结合，做到重要工作无遗漏项，目标内容界定清晰。年初与各村（社区）签订了《2009年社区（村）工作目标责任书》以及城乡环境综合整治、充分就业、社会事务等多个专项工作目标，使各村（社区）、机关各部门明确了目标，有效促进了工作的开展。

（欧光蓉）

【规范化服务】 2009年，成都高新区桂溪街道办事处根据成都高新区党工委、管委会相关要求，进一步加大规范化服务型政府建设力度，围绕“亲民、便民、利民”服务理念，创新开展了社会事务服务中心集中化管理、一窗式综合岗服务、办理事项下沉社区等特色工作，以实际行动取信于民、服务于民。省、市政务服务中心陈建平、薛志明、王浩、周诚、黄蔚等领导对桂溪街道一窗式综合岗服务、审批和公众服务办理事项下沉社区等特色工作给予了充分肯定。认为桂溪街道规范化服务从制度上、规范上、流程上做到了科学、便民、利民，起到了良好的示范带头作用。桂溪街道社会事务服务中心于2004年6月试运行，和平、三瓦窑社区便民服务中心于2005年9月成立，双源社区便民服务中心于2007年5月正式向居民开放。2009年3月，正式在辖区4个便民服务中心推行“一窗式”受理工作模式。目前，街道社会事务服务中心共设一个咨询接待台，两个社保综合业务窗口，四个“一窗式”综合业务窗口、两个税务业务窗口；和平、三瓦窑、双源社区便民服务中心设一个咨询接待台、四个“一窗式”综合业务窗口；双源社区因距离办事处较远，群众办事不便，增加了两个社保综合业务窗口。2009年1~12月，辖区服务中心总办结量21950件、平均月办结量1829件、其中平均月即办件数量1307件、平均月办承诺件结量522件，平均现场办结率96%以上，按时办结率达100%。

（欧光蓉）

【土地监察】 2009年，桂溪土地监察工作，由街道治安城管巡逻大队牵头，每天负责组织开展24小时动态巡查，及时发现、制止和报告辖区各种违法用地和违法建设行为；由城市管理科牵头，负责协助成都高新区国土执法部门开展巡查案件的现场调查和联动处置工作；通过采取以上工作机制，在区、街道和各村的共同努力下，成功地化解了多起违规用地、违章搭建苗头，受到了成都高新区国土执法部门的充分肯定，并作为亮点工作拟在全区推广；2009年，桂溪街道办事处共进行土地巡查189人/次，发现并处理各种违章搭建5起，无1例土地违法案件被成都高新区国土分局立案查处或通报。

（王　斌）

【二次土地调查工作】 2009年，成都高新区桂溪街道办事处完成第二次全国土地调查工作。第二次全国土地调查从2007年6月开始前期的资料收集整理和宣传动员工作，从2008年10月31日开始实施野外作业，到目前已经进入了四川省国土资源厅检查验收阶段。桂溪街办接到该项任务后高度重视，认真组织，成立了以分管领导为主的二调工作领导小组，并由专人负责第二次全国土地调查工作。

第二次全国土地调查工作在桂溪辖区涉及石墙、双土、五岔子、民乐、铜牌、大源共6个村25个村民小组，在工作开展前对所涉及的村组干部进行了系统培训，要求大家认真对待，在指界工作中不能出现错误。在进行野外作业时，街道办事处的工作人员以及村组干部全线陪同，村民小组长认真指界，专职工作人员认真核实主，在每一幅图都清晰明了的情况下签字确认。在成都市国土资源局的检查中，街办指界清晰，无一例出现偏差情况，为成都市第二次全国土地调查工作的全面完成奠定了一定的基础。

（王　斌）

【工程建设】 2009年，成都高新区桂溪街道办事处完成辖区以下工程招标、建设工作。

和平社区服务中心：预算投资900万元，建筑面积4917.45平方米。本工程经成都高新区经发局（成高经审［2008］260号）批准建设，委托成都晨越建设管理有限公司代理招标，通过公开招投标，南昌市第一建筑工程公司中标，中标价877.9万元。此工程计划于2010年4月建设完工。

和平社区文体活动中心：预算投资130万元，建筑面积1100余平方米。本工程经成都高新区经发局（成高经审［2008］289号）批准建设，委托四川成化工程项目管理有限公司代理招标，通过公开招投标，成都恩德建筑工程公司中标，中标价124.5万元。此工程于2009年5月建设完工。

和平社区广场改造工程：预算投资80万元，改造面积3990余平方米。本工程经成都高新区经发局（成高经审［2009］123号）批准建设，委托四川成化工程项目管理有限公司代理招标，通过公开比选，重庆市恒大建设（集团）有限公司中标，中标价77.8万元。此工程于2009年9月建设完工。

桂溪敬老院改造工程：预算投资80万元，改造面积1830余平方米。本工程经成都高新区经发局（成高经审［2009］124号）批准建设，委托四川明清工程造价咨询有限公司代理招标，通过公开比选，四川国泰建设工程有限公司中标，中标价59万元。此工程于2009年12月建设完工。

双源社区卫生服务中心装修工程：预算投资260万元，改造面积2500余平方米。本工程经成都高新区经发局（成高经审［2009］24号）批准建设，委托四川良友建设咨询有限公司代理招标，通过公开招投标，四川华企建设工程有限公司中标，中标价159万元。此工程计划于2010年1月建设完工。

双源社区幼儿园改造工程：预算投资300万元，改造面积3350余平方米。本工程由成都高新建设开发有限公司移交给桂溪街道办事处负责实施，委托四川成化工程项目管理有限公司代理招标，通过公开招投标，四川省国祥建设工程有限公司中标，中标价268万元。此工程于2009年8月建设完工。

南新体育运动中心：预算投资140万元，改造面积4400余平方米。本工程经成都高新区经发局（成高经审［2008］417号）批准建设，委托四川华通建设工程造价管理有限责任公司代理招标，通过公开比选，四川龙腾体育设施工程有限公司中标，中标价136万元。此工程于2009年6月建设完工。

（王　斌）

【征地拆迁】 2009年，桂溪街道征地拆迁工作，成都高新区街道办事处根据成都高新区统征办提供的房源资料，参加新北小区第四期E区（抽空号拆迁村民及新增人员）农迁房分房的人员共计120户、125人，应分住房131套（全部为套一型）。新南四期（一阶段）农迁房分房的抽空号拆迁村民及新增人员共计231户、314人，应分住房249套（其中：套一180套，套二65套，套三4套）。由于准备充分，两次分房未发生一起因楼层高低滋事事件，圆满完成分房的各项程序。

2009年，成都高新区街道办事处顺利拆除了东苑民工生活服务区。该服务区占地3330平方米，由开发商（成都石羊兴达市场开发有限公司）自行投资100万修建，于2007年8月建成并投入使用。服务区内有商家60家。经营至2008年5月9日接到成都市兴城投资有限公司《关于尽快拆除桂溪民工生活服务区的函》的通知，要求于2008年8月8日之前自行拆除，交付施工建设单位。而在与开发商的条约中还明确了"原则上使用2年"，"在经营期间如遇国家建设需要用地，公司不作任何补偿要求"。通过各方面的积极配合和努力，2009年7月份，4位股东主动找到桂溪街道办事处要求自愿拆除服务区，妥善解决好与经营商家的各种问题。在没有给予成都石羊兴达市场开发有限公司一分钱的补赔偿情况下，圆满完成东苑民工生活服务区搬迁、拆除工作。

（王 斌）

【招商引资】 2009年，成都高新区街道办事处新引进企业的数量比去年同期增长幅度较大，全年共引进企业570家，注册资金12.25亿元，其中注册资本1000万元以上的12家，当年税收超过100万的达10家；共引进市外资金9.4682亿元，完成目标任务的135.5%，在各街道办事处中位居前例；此外，科室加大了对辖区企业服务力度，根据临江村的具体情况开展了企业申办讲座及企业融资服务讲座；街道办事处经发科多次组织辖区重点楼盘招商部、物业部、各社区主任及相关工作人员参加桂溪街道重点楼盘招商引资工作座谈会，就招商引资工作的要点进行培训，举办辖区企业个人所得税汇算培训会等；2009年11月27日，顺利完成辖区企业投资软环境集中测评。

（徐 霞）

【经济普查】 2009年，街道办事处完成第二次全国经济普查工作。为扎实有效地作好第二次全国经济普查工作，办事处深刻领会相关文件精神，在思想上高度重视并求实，加强对经济普查宣传工作的组织领导，创新工作方法，做到三个到位：宣传动员工作到位，资金保障到位，人员责任到位。历时一年，于2009年上半年顺利完成第二次全国经济普查工作，共计普查辖区企业882家，受到上级好评。

（徐 霞）

【统 计】 2009年，成都高新区街道办事处针对所属行政村已基本解体状况，为更好地开展统计工作，在永安、益州、南新三个企业集中的社区设立统计工作机构并设置相应统计人员 。加强统计人员的在职教育和培训，使基层统计人员在熟练掌握统计基本知识、基本方法和基本技能的基础上，进一步提高统计人员的业务素质和工作能力。为加强和企业的联系与服务，促进企业发展，打造一支高素质的企业统计工作队伍，定期召开企业财统人员工作会议，在会议上插入企业税务及统计知识，或传达相关优惠政策，为企业提供更加优质到位的服务，加大扶持力度，为企业创造良好的发展环境。社区相关统计工作人员也参加企业财统人员会议，加强与企业的联系和沟通，也便于报表催收。全年实现规模以上工业增加值较上年增加约7.7亿元，完成目标任务的110%；全年完成固定资产投资约10.1亿元，完成目标任务的126%，其中工业投资约5亿元，完成全年目标任务的125%；重点批发和零售企业实现销售收入约15亿元，完成全年目标任务的125%。

（徐　霞）

【市场管理】　2009年，街道办事处按照标准化菜市场设置与管理规范要求，积极参与新建农贸市场的建设，按程序公开招标管理公司，督促公司按标准化完善软硬件配套，新建的和平、双源综合农贸市场已通过成都市商务局向四川省商务厅申报“四川省标准化菜市场示范项目”。同时，和平综合农贸市场被成都市、高新区确定为生猪产品质量安全可追溯体系建设试点单位。和平综合农贸市场于6月30日开业，双源综合农贸市场于7月21日开业，石墙综合农贸市场于11月3日开业。成都市、高新区将和平综合农贸市场确定为全市首家生猪质量安全可追溯体系建设试点单位。8月20日，成都市中心城区生猪产品质量安全可追溯体系建设启动仪式在和平综合农贸市场举行，市、区领导到和平综合农贸市场视察生猪质量追溯体系试点工作推进情况。目前，辖区内农贸市场全部安装了生猪质量追溯体系平台。2009年，办事处加大了市场环境整治力度，将环境卫生整治作为对市场管理规范化的具体措施来抓。加强对市场管理方工作的督导，每月对市场管理人员提供一次相互学习和交流的例会，同时完善经营摊点和门面三包制度，使市场的面貌焕然一新，环境得到进一步优化。严格执行“鸡鸭鱼商品准入制度”，坚持索证索票制度；随时到市场检查发现的问题作为考核扣分的依据；严格执行“肉类准入管理制度”，重点做好猪肉追溯体系工作，并配合相关部门及时查处流通领域的违法违规行为，对不符合入市标准的食品一律不准入市。

（徐　霞）

【扶贫帮困】　2009年，成都高新区街道办事处的扶贫帮困工作，街道办事处联系彭州市葛仙山镇官仓村，全村共有耕地面积1400余亩，每年轮流种植川芎、西瓜、木耳、大棚蔬菜以及水稻等，是该村主要的农业支柱产业。2009年，街道办事处联系专业研究、生产农用化学品和植物生长调节剂的公司——四川省兰月科技开发公司的专业技术人员对葛仙山镇官仓村的西瓜、川芎、水稻等农作物的种植进行指导和培训，使该村农作物产量比去年增产30%，村民的收入得到相应的增加。

（徐　霞）

【禁止焚烧农作物秸秆】　2009年，街道办事处根据2009年下半年大春禁烧工作的安排，指派办事处分管领导和工作人员轮换巡查值班，由办事处巡逻队不间断巡查，各村村委会安排巡查小组，通过巡逻广播宣传《大气污染防治法》、《成都禁止焚烧农作物秸秆办法》等法律法规，组织民乐村、铜牌村、大源村将村民堆放在道路两旁的玉米秆和垃圾及时进行了清运和集中堆放处理，确保了辖区内无焚烧秸秆现象。

（徐　霞）

【安全生产管理】　2009年，成都高新区街道办事处组织7次大的安全生产与消防防范检查，针对隐患较重的企业进行专项检查10次，参加人数达223人次，同时安排各村村委会、社区居委会自行排查15次，共检查企事业单位（个体工商）432家（次），查出安全隐患96起，其中对28家存在不同程度安全隐患的企业开出了限期整改通知书，对61家有安全生产隐患但不严重的单位责令其现场整改，对其中2家不具备基本安全生产条件的企业，下发了停业整改通知书（后来关闭）。2009年，街道范围内的企业未发生一起因监管不力而导致的死亡事故；全年未发生一起火灾事故；辖区未发生一起中毒事件；辖区未发生一起经济损失上万元的事故；全年未发生特大事故。通过检查监督，加强了条块之间、部门之间的协调，如专项治理、联合检查、隐患整治、事故调查与处理等，各部门、条块之间相互通气，达成共识，齐抓共管，初步形成安全生产管理横到边、纵到底的格局，圆满完成了高新区管委会下达的安全生产目标任务。

（徐　霞）

【农经管理和动物防疫】 成都高新区2009年，街道办事处依据《会计法》、《村集体经济组织会计核算》、《四川省农村集体资产管理办法》的规定，定期与不定期地对各村财务进行指导、监督、检查。并于7月上旬完成对民乐村、勤俭村、铜牌村、大源村、大源村公司、临江村的财务进行审计，对查出的问题及时上报街道纪工委，及时指导各村进行整改。动物防疫工作，为了解决临江村村民饮水难问题，2009年，办事处投入39万余元为临江村打4口水井，安装净水设备，并投入7万余元清掏三吏堰沟渠；2009年的重点是狂犬病的宣传与防治，其次是生猪及其它畜禽的防疫，由于工作到位措施得力，辖区内无任何疫情和狂犬病病例发生。

（徐　霞）

【集体资产处置】 2009年，成都高新区街道办事处依据《村民委员会组织法》、《四川省农村集体资产管理办法》及成高桂委发[2007]48号文件的有关规定，指导并协助红光村、和平村、永安村、五岔子4个村依法有序地开展农村集体资产处置后的后续工作。石墙村农村集体资产处置工作也于2009年12月31日全面结束。

（徐　霞）

【食品安全监管】 2009年，成都高新区街道办事处高度重视食品安全工作，深入到辖区内的食品生产、加工、经营单位进行食品安全大检查，通过墙报、标语、宣传车、散发传单资料等手段广泛宣传食品安全知识，科学引导正确的消费观，提高人民群众自我保护能力。办事处还定期不定期组织相关部门对辖区内的食品加工企业、销售摊点、商店、市场、学校等重点区域进行深入细致的检查。严厉打击无证生产和制售假冒食品的违法行为，取缔无证、无照属非法食品生产加工单位，并收缴不符合食品卫生安全要求的食品生产加工用品、用具、食品原材料、食品添加剂等物品（如硝酸盐、劣质食用油和食品添加剂），销毁加工场地。把好农产品生产销售安全关。按照农药管理条例的有关规定，对辖区内的农贸市场的经营点进行整治，发现一些经营点有不按要求进行的现象出现，在检查中都予以取缔或加以规范，此外在辖区农贸市场配备了检测仪器，经常对蔬菜等食品情况进行速测检测，并进行公布，这样杜绝了农药残留超标现象。加强对菜农进行农药使用的安全性培训，提高其安全意识，保证了蔬菜的安全。

同时开展包装食品、重要农产品、加工品等安全检查。桂溪街道办事处在辖区所有食品加工生产，经营单位全面推行了食品原、辅材料安全采购索证制度，食品原、辅材料进货必须有台账登记，索证和台账执行率达到100%。加强监管学校、企业食堂餐饮食品安全。我们组织相关部门，经常性对各中小学、企业的食堂以及学校周边的杂货店餐饮进行安全检查，要求食堂保持整洁卫生，健全卫生管理制度，建立食品购销渠道登记，使用前对食品进行试纸检测，确保学生/职工的健康。同时大力整治了学校周边小食店环境，取缔一批“三无”产品，消除食品安全隐患。另外，推行餐饮行业废弃食用油脂的整治。为防止出现群体性食品安全事故，接受农村家庭群体宴席2009年1月至11月共有64家群宴举办者申请举办，卫生监督员均到现场进行监督检查并与其签订“食品安全责任书”，现场监督检查率100%。

（徐 霞）

【财政收入】 2009年，成都高新区桂溪办事处实现全口径财政收入5.73亿元，其中：实现国税收入2.76亿元，实现地税收入2.78亿元，实现非税收入0.19亿元。完成全年目标任务的124%，奋斗目标的119%。与去年同期相比，增长39%。

受全球金融危机的影响，街道现有的重点生产性企业2009年的生产经营都相对保守，基本上没有较大的投资和扩产计划，企业的税收增幅下降较大。为确保圆满完成今年的全口径财政收入目标任务，街道办事处对全年的收入情况进行了认真的分析和预测，提早明确预测收入与目标任务的缺口。同时，针对收入缺口，全所人员积极增添措施，多途径、多渠道寻找新的经济增长点。

积极引导社区居委会投入经济建设。充分调动社区两委干部的引资、引税积极性，利用社区干部掌握信息快、来源广的特点，重点引导他们在写字楼的招商引资和对在建工地项目的跟踪上下工夫，在辖区内营造“全员招商”氛围。

定期开展在建工地施工单位税收缴纳情况排查。将辖区建设项目以社区为界，分片落实管理责任。增强对新开工项目的跟踪，确保辖区内的建设项目税源“一个不漏”，应收尽收。

认真做好协税护税工作，加强同税务征收部门的联系和沟通，及时将税源情况反馈到国、地税征收部门，认真落实税收属地化管理。

（高 超）

【预算和决算】 2009年，预算和决算工作，成都高新区街道办事处财政所根据成都高新区财政局的统一部署，集中精力、认真完成了2008年财政决算报表和2009年财政预算方案的编制工作。准确、及时、完整的报送了《地方财政总决算报表》、《乡财政总决算报表》、《行政事业单位决算报表》等各类决算报表及相关财务分析资料，受到主管部门的好评。按照“二上二下”的工作程序，在充分征求部门意见的基础上，认真编制办事处2009年财政预算方案和预算调整方案。在预算的编制上，严格压缩一般行政支出，下调基本支出定额，控制会务费、培训费和接待费等三项费用，最大限度的保障了办事处的重点工作项目资金。在资金安排上，坚持了“突出重点，统筹兼顾”的原则，尤其突出了民生工程、社区建设、社会治安综合治理和社会事务等几个方面，充分体现出政府服务群众、关心群众的工作职能。

（高 超）

【卫生服务中心财务体系规范化建设】 2009年，是成都高新区桂溪社区卫生服务中心财务体系试运行的第一年，通过一年的时间，街道办事处对中心整个账务体系和收支情况有了充分的了解。2009年年初，办事处社区卫生服务中心规范化账务体系建设确定为今年的一个专项课题，计划在总结去年经验和教训的基础上，在社区卫生服务中心建成一套高效的账务管理体系，为预算的执行和中心的财务管理奠定基础。主要采取的措施有：收支账在账务核算上彻底分开；科目设置中一级科目严格按会计制度设立，二级科目的设置与预算和报表的要求相结合，保证取数的方便性；借鉴财政的项目管理模式，改变医院会计制度单纯的经营性质，有效地将二者结合起来，将预算作为全年支出的依据；重建报表体系，增加《预算执行情况表》《专项经费收支情况表》《项目支出情况表》，使会计报表更加简洁易懂，方便领导的决策；建立分部门核算机制，结合中心开展的绩效考评工作，对各项支出分部门进行核算，有效控制公用经费的增长。

（高　超）

【国库集中支付平台】　2009年10月，成都高新区财政局正式启动国库集中支付体系，这项财政资金管理模式的改革进一步加强了各单位的预算管理，提高财政资金的使用效率。为确保新旧体系的顺利过渡，街道办事处高度重视前期的倒入数据准备。首先组织全所人员对整个支付体系的操作流程进行了认真的学习，并结合办事处预算管理的实际情况，开展了细致的分析和讨论，提前找出办事处现行的预算管理模式和新体系不相适应的地方。梳理1~9月预算执行数据，结合前期分析中查找出的问题，认真进行数据处理，为支付平台的顺利运转奠定了基础。通过全所人员的共同努力，目前办事处已顺利完成了国库集中支付平台的过渡，平台各项工作流程运行正常。

（高　超）

【财政补贴】　2009年，成都高新区街道办事处按照上级财政部门的工作和时间要求，组织开展2009年种粮农民粮食直补、综合补贴、家电下乡和汽车下乡补贴的发放工作。由于临江村的划入，使整个工作的范围和难度进一步增大。办事处及时同双流县西航港街办取得联系，将该村1107户村民的基本信息及时补充入办事处的数据库，并联系桂溪信用社做好了农民补贴存折的相关准备工作，确保了各项补贴资金在规定时间内落实到农户手中。2009年，共向1777户农户，发放粮食直补金69186.41元，综合直补金198781.75元；共向农户发放家电下乡补贴1877.46元；发放汽车、摩托车下乡补贴104390.7元。没有发生因补贴发放而上访的事件，贯彻落实了中央的惠农政策，保证了农村的稳定。

（高　超）

社会事务

【民族宗教】　2009年，成都高新区街道办事处在民族事务管理工作中，做好民族稳定工作，辖区未发生涉及少数民族方面的矛盾纠纷和突发事件。

宗教信仰管理：加强对辖区内公共场所非法从事宗教活动的监管，开展重点排查3次，取缔了2处非法传教活动，对1家从事宗教用品生产加工的企业进行了劝离。

寺庙管理：加强对辖区内2座寺庙，铜牌村兴隆寺、临江村如意寺（均未取得成都市宗教主管部门的相关合法手续），从事宗教活动的监管。

（高国容）

【公共住房】　2009年，成都高新区街道办事处办理廉租住房租金补贴37户，其中：年审21户、初次申请16户（2户未批准）；截至年底，辖区有享受廉租住房租金补贴37户、受理经济适用房申请11户、已批准8户、享受实物配租房3户。

（高国容）

【老龄工作】　2009年，街道办事处按30元/人的标准对4697名60周岁以上老人发放了生日慰问券，金额达140910元；按30元/人对4715名60周岁以上老人发放了“重阳节”慰问金，金额达

141450元；按50—300元/人月的标准对678名80周岁以上老人发放了“长寿补贴金”，总金额达417050元。今年免费为60岁以上老年人办理“四川省老年证”448本、“成都市老年证”91本。对辖区2063名60周岁以上的老人进行免费体检，减免的体检费用和提供的早餐费用达18万余元；并针对90岁以上老人开展了上门体检服务，共计73人；开展老年人健康知识讲座13次。

街道办事处指导各村、社区启动和规范居家养老服务工作，落实结队帮扶责任人，对辖区160名空巢老人进行台账管理和服务。空巢老人有子女居住在本社区的，要求子女每日看护老人不少于1次；身体差者，要求子女与其居住；对25名安装“一键通”的贫困空巢老人进行了跟踪服务，并为5名贫困空巢老人确定了帮扶联系人。

街道办事处在“重阳节”期间围绕“关爱老人、服务老人”的活动主题，本着隆重、安全、节俭的原则，在节日期间举办了丰富多彩的庆祝活动。如：双源社区于重阳节当天晚上在社区广场举行了文艺会演，与学校一起组织了献爱心活动，学生为老年人捐赠了鸡蛋、水果等物品；大源村、民乐村、铜牌村在办事处慰问老年人的慰问金上又为60周岁以上老人增加20元，80周岁以上老人增加50元，慰问人员1092人，花费资金26000元；临江村除发放慰问金外，还为老年人发放了蛋糕、白糖等慰问品，花费资金15000元；南新社区开展了趣味活动；益州社区组织开展以“‘开心谜语’你猜！我猜！大家猜”为主题的猜谜语活动。

各村、社区均建立老年人协会，各协会开展活动丰富多彩，每天早晚老年人在广场举行健身、武术等活动，双源、和平、三瓦窑三个成熟社区建立了协会基地。

（高国容）

【劳动就业和社会保障工作】 2009年，成都高新区桂溪街道辖区总劳动力19092人，全口径有就业愿望和就业能力的17728人，就业17448人，就业率98.4%，其中“4050”人员（男50岁、女40岁）4733人，就业4644人，就业率98.1%。城镇新登记失业人员2722人，再就业2666人，城镇登记失业再就业率97.9%，其中“4050”人员811人，就业795人，再就业率为98%。“962110”援助热线1~12月无人拨打。已申报小额担保贷款14笔85万元，发放35万元。开办了保健按摩、老人护理、营业员、服装缝纫工、保安等技能培训22期共847人，培训合格率达100%，培训后上岗737人，再就业率达87%。召开大、小型招聘会17场，参与企业79家，提供岗位1977个，达成初步意向547人，成功上岗125人。通过岗位引荐成功上岗312人。辖区企业353家，员工人数达20898人，规模企业劳动合同签订率为100%，其中城镇企业的农民工劳动合同签订率100%，达到目标要求。共处理劳资纠纷事件187起，涉及金额约2307万元，涉及人数3581人；其中建筑工地案件100起，涉及金额约2223万元，涉及农民工人数3466人。发放劳动合同范本1200多份，换发农民工劳动合同288份，对工地签定规范用工行为承诺书82份；集体合同覆盖企业户数50户，其中开展工资集体协商试点企业数50户。为22家企业共1373人申报社保补贴160万元、为18家企业659人申报就业奖励金32.95万元、为3家企业268人申报岗位补贴27.4万元；为近千人次申报灵活就业社保补贴2700多万元；协助为106名下岗失业人员发放失业金62.1万元。

（陈 洁）

【劳动就业特色工作】 成都高新区桂溪街道办事处依托辖区独有的会展和楼宇经济、深化“集团式”服务：2009年，在原有“两队”（保洁队和装卸队）基础上，又于3月糖酒会开会之际组建了“会展临时服务队”。队员主要由新划归的临江村人员组成，“二队”变“三队”更好地满足了会展后勤临时用工需求。几支队伍中已有10名临时队员因工作认真，踏实肯干，转为会展集团固定合同工。2009年10月中旬西博会召开期间，按照“服务西博会，当好东道主”要求，又组织辖区近40名居民参加后勤服务工作，截至目前共有200多人次参加各类会展临时用工。

2009年，按照促进就业优先战略专项目标和创建国家级创业型城市的工作思路，打造“创业带动就业示范一条街”。2008年底，街道制定《鼓励创业带动就业打造双源社区“创业带动就业示范一条街”的实施意见》。街道办事处将1700万元回购的7000多平方米商铺采取优惠出租和就业基地低价出租方式（优惠幅度第一年50%，第二年30%，第三年10%），用于鼓励失地农民积极创业。“示范一条街”共造就小老板50家，带动社会岗位196人，本辖区117人。对在“示范街”带动3人以上就业的创业者评选为“创业带动就业示范商家”进行表彰（今年8月18日以启动“创业带动就业示范一条街”为契机，评选出10家“创业带动就业示范商家”并给予了现金奖励）。成都日报11月24日以《构筑创业“生态”让百姓乐享其业》为题对成都高新区桂溪街道促进充分就业创新工作纪实进行了深入报道。

2009年，为了搭建政府与企业联动促进就业的信息平台，街道加强与用工单位的友好协作，稳定就业岗位和劳动关系，街道制定了《大型项目用工单位定期联系制度》，在新建大型单位用工项目库的基础上，实行“人盯片区、人盯项目”的细节管理，目前累计将91家大型企业纳入用工项目库管理，使用本辖区居民已达到了858人。

2009年，为了更好地转变就业观念，双源社区以“而立之年把业失，求职应聘人满患”、“今天工作不努力，明天努力找工作”、“求职路上多艰辛，屡败屡战不放弃”、“传递就业关怀，放飞青春梦想”、“拓展就业新思路，谋求创业新发展、”“政策扶持显关怀，创业致富得民心”、“就业帮扶你我他，共创和谐奔小康”七个主题原创了七幅漫画在各院落巡回展出，漫画内容通俗易懂，言简意赅。通过这种直接化、平民化的宣传形式对居民树立正确的就业观和择业观起到了助推作用。2009年11月17日，全国人大常委会委员、财经委副主任委员乌日图在视察中对此宣传形式高度赞扬，市就业局主要领导也对此高度关注。桂溪街道拟在此基础上丰富内容，融入监察、社保等关系民生重大问题在全辖区进行宣传，让更多老百姓了解政策、转变观念。

（陈　洁）

【劳动监察特色工作】 2009年，成都高新区桂溪街道办事处劳动保障所与施工单位签订示范用工承诺书。随着南部新城区建设的推进，本辖区已经成为成都市的重点建设区域，现开工的建设项目共有71家，为这些项目施工的单位共有83家。随着建设项目和施工单位增多，涉及纠纷也随之增多，今年共接待和处理建筑工地案件100起，涉及金额约2223万元，涉及农民工人数3466人。工作人员在建筑工地的执法调查、为民工讨薪的工作中发现，其中很多劳资纠纷问题很复杂，现有劳动法规赋予的行政手段是不能马上解决问题的。为此，办事处除了加大监察执法和宣传力度外，特别推行施工单位签订规范用工“承诺书”的举措（截至2009年11月底已签订规范用工行为承诺书82份）。要求施工单位在对规范用工、按时发放工资、健全员工花名册等方面做出承诺，切实维护劳动者权益。相信“承诺书”的签订，辖区建筑行业的劳资纠纷会有效地得到减少和控制。此举受到了市劳动监察总队领导的赞扬，并倡导在全市推广。

2009年街道办事处联合益州社区工作站在社区范围内开展了“天府新城·和谐工地”创建活动。随着辖区建设速度的不断加快，辖区建筑工地也不断增多，因劳资纠纷而引发的“堵门”、“聚众闹事”等不稳定事件也随之增多，本着以“提高劳动者维权意识，将问题化解在基层”的目的，创建活动开展以来，该辖区的劳资纠纷发案率得到了有效的控制，2009年益州社区工地发案11起，与去年同期的15起相比减少了4起。创建活动的开展为辖区形成社会环境和谐安定、经济建设持续发展、人民群众安居乐业的大好局面奠定了坚实的基础。

（陈　洁）

【计划生育】　2009年初，成都高新区桂溪街道办事处根据高新区人口与计划生育的目标任务，将各项指标进行量化分解落实到村、社区、单位，与97个社区（村、单位）签订了计划生育目标责任书，为圆满完成2009年人口与计划生育目标任务打下了坚实的基础。

2009年，本着贴近生活、贴近群众、贴近实际的要求大力宣传科学文明健康的生活方式和科学文明进步的婚育观念，分别在元旦、春节、三·八妇女节、母亲节等开展大型宣传活动5次。

2009年1~9月发放符合法律法规一孩生育通知单 302 人；向高新区计生处呈报59例符合照顾再生育的审批材料、其中换发再生育服务证12份、病残1人；办理独生子女父母光荣证146对；为流出人员办理流动人口婚育证明 177人。

2009年4月、9月分别在辖区开展了已婚育龄妇女免费“三查”工作，共计普查7691人，其中非意愿性妊娠1例，并采取了补救措施。1~9月共有 90 名育龄妇女享受免费实施计划生育技术服务，其中：安取环23人、人流45 人、安环22人。

2009年，按照成人口发[2007]10号文件精神，对辖区独生子女死亡、重残家庭对象进行调查确认，上报符合条件4户、7人，送上慰问“安抚金”2万元；建立流动人口基础数据，1~9月共完成5734 人的wis系统信息录入。

2009年，在辖区开展“农村部分计划生育家庭奖励扶助调查”宣传调查工作。按照“确认条件”严格核查，对符合条件的人员由村级组织评议，街道办事处进行审核、复核、公示，确认2009年新增符合奖励扶助条件对象96人、继续享受奖励扶助政策对象67人、因故不符合奖励扶助条件而退出的对象5人。开展“独生子女父母奖励”调查，发放独生子女父母奖励金达27.06万元；对农村独生子女父母和城镇低保家庭独生子女父母信息进行数据录入和清理，共确定 5104 名独生子女为调查对象（其中双农1705户、低保25户、失地农民2771户，其他 603户）。

2009年，街道办事处将计划生育“三结合”帮扶任务纳入目标管理，分解到村、社区；同时根据计生“三结合”工作要求社事科对村、社区申报的新增张榜公示，配合高新区帮扶的对口部门完善帮扶措施；在双节来临之际国土局、科技局分别送上了节日的问候。

2009年，在辖区内开展流动人口计划生育宣传活动，针对春节期间大量民工返乡省亲，组织人员深入工地、流动人口集聚地和用工单位分别发放办理《流动人口婚育证明》的通知及告知书，共为32家单位发放通知及告知书2700份；组织流动人口计划生育协管员，分别到工地、和平市场、和平社区、双源社区设点宣传，共登记流动人口 5734人，免费“三查”工作中为流动832名已婚育龄妇女提供了服务；共发放“流动人口爱心券”10780元、办理《免费服务证》 760本；协助区完成“新市民健康倍增计划”，组织20名辖区流动人口育龄妇女参加免费健康体检，人均体检费

200余元。

（高国容）

【民政工作】 2009年，在春节、"八·一"开展了"献爱心、送温暖"慰问活动，共慰问现役军人家属92名、慰问重点优抚对象108名，发放慰问金、慰问券41600元。1~12月按时兑现了109名重点优抚对象的定期生活补助46.7万元。为重点优抚对象解决好医疗问题：发放了面值300元/人的"爱心医疗卡"，对13名未购买医疗保险的重点优抚对象办理了城镇医疗保险共花费520元；为2名重点优抚对象发放了住院医疗补助金2764.51元；为56名老复员军人、带病回乡退伍军人发放了门诊医疗补助金16800元；全年为4名重度残疾军人报销医疗费30558.77元。并与部队开展了"双拥篮球赛"、"消防演练"等活动。

2009年，认真落实低保政策，进一步规范进出机制，使城镇真正困难的群众基本生活得到有效保障，截至12月，辖区有低保对象75户，98人。1~12月累计发放低保1435人次，资金331398元；对17户低保、残疾学生给予了30%至90%的低保金上浮。对享受低保救助的残疾人给予100元/人.月的特困家庭专项补助，1~12月共对444人次给予残疾人特困金补助，金额达44400元。帮助220名低保家庭和生活在低保边缘家庭的学生向所在学校申请"特殊家庭困难学生教育资助"；帮助129名在校中小贫困学生办理了"阳光育苗"助学救助，发放助学金109300元；帮助30名考入大学的贫困学生办理了"阳光圆梦"助学救助，发放助学金72460元；对107名今年考入大学的新生给予了"政府奖学金"资助，发放助学金63000元。对低保家庭和生活在低保边缘的贫困家庭在生活、生产、医疗、就学等方面出现困难时，给予及时救助，1~11月共发放临时救助金48人次、金额43800元；应急医疗救助81人次、金额389254元；住院医疗救助4户、金额17884.35元；合计133人次，金额450938.35元。同时解决1名居民因患肝硬化经济困难，且无父母、子女，死亡后的医疗费、火化费4013.14元。

2009年街道办事处按照《四川省敬老院规范化建设标准》的要求，再次投入资金80万元对敬老院进行了改造装修，并花费7万余元资金新购买了1部车辆。敬老院配备了食堂、餐厅、会议室、阅览室、健身器材、医务室、43寸背投、DVD、棋牌、全自动洗衣机、冰箱、面包车、电话、空调等公共设施；每间房间配有衣柜、床、床头柜、电视机（25寸彩电）、热水器、卫生间等设施；每年按季节为老人添置了取暖器及衣服等生活设施；敬老院具备了优越的生活条件；敬老院现已入住五保老人47名（其中桂溪19名、石羊24名、芳草2名、火南办2名），每天有护理员清扫室内外卫生，帮助老人收拾洗涤物品，为行走不便的老人送水送饭，就医取药；桂溪街道办事处招聘了敬老院工作人员9名，其中专职院长1名、管理员1名、炊事员2名、护理员5名。建立健全了各项规章制度，实行院务公开、民主监督、财务账目清楚，所有采购物资均由工作人员2名、管理员1名、老人代表2名共同前往购买，并将所购物品的数量、单价等每日上墙公布；每月公布财务收支情况并接受街道财政所审计。敬老院会计由桂溪街道办事处委派。民主选举了老人代表9名，协助工作人员做好老年人的思想教育工作，代表老人对敬老院进行管理，对工作人员的工作情况进行民主监督，反映老年人的意见或建议等。

2009年，街道办事处指导社区（村）开展好村（居）委会自治工作，加强民主监督，组织开展好各类听证会、评议会等，做好村、（居）务公开工作，及时公开村（居）务事务、财务等情况。开展好社区联系会，组织干部培训4次。做好了明年村（居）委会换届选举的准备工作，制定、组织、完成了居委会主任助理的配备工作。协助完成了临江村辖区单位居民的户籍的划转工作，目前已办理271户、867名。

2009年殡葬管理工作。全辖区死亡108人，火化率100%。为弘扬中华文化、建设中华民族共有精神家园，在清明节开展了“祭奠革命先烈扫墓活动”。

2009年，街道办事处将2名流浪乞讨人员及时送往救助站进行救助并劝离29名。

2009年，街道办事处组织563名残疾人进行了集中体检换证，经鉴定合格的528名。对全区的217名精神疾病患者进行了规范化信息化管理，开展了服药情况和定期随访服务工作，管理率100%。花费资金4万余元对5处公共地段和19户残疾家庭进行了“扶手工程”改造。为12名自主创业的残疾人发放了200～1000元/人的就业奖励金8200元，为3名初始创业的困难残疾人申请发放就业扶持金9000元；辖区有劳动能力的残疾人193名，已就业167人，就业率为87%。开展了“温暖万家行”、“游览金沙遗址”等活动，为残疾人发放慰问资金7.7万元。对享受低保救助的残疾人给予100元/人/月的特困家庭专项补助，1～12月共对444人次给予残疾人特困金补助，金额达44400元。

2009年，街道办事处根据成都市慈善会《关于组织开展向台湾“莫拉克”台风受灾同胞专项募捐活动有关事项的通知》（成慈会[2009]46号）文件精神，结合桂溪街道实际，在辖区内组织开展了“慈善之心，感恩之举”为主题的捐赠活动，截至8月31日，桂溪辖区共捐款31859.9元。

（高国容）

【卫生防疫】 2009年，按照《桂溪街道办事处突发公共卫生事件应急预案》相关要求；成都高新区桂溪街道办事处与64家群宴举办者、5所学校、6所幼儿园签订了《成都高新区桂溪街道二〇〇九年食品安全责任书》。针对甲流H1N1防控工作，街道办事处领导高度重视，从实际工作出发，实施防控预防工作。2009年9月16日上午，位于桂溪辖区站华路15号成都职业技术学院出现甲型H1N1流感疫情，医务人员和卫生监督员立即赶赴现场，进行指导消毒，并做好周边甲流防控宣传工作。对甲流防控工作2009年共隔离17人，共出动3332人次，出动1666车次，动员了社区、物业管理公司、商家配合环境消毒工作，消毒面积为55万平方米，消毒粉800～900斤，发放宣传资料3000余份。义诊10次，有2000余人参加了诊治。召开了甲型H1N1流感社区预防培训工作会6次，参加人次300余人。

2009年，桂溪街道卫生服务中心防疫科为防止重大食物中毒和食源性疾病的发生，对辖区内餐饮单位、食品经营单位、建筑工地食堂、公共场所、学校幼儿园、食品生产、医疗单位及药品销售，进行日常监督检查共出动520人次，出动车辆160台次进行监督检查，共检查了1150家次，并为他们建立了食品卫生管理档案，建档率达100%。为桂溪辖区内办理卫生行政许可152家，其中餐饮单位34家、工地食堂19家、公共场所15家、预包装食品销售54家、糕点销售3家、熟肉制品销售21家、其他6家。

2009年，为进一步改善城市环境卫生，提高群众卫生意识和自我保健能力，预防和控制传染病的发生，保护人民健康，街道办事处社事科组织和平社区、三瓦窑社区、益州社区、双源社区分别针对社区内情况开展了清洁行动对社区内的生活环境进行了大扫除，改变了社区居民的生活环境；为提高群众卫生意识和自我保健能力，预防和控制传染病的发生流行，有效控制鼠传虫媒传染病的发生，其中和平社区、三瓦窑社区、双源社区、卫生服务中心都签订了“灭四害”合同，各社区一共投入灭鼠、灭蟑螂药量800～900斤，清除大量鼠害，使社区居民获得良好的生活环境，在春秋两季度对各社区（村）发放20件消毒药品，共消毒55万平方米。对于和平社区发生白蚁灾害，经过卫生服务中心投入2.4万元，成功消除白蚁给居民带来的破坏。

2009年，街道办事处以辖区居民的医疗需求为工作重点，以方便居民“便民、利民、惠民”为服务宗旨，认真开展辖区公共卫生和基本医疗，每月开展1次专题讲座，聘请知名专家教授主讲，举办健康教育和卫生科普知识讲座32期，开展义诊36次，发放卫生科普宣传资料12.8万余份，现场免费测血压5700人次，健康科普知识讲座院落覆盖率达100%，到现场听讲座居民共计3000人次。中心内及各服务站设立宣传栏共计5个，每月更换1次，让来社区及站上就诊、咨询的居民都能了解更多的医学知识，提高居民的健康意识。发放各类健康教育宣传资料13万余份。

2009年，桂溪街道辖区内有医疗机构11家。辖区卫生监督员严格按照《医疗机构管理条例》规定，采用定期和不定期对医疗机构进行监督检查。每月至少检查医疗机构1次，主要检查内容为各种门诊登记是否按要求记录完整院、感消毒情况和医疗废弃物处理及其登记情况，并要求各医疗机构按时上报医疗废弃物处理情况；对辖区内13家非法行医单位进行了1次全面查处，取缔非法行医单位2家，收缴药品和医疗器械数件，查处率达100%。

街道办事处建立了无偿献血应急队伍，2009年，共有77人自愿参加高新区应急献血演练，献血量达32600毫升；开展“防艾”意识宣传，发放宣传资料共计1700余份；开展预防艾滋病宣传活动6次，发放了各种宣传资料2000余份。

2009年，街道办事处接到农村家庭群体宴席申请书64份，指派桂溪社区卫生服务中心卫生监督科卫生监督员对农村家庭群体宴席进行食品卫生安全监督检查，监督检查率达100%。3月份桂溪办事处组织辖区内游厨参加健康卫生食品培训会，这次培训会得到高新区卫生处肯定与赞扬，确保辖区内居民，农迁社区红白喜事群宴的食品安全。目前为止，辖区内没有出现一例食品中毒案件。

2009年，桂溪街道辖区3个农迁社区有居民院落17个，今年被评为三星级以上院落的16个，达94%；其中四星级院落8个，达47%。

2009年，街道办事处按照成高管目督办［2009］7号文件要求，将2009年狂犬病防制工作专项目标分解到各单位和部门。组织社区（村）开展了犬只登记管理、犬只免疫、犬伤处置等工作，发放各种宣传资料8000余份。

（高国容）

【教育工作】 2009年，成都高新区街道办事处完成义务教育退费工作，涉及高中阶段人数981人；对学校、幼儿园进行安全检查8次，并在年初与学校、幼儿园签订了安全责任书，1~11月未出现安全事故；甲型H1N1流感爆发后，按要求与托儿机构签订了专项防控责任书，疫情没有在幼儿园暴发。社事科严格按照教育处、卫生处、高新防控中心要求结合幼儿园级别参差不齐的实际情况，在托儿机构传染病防控方面，做到严格管理，创新引导，组织召开园长、生活老师，后勤人员培训会，交流经验等形式，控制了疫情，等到教育处的高度评价；办理进城务工就业农民子女接受义务教育审核、登记工作，符合条件386人。

（高国容）

【社区管理工作】 2009年，成都高新区桂溪街道办事处在社区管理服务中，建立了社区建设街道联席会议制度、社区负责人例会制度、民意情况收集制度——桂溪街道办事处结合每两周一次的党工委、办事处办公会，建立了街道联席会议制度，对农转居社区建设与管理中出现的新问题及时研究处理，安排部署阶段性工作。会议还邀请社区居民代表参加，听取他们反映的社区存在问题，当场落实解决方案，及时处理居民关心的热点、难点问题，先后协调解决三瓦窑198号院安装防盗伞、三瓦窑市场暂时保留、双源社区居民缴费难等问题，受到群众好评。双源社区居民李孃对这种居民代表列席办事处办公会议的形式非常满意，表示要在居民中广泛宣传居民代表提问的解决情况，做好解释工作。

桂溪街道办事处每季度召开一次社区负责人例会，由各社区轮流组织，每次会议均明确下次会议的主题，对社区建设存在问题开展深入讨论，提出建设性的意见和方法，安排部署下阶段工作，收集社区居民反映的热点、难点问题。目前该例会将改为每月召开一次，并扩大参与面，力争形成探索社区管理服务、解决社区具体问题的常态会议形式，推动桂溪街道和谐社区建设。

由社区管理服务中心通过社区居委会收集整理社区民意情况、各科室收集整理本部门职责范围内民意情况、中心人员亲自到社区走访收集民意情况等方式，每月5日前将上月居民、企事业单位反映情况分类汇总，以督办件形式督促办事处各职能部门加以落实或协调上级部门解决，问题解决情况须按时回复并归类后向社区通报，做到居民反映的问题件件有落实，事事有回复，建立了良好的民情收集、整理、解决机制，取得了较好的效果。先后落实或解决了居民反映强烈的永安社区辖区无路灯、辖区数个十字路口无红绿灯存在安全隐患、双源社区单元门对讲系统损坏、三瓦窑社区208号院一户一表改造、和平社区雨篷改造等20多个热点、难点问题，和平社区一期、二期住房照明用电线路老化问题也纳入了2010年办事处民生工程计划。这些和居民切身利益相关问题的解决，建立起街道、社区和居民之间的互动平台，融洽了彼此之间的关系，增进了理解和信任。

2009年，街道办事处在农迁社区设立主任助理职务，优化社区干部队伍结构，储备高素质人才，社区主任助理实行公开招考，在24名报名人员中通过笔试、面试、考察、工委审核等程序，为双源、和平、三瓦窑等成熟社区聘用主任助理，全面参与社区各项工作；组织社区干部参加区上统一组织的社区干部进川大学习和办事处组织的多种形式的培训，组织社区干部参观考察先进社区，拓宽思路，提升素质，为开展好社区建设奠定坚实的基础；组织39名社区工作者参加全国社会工作师统一考试，并进行了考前培训。全年共组织政策业务培训10次，其中区上组织的进川大培训2次，办事处组织的8次。目前共有4人取得了助理社会工作师资格；制定《社区负责人绩效考核办法》，在德、政、能、绩等各方面对社区干部进行全面的考核，通过季度考核、群众满意度测评等方法确定社区干部的考核成绩，并与社区干部的绩效奖金、年终奖挂钩，调动社区干部的工作积极性。

2009年街道办事处开展“文明和谐家庭”评选活动，“文明和谐家庭”评选标准明确了搞封建迷信、影响居住环境、违反计划生育等一票否决硬指标。率先在成都市尝试对参与评比活动的文明家庭实行加减文明积分模式；活动过程实行民主评选、公正审核。对积分评比足额的家庭，进行为期7天集中公示，对于公示期居民反映的问题，经查属实的，采取扣分或否决等措施；该活动受奖覆盖率达90%以上，农转非、暂住户家庭参与率达98%。一年来，各农迁社区公共设施修复、清洁投入费用、社区治安案发率明显缩减。其中，和平社区居民自发将每月最后一周周五定为“社区清洁日”。每到这天，社区居民们主动带上清洁工具清扫社区公共设施、院落楼道。文明理念的变迁，折射了基层文明素养的提升，激活了居民对社区事务的责任意识与参与意愿。

2009年桂溪街道办事处共投资3百多万元，在各社区广泛开展文体活动场地、设施的建设、改造，为居民提供和谐健康的文体活动场所，以方便居民业余文化生活，提升社区文化环境形象，保证辖区群众性文体活动的开展。2009年桂溪街道对配置不合理的和平社区广场进行了改造并增设了舞台、大型真彩显示屏、体育锻炼器材等设施；建成了南新体育运动场，拥有标准篮球场2个，羽毛球场1个，综合运动场地1个；建成和平、三瓦窑两个基层文化信息共享点，设置了电子阅览室、书画室等，购置配齐了各种电子放映、音响等设施，拥有各种书籍近万册。

2009年桂溪街道办事处在新成立的三个城市社区中积极筹备成立各种文体协会，让社区居民通过参加协会自我管理、自我服务，变被动参与社区文体活动为主动参与，变政府给钱组织参与为自己交纳会费积极参与，回归群众自发性活动的本质。目前这一方式正在向农迁社区辐射，已分别在南新、永安、益州、和平、双源等社区成立了武术、声乐、书画等15个文体协会，协会有自己的章程和财务制度，由会员们自我管理、服务。

2009年街道办事处各社区的青少年绿色网络空间、图书阅览室、电子阅览室都免费对外开放；各社区全年共放映坝坝电影、室内电影100多场；桂溪街道办事处还加强与电视、报刊等媒体的联系，组织社区群众参与说唱就唱、智勇大冲关等喜闻乐见的节目及奥运“欢乐颂”、中老年才艺秀、迎奥运歌咏比赛等专题节目。其中与四川电视台合作举办了成都市中老年才艺秀、与成都电视台第二频道合作举行了“红色歌潮·天府新城歌飞扬”大型歌会等活动。

（董　萍）

【文化稽查工作】 2009年，街道办事处成立“扫黄打非”工作领导小组——组长由分管领导全少英副主任担任，成员社区服务中心工作人员左晓红、董涛组成，下设专职的行政执法队，定期对辖区文化市场进行检查；坚决查缴政治性非法出版物。将打击政治性非法出版活动作为“扫黄打非”工作的首要任务；集中打击各种侵权盗版活动。加强对出版物集中经营场所和批发、零售、出租单位及印刷、复印、刻录等企业的日常监管；全面开展网上“扫黄打非”。加强网络信息监控和网络公共服务终端管理；严肃查处非法报刊制售活动。严厉打击编印、出版、发行非法报刊行为；对公共娱乐场所进行强化监督，完善措施，消除隐患。对违规开设场所的单位和个人，及时提出书面通告，并协调相关部门按照条例实行依法处理。

（董　萍）

【农迁社区管理】 2009年，街道办事处将农迁社区院落内的道路、楼道、绿化保洁及绿化养护工作打包，以政府采购的形式，引进桂溪环卫公司负责实施，制定了严格的考核办法，按月进行考核检查，院落环境卫生大为改善，2009年在成都市及高新区的历次测评中都取得了前10名以内的良好成绩；桂溪街道办事处制定了《桂溪街道清洁院落评选办法》，将农迁社区17个院落纳入活动中，采取定期检查、量化评分的方式每月考评，并及时通报评选结果。对前五名的院落给予奖励，后三名的院落，其社区包院落人员给予一定的处罚。楼栋长、社区居民都主动投入到院落管理中，规范停车秩序，劝导阳台、楼道乱堆杂物的住户。通过公司化管理及居民参与院落管理相结合的方式，院落卫生状况大为改善。

（董　萍）

【社区卫生服务工作】 2009年，社区卫生服务中心开展创新社区卫生工作机制，信息化建设；国家基本政策得以充分发挥；一是门诊统筹；二是全民体检。开展社区健康教育；开展社区预防保健工作：包括计划免疫工作、传染病预防控制工作；开展社区儿童保健、妇女保健和老年保健工作；社区康复工作（医疗康复、精神疾病防治）；慢性病规范化管理工作，使辖区慢性病得到科学有效控制；开展社区计划生育咨询、宣传及技术服务；建立完善卫生监督服务机制，确保辖区居民生活在健康和谐的社区，实行网格化管理，落实责任人，管理与培训相结合；完善社区基本医疗服务功能，确保居民有地方看病、看得起病；规范开展基本医疗服务；弘扬中医文化；突发公共卫生事件处置；全面落实政府的惠民政策和措施，做好便民利民工作；社区卫生基本用药制度得到全面落实，为了解决居民看不起病的问题，区管委会、街道办事处全面推行[医疗救助]办法；按照“六免五进”、“三免四优惠”要求和区管委会、街道办事处发的“爱心卡”，解决居民看病贵的问题。

图11：2009年7月2日，桂溪街道办事处联合卫生服务中心对天府软件园相关企业进行食品安全培训

2009年1月~12月服务门诊92612人次。儿童建卡率达100%，五苗全程接种率达100%，国家免疫规划疫苗及时接种率达91%，登记流动儿童计划免疫接种率达98%以上，计划免疫可预防疾病报告与调查100%，接种 16571 人次，确保了社区适龄儿童尤其是流动儿童的计划免疫工作得以全面落实。重点人群（60岁以上老人4776人、残疾人101人、低保户101人、7~14岁儿童1082、育龄妇女6953）免费健康体检。实行“收支两条线”，体现社区卫生服务的公益性、非营利性。2009年街道办事处财政预算投入1100万元对新中心进行装修、添置医疗设备等。全面落实社区卫生基本用药“政府采购、统一配送、零差率销售”惠民行动，2009年1月1日~12月19日惠民门诊63309人次、优惠322990.32元；2009年启动《桂溪街道办事处贫困人群医疗救助补充办法（试行）》。按照“六免五进”、“三免四优惠”要求和区管委会、街道办事处发的“爱心卡”，解决辖区居民看病贵问题。

在街道党工委、办事处的领导下，2009年对辖区重点人群（60岁以上老人2064人、残疾人115人、低保户52人、7~14岁儿童1101人、育龄妇女4461人）免费健康体检；2009年8月，为认真贯彻落实“六免五进”民生工程的重要举措，高新区孵化园卫生服务站特邀市一医院及363医院医技人员针对颈椎病、腰椎病等园区白领常见疾病提供了免费的医疗帮助，并发放医疗宣传资料800余份，现场前来咨询、就医的企业员工络绎不绝，起到了良好的宣传效果；中央电视台8月13日《新闻联播》、四川电视台2套、成都电视台1套、健康报、新华月刊时政文摘、成都日报、成都晚报等报道中心民生工程和社区卫生服务；迎接了卫生部社区卫生处领导、专家、省卫生厅领导、专家、市人大、市政府领导到中心调研，南京、合肥、西安等同行来指导、交流和学习；高新区社会事业局邀请四川大学华西公共卫生学院第三方绩效评估组2009年7月调查桂溪辖区知晓率98.8%、满意率92%、利用率90%。全区绩效考核排名第二、综合考核第一；民生工程检查全市排名第四；完成了市目督办对高新区狂犬门诊目标检查；社区重性精神疾病管理目标检查；荣获成都高新区妇联工作处“巾帼文明岗”；评为成都市中医药特色社区卫生服务中心。

（陈　燕）

军事·法制

MILITARY AFFAIRS AND LEGAL SYSTEMS

武装·兵役

【征兵工作】 2009年，成都高新区桂溪街道武装部组织开展了应征青年预征对象登记，重点就辖区内的2所高校开展了学生应征入伍宣传和政策咨询，全年共登记预征对象××人，为征集高学历兵员储备的资源。10月份街道武装部组织各村、社区召开了2009冬季征兵工作会，下发了《桂溪街道2009年冬季征兵工作实施方案》，截止11月9日征兵报名工作结束，街道共有××名青年积极报名参军，按照征兵程序，通过街道武装部初检、区武装部组织军检、政审、部队家访、定兵，共为部队输送××名合格士兵。

【民兵整组和预备役登记统计】 2009年，成都高新区桂溪街道武装部根据成都市武侯区人民武装部《二〇〇九年民兵整组工作》文件（武武[2009]9号）要求，为巩固和深化后备力量作战资源整合成果，扎实推进应急作战准备。桂溪街道办事处制定了《桂溪街道2009年度民兵整组工作实施方案》，成立由街道党工委书记任组长，党工委委员、武装部长任副组长，各村、社区治保主任任成员的民兵整组工作领导小组，紧紧围绕街道民兵整组任务，对辖区适龄民兵青年进行了认真核对、统计，确保了街道民兵组织建设，圆满完成了整组任务；2009年，街道民兵整组人数在确保去年人数的基础上略有提高，共有基干民兵×××人，比去年增加××人，主要整组编制了双37高炮一营营部（含营部指挥排、司机班共××人）及双37高炮一连（××人），共计×××人。增编了一支抗洪抢险分队第二分队，共计××人；独立步兵连一排，共计××人，武侯区二炮勤务信息网分队，共计×人；2009年街道民兵整组主要对个别超龄和不适合的民兵进行调整，挑选政治可靠、受过军训、身体良好、服从调动且能够随时抽调参加执行任务的辖区内优秀退伍士兵、青年加入基干民兵。

【民兵军事训练和巡逻执勤】 成都高新桂溪街道武装部全年累计派出民兵参加重要时期街面巡逻共420余人次，参加会展等重点区域执勤210余人次，为辖区经济发展保驾护航；全年街道组织民兵预备役人员进行不间段的军事训练，特别是在治安巡逻大队工作的民兵预备役人员，每天都要提前1小时上班，主要是由大队集中进行1小时的军事训练，训练内容包含了队列、拳术、警棍盾牌等一些基本的军事技能。4月份，街道抽调45名民兵参加成都市人防系统物资设备器材捐赠发放仪式会场秩序维护任务，全体民兵在执勤过程中所体现出的优良作风和严明纪律，给与会领导留下了深刻印象，得到了成都市委市政府、成都警备区及成都市人民防空办公室等参会主要领导的高度赞扬和评价，展示了桂溪街道民兵队伍的良好形象。5月份，街道武装部组织辖区四川陆军预备役高射炮兵师汽车营二连应急分队21名战士参加为期2天的军事训练，所有参训战士着装整齐、士气高昂，能按预先号令，全员集结，按时到达目的地。训练中战士们发扬了不怕苦，不怕累的精神，克服了天气炎热等自然条件，圆满完成上级下达的各项军事训练任务。在军事汇报表演中，桂溪街道预备役应急分队战士代表汽车营参加了警棍盾牌操的汇报表演，接受了四川陆军预备役高射炮兵师领导的检阅，得到四川陆军预备役高射炮兵师陈师长的充分肯定和高度赞扬。

【国防教育】 10月份，街道办事处组织机关全体工作人员和村、社区治保主任到蒲江县人防疏散基地和建川博物馆进行了参观，观看了红色教育影片《建国大业》、《惊天动地》，使机关全体人员和辖区民兵预备役人员都知道了国防的重要性，明白了国防是国家生存与发展的安全保障，培养一支高素质后备力量是武装工作长期努力的方向。

（本分目供稿单位：郭　科）

司　法

【法制宣传】 2009年，成都高新区桂溪街道办事处司法所通过各种形式开展各类普法宣传活动56余次，普法培训2次，竞赛活动1次，在34

图12：2009年5月13日桂溪街道民兵训练现场

个居民院落张贴法律服务律师公示牌，发放普法教育手册1万本，以及其他普法宣传资料1.5万余份。

【人民调解】 2009年，成都高新区桂溪街道办事处共受理各类矛盾纠纷案件204起，成功调解198起，调解成功率为97%。

【两劳释放人员的安置帮教】 2009年，成都高新区桂溪街道办事处做好刑释解教人员安置帮教工作，目前辖区共有刑释解教人员41名，其中2009年街道办事处接收11名，均妥善安置，没有发生重新犯罪现象。

（本分目提供人：高国容）

公安派出所工作

【三瓦窑派出所工作】 2009年1~12月，成都高新区公安分局三瓦窑派出所共受理报警1795件，立案253件，破案205件。打击人数97人，其中逮捕93人、直诉1人、劳教3人。2009年1~12月破案205件与去年同期180件相比上升13.9%；破现案率为67.8%；打击人数97人，与去年同期103人相比下降5.8%。2009年1~12月该所立行政案件202件，查处行政案件123件，行政拘留130人。

三瓦窑派出所按照成都市公安局《2007年推进全市社区和农村警务战略的工作意见》的要求，该所对三瓦窑辖区现有2个社区警务室，进一步健全完善了警务室规章制度，更新了办公设备（如添置资料架、文件柜、安装空调等），统一制作安装了警务室灯箱、标志牌、路边标志牌。

三瓦窑派出所按照成都市公安局部署，逐步调整完善辖区各类群防组织，其中辖区专职综治巡逻队达120人（其中包括9名反扒队员），院落护卫人员达84人，保安、物管人员达604人。针对辖区内建筑工地多的特点，该所在社区警务的基础上努力探索“建筑工地警务”的警务模式，对建筑工地实行“育、导、控、打”的管理方法，在成都地铁一号线、市政府东苑小区等大中型建筑工地建立“工地110”热线，将派出所、社区民警的电话印制在“警民联系卡”上发到各个工地，还将负责片区巡逻的综治巡逻队各中队长、小组长的电话告知建筑工地负责人及门卫。

2009年1至12月，辖区共有人口10319户，32866人，其中常住人口7260户，29273人（有户无人2313户，6477人），有人无户514户，1439人，暂住一月以上人口8567人，境外临时居住人员64人。出租房屋2218户。

2009年三瓦窑派出所在国庆60周年大庆暨西部博览会安全保卫工作中，为确保国庆60周年大庆暨西部博览会的顺利进行，按照分局的部署，加强辖区内要害部位及重点区域控制，加强值班备勤、设卡盘查工作，加强公共聚集场所巡逻守护和社区防控工作，全面开展辖区安全防范工作，圆满完成安保工作；结合“五警联勤”工作，认真落实消防安全检查制度。在分局消防大队的指导下，以社区为单位积极开展消防安全知识宣传，对辖区内消防重点单位，开展以社区民警、治安民警为主的消防安全检查工作，及时发现并消除火灾隐患，以社区为单位积极开展消防安全知识宣传，对辖区内消防重点防火单位，开展消防安全培训，并督促进一步完善防火措施、火灾处置预案、人员安全疏散预案等规章制度。以社区为单位积极开展消防安全知识宣传，对辖区内消防重点单位，开展消防安全培训、检查，全年全辖区无火灾事故发生。

2009年4月21日至10月20日三瓦窑派出所在辖区范围内积极开展为期6个月的“保平安、

护民生”夏季会战。会战期间，社区民警结合本辖区内街面侵财案件、入室盗窃案件的发案态势，强化社会面的控制；充分发挥综治巡逻队的作用，对辖区的重点部位、社区街道、辖区边界、治安复杂部位、市场、广场等公共复杂场所展开不间断的巡逻，加强对街面的控制。一是利用多种宣传方式，深入、广泛地开展对辖区群众的治安防范宣传。充分利用张贴宣传海报、发放防范知识手册等方式，充分利用典型案例，对社区居民应当知晓的防范知识和防范技能进行宣传。

截至2009年11月三瓦窑派出所刑警中队提前完成了分局下达的全年破案目标任务；加大治安查处和治安热点整治。三瓦窑派出所辖区现有各类特种行业26家，其中旅店业6家，废旧收购业7家，打字复印1家，汽车修理业12家；公共服务场所21家，其中手机经营1家，桑拿1家，按摩1家，棋牌室1家，美容美发4家，网吧4家，茶房9家。根据上级的指示和所领导的安排，将特业工作重点主要放在特业的日常管理和治安防范两各方面，积极落实“25米治安责任制”，在分局户政署的指导和帮助下，使特业场所本身和社区治安状况的好转取得了较好的成效。

2009年，三瓦窑派出所继续加强旅客住宿登记、贵重物品保管、会客登记、保安巡逻等各项安全防范制度的落实。目前，全辖区2家旅馆中，已联网2家，联网率达到100%；积极推进行业场所信息系统的建设，加强了枪爆危险物品的管理。全所深入开展对2家公务用枪单位、3家涉剧毒放射物品单位的日常安全管理和检查，认真落实各项安全生产制度和硬件建设要求，对基本情况做到了“底数清、情况明”；深入贯彻落实公安部“校园整治八条措施”。以“警训”、“法制讲座”、“青少年维权岗”等形式开展“警校共育”活动，积极探索建立校园警务工作机制，对全辖区3所中小学均选派作风过硬、业务精通的民警担任法制辅导员，以加强执法力度，努力净化校园及校园周边治安环境。定期检查影响学校安全的各种治安隐患，长抓校外治安集中整治，同时巩固综合治理校园工作成果，形成派出所每个季度定期召开学校安全防范联系会机制，形成民警、治保队员定时巡逻机制，形成派出所联合相关单位定期整治机制，强化对社会面的控制，切实增强师生、家长的安全感。

图13：2009年7月17日，派出所女干警在展览会上执勤

2009年，三瓦窑派出所以灵通情报信息工作为着力点，全面履行维护辖区稳定的工作职责。派出所以“覆盖广、触角深、信息灵、反应快”为目标，拓宽情报信息收集渠道，将收集维稳信息、社情民意、群众关注的热点问题作为情报信息的工作重点，提供给上级公安机关、当地党委政府研判决策。该所根据辖区的实际情况，从各个阶层、各个行业、各个院落、不同的人群中建了治安信息员109人，联络员47人，建立治安积极分子80人，使我所的情报信息工作做到了耳聪目明，建立了预警性的信息渠道。为了更加有效地收集各类情报信息及线索，年初所上就给各责任区下达了目标任务，要求社区民警通过耳目、信息员收集案件线索、社情民意、治安动态等有价值的治安信息每月不少于3条。1~12月共收集提供维稳情报信息167条，分局采用94条；收集提供案件线索、治安动态情报信息542条（其中涉外信息8条），确保了信息渠道畅通。由于及时掌握了各类预警性情报信息，

有利于积极协助党政机关作好矛盾纠纷调处工作，本辖区内无因工作措施不力、处置措施不当，导致矛盾纠纷激化引发的群体性事件，无进京、到省上访或闹事事件的发生，无因不掌握社情民意而没有调解导致发生杀人、伤害或治安事件的，辖区内没有发生影响社会政治稳定事件。确保了辖区社会治安秩序的稳定。

2009年，成都高新区公安分局三瓦窑派出所在2008年“奥运”安保工作中表现突出，荣立集体三等功，曾武斌荣立“奥运”安保工作个人二等功，门建新、张建新荣立“涉藏维稳工作”个人三等功，54名民警荣获个人嘉奖。

（潘　茜）

【新益州派出所工作】 2009年，新益州派出所共破各类刑事案件25件，打击处理14人，行政拘留67人，刑事案件破案率45.5%。成功侦破了“6.13”故意杀人案及盗窃、敲诈勒索等一系列案件，并且通过细致侦查侦破了两起谎报抢劫案情的假案。在夏季会战、国庆暨西博会安保战役以及分局开展的破案竞赛中取得的打击破案成绩得到了分局的肯定；2009年共采集上报各类信息120条，对上访重点人员实行“一帮一”工作模式进行管控。

2009年，新益州派出所荣获成都市公安局集体嘉奖一次，成都市公安局高新区公安分局集体嘉奖一次，4名民警荣获个人三等功，11名民警荣获个人嘉奖称。

（周　璟）

【新会展派出所工作】 2009年，成都高新区公安分局新会展派出所对辖区实有人口底数清楚，常住人口、暂住人口、人户分离人口全部纳入管理，协助出入境管理部门落实对境外居留人员的管理。掌握实有人口中16周岁的男性及有违法犯罪经历的女性的现实表现。严格辖区暂住人口登记、办证制度，掌握身份、暂住理由等情况；强化外来人口管理，对居住一个月以上的暂住人口，建立健全严格的管理制度。对辖区租赁房屋户底数清楚，加大日常工作管理，对申报和在工作中查处的出租房屋逐一签订治安责任状，落实房主的治安责任。辖区被刑判的人员中，通过基础工作提供线索抓获的占6成，对常住人口、暂住人口、工作对象、境外居留人员等实有人口信息实行计算机管理，本辖区实有人口信息录入达100%，及时更新、维护人口信息数据，准确率达100%。

2009年，新会展派出所严格枪支、危爆物品管理，未发生因管理不善而引发的各类案件。对辖区内特种行业、公共复杂场所、重点单位情况清楚，控制严密，管理有效，未发生严重危害社会政治稳定案件及严重治安灾害事故，对卖淫嫖娼、聚众赌博、吸贩毒品、贩卖淫秽光碟等违法犯罪进行严厉打击。对辖区重点消防单位开展宣传，安全检查，落实消防责任。积极侦破各类刑事案件，严厉打击处理犯罪嫌疑人，震慑犯罪，达到更有效的促进防控工作，减少发案，2009年1~7月立案37件，破案总数29件，抓获犯罪嫌疑人22，其中逮捕16人，劳教2人，4人刑事拘留；治安查处29人。查出盗抢机动车犯罪嫌疑人2名，银行卡犯罪人员1名，吸食、运输毒品涉案人员共计16人。

2009年，新会展派出所完成“奥运安保”，“西博会安保”“国庆安保”“ 第62届中国国际医疗器械博览会”，“ C21四川城市发展（2010）市（州）长峰会”，“WCG2009世界电子竞技总决赛”等20余次大型活动的安全保卫工作；在活动期间无重大刑事犯罪，未发生重大安全事故。有力的保证了会展地区人民群众的生命财产安全。

2009年，新会展派出所荣立集体三等功。获得2009年度“无违纪单位”称号。一人获个人三等功；两人获个人嘉奖。收到群众送来的各类锦旗7面。

（李　非）

工商·税务

INDUSTRY AND COMMERCE, AND TAXATION

工　商

【食品安全管理】　2009年，成都市高新工商局石羊工商所加强27类食品市场准入监管：2009年1月1日，成都市市政府实施肉及肉制品、豆制品、奶制品、蛋及蛋制品、粮油制品、调味品6大类食品市场准入制度，6月1日起又扩大到27类食品市场准入。针对在菜市场从事27类食品销售经营户较集中的情况，石羊工商所多次组织辖区菜市场相关负责人学习27类食品市场准入的有关规定，要求市场开办方，严格按照市食品安全委员会的要求，严查食品经营者销售无"QS"质量安全标志的食品。同时加强与辖区两个街办的沟通，及时通报相关信息。石羊工商所针对27类食品市场准入工作，专门制定了定期市场巡查制度，要求每周巡查不得少于两次，指定专人负责信息的收集整理，及时将存在的问题通报给辖区街办，共同寻找处理办法。结合日常巡查，该所还开展了两次集中专项整治行动，共出动执法车辆8台次，执法人员24人次，对4家菜市场下达责令改正通知书，现场督促6户食品经营户把仍在销售的无"QS"质量安全标志的45件(包)食品作撤柜处理。通过以上措施辖区销售无"QS"质量安全标志食品的现象得到了有效控制。

2009年8月20日，为加强食品市场准入制度的落实，成都市相关部门从猪肉质量安全入手，以生猪屠宰、流通、消费等各环节质量安全追溯为突破口，在桂溪辖区和平综合农贸市场启动猪肉质量安全可追溯体系建设试点工作。在试点期间，石羊工商每天派专员到市场监督猪肉经营户使用溯源设备，监管猪肉进场情况，查看溯源设备运行状况。对试点中存在的技术、设备问题，向食安办、设备供应商提出了合理化的建议，先后成功接待了省市领导的多次检查、调研。

【专项治理工作】　2009年，石羊工商所开展了医疗市场专项治理、文化市场专项整治、城乡环境综合整治、节前消费品市场检查、取缔黑网吧专项行动、预防禽流感专项行动、流通环节商品质量和食品安全等各项专项整治行动19次，共出动执法人员76人次，车辆42台次，下达责令整改通知书29份 。通过上述专项整治行动，有力维护了市场经济秩序的稳定。

为做好会展监管工作，石羊工商所采取了派员驻场监管与流动巡查相结合的方式。全年圆满完成全国糖酒交易会、房地产交易会等各类会展监管23场次，现场处理投诉35起。

按照成都高新工商局的安排，石羊工商所积极开展以市场环境治理为重点的城乡环境综合治理工作。为此专门制定了每周不少于两次的专项巡查计划，建立每周一报制度。督促市场管理方完善市场内商品质量、市场秩序、卫生等管理制度，严厉查处市场内销售假冒伪劣商品的行为。按照成都高新区管委会有关领导的要求，积极协调辖区街办增加市场管理人员和保洁人员，确保市场环境治理工作取得实效。

石羊工商所把保障消费安全作为实践科学发展观工作重心，把商品快检工作放在首位，坚持按照年初工作计划，实施商品快检。截至2009年10月底共开展商品快检142批次，涉及粮油、面粉及面粉熟食品等与人民群众生活息息相关的商品。工商所配合省市局实施商品快检32批次。在石羊庆安市场建立的快速检测室，每周定期向消费者公示商品检测结果，对其中13个不合格批次做了撤柜处理。2009年下半年又协调桂溪街办在和平、双源市场建立了食品快速检测室。

石羊工商所完善"12315"投诉举报工作，强化服务理念，提高工作效率，及时、公正、高效处理消费者申诉、举报，做到事事有回音，件件有落实。在2009年一起汽车消费纠纷中，该所工作人员接到投诉后，第一时间赶到现场调解，成功为消费者挽回经济损失10万元。2009年，受理消费者投诉309件，调解成功298件，成功率96%，调解完结率达100%。为消费者挽回经济损失13.65万元，受到了消费者和商家的一致好评。

【个体工商户管理】 石羊工商所2009年上半年，共受理名称预先核准262户；核准个体工商户522户开业登记，其中食品经营户60户、医疗药品经营户8户、食品经营户149；验照贴花348户，受理变更登记73户，换照49户，注销登记71户。全面落实优惠政策，大力促进再就业，为6户符合优惠条件的经营户减免了各类收费318元。

（本分目供稿人：李　艺）

税　收

【国家税收】 2009年，成都高新区国家税务局税源管理二处仅桂溪辖区共管理企业1701户，个体工商户416户，共实现税收185539389.43元，其中企业181800383.51元，个体工商户口3739005.92元；2009年度该处荣获成都高新区国家税务局颁发的"先进集体"奖励一次，宋辉、叶晓蓉被四川省成都市国家税务局评为"优秀公务员"，黄至、蒋畅被成都高新区管委评为"优秀党员"，羊鸿雁被成都市国家税务局评为"管理标兵"；2009年度该处重点推行小规模纳税人网上申报和个体工商户银行划缴税款工作，截止2009年12月31日，小规模企业网上申报率达到100%，个体工商户银行扣税率达到100%。

（付　斌）

【地方税收】 2009年，成都高新区地税局第一直属分局管理四科征管户数为3011户，其中个体工商户为562户，企业为2449户，共计实现税收收入298065148.9元。其中企业295232461元，个体2832678.9元。管理四科2009年被成都高新区管委会评为"巾帼文明岗"，刘青、张俐娟被成都高新区地方税务局评为"优秀公务员"，谭丽霞被成都高新区管委会评为"优秀党员"。

（谭丽霞）

城市建设

URBAN CONSTRUCTION

居住建设

【社区楼盘】 2009年，成都高新区桂溪街道辖区永安社区有11个入住楼盘，其中高档楼盘10个，经济适用房和商品房混合楼盘1个，共计63栋、142个单元、9218套住房。该社区还有高档写字楼特拉克斯由重庆戴德梁行物业公司管理。蓝光嘉宝物业、启明星物业、戴德梁行物业均系星级物业管理公司。南新社区有3个楼盘；益州社区有中高档楼盘6个，军属区2个，和平社区农迁房共四期，普通商品房楼盘1个。

表4：成都高新区桂溪街道辖区楼盘表

门牌号	楼盘名称	栋数（个）	单元数（个）	总户数（户）	物管公司名称	备注
永安社区天顺路288号	五州花园	10	16	688	启明星物业管理公司	高档楼盘
永安社区天顺路126号	金沙江苑	4	6	474	长江三峡实业公司	高档楼盘
永安社区天顺路66号	天府名居	8	15	1228	泓济物业管理公司	商品房、经济适用房混合
永安社区天环街680号	凯丽滨江	4	8	1054	蓝光嘉宝物业管理公司	高档楼盘
永安社区天长路59号	柏南郡	5	10	969	深圳市长城物业管理公司	高档楼盘
永安社区天久南巷169	嘉南地	8	17	944	深圳市长城物业管理公司	高档楼盘
永安社区天环街719号	泰和佳园	3	7	808	和华物业管理公司	高档楼盘
永安社区天顺路222号	图兰多	8	9	1605	深圳市长城物业管理公司	高档楼盘
永安社区天长路6号	丽日清风	7	38	433	深圳市长城物业管理公司	高档楼盘（小高层）
永安社区天泰路47号	御府花都	3	13	828	蓝光嘉宝物业管理公司	高档楼盘
永安社区天泰路265	华敏世家	3	3	187	华敏物业管理公司	高档楼盘

门牌号	楼盘名称	栋数(个)	单元数(个)	总户数(户)	物管公司名称	备注
南新社区	江南岸			177	新源物业有限公司	电梯
	融城理想			757	成都鼎瑞物业有限公司	电梯
	时代晶科				时代晶科名苑物业有限公司	电梯
益州社区	成达佳园	7	14	1116	成都市荣达物业有限责任公司	电梯
	盛南领地	7	7	390	成都凯旋物业服务有限责任公司	电梯
	英郡	14	20	1313	成都银都物业服务有限公司	电梯
	天鹅湖花园	21	26	1804	成都世纪城新国际会展中心有限公司	电梯
	泛林·格兰晴天	4	5	314	四川省金园物业管理工程有限责任公司	电梯
	世纪欣园	4	4		成都世纪城物业管理公司	电梯

（本分目供稿人：林健英、陈利、何雪）

【天府软件园配套居住区ICON英郡（C区）】 位于成都高新区南部园区的天府软件园东侧。东临锦江，西距天府大道约100米，南距华阳约4公里，北邻成都世纪城会展中心、天鹅湖花园，与成都地铁1号线“新会展中心”站相距约300米，新建的城市道路围合四周，项目所在地是一个以居住、商贸、会展、公共服务为主的混合组团。建设规模23万m2，建设投资5.29亿元，容积率4.02，建筑密度23%，绿地率36.32%。2006年12月开工，2009年11月完工并交付使用。

ICON英郡（C区）地块东西向最长109米、南北向最长435米，呈长方形。建筑层数为地上板式18层、点式32层，地下停车库一层容纳机动车位约766个，非机动车位约261个。裙房商业设施、集中餐饮栋二层。作为高层塔式住宅，在体现细长、挺拔、富有力度的庄重基调的同时，通过明朗、简洁的线条，创造出与天府新城相符合的现代、富有韵律感的建筑风格。项目设计以简洁的构成为出发点，倡导“光合建筑”，采用南北向45°偏角，增大窗墙比，加大采光面积，设计了舒适环保宜居系统、无障碍景观直触系统、平衡供水及原生通风系统等几大生态建筑系统。

图14：ICON英郡（C区）鸟瞰图

工程建设：成都高新置业有限公司建设，中国建筑西南设计研究院有限公司设计，施工单位为四川煤矿建设第六工程处、四川省第一建筑工程公司、四川省第十三建设工程公司承建，成都海诚建设监理有限公司、四川精正建设管理咨询有限公司、成都安彼隆监理有限公司监理。

（本条目供稿单位：成都高投集团公司）

【天府软件园配套居住区ICON英郡（B区）】 位于成都市新会展中心及天府软件园东侧“天府新城”核心区域，国际化商圈、生活圈，辐射效应凸显；紧邻天府大道、红星路南延线南北向主干道，绕城高速出入口，直通三环；以地铁1号线为交通枢纽，将天府新城与城市中心全线连接，新建的城市道路围合四周，地理位置优越，交通方便。所占地块呈长方形、南北走向，东西向长110米、南北向长175米。建设规模约84032m^2，建设投资约1.9亿元。容积率3.76，建筑密度25%，绿地率35%。2008年4月开工，计划2010年7月完工。

ICON英郡（B区）共四栋建筑，其中两栋为18层板式、两栋32层点式，地下停车库一层，地下停车场机动车位约262个，地下非机动车位约230个，地上小区外商业机动车位约30个。裙房商业设施、集中餐饮栋二层一栋。该项目景观由日本著名设计团队株式会社久米设计联袂打造，100%无阻碍景观直触、大面宽景设计、玻璃通透空间，使建筑成为像植物样沐浴在阳光下的生命体，缔造"极舒适"的绿色生态建筑。

工程建设　成都高新置业有限公司建设，中国建筑西南设计研究院有限公司设计，中太建设集团股份有限公司承建，四川精正建设管理咨询有限公司监理。

图15：ICON英郡（B区）实景图

（本条目供稿单位：成都高投集团公司）

图16：辖区高档商住楼盘——御府花都

道路建设

【社区道路】 2009年，成都高新区桂溪街道永安社区共有街道14条街道，分别是天顺北街、天顺中街、天泰路、天顺南街、天顺路、天久路、天环街、天久北巷、天久南巷、天长路、濯锦北路、绣川路、濯锦东路、濯锦北路。社区道路全系水泥路面，主干道6车道、20米宽、道路全长近10公里。

南新社区内的街道有：府城大道中段650米、益州大道北1400米、广和一街600米、天府大道1300米、天益南巷250米、天益街250米、天益北巷300米、天晖路700米、天晖中街240米、天晖南街240米、天韵路500米、春和一街600米、泰和街600米、都会路700米。

益州社区内的街道有：府城大道中段、天府大道、新西街、格德路、锦晖西一街、益州东来一街、锦程大道、益州东来二街、安远路、泰安路、锦上西一街、民丰大道西段、锦晖东街、名都路、锦尚路、民丰大道东段、锦悦西一路、外环路、世纪城路、益州大道、盛景一街、德赛一街、瞻远西一街、拓新西二街、拓新三街、世纪新城路、天华路、瞻远东一街、拓新东街。

和平社区内有街道有：天仁路长950米、宽25米，东起天和东街，西止天府河大道；天仁北一街长300米、宽16米，东起天和路，西至天和西二街；天仁北二街长950米、宽16～20米，东起在建路，西至天府大道；天仁南街长600米、宽16米，东起天和路，西止天府大道；天和路长600米、宽25米，北起天仁北二街，南至三环路；天和东街长700米、宽16米，北起天仁北二街，南至天和路；天和西一街长750米宽、16米北起天仁北二街，南至三环路；天和西二街长750米、宽16~25米，北起天仁北二街，南至三环路；天和西二街长550米、宽16米，北起天仁北二街，南至天仁南街。

图17：桂溪街道双源社区居民小区健身绿道

【社区公共设施】 2009年，成都高新区桂溪街道永安社区内有公交路线：153路于2009年3月开通，由百花中心站开往天府长城，全长20多公里。公交809路、805路、6路、806路、545路、404路、331路都经过社区，交通便捷。社区有市政广场1处，健身器材6套，公厕1所，大桥1座——永安大桥。

益州社区内有公交线路：6路、84路、102路、115路、118路、501路及806路，通往区内外。社区有名都公园，2005年开建，占地18.2万平方米。

南新社区内有天晖北街小广场，2006年始建，面积3万平方米。

和平社区内有和平社区广场、健身器材10

套、社区老年活动中心1个、公厕1所、和平社区农贸市场1个。社区内有公交线路19路、99路。

【铁　路】　成昆铁路——成(都)昆(明)电气化铁路从桂溪街道北部和西部经过。

成都地铁一号线——成都地铁一号线从桂溪街道中心穿过，途中经停火车南站、高新、金融中心、孵化园、海洋公园和世纪城6个地铁站。

【供　电】　2009年，实现售电量1507万千瓦时，完成农村低压线损率3.68%，全年电费回收率100%。供电所成立以来认真贯彻"安全第一、预防为主、综合治理"的安全生产方针，以"人民电业为人民"为服务宗旨，严格按照"十项承诺"工作，秉承优良工作作风为民服务，为桂溪地区的经济发展作出了突出贡献。2009年，经过供电所全体员工的共同努力，供电所先后荣获"高新区精神文明单位"、成都电业局"农电反违章"先进供电所、高新供电局先进集体等称号。

【名都公园】　名都公园位于成都高新区桂溪街道益州社区，占地约181818平方米(约18.2公顷)，南邻锦尚东路，北抵民贵东路，东至名都路，西邻天府大道。按照市委市政府城市建设规划，根据新的经济、文化、商贸中心向南发展的需要，于2005年由成都兴成投资有限公司动工兴建，满足在此区域从事商贸、办公、居住的人们的精神需求。它是成都目前唯一同时具有休闲、展厅、餐饮、观览、游憩于一体的城市公园。2007年6月四川锦江旅游饭店管理公司经招投标承接公园物业维护管理。公园呈南北纵向布局，湖区面积占地约7.4万平方米，山体占地8万平方米，南北广场占地约1.8万平方米，东侧绿荫走道占地约1万平方米。公园山

图18：2009年4月13日，名都公园管理方在名都公园进行消防演习现场

形掩体内设展厅1个，四层餐厅1个，茶室1个，室内车库1个，可同时提供188个泊车位。接入成都市污水处理厂的“中水”对湖区进行补水和循环，配置景观喷泉设施，营造水雾景观。园区大面积打造多处景观景点，如湖区中央舞台、南北湖岸、石景园、南北山景观台、天然云石等。乔木、灌木、绿色植被、水生植物、花卉等多达120余个品种。绿地占公园面积达65%。沿湖区、湖边、坡度、梯度、山体呈多层次立体绿化景观效果，公园广播系统、消防系统、监控系统确保公园平安和谐。名都公园具有典型公益性质，无进出门栏，周边四通八达的交通网络极大的方便市民来往。成都地铁1号线沿益州大道经人民南路贯通成都南北火车站，公园距地铁站“新益州站”0.5公里。沿天府大道有8条公交线路途经公园站台，距天府广场12公里，市一医院、急救中心3公里；危难之处见真情，用心服务创感动，2008年5月12日，当震惊世界的汶川特大地震发生后，公园立即启动“自然灾害应急处置预案”，向广大市民提供避险场所。公园本着“服务广大市民、保护国家财产、维护公园秩序”的管理原则，坚持“用心服务，真情待客”的服务理念，以实际行动践行锦江“创造感动”的企业文化。积极会同桂溪街办益州社区在公园设置了两处“抗震救灾，献爱心”捐助点，共计接待避震市民约3.2万人次，收到“以人为本，服务大众”等内容锦旗2面，受到广大市民的肯定和好评。经过近两年管理，随着公园环境提升和服务理念的体现，“名都”在市民心中得到了良好的口碑，正成为婚纱与艺术摄影的首选地、休闲与文体活动的好地方；锦江旅游饭店管理公司名都公园项目小组自2007年6月1日入驻管理以来，秉承锦江企业文化理念，牢记锦江使命：在发展自己的同时不忘社会责任。在深入学习实践科学发展观中，创新求变，把酒店式的管理和服务理念溶入到公园物业维护管理中。为体现管理品质，凸显公园特色，强化人文景观，我们对园区绿化布局存在的弊端进行了合理的调整，依园区地势对稀疏、枯死植物进行了移栽补栽等，又先后在名都西路中段、名都东路北段打造了2处绿化景观;为增强广大市民爱护环境意识，我们利用枯死乔木在北广场设置了一株“哭泣树”，配以文字说明及音频播放，以拟人的艺术形式向人们呼唤：爱护环境、保护生态平衡、维护我们共同的家园；在梅林小径处打造了一个占地约200平方米科普农垦基地，极力营造城市农耕文化；在园区增添文化石17个；制作安装了绿化养护喷淋浇灌系统等基础设施。

（本条目供稿人：张渝康）

产业园

【天府软件园】 成都天府软件园位于成都高新区南部园区核心地带，是一座立足成都，服务全球软件及服务外包企业的国际化生态园区。它由成都高新投资集团有限公司开发建设，总建筑面积100余万平方米，拥有世界一流的市政基础设施、商务配套设施及咨询网络。作为成都发展软件与服务外包产业的重要载体，天府软件园已成为成都软件与服务外包产业的核心聚集区。

园区充分展现国际化、开放性等特点，具有优美的人文生态环境，现代高效的建筑品格，科学完善的功能分布，流畅便捷的物资集散以及完备的配套设施体系。园区道路、水、电、气供应能力，污染控制能力均已达到国际一流标准，能充分满足企业生产和生活需要。园区同时配备了先进的管理服务体系、安全监控系统设备、有线与无线宽带网络系统，形成了全面完善的服务保障体系。

园区自建成以来，已经吸引了包括IBM、SAP、NOKIA、NEC、DHL、新电、海辉、马士基、埃森哲、华为、腾讯、阿里巴巴等众多国内外知名企业入驻，园区工作人员达12000多名。成都天府软件园已成为国内外知名软件和服务外包企业在中国战略布局的首选地，国内外软件产业资源汇聚的焦点。

图19：成都天府软件园园区实景

（成都高投集团公司）

【天府软件园一期】　国家软件产业基地——天府软件园建设规模约104万㎡，是中国西部最大的软件企业聚集地，坐落在成都高新区大源组团核心地带，在城南副中心中轴线——天府大道东侧，距中国四大航空港之一的双流国际机场约15分钟车程，距火车南站约4分钟车程，距市中心约10分钟车程，距成都高新区管委会约3分钟车程。天府软件园一期建设规模23万平方米，项目投资约8亿元。A区建设规模约115015平方米，绿化率46%，容积率1.05，建筑密度22%；B区建设规模约119830平方米，绿化率45%，容积率1.04，建筑密度24.04%。2003年9月9日开工建设，2005年5月建成，后期安装及公共部门装饰工作于12月中旬全面完工。

工程建设由成都高新置业有限公司建设，清华大学规划概念设计，中国建筑西南设计研究院建筑设计。A区由成都中海倍特建设工程有限公司、四川利达建设工程有限公司、中建三局一公司、四川仁和建筑工程有限公司承建，成都海诚建设监理、中国建筑西南设计院工程监理部监理；B区由成都市第三建筑工程公司、中铁二局、成都倍特建筑安装有限公司、成都市第四建筑工程公司承建，重庆赛迪工程监理有限公司、四川省精正建设咨询管理有限公司监理。

图20：天府软件园一期效果图与实景图

（成都高投集团公司）

【天府软件园二期】　天府软件园二期位于成都新会展中心软件园片区，天府大道东侧，北面为已建成投入使用的天府软件园一期B地块和在建的软件园配套居住区ICON英郡，南靠府河，与华阳隔河相望。是集软件研发及软件外包服务为一体的高科技产业孵化园区。园区内有多层建筑10余栋，高层建筑8栋。外观简洁现代，具有较强的标志性。建设规模56万㎡，项目投资约16.8亿元（不含土地费）。

第一批次：以综合科研办公区（C2－C7）为主的建筑群体及相应的总图景观，建设规模约148721平方米。2007年6月开工，2007年12月上旬主体全面封顶，2008年8月完工。

工程由成都高新置业有限公司建设，中国建筑西南设计研究院建筑设计，成都市龙西建筑工程有限公司、四川省中普建设有限公司承建，重庆林鸥监理咨询有限公司、成都衡泰工程管理有限责任公司监理。

第二批次：以综合科研办公区（D2－D7）为主的建筑群体及相应的总图景观，建设规模约168530平方米。2007年7月开始基坑土方开挖，2009年7月完工。

工程由成都高新置业有限公司建设，中国

建筑西南设计研究院建筑设计，四川希望华西建设工程总承包有限公司、成都建筑工程集团总公司承建，成都海诚建设监理有限公司、中国华西建设工程设计有限公司监理。

第三批次：以会议展览中心（C1地下1层、地上3层）、科研办公区C8（地下2层、地上9~11层）、（C11-C12地下1层、地上25层）以及公寓综合楼（D1地下1层、地上10-32层）为主的建筑群体及相应的总图景观，总建筑面积244942平方米。C1、C8、C11-C12号楼2007年11月开工，2009年12月房建基本完工，D1号楼2008年3月开工，计划于2010年1月完工。

工程由成都高新置业有限公司建设，中国建筑西南设计研究院有限公司设计，北京六建集团有限公司、四川省第四建筑工程公司、四川省中普建设有限公司、四川希望华西建设工程总承包有限公司、中国第四冶金建设公司承建，成都衡泰工程管理有限责任公司、四川精正建设管理咨询有限公司监理。

天府软件园二期（D区）房建完工。2006年至2009年2月，成都高新置业有限公司天府软件园管理服务中心负责园区运营管理和服务。工作职责包括楼宇租售、配套服务设施经营与管理、招商引资、企业服务、督促物业管理等。

截至2009年2月，天府软件园一期签约面积约18万平方米，入园企业达到62家，入驻率100%，园区企业员工近8500人。已成功引进IBM、SAP、NOKIA等包括10多家世界500强企业，11家全球软件企业20强企业在内的近100家国际国内知名企业落户园区。天府软件园二期第一批次产业楼地上总面积85954平方米，已签约面积46834平方米，签约率54.48%。二批次产业楼地上部分面积122744平方米，预订面积59592平方米，预订率为49%。天府软件园内部市政道路全长550M，宽30M，双向四车道，路面平整，绿化美观，建成后大力提升了天府软件园二期内部交通通行能力，为软件园企业提供了更加便捷的出行条件。

图21：天府软件园内部市政道路

图22：天府软件园二期鸟瞰图

（成都高投集团公司）

【ICON·财智立方（软件园三期）】 位于天府大道西侧，东北临世纪城新会展中心，分为南北两地块，与天府软件园二期沿成都市天府大道相对布置。由两栋13层，局部14层建筑组成，是集研发办公、专业服务、商务配套为一体的高品质科研办公楼集群。建筑物外观简洁现代，建成后将成为天府大道标志性建筑。建设规模约25万平方米，项目投资约10亿元。2008年9月开工，2009年12月底主体完工。

工程由成都高新置业有限公司建设，成都市家琨建筑设计事务所、中国建筑西南设计研究院有限公司设计，重庆山海建设（集团）有限公司、四川省第六建筑有限公司承建，成都海诚建设监理有限公司、中铁二院（成都）咨询监理有限责任公司监理。

图23: ICON·财智立方(软件园三期)鸟瞰图及实景图

(成都高投集团公司)

【软件园学校工程】 软件园学校位于成都高新区南部园区软件园片区，总建筑面积约22000平方米。学校紧邻天府软件园二期，设置有中学楼、小学楼、综合楼、配套有相应的风雨操场、食堂和管理用房。该学校建成后为软件园片区义务教育提供了完善的硬件设施。

图24: 软件园学校实景图

(成都高投集团公司)

【成都高新孵化园】 成都高新孵化园是由成都高新区管委会统一规划设计，于2002年2月动工兴建，2003年10月投入使用的一个综合性集中式科技成果孵化基地，位于成都高新区天府大道，由成都高新区技术创新服务中心统一管理。园区占地22.644万平方米，总建筑面积22万平方米。成都高新孵化园建有9个孵化单元和综合服务楼、运动健身场所、专家公寓、会议中心等配套实施，其中孵化楼建设由高新区管委会投资为引导，吸引社会资本投资兴建。园区构建软件、IC设计、中医药、新材料等专业孵化器。2003年10月，成都高新孵化园启用，创新中心总部迁入高新孵化园。2003年成都高新孵化园软件孵化器一期27000平方米实现100%的入驻，引进有任我行公司、华为成都公司等软件企业和研发机构。软件孵化器二、三期引进有联想集团、中兴通信等龙头企业，引进范围有：软件开发、集成电路设计、信息安全技术、数字娱乐等。2005年孵化园在孵企业达210家。

成都高新孵化园拥有国家软件产业基地（成都）和技术平台、国家信息安全成果产业化基地（四川）、国家网络游戏动漫产业发展基地、国家数字媒体技术产业化基地、国家863软件专业孵化器四川基地、国家集成电路设计成都产业化基地共6个国家级专业化孵化基地。

成都高新孵化园配备“5A”智能化系统、“千兆入园百兆到桌面”的高速宽带网络，全中央空调和自动消防控制系统，有“五星级”物业管理高速提供高品质、规范化服务。

(成都高新区技术创新服务中心)

表5: 园内孵化器概况

名称	软件孵化器(2、4、6、8号楼)	天河孵化器(1号楼)	华拓孵化器(9号楼)	华诚孵化器	西财孵化器(5号楼)	联动数码孵化器(7号号楼)
投资主体	高新区管委会	天河科技保育有限公司	华拓实业股份有限公司	华诚信息产业有限公司	西财投资有限公司	联动数码公司
场地面积	74000平米	50000平米	15100平米	13300平米	18000平米	18000平米
竣工时间	二期: 2004.3 三期: 2004.5	二期: 2004.5	已竣工	2004.4	2004.4	2004.3
招商类别	软件+信息安全	生物医药+软件	新材料+软件	通讯+数字娱乐软件	网络教育+软件	软件

学校

SCHOOLS

成都高新世纪城南路学校

【概 况】 成都高新世纪城南路学校是成都高新区高标准启动的一所九年一贯制义务学校，学校位于成都世纪城南部，东临锦江，紧邻高新区天府软件园二期。高新世纪城南路学校占地20579.4平方米，校园建筑面积2万多平方米，学校可招生规模达36个班。学校拥有能容纳上千人同时就餐的餐厅及可供全校师生开展各项体育活动的室外、室内体育场馆、实验室、多媒体教室、形体室、音乐室、阅览室、微机室等功能配备齐全的教学生活辅助设施，各班教室配有多媒体投影教学设备。先进的教学设施为学校优质、特色教育教学活动顺利开展提供了有力的物质保障。学校现有在编教师28名，24人达到本科学历，市优秀教师3名，区学科带头人1名，区优秀教师7名。

【学校领导名录】 高坚，男，1963年10月14日生，中共党员，双大专学历，中学数学高级教师，2009年任成都高新世纪城南路学校筹备组组长。

李久林，男，1963年11月生，汉族，北师大研修生学历，小学高级教师。2009年任成都高新世纪城南路学校筹备组副组长。

【办学特色】 学校致力于为两区（园区、社区）、两业（产业、企业）服务，依托软件园区和第三污水处理厂，以“科技”、“环保”为学校教育特色，按照成都高新区“学校进园区、学校进社区”的要求，努力把学校办成适合高科技园区和益州社区发展的配套学校。为此，学校制定了科普教育三年发展规划，保证经费的投入、建立健全科技队伍，成立科技小组。校内以校长为组长、德育主任为副组长，下设科技总辅导员，科技辅导员，促使学校全体教师参与到科技活动中，为提高科技成果和专业水平，聘请成都天府软件园有限公司资深技术人员为校外科技辅导员。

【开展科技教育活动】 2009年，学校在第二十五届成都市青少年科技创新大赛中，首次在“科技小论文”、“创造发明”、“信息技术”、

"科幻画"等项目获得大奖、多项团体奖；参加2009年成都市青少年电子作品制作比赛（机械模型项目）荣获团体一等奖；2009年成都市青少年电子作品制作比赛（电子制作项目）荣获团体一等奖；2009年成都市青少年电子作品制作比赛（综合项目）荣获团体一等奖；积极组织学生多次参观软件园、孵化园；积极参加成都市"空模"比赛；组织开展了"学科学、爱科学、用科学"科技月活动。

【取得的成绩】 2009年9月学校在上半学期被评为："成都市科技基点学校"。学校从2009年9月开办两月来，组织学生参加省、市、区各级艺体比赛，获得较好成绩。9月26日，学校学生健美操队参加高新区全民健身运动健美操自选动作比赛，以优异的成绩荣获高新区一等奖；10月6日，学校学生代表队参加由成都市教育局、体育局主办的2009年成都市优秀体育后备人才系列选拔赛，取得了小学组低段综合团体第一名、小学组低段男子百米定向单项团体第一名、高段女子百米定向单项团体第一名、小学组低段男子短距离单项团体第二名等喜人成绩。10月18日，学校学生健美操队参加四川省健美操协会主办的2009年"浩沙杯"全国万人健美操大赛，获自选动作健身操类二等奖。

（本分目供稿人：余　峰）

成都高新和平学校

【概　况】 成都高新和平学校成立于2003年7月，是成都高新区第一所九年一贯制学校。学校地处成都高新区桂溪街道办事处和平社区，南临三环路，西接天府大道，东连红星路南延线。学校荟萃了112名来自全省乃至全国的优秀教师，其中有60余名获得区、市、省优秀教师、优秀德育工作者、学科带头人等荣誉称号；学校占地19980平方米（30余亩），建筑面积16000余平方米，现拥有47个教学班和2300余名学生。学校教学设施一流，每个教学班配备了彩电、视频展示台等现代教育技术所需要的设备，拥有适宜学生全方位发展的各种功能室，如微机室、科学实验室、科创室、理化生实验室、形体室、音乐室、美术室、陶艺室、多功能室、图书室等；除此之外，还拥有一流的运动场所，如300米塑胶跑道的田径场、标准化篮球场、足球场、排球场、棋室和室内体育馆。

【学校领导名录及分工】 校长、党支部书记邓铭，男，中共党员，1963年2月出生。2003年7月起任成都高新和平学校校长、党支部书记，主持学校全面工作。

党支部副书记廖有俊，男，中共党员，1963年7月出生。2003年9月起任成都高新和平学校党支部副书记，分管学校德育及安全工作。

副校长林淑琼，女，中共党员，1964年1月出生。2008年9月起任成都高新和平学校副校长，分管学校教学工作。

【学校荣誉】 学校教育教学风气好，办学成绩卓著，初2009级中考上重率为45.16%，升重率为52.82%，位居成都高新区第一。目前已成为区域内一所颇具影响力的九年一贯制学校，受到家长、社区和上级主管部门的一致好评，也获得了良好的社会声誉。学校先后被评为成都市绿色学校、全国作文教学先进单位。2009年学校被评为成都市实验教学示范校、四川省实验教学示范校、成都市信息技术教学示范校、成都市义务教育阶段基础教育课程改革先进集体、成都市健美操协会会员单位，并荣获全国万人健美操大赛一等奖。2009年学校科技活动在成都市排名第14名，荣获“成都市青少年科技辅导员论文征集活动”一等奖、“成都市第十三届青少年科普知识竞赛”团体特等奖、“成都市第二十六届青少年科技作品制作比赛”团体一等奖。

（本分目供稿人：廖有俊）

成都高新大源学校

【概　况】　成都高新大源学校创办于2006年8月1日，是成都高新区为适应新城南经济发展着力打造的教育教学设施一流的九年一贯制学校。学校占地27972平方米，现有43个教学班，学生2000余人。学校拥有现代化的教育教学设备，校园环境美丽，校园文化建设独具风采；学校立足于人的发展，贯彻“人文和谐、民主科学”的办学理念；“校风好、教风正、质量高、影响深”是大源学校创业之初执著追求的目标。“让每一位教师都受到关注，让每一位教师的个性都能得到尊重和张扬，让每一位教师都能在大源学校多一片追求教育的蓝天。”这是我们为大源教师设计的发展蓝图。“让每一个孩子都受到关爱，让每一个孩子都能在原有基础上得到发展和提高，让每一个孩子的个性都能得到彰显，培养志存高远，素质全面，基础扎实，特长鲜明的合格公民。”这是我们为大源孩子设计的成长蓝图；年轻而又朝气蓬勃的大源学校，以先进的办学理念和对教育理想的追求，荟萃了一支由区、市、全国优秀教师和学科带头人引领的教师队伍，吸引了全国重点高校的优秀大学毕业生20人、硕士研究生5人投入到教育的蓝天中。目前学校共有教职员工100余人，其中区级以上名优教师占32%。经过师生的努力，学校教师营造了艰苦奋斗、勤恳奉献的工作作风，特别是新大学生教师的培养在高新区产生了重大影响，形成了成都市独具特色的大学生教师培训班，被列为高新区新大学生教师培养基地。2009年，《教育文摘周报》《成都晚报》《四川教育》分别对大源学校新教师培养机制和九年一贯制管理模式进行了专题访问和主题报道；学校的教学质量已经走在了全区学校的前列，在区内外的九年一贯制学校中产生了较大的影响。学校开展了丰富多彩的德育活动，参加各级各类比赛喜获佳绩：在全国中小学生健美操比赛中获得现代艺术体操一等奖；在成都市电子作品制作比赛中两次荣获团体一等奖，其中有20名学生的科技作品获成都市一、二、三等奖；参加高新区的艺术节、运动会，在各个比赛项目中均取得好成绩。

【学校领导名录及分工】　校长：于建，市优秀教育工作者，市优秀青年教师，主持学校全面工作。

副校长：杨中亚（女），全国优秀教师，分管德育安全工作。

（本分目供稿人：张　圆）

成都美视国际学校

【概　况】　成都美视国际学校是由深圳美视集团子公司成都美视文化有限公司投资兴建，经四川省教育厅批准并在教育部备案的西部第一所大型国际学校，位于成都天府大道中段1340号。2001年公司在成都高新区桂溪乡建设村和勤俭村结合部择地筹建学校（占地面积14.7公顷（220亩），先租后买，2009年10月28日经成都市国土资源局批准，学校出资4800余万元，买断全部办学用地），2010年7月18日正式破土动工，2002年8月建筑面积达42000㎡（经近几年扩建，目前建筑面积共有60000㎡）的欧式风格的新校舍全部竣工落成，2002年9月1日第一批600多名新生入学上课；学校实行董事会领导下的校长负责制和校长领导下的各部相对独立运行的机制。学校分小学部、中学部（初中、高中）、国际部以及为教育教学服务的物业管理部（直接对公司负责）四大部。学校从校长到专任教师，一律在全省全国以至世界范围内招聘，师资力量雄厚，90%以上具有中高级教师职称，并有特级教师多名。学校现有在校生2300余名，专任教师200余名，其中外籍学生150名，外籍教师28名；学校办学特色是："小班化，优质化，国际化，多元化"；自建校以来，高考一本上线率连续保持在25%左右，本科率保持在50%以上，处于成都市省重点中学前列，两次夺得成都高新区高考状元桂冠，林岘志、蔡俊等一批同学考入了清华、北大、浙大等国内名校，颜晓川、刘光英等一批学生跨进了美国麻省理工学院以及加州伯克利分校等国际名校。中考重点率也连年居成都高新区第一；学校潜心打造国际特色，除了直接招收和培养外籍学生外，不断加强国际文化交流与合作。学校成功举办了四届有国内外学者、专家参加的"中美教育论坛"；先后于2006年4月、2009年10月通过CITA和AdvancED认证，加入了国际和跨地区认证委员会和世界先进教育促进组织，使学校办学融入了国际教育体系；学校还获得国际文凭组织（IBO）的授权，开办IB课程班，并与加拿大哥伦比亚国际学院合作开办中加课程实验班。学校承担的中国教育学会"十一五"规划课题——《国际化背景下的学校德育研究》于2010年5月圆满结题，获得以四川省教育厅副厅长何绍勇为组长的专家组的很高评价。此外学校还每年组织中美、中新、中澳、中韩、中日学生交流互访，开设国际礼仪课程、专题讲座，举办"英语大世界"、"迎新年、庆圣诞"艺术周等校园特色活动，努力培养国际人才——有中国灵魂的世界公民；美视国际学校原直属于成都市教育局，2007年开始划归成都高新区社会事业局领导。

【校领导名录及分工】 成都美视文化有限公司董事长、学校监事：陈颀（教育学硕士，美籍华人）。

成都美视文化有限公司总经理、学校法定代表人、学校董事会董事长：杨德明（美籍华人）。

校长：林华玉，中共党员，物理特级教师，成都市首批中小学教育专家，全国中学校长工作委员会理事，四川省教育学会理事，四川省民办教育协会常务理事，主持全校工作。

副校长（兼小学部校长）：张玉仁（女），中共党员，语文特级教师，成都市首批中小学教育专家，全国家庭教育专家，主持小学部工作。

副校长（兼中学部校长）：文安娜（女），民进党员，英语特级教师，成都市优秀教师、成都市三八红旗手，主持中学部工作。

副校长：陈康，中共党员，中国学生营养与健康促进会理事，主持物业管理部工作。中学部执行校长：徐德雄，中共党员，数学特级教师，成都市优秀青年教师。中学部副校长：王岚（女），中共党员，中学英语高级教师，成都市优秀青年教师。中学部校长助理：刘晖，中共党员，成都市优秀班主任。小学部执行校长：杨开智，中共党员，中学数学高级教师，成都市优秀青年教师。小学部副校长：孟静（女），中共党员，成都市优秀青年教师。小学部副校长：纪岚（女），中共党员，成都市优秀青年教师。国际部执行校长：刘建华，中共党员，管理学硕士。

学校特级教师名录：林华玉（物理）、张玉

仁(语文)、文安娜(英语)、徐德雄(数学)、周铭聪(语文)、杨世乐(英语)。

【2009年大事】 2月16日,学校IB资质经IBO组织官员现场考察获得通过。

3月3日,成都市相关领导专家到该校进行“成都市公寓管理示范学校”检查验收,学校被评为“成都市公寓管理示范学校”。

3月4日,高二学生何彬彬赴美国参加在联合国总部召开的联合国国际学校第三十三届国际学生年会。

3月5日,“成都市民办教育专委会”会议在学校召开。

3月10日,宜宾市副市长、宣传部长一行二十余人到校参观。

3月18日,西安市高新区教育局、国际学校领导到校参观考察。

3月27日,学校国际部举办2008—2009学年第二届“家庭之夜”活动,200余名学生家长及社会各界人士参加,法国驻成都总领事也应邀出席。

4月15日,学校党支部召开支部大会,批准高三学生谭翼林、曹常骁加入中国共产党。

4月28日,学校隆重召开“成为IB学校”新闻发布暨答谢酒会,成都市副市长傅永林、成都高新区管委会副主任李岷雪到会祝贺并发表讲话,四川省教育厅、成都市教育局及高新区教育处领导参会,IBO亚太地区北京办事处负责人王红女士为学校授牌。

5月8日,学校中学部文安娜校长带领20余名师生代表赴都江堰与5·12地震受灾学校崇义中学参加手拉手结对签字及捐赠活动仪式。

2009年9月10日,根据陈颀董事长建议,中学部推行学生顾问制,科任老师、生活指导老师分别担任三五名需要特别关注的学生的顾问,全面关心学生成长。

2009年10月20日,学校通过世界上最大的教育组织——世界先进教育促进组织(Advanced)认证。

2009年12月9日,学校相关领导参加“美国商会白皮书”酒会。

2009年12月14日,在《华西都市报》主办的“品牌榜中榜”活动中,学校荣获“四川省十大品牌学校”称号。

2009年12月,学校承担的中国教育学会教育科研“十一五”规划课题——《国际化背景下的学校德育研究》的研究工作进入结题阶段,成果之一的校本教材《视野》付印。

2009年12月,四川省民办教育协会成立,学校校长林华玉被选为常务理事。

2009年12月23日,参加成都市中小学校长会议的四十余名中小学校长到学校参观。

2009年12月25日,学校传统的“迎新年,庆圣诞”艺术节隆重开幕。

2009年12月,成都市、高新区相关领导对学校安全工作进行检查评比,学校被成都市公安局授予“成都市内保系统治安保卫工作先进集体”称号。

2009年12月,学校被评为“成都市心理健康教育实验学校”。

图25: 2009年5月4日,学校高二学生何彬彬在联合国总部留影

图26：2009年5月8日，学校与都江堰崇义中学结对签约暨爱心捐赠仪式现场

【学校荣誉】 2002年学校被确定为“成都市教育科学研究所教育研究基地”、“四川省教育科研基地学校”。

2003年学校被评为“成都市绿色学校”、“艺术教育特色学校”、“四川省绿色学校”。

2005年学校被评为“成都市民办教育先进集体”、“成都市示范家长学校”。

2006年学校被评为“中国学生营养与健康示范学校”。

2009年学校被评为“成都市公寓管理示范学校”。

2009年学校荣获“四川省十大品牌学校”称号。

2009年学校被评为“成都市心理健康教育实验学校”。

2009年学校被确定为“成都市高新区志愿者协会理事单位。”

（本分目供稿人：黄浩军）

成都七中初中学校

【概 况】 成都七中初中学校位于成都高新区天环街199号，是由成都七中领办的直属于成都高新区管委会的公办初级中学。学校占地面积44.749万平方米，建筑面积27.657万平方米，学校按照36个教学班，1800名学生设计建设。学校于2008年9月1日开校。现有16个教学班，782名学生。学校硬件设施一流，实现了“校园数字化”、“教学多媒化”、“办公网络化”，生均占有的教学资源在同类学校中处于领先水平。现有教师54人，其中七中派出8人，教师队伍中有学科带头人6人，高级教师13人。教师的整体水平在同类学校中具有领先优势。

学校创办以来，注重加强文化体系建设，努力构建学校文化高地。学校文化是学校的标志和持续发展的动力，学校文化建设是学校建设的核心内容和重要目标。在学校文化体系构建中，着力点放在了学校精神的提炼、规章制度的建立、教育活动的开展和环境文化的打造上。学校从西汉大儒杨雄的著作中挖掘出了最能代表七中百年办学精华和这所学校不懈办学追求的重要思想“审是迁善，模范群伦”，构建了成都七中初中学校的文化内核。这里的“审是”就是追求真理，明辨是非；“迁善”是指有过即改，有惑即解；“审是迁善，模范群伦”总的要求是：为学为德，必以“审是”为本，以“迁善”为法，以模范群伦为鹄的。在此基础上，结合百年七中的观念文化系统，构建了以“审是迁善，模范群伦”为核心的学校文化理念体系；在制度文化建设中，学校首先起草和通过了《成都七中初中学校办学章程》，并在此基础上制订了一系列“以生为本，重在发展”、“以师为本，重在激励”的管理制度。在教育活动的开展上，学校重点策划和组织的开学典礼、散学典礼、入团（退队）仪式、国庆表彰、班级才艺展示等各具特色的文化活动，不仅展现了学校的精神，也体现了文化的韵味。在环境文化建设中，学校力求体现墨池的千年神韵和成都高新区“开拓创新”“世界一流”的区域文化品质；加强课程体系建设，构建学校课程高地。根据初中学校的发展实际，整合成都七中改革开放以来形成的“以必修课为主，必修课、选修课、活动课协同发展”的课程建设经验，学校构建了“七个模块”、“三个层级”的学校课程体系，首先是通过“七个模块”，构建满足学生发展需要的课程内容体系。

第一个模块是劳动与技术教育，我们把机器人、陶艺和自我服务性劳动如厨艺等作为劳动与技术教育的主要内容，让学生对现代科学技术以及自己动手创造艺术之美和生活之美有初步的了解和体验，形成初步的技术意识和技术实践能力，并帮助学生树立劳动创造美和劳动者最光荣的思想观念。

第二个模块是研究性学习。学校确立了“以课题推进课程”的实施方式，在学生和教师之间形成了一个学习和研究的共同体。

第三个模块是立志成才集中教育。学校从课程建设的角度，建构了与“审是迁善，模范群伦”相匹配、适合学生发展的立志成才教育体系。在集中教育的基础上，扎实推进“优秀人才引领工程”。

第四个模块是少年军校。坚持集中训练和分散教育相结合的原则，重点是教育学生“向解放军学习”，核心是培养学生的军人作风、军人意志和军人的情怀。

第五个模块是青年志愿者服务。由校团委和少先队大队部负责系统建构和组织实施，通过显性课程形态教育和影响学生主动投身社会实践，服务他人，服务社会。

第六个模块是国学经典诵读。我们从课程建设的高度，加强了对国学经典诵读活动的系统规划、研究与指导，使之成为全校学生开展国学活动的引领与示范。

第七个模块是中西文化比较。我们通过引进外籍教师，通过建立友好学校和友好学校之间的互访带动师生的对外交流，积极争取在中国的国际学校甚至到国外直接建立孔子课堂等方式推动课程建设，为学生未来参与国际事务和国际竞争奠定一定的素质基础。

为了在新的课程门类中有机地融入现有的各种活动，学校在选修课的内部，根据课程的不同功能，将其划分为三级。

一级课程，以培养各级各类特长学生为目的，满足个别学生在某一领域内“超常”发展的需要。

二级课程，以培养学生综合素质为目的，满足学生全面素质发展的需要。

三级课程，以培养学生兴趣爱好和组织管理能力为目的，满足学生兴趣发展和不断提高社会交往能力的需要。

三个层级共同构成了学校的选修课，满足了不同学生的不同发展需要，真正体现了学校的教育追求。

上述课程体系，承载着“审是迁善，模范群伦”的核心追求，系统地渗透了学校文化的核心理念，有利于建构出具有学校文化特色的主体课程，培育出具有七中初中文化特质的学生。

加强优势学科团队建设，构建学校人才高地。承载“审是迁善，模范群伦”文化内核的学校课程体系建设，需要一支优秀的课程团队，建设现代化特色学校需要强有力的人才支撑。为此，学校主要采取了以下两项措施：一是以优势学科建设为抓手，以“教学质量高、教学改革力度大、课程开发水平高、引领能力强”为主要标准，建设学校的优势学科团队。二是以课堂素养专业化水平的提升为载体，以年度教育研讨会和课题研究为重点，建设优势学科团队。在此基础上形成系列化的实践推进策略、系统化的教师课堂素养评价体系、系统化的操作案例和相关理念，不断提升全体教师的学科素养、教育素养、文化素养和职业素养等，以促进全校的课堂发展、课程发展、教师发展和学校发展。

加强保障体系建设，构建学校现代化服务

平台。在高新区管委会领导的大力关心和支持下，学校信息化建设走在了成都市的前列。学校按照高标准建立了技术先进、运行可靠、实用性很强的广播网、电视网、校园局域网三网合一的数字化校园网，实现了教学多媒化、办公网络化、生活现代化。

学校建立了完善的后勤服务体系。身体健康、素质过硬的校警队、清洁绿化维修队和食堂工作人员为全校师生提供了安全、方便、贴心的服务，保证了学校各项工作的有序和高效运转。

【校领导名录及分工】 校长、党支部副书记杨斌（成都七中副校长、成都七中初中学校校长）：负责学校全面工作。

副校长、党支部书记李笑非（成都七中校长助理、成都七中初中学校副校长、成都七中初中学校党支部书记）：协助校长杨斌负责学校全面工作。

副校长、工会主席邱兴华（成都七中教育处副主任、成都七中初中学校副校长）：协助校长杨斌负责学校全面工作。

【学校荣誉】 2009年，该校教师共有9人次在区级以上赛课或教学设计大赛中获一等奖，其中国家级特等奖1人、省级一等奖1人、市级特等奖1人、市级一等奖3人、区级一等奖4人；外出献课或开设讲座教师达36人次；共有48篇论文在区级以上教育教学论文评比中获奖，其中国家级7篇、省级2篇、市级33篇、区级6篇，有8篇论文在省级以上专业刊物上发表。在区级以上学科、艺术、体育、科技等各类竞赛中，该校学生共有234人次获奖，其中国家级41人次（一等奖12人次）、省级85人次（一等奖44人次）、市级105人次（一等奖61人次）、区级3人次（一等奖2人次）。校级、年级获奖比例高达100%。学校顺利通过2009年高新区安全考核、2009年度学校办学水平考核、成都市初中教育现代化评估，先后获得四川省科技活动基点学校、四川省青少年智能机器人活动实验学校、教育部中小学骨干教师国家级培训四川师范大学培训点语文基地学校、四川师范大学文学院教学研究基地、成都市健美操协会会员单位、成都市棋类推进工作先进单位、成都高新区志愿者协会首届理事单位、四川省科普工作先进集体等荣誉。

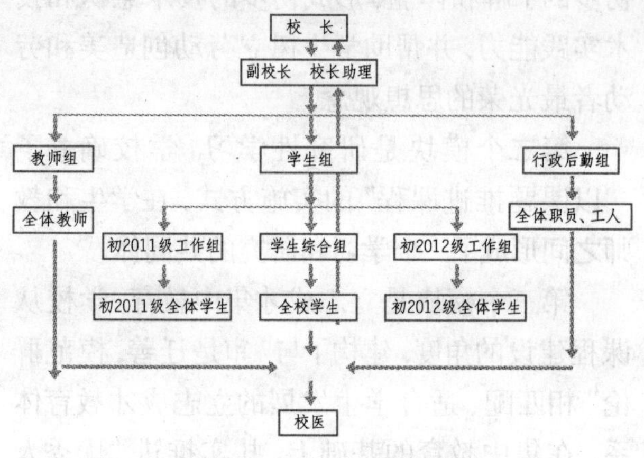

图16：成都七中初中学校防控甲流工作体系

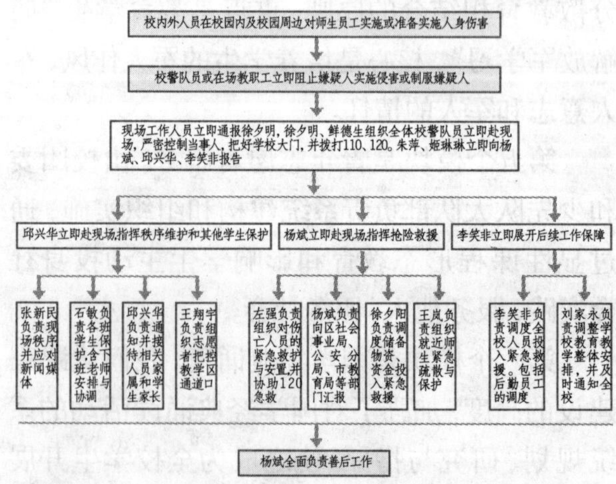

图17：成都七中初中学校校园伤害事件处置预案

【2009年大事】 1月，学校组织寒假社会实践活动“快乐假期做好家庭小主人”。

2月，学校开展“以仁义礼智 成修齐治平”国学诵读系列活动；组织学生赴都江堰地震灾区进行社会实践活动。

3月，学校开展公民道德宣传月系列活动；“家校通”正式启动；学生干部培训；美国金克斯高中访问团到成都七中初中学校访问；开展青春期卫生知识讲座。

4月，学校组织学生参加成都市中学生运动会、参加成都高新区中小学生艺术节；承办成都高新区中小学生艺术节书法、绘画、摄影比赛、进行初2011级立志成才集中教育、举办成都七中初中学校第一届田径运动会、举行教师课堂教学大比武活动。

5月，学校组织学生参加成都市中小学生艺术节、举办成都七中初中学校第一届科技活动月、举行纪念512大地震一周年紧急疏散演练活动、举行纪念512大地震一周年诗歌朗诵会；9名院士到学校参加“院士与中学生面对面”活动；组织学生赴彭州灾区参加“手拉手 共成长”活动；庆“六一”儿童节游园会；聚源中学老师到成都七中初中学校参观交流；举行2008~2009学年度二课堂活动首届科技活动月表彰大会；承办四川省第二届中小学生网络机器人比赛；参加中国青少年语文风采大赛；完成初2012级招生及新教师招聘工作。

（本分目供稿人：邱兴华）

成都职业技术学院

【概 况】 成都职业技术学院是成都市人民政府举办的全日制普通高等学校。2003年经四川省人民政府批准，由成都市新华职业中学和成都市旅游职业学校合并组建而成。成立学院以培养现代服务业高素质技能型专门人才为主，是成都地区培养专科层次现代服务业高素质技能型专门人才的主要基地，教育部高职高专院校人才培养工作水平评估优秀级院校；学院现有4个校区，分别位于成都市高新区（本部）、新津花源镇、青羊区和锦江区。占地面积530亩，建筑面积25万平方米，引进企业或自主建成高水平生产性校内实训基地（室）150余个。有专任教师471人，教授8名，副教授等高级职称教师100多名，双师素质教师占70%。建立了200余名由行业专家和企业高级管理人员组成的兼职教师库。有在校学生1万余人；学院紧紧围绕成都区域产业需求，形成了“多元合作，融入园区，服务地方”办学思路，基本形成“区院融合，产销衔接，三维（学院、企业、社会）实践”的现代服务业人才培养模式。设有软件及电子信息、旅游、电子商务及房地产、金融等适应成都现代服务业需求的专业40余个。学院不断探索校企合作的新途径和新模式，牵头组建成都旅游职教集团；与成都高新区共建“高新区成职软件教育园”；与成都新津县、邛崃市、都江堰市全面合作共建人才培养基地等；与160余家企业共同开发资源共享、互利双赢的合作项目；学院充分发挥服务社会功能，内设国家职业技能鉴定所、成都市外包服务人才培训基地等14个人才培养培训机构，每年培训鉴定达到5万人次以上；学院先后获得四川省旅游工作先进集体、四川省就业工作先进集体、全国大中专学生志愿者“三下乡”社会实践活动先进单位等十多项政府部门颁发的荣誉称号。学生在各级各类技能竞赛中取得十分突出的成绩，2009年全国职业院校技能大赛高职组电子产品设计与制作技能比赛获全国二等奖（全省最好名次）、第六届全国高职高专实用英语口语大赛非英语专业组一等奖等。涌现出北京奥运会、残奥会入场式引导员董静波等一大批优秀学生代表，毕业生就业率连续保持在97%以上，办学质量得到社会广泛认同。2006年被教育部微博网、新浪网等40家主流媒体评为“全国最具就业竞争力20强职业学院”。2008年进入麦可思公司（MyCOS）的调查中，学院学生就业能力在全国高职高专中名列26名。2009年，旅游管理和软件专业学生就业能力分列全国高职高专第3名和第7名。

表6：学校基本情况统计表

类　目	数　量	类　目	数　量
一、学生情况（单位：人）		三、教职工构成（单位：人）	
1.普通高等教育在校学生总数	8958	1.总数	579
普通专科生数	8958	2.专任老师数	471
2.普通高等教育招生数	3050	3.正高级职称数	8
普通专科生数	3050	4.副高级职称数	111
3.普通高等教育毕业生数	2171	四、办学条件	
普通专科生数	2171	1.固定资产总值（万元）	26591.42
4.成人高等教育学生数	1656	2.校园占地面积（平方米）	352371
二、学科及专业设置（单位：个）		3.校舍面积（平方米）	236600
专科专业数	41	4.教学仪器设备总值（万元）	4190.82
		5.图书馆面积（平方米）	13797
		6.纸质图书数（万册）	50.55
		7.教学用计算机台数（台）	1834

【校领导名录及分工】　党委书记：周鉴，主持党委全面工作，主管学院党建、组织工作、干部队伍与人才队伍建设、党风廉政建设、宣传、统战、思政和保密等工作。

党委副书记、院长：贺继明，主持学院行政全面工作，主管教学、科研、人事、财务、安全保卫、后勤、招生就业等工作。

党委副书记、纪委书记：何小婉（女），分管工作：党政日常工作、组织人事、财务、宣传统战、纪检监察、审计、档案、成教、培训、技能鉴定等。分管部门：党政办公室、宣传统战部、组织人事处、监察审计处、计划财务处、成教（培训）部。

党委副书记、副院长：凌红（女），分管工作：教学、科研、示范性院校建设、师资队伍建设、思想政治教育、产学合作、对外交流等。分管部门：教务处、科研室（高教研究所）、各教学院（部）、示范办。

副院长、工会主席：王涛，分管工作：工会、离退休、招生、就业、学生工作等。分管部门：工会、招生就业处、学生处、团委、心理健康教育中心。

副院长：李王英，分管工作：花源校区全面工作。

副院长：齐虹，分管工作：安全保卫、学生军事教育、后勤服务、国有资产管理、卫生防疫、基本建设等。分管部门：保卫处（武装部）、后勤产业处、基建办。

副院级调研员：杨仕清，分管工作：教育技术、教学督导、教材图书、信息技术研究等。分管部门：现代教育技术中心、教育督导室、信息科学技术研究院。

图27: 团结奋进的领导班子

（成都职业技术学院供稿）

【组建成都旅游职教集团】 2009年6月10日，成都职业技术学院牵头组建成都旅游职教集团，吸纳24家旅游企业和29所职业院校，共同组成全新的旅游事业发展共同体。集团整合成都酒店、旅行社、旅游规划等主要旅游产业的校企资源，搭建区域旅游行业校企合作、资源共享、信息互通平台。实行“一体两翼”运行机制，即在集团的统一协调下，开展“企业服务”和“人才产销衔接”两个方面的工作。学院与集团核心成员单位之一的成都文旅集团建立紧密沟通机制，探索为全市文旅产业发展建立经营管理人才培养输送基地，为旅游职教集团建立教学实训、毕业生就业创业基地。

图28: 2009年6月10日成都旅游职教集团成立大会现场

（成都职业技术学院供稿）

【推进区域化合作】 2009年10~12月，学院与成都高新区、新津县等全面合作，推进区域化合作。与高新区合作共建高新区成职软件教育园，打造软件及服务外包人才培养基地和产学研一体化实训研发基地，开展订单培养、在职培训活动；共同搭建项目发包与承接机制，高新区按照相关产业政策对成职院内入驻的符合高新区产业发展要求的软件及服务外包企业及相关机构给予政策支持。目前已有10余家高科技高成长性企业入驻软件园。与新津县共建物流园区应用技术研究中心、旅游线路开发设计和产品创意设计中心等项目，助推新津县石化、光伏、物流、机械、食品、休闲旅游等产业的发展。新津县为学生提供实训场所和实习岗位，并建立人才信息库。

【花源校区落成和法国雅高学院成立】 2009年4月10日，成都职业技术学院花源校区落成典礼暨法国雅高成都学院揭牌仪式在新津县花源镇同时举行。成都市委副书记、市长葛红林，省教育工委书记、厅长涂文涛等领导，法国雅高集团创始人保罗·杜布吕先生、法国驻成都领事馆总领事杜满希先生、省教育厅、省旅游局等单位领导出席揭牌仪式。花源校区位于成都市新津县花源镇，占地面积300亩，设计建筑面积8.9万平方米，由成都市政府全额投资2.5亿元修建。项目于2006年6月立项，11月正式动工建设，于2009年2月顺利竣工并交付使用。法国雅高成都学院是成都职业技术学院与法国雅高集团合作建立的非学历教育机构，主要承担法国雅高集团中国区的酒店高级管理人才培养培训，是该集团亚洲首家“雅高学院”。

【合作成立洲际英才培养学院】 2009年5月18日，成都职业技术学院和拥有全球客房数最多的酒店——洲际酒店集团共同建立中国第25

所洲际酒店集团英才培养学院。成都职业技术学院院长贺继明与洲际酒店集团亚太区首席参议叶海华签订合作备忘录，并接受"洲际酒店集团英才培养学院"牌匾。

【建立"通川—成职院现代汽车服务创业基金"项目】 2009年6月30日，成都职业技术学院与四川省通川汽车服务有限公司共同开办汽车检测与维修专业，该公司设立"通川—成职院现代汽车服务创业基金"，数额为300万元，主要用于支持学生进行现代汽车服务业发展的市场调查、分析、业务拓展，现代汽车服务业课程体系建设和创业项目孵化。系统工程后，由同方股份一并交给用户。

【开展"一店一名大学生"项目】 2009年3月28日，成都职业技术学院和邛崃市政府合作启动"一店一名大学生"项目。学院大学生在实习期间，以担任"店长助理"方式开展顶岗实习，以行为示范的方式带动相关人员服务技能提升。项目在邛崃市平乐古镇的营业性旅游类门店试点，逐步推广。项目重点在旅游服务业的礼仪礼貌、服务技能、普通话、英语口语、饭店宾馆硬件设施的规范化和特色化等方面对当地中小旅游企业（门店）着力提高，学生派出的时间原则与旅游旺季相适应，即每年6月底~8月底，共三个月。截至2009年12月已有3批次55名大学生参加了该项目。

【"人机一体、捆绑服务"项目】 2009年3月5日上午，成都职业技术学院与同方股份有限公司签订协议，共建"智能楼控系统实训基地"。根据协议，双方合作建立"人机一体、捆绑服务"项目，合作培养符合智能建筑行业需求的人才。公司给学院提供全套的智能建筑软硬设备，学生一进校就接受企业专业训练，学生在企业参与完成智能管理。

【启动100万"永安旅游创业就业项目"】 2009年5月26日，成都职业技术学院与香港永安旅游（控股）有限公司签订合作协议，由香港永安旅游（控股）有限公司为学院提供金额为100万元（人民币）项目经费，启动为期三年的"永安旅游创业就业项目"。企业在学院设立旅行社门市部，支持学生建立酒店电子网络预订平台。据测算，该项目将每年为学院近200名学生提供定岗实习和创业就业岗位。

【学校荣誉】 2009年，成都职业技术学院被评为四川省旅游工作先进集体，成都市职业教育攻坚先进学校。

成都职业技术学院2009年学生获得荣誉：

全国三维数字化创新设计大赛数字表现组二等奖

第四届全国ITAT教育工程就业技能大赛office办公自动化高级应用组、POTOSHOP平面设计组三等奖

第十八届全国发型化妆大赛暨巴黎世界杯发型化妆大赛中国选拔赛创意化妆最佳色彩奖

四川省大学生电子设计大赛一等奖

四川省旅游院校饭店服务技能大赛中餐组一等奖

第十届"挑战杯"四川省大学生课外学术作品竞赛二等奖

"浩沙杯"全国万人健美操大赛四川分区赛大众五级比赛一等奖

四川省"峨眉—乐山杯"高校导游风采大赛二等奖

（本分目供稿人：李兴华）

电子信息业

【四川擎烽通讯有限责任公司】 四川擎烽通讯有限责任公司简称擎烽公司，是集铁塔技术咨询（设计）、生产、施工、维护于一体的铁塔专业公司。擎烽公司是在四川电信实业集团有限责任公司重组整合的背景下，以眉山通信铁塔有限责任公司为基础，重组而成的上市公司（从属于在中国香港上市的中国通信服务股份有限公司）。擎烽公司注册资本达4208万元。公司通过ISO 9001：2008国际质量管理体系认证，并取得国家质量监督检验检疫总局颁发的通信塔、微波塔、电视塔、广播塔和输电线路铁塔生产许可证，公司拥有四川省建设厅颁发的房屋建筑工程施工总承包贰级（限铁塔配套的土建工程）、钢结构工程专业承包贰级、电信工程专业承包贰级等资质。

【成都锦天科技发展有限责任公司】 成都锦天科技发展有限责任公司成立于2004年9月，是上海盛大网络发展有限公司的全资子公司，位于成都市高新区软件孵化园区国家信息安全成果产业化（四川）基地，致力于网络游戏制作，网络软件开发。公司地址在天府大道南沿线成都高新孵化园信安基地（5幢4楼）。

【四川华雁信息产业股份有限公司】 四川华雁信息产业股份有限公司位于成都市天府大道高新孵化园四号楼A座第一层，是经四川省人民政府批准（川府函［2003］251号）设立的民营股份制高新技术企业，注册资金3000万元。公司致力于电力行业信息化解决方案，通过软件开发、系统集成与技术服务为客户提供软件产品、系统产品和服务。公司主要产品有软件、系统、服务三大类。2007年公司与电子科技大学联合设立“空间信息系统实验室”，建立产、学、研的合作机制，专门培养3S技术生力军。同时，公司与海内外知名企业、科研院所建立多种形式的战略合作伙伴关系，使公司的技术和产品与国际保持同步。2009年企业员工81人，资产总额6454万元，实现销售收入8692万元。

【四川通信科研规划设计有限责任公司】 四

川通信科研规划设计有限责任公司是中国通信服务股份有限公司四川公司下属的全资公司，公司于2001年3月23日成立，位于高新区天韵路186号高新国际广场E座5、6楼，注册资金9000万元，资产总额两亿元。公司是集通信网络规划、勘察、咨询、设计，建筑工程咨询、设计，运营商IT支撑系统规划、勘察、咨询、设计及境内外通信行业通信工程总承包经营于一体的技术密集型高科技企业，国家通信工程甲级咨询勘察设计单位，为各大运营商、政府部门、专网用户提供勘察设计、规划服务、咨询服务三大产品。公司拥有通信勘察、设计甲级资质，通信信息网络系统集成甲级资质，智能建筑系统工程甲级资质，工程咨询丙级资质，建筑设计乙级资质，通过ISO9001:2000国际质量体系认证和成都市高新技术企业认证，连续多年被授予“优秀高新技术企业”称号并跻身中国勘察设计单位综合实力五百强行列，CCS设计专业协调委员会副主任委员单位。公司技术中心，主要负责开展支撑公司中长期发展需要的战略技术、产业发展前沿技术的研究和引进技术的消化吸收工作；新产品、新工艺、新技术的开发与在公司的推广应用工作；行业相关技术信息的获取、分析和判断工作等。公司是“成都高新区博士后工作分站”并被认定为“成都市技术中心”。2009年公司设置有六个通信设计院和一个建筑设计院，在云南、贵州、广西、重庆、西藏、新疆、甘肃、山西及北京等地设置了分公司或办事处，公司业务范围延伸到海外多个国家和地区。2009年公司员工811人，主营业务收入25345万元、利润总额2623万元、税金2379万元。

【成都交大光芒实业有限公司】 成都交大光芒实业有限公司1998年6月成立，注册资本3000万元人民币，位于高新区天府大道天府软件园，拥有正式职工200人。四川川投能源股份有限公司、西南交通大学校产（集团）公司为主要控股股东。企业主要生产开发铁路电气化、自动化牵引远动系统、综合监控、配电自动化领域相关系统及软件，是高新区高新技术企业，银行AAA信誉等级公司，计算机系统集成三级资质企业，国家轨道交通电气化自动化工程技术中心产业基地。公司产品先后多次受到省部级单位嘉奖，2009年实现销售收入1.1亿元。

【成都任我行软件发展有限责任公司】 成都任我行软件发展有限责任公司公司是中国中小企业管理软件行业具有领导地位的供应商之一，长期专注于中小企业信息化，成功地为国内及海外几十万家中小企业提供了信息化解决方案，旗下拥有“管家婆”、“任我行”、“千方百剂”等多个品牌几十款产品，产品涵盖财务、进销存、ERP、CRM和OA等，用户遍及IT、通讯、电子、服装、食品、建材和五金等行业。2006年12月，“管家婆”软件被认定为“驰名商标”。2009年实现主营业务收入7500万元，税收近1000万元。

【成都优博创技术有限公司】 成都优博创技术有限公司公司成立于2007年10月，位于四川成都高新区孵化园，是一家全新的高科技企业，专注于自主品牌（Superxon）的产品研发、生产和销售，产品范围包括FTTH、SDH/SONET、3G移动通信等系列通信产品，其客户均为国内外知名的通信设备制造商和通信运营商。2009年销售收入8000万元，税收524万元。

（本分目供稿单位：成都高新区经发局）

房地产业

【华昌物业发展有限责任公司】 成都华昌物

业发展有限责任公司成立于1993年1月，法定代表人庞琳，注册资金500万元，公司位于成都市人民中路一段28号，是成都市首家成立的专业物业服务企业，具有国家物业管理一级资质，于2001年通过了ISO9001:2008质量管理体系认证，系中国物业管理协会常务理事单位、四川省房地产业协会物业管理专委会副主任单位、成都市住宅与房地产业协会副会长单位、成都市物业管理协会副会长单位。公司以管理写字楼类物业为主，公司提供物业服务的主要项目有成都天府广场、天府国际金融中心、成都房地产大厦、成都市政务服务中心房产分中心、天府博览中心、成都劳动和社会保障大厦、高新国际广场（D、E座）、四川证监局办公楼、蜀锦路68号政府办公区、成都妇女儿童中心等。

特色服务 成都天府国际金融中心（原政府行政办公中心）是该公司于2007年9月通过公开招投标接管的物业项目，位于成都市天府大道北段966号。该项目9幢建筑风格别致，建筑群以正对西侧景观大道的7号楼为核心呈放射状依次展开，形成完美的节奏和动态平衡。建筑物外立面材质特殊，全部采用带形落地低辐射中空玻璃外墙，并在外墙铺挂树枝状金属外网，造型优雅大气，空间舒适通透，富于灵动感。装修风格现代、简约、典雅、充分体现金融中心特征。该项目由世界级建筑设计大师保罗、安德鲁担纲设计，建筑面积37.4万平方米，园区车位充足，遍栽各种名贵树种，绿化率达32%。该项目是四川省及成都市为构建西部金融中心、助推区域经济又快又好发展而确立的，业态构成以金融、商务为主。入驻的客户单位有中国银行业监督管理委员会四川监管局、中国保险监督管理委员会四川监管局、中国民生银行股份有限公司成都分行、安邦财产保险股份有限公司、成都投资控股集团有限公司等几十家地区性金融保险机构，西部金融中心的势态已初步形成。

公司发展状况 2009年，公司的主营业务发展迅速。在公司管理的项目中，天府国际金融中心实现业态转换。成都高新国际广场D、E座通过了“全国物业管理示范大厦”的评审，并获得成都市首届和谐物管“十佳写字楼”的称号。天府广场、第四办公区通过了ISO9001：2008质量管理体系的认证。

公司贯彻“关注客户需求，打造物业精品，持续改进服务，提高管理效益”的十六字质量方针，坚持每月的质量检查和每周查夜。继续推进员工薪酬制度改革，初步形成了依据勤、能、绩确定员工薪酬的管理制度和操作方法。加强员工培训，从内部选聘了培训师和培训教员，并采取发放入职培训手册、定期发放培训调查问卷、分专业培训、举办专题讲座、组织员工开展岗位技能大赛等多项培训方式和措施提高员工培训效果，努力提高培训工作的实用性和针对性。该公司集办公、管理、服务为一体的ERP数字信息化系统运用已进入轨道，该系统在人事管理、行政审批、物资申报、预算提交、信息交流管理等方面发挥了积极作用，基本实现了无纸化办公。

公司工会关注员工权益、组织员工参与民主决策、慰问家庭有困难的员工、组织开展健康向上的文化娱乐活动等，发挥了工会与职代会的职能，构建了和谐的劳动关系。公司实践“与员工共同发展，成果共分享”的核心价值观，根据公司经营状况，近年每年为员工增加收入，并重点向一线员工倾斜。

2009年，成都天府国际金融中心物业服务中心在册员工413人，全年物业服务费收入1500万元，特约服务8073项，特约服务费收入25万元，收费率达98%。接听客户热线12548次，发放温馨提示1500份，发送报刊133万份，书籍2.8万份，包裹、快递13699份。全年两次发放客户满意度调查表近4000份，客户满意率99.39%。设施设备完好率98%，房屋完好率98%，标志使用完好率98%。在节能降耗工作中，全年节水85690元，节电1888000元。配合施工单位完成483项整改，完成管道漏水等突发事件49余次，组织空置楼栋综合检查224次。接待上访事件737余次，来人来访2398余人次，园区进出车辆642115车次。完成园区保洁率100%。

获得荣誉　该公司被四川省建设厅、四川省精神文明建设委员会、中共成都市委和市政府先后授予"四川省创建文明行业工作先进窗口单位"、"四川省建设系统精神文明建设先进单位"、"成都市文明单位标兵"等称号，先后被成都市房管局评为"成都市房地产优秀物管企业"、"成都市最具竞争力物管企业"、"成都市物业管理示范基地"等。

图29：2009年成都华昌物业发展有限责任公司被成都市房管局评为"十佳物业服务企业"授牌现场

（伍建梅）

【桂和物业公司】　成都高新区桂溪街道和平社区桂和物业公司成立于2002年，公司股东有严雨坤、张庆、晏启顺，注册资金20万元，营业执照等证件齐备，公司性质是独立法人企业，并照章纳税，公司所营利润，分别发放职工工资、提供资金为群众服务。公司经理、副经理任期及人员配备情况：2002年至2008年4月公司经理由和平社区书记严雨坤担任。2008年至今公司经理由和平社区书记李国涛担任，毛昌全曾任公司副经理。胡宁东代明两位同志为现任公司副经理，并配备会计、出纳、水电工等人员。公司章程、制度健全，经理、副经理、会计、出纳、水电工职责明确。公司负责人等职工待遇情况：公司经理、股东、会计、出纳兼职不兼薪，未享受任何待遇，公司副经理、水电工、停车场职工均享受公司工资福利待遇。公司在辖区内曾开发临时停车场2处，解决社区"4050"人员就业20多人，因国家用地拆除一处，仍有临时停车场一处，职工8人，在天仁北二街一铺面信开设物业服务中心一处，主要面向社区居民服务，维修水、电、气等家用设施，只收取零件成本钱，不收取任何上门等费用，宗旨是服务。成都桂和物业公司的性质是独立法人企业，对外开发业务，对内协助维修社区公建设施，面向社区群众服务，上门为居民维修水、电、气等家用设施。

（晏启顺）

零售业

【成都宜家家居有限公司】　宜家家居于1943年由其创始人英格瓦·堪普拉德（Ingvar Kamprad）在瑞典创立。历经半个多世纪的发展，宜家集团在全球36个国家和地区共拥有296家宜家商店。2008年财政年度的全球营业额为212亿欧元。宜家家居于1998年，1999年、2005年、2006年、2008年分别在上海、北京、广州、成都、深圳、南京和大连建立了七家商场。成都宜家家居有限公司位于成都高新区益州大道北段9号，成立于2005年3月，注册资金1200万美元。公司占地面积50133平方米，建筑面积26000平方米。2009年，公司有员工280

人，主营业务收入3亿元。

（汪　澜）

【欧尚超市有限公司】 欧尚超市有限公司高新店位于成都高新区站华路9号，占地面积33333平方米，营业面积近10080平方米。提供免费停车位600多个，员工人数在1000人左右。欧尚超市有限公司高新店是欧尚（著名的国际化零售企业，世界500强企业之一，1961年始建于法国北部，在葡萄牙，西班牙，意大利，美国，卢森堡等世界11个国家和地区拥有大型零售卖场393家，中小型卖场718家，并涉及建材，餐饮，房地产，银行等多项产业，全球员工将近20万。欧尚1997年进入中国，已在上海、苏州、无锡、杭州、成都、北京、南京、天津、宁波等地开设32家大型超市）在中国成都的第二家店（金牛店是欧尚在中国成都的第一家店，2003年11月13日开业），于2007年9月20日成立，2007年11月9日开业。高新店商场分销售部门和服务部门，销售部门有生鲜处、大众消费品处、百货处、家电处、纺织品处；服务部门有收银部、收货部、财务部、人力资源部、保安部及IT部。2009年销售收入18亿元，纳税总额700万元。成都欧尚超市高新店被评为2009年度食品质量示范店，同时也担任着高新区消费者协会理事成员，坚持为顾客提供更多更好的服务。

（李艳梅）

图30：欧尚超市高新店卖场

【富森美家居投资有限公司】 成都富森美家居投资有限公司创建于2006年3月，注册资本人民币1.2亿元，为国内专业致力于大型商业卖场（市场/商场）开发、运营、管理、营销策划的现代家居商贸企业。公司投资建设的“富森·美家居国际商城”，位于成都市高新区都会路99号，建筑面积10万平方米，总投资额人民币5亿元。“富森·美家居国际商城”自2008年6月7日运营以来，商城入驻商家及经营企业328家，入驻率达100%，经营产品涵盖国际国内高端家具、家饰和精品建材，荟萃了来自欧洲、北美及中国香港、广东、上海等地高端家居品牌368个，其中139个首次登陆西部进入富森·美家居。通过精心运营、全力打造，“富森·美家居国际商城”现已成为我国购物环境最好、档次最高、运营最好的家居零售卖场之一。

“富森”商标被国家工商总局商标局认定为“中国驰名商标”；“富森·美家居”被四川省政府认定为四川省服务名牌；并相继被成都市授予“十大最具成长性成都品牌企业”、成都高新区管委会授予“年度优秀纳税企业”等荣誉称号，在深入贯彻实践科学发展观，大力发展现代服务业和促进地区经济社会的全面发展中作出了积极的贡献。

图31：富森·美家居国际商城主题活动现场

（熊　云）

【迪卡侬运动专业超市】 2008年9月24日，迪卡侬运动专业超市成都高新店经过一年试营业后正式开张，这是其在中国的第16家运动专业超市，也是这家欧洲最大运动用品零售商进军中国西部布下的首粒棋子。据迪卡侬中国区总裁孟东透露，计划十年内在西部开设五十家分店的迪卡侬成都就将占十二家。迪卡侬成都高新店营业面积近4000平方米，是独立的单体商场，商场外部更是设有近1000平方米的运动休闲场地，免费对商场顾客与周边居民开放，鼓励大家进行体育锻炼并试用产品。同时，还为自驾车前来购物的消费者考虑周到，配有大型免费停车场，有车一族可以轻松悠闲购物，并即时体验运动的乐趣。

图32：迪卡侬运动专业超市成都高新店卖场

（冷若冰）

住宿·餐饮业

【成都世纪城新国际会展中心】 成都世纪城新国际会展中心，位于成都市天府大道中段，占地逾15公顷，总投资50亿人民币，展馆面积20万平方米。九个展馆呈银杏叶状向锦江展开，12万平方米的展馆结合德国展馆务实和日本展馆精制美观的特点。展厅采用无柱单层结构，最高处净高21米、最低处12米、堪称艺术与科技的完美结晶。建有10000辆的地上、地下停车场。被称为“西部第一馆”，成为中国五大展馆之一，硬件配套设施一流。整个项目分为展馆区、国际会议区、酒店及文化设施区、商务办公区、商业住宅区五大部分，总建筑面积约173万平方米。“世纪城”位于城南天府新区内，西为人民南路南延线天府大道，北邻成都市主要干道外环线，交通条件非常优越，除天府大道外，将建成的红星路南延线直达世纪城。府南河自东边流过；北侧为世纪公园和高尔夫球场；东部及西部为河滨绿地。西北部为酒店及文化设施区，概念上为一个“水世界”：酒店呈一个三棱形眺望世纪公园；海洋乐园像一朵莲花漂在水上宛如海外仙城；紧邻的是国际会议区，拥有世界一流的会议场馆和设施；中部为商业水城—美食天堂（暂名），是一个具有府南河文化特色的商业小镇，另外，中部还有一个大型的公共广场，壮观的喷泉是其中的一大景观。西南部为商务办公区和商业住宅区，这里将建造独具特色的水上住宅小区和众多高级写字楼。此外，“世纪城”还为将来的会议展览规划了可供10000辆车停放的地上、地下停车场。成都世纪城新国际会展中心是目前中国西部建筑规模最大，功能配套最完备，设施最先进的多功能会议会展中心。

【成都世纪城天堂洲际大饭店】 成都世纪城天堂洲际大饭店由成都新国际会展旅游集团投资兴建（英国洲际酒店集团管理），酒店位于成都市城南天府新区，毗邻成都新国际会展中心，酒店距成都双流国际机场仅20分钟车程，距火车北站40分钟车程。饭店2008年1月28日开业，注册资金45000万元，拥有555间独具特色的豪华客房和套房、配备顶级设施的现代化会议中心，一系列风格各异的餐厅和酒廊，精致幽雅的都市水疗中心等设施。饭店传统欧洲风格的设计与中国的待客之道珠联璧合，使成都世纪城天堂洲际大饭店成为蓉城又一璀璨亮点。饭店会议设施在成都世纪城天堂洲际大饭店管理的娇子国际会议中心内，28个面积不同的多功能厅均配有最先进的设施设备，可满足客户不同层次的会务需求及会议场所的诸多选择。近2800平方米的水晶大厅，是西南地区最大的无柱型宴会厅，可容纳2800人，并可根据不同需求分割成6个独立的会议室。饭店洲际俱乐部酒廊位于饭店五层，提供国际高水准的贴心服务。饭店设有廊桥咖啡厅、香榭花园法餐厅、龙轩中餐厅、波提斯意大利餐厅、荷汀大堂酒廊，提供各色广东菜肴、广式点心、意大利传统菜肴、红酒、洋酒、鸡尾酒以及马蒂尼等各色酒水。饭店还提供商务设施设备及各种商务通讯工具、管家服务、健身服务。2009年，成都世纪城天堂洲际大饭店主营业务收入16138万元，利润6410万元，税收995万元。

图33：成都世纪城天堂洲际大饭店夜景

图34：成都世纪城天堂洲际大饭店大堂

图35：成都世纪城天堂洲际大饭店客房和包间

【成都世纪城假日酒店】 成都世纪城假日酒店由成都新国际会展旅游集团投资兴建（英国洲际酒店集团管理），酒店位于成都市城南天府新区，毗邻成都新国际会展中心，酒店距成都双流国际机场仅20分钟车程，距火车北站40分钟车程。酒店2006年8月8日开业，注册资金45000万元，拥有970间客房和餐饮娱乐设施。客房配备数据接口、互联网宽带接口、国际及国内直拨电话、语音信箱和卫星频道等。酒店有会议设施，逾3万平方米的娇子国际会议中心设施完善、多样、现代化，28个风格各异、面积从60平方米到2800平方米的多功能厅，可满足大型会议、商务会谈和私人聚会等不同层次的会务需求。

图36：成都世纪城假日酒店夜景

国际会议中心里配备有多种语言的同声传译设备、先进音响、试听设备、可移动舞台、高速宽带网络及多媒体投影仪等设备，并有专业的会议、宴会销售及服务团队，为客人的各项活动提供一站式服务。酒店拥有思飞咖啡厅 、华府中餐厅（荟萃粤菜及川菜美食，38间贵宾包房）、大堂吧、食趣美食店、火舞巴西烧烤、星空酒廊、怡咖啡厅、湘府中餐厅，以及健身中心和提供专业美容及美发服务。2009年，成都世纪城假日酒店（西楼）主营业务收入9808万元，利润6971万元，税收615万元。

图37：成都世纪城假日酒店大堂

图38：成都世纪城假日酒店餐厅

图39：成都世纪城假日酒店客房

【狮子楼酒楼】 狮子楼酒楼位于成都高新区天顺路2号（成都人民南路南延线高新区管委会对面），该酒楼主要经营火锅，经营面积3000余平方米，能同时容纳接待600余人就餐，除拥有400多平方米的宴会厅外，还设有39个大小不等的豪华包间。该酒楼特色菜品是：极品鹅肠、羊肚菌酿鹅肝、竹荪海宝、澳洲牛仔骨。

【锦府川菜酒楼】 锦府川菜酒楼于2001年开业，公司名称为成都市锦府餐饮有限公司，法人王易述，地址在成都市高新区益州大道北段7号，主要经营川菜风味菜品，营业面积约2000平方米，适合类型：家庭聚会，情侣约会，商务洽谈，朋友聚会，大型聚餐。

图40：锦府川菜酒楼正门

【成都洪睿餐饮有限责任公司】 成都洪睿餐饮有限责任公司位于永安社区天久北巷139号，地处都市繁华地段，交通便利，是以经营精品菜为主的新兴民营企业，投资逾千万，公司营业面积达2000多平方米，拥有120多名员工，能同时容纳300多人同时就餐。公司集中餐西餐为一体，现目前拥有新军谭家菜和上岛咖啡。

新军谭家菜是中国著名的官府菜，内部的装潢独特，以二十年代的老式装饰物为主，深刻展现了清末民初的文化气息。

上岛咖啡是一家中西复合式餐厅，精美实惠的牛排套餐，象征生命的比萨，可口的中式套餐，奶茶、咖啡、果汁、冰淇淋一应俱全。

【蜀国飘香餐饮有限公司】 蜀园飘香御府花都店系该公司第一旗舰店，是一家新型的火锅品牌店，经营面积1000余平方米。该店推出“精品全牛油锅底”、“飘香锅底”，不但具有：麻、辣、鲜、香浑为一体，更具有：底味厚醇、热而不浮、辣而不燥、鲜香不腻、口味醇爽等特点。

（本分目供稿单位：成都高新区经发局）

电力生产业

【国电大渡河调度指挥中心】 国电大渡河流域水电开发有限公司（以下简称“大渡河公司”）于2000年11月16日在成都注册成立，2007年底注册资金37亿元，总资产174亿元，净资产44亿元，员工1700人。公司（总部）位于成都高新区天韵路7号。大渡河公司承担大渡河流域水电资源实施全面开发任务，大渡河上已建成的龚嘴、铜街子电站为四川和西电东送提供保障。公司股东分别为中国国电集团公司、国电电力发展股份有限公司和四川川投能源股份有限公司。2007年，公司下辖龚嘴水力发电总厂（1320兆瓦）、瀑布沟水电站（3600兆瓦）建设分公司、深溪沟水电站（660兆瓦）建设管理局、大岗山（2600兆瓦）水电开发有限公司、双江口水电站（2000兆瓦）建设分公司筹备处、猴子岩水电站（1760兆瓦）建设分公司、流域检修安装分公司和金川（800兆瓦）、巴底（780兆瓦）、丹巴（1560兆瓦）、枕头坝（460兆瓦）、沙坪（860兆瓦）等水电站建设分公司筹备处，形成以流域开发为中心，电力生产、流域开发、综合发展三线并进的发展格局。公司连续六年获得“四川省工业企业最大规模50强企业”和“最佳经济效益10强企业”称号。2009年企业员工1751人，资产总额2400351万元，销售收入155457万元。

【国电四川南椏河流域水电开发有限公司】 国电四川南椏河流域水电开发有限公司于1995年8月成立，2007年5月从成都市锦江区迁至成都高新区天晖北街9号（水电生产地在四川省石棉县），主要从事水力发电、电力销售、水电站的开发和建设、电力送出工程建设。2008年公司注册资本16640万元，为国电四川发电有限公司全资子公司。公司下辖姚河坝、冶勒2个水电站。姚河坝水电站系南椏河流域梯级开发的第四级电站，装机容量132兆瓦，安装3台44兆瓦混流式水轮发电机组，于1998年8月开工，2001年9月三台机组全部投产发电。冶勒水电站系南椏河流域梯级开发的龙头电站，装机240兆瓦，安装两台法国ALSTOM公司（2×120兆瓦）冲击式发电机组，冶勒水库调节库容2.76亿立方米。冶勒水电站主体工程2000年11月开工，两台机组分别于2005年11月和12月投产发电。2009年企业员工132人，资产总额272304万元，销售收入91457万元。

（本分目供稿单位：成都高新区经发局）

商务服务业

【中国移动通信集团四川有限公司成都分公司】 中国移动通信集团四川有限公司成都分公司（简称中国移动四川成都分公司）成立于1999年9月28日，公司总部位于成都高新区天府软件园B4幢，是中国移动在四川省内最大分支机构。中国移动四川成都分公司遵循中国移动通信集团“正德厚生，臻于至善”的核心价值观，铭记“创无限通信世界，做信息社会栋梁”

图41：2009年6月4日中共四川省委常委、成都市委书记李春城（前排左一），成都市委副书记、市长葛红林（前排右一）视察移动通讯枢纽建设

的企业使命，一步一个脚印，一年一个台阶，实现了客户规模、网络规模、运营收入的连年持续增长。中国移动四川成都分公司立足“移动信息专家”战略定位，塑造了“全球通”、“动感地带”、“神州行”三大客户品牌和“心机”、“飞信”、“无线音乐”等业务品牌，形成了一个完善的品牌体系，满足了不同层次客户的通信信息需求。与此同时，中国移动四川成都分公司也建立起多层次的营销服务渠道体系，建成营业厅近600个，覆盖城区和100%的乡镇。形成了以大卖场为核心、以自有渠道为主体、以社会渠道为补充、以电子渠道为特色的、遍布城市和农村的、全国最大的立体化营销服务渠道体系。实现了对客户群体的整体服务支撑。公司秉承“沟通从心开始”的服务理念，以“追求客户满意”为目标，通过开展“诚信服务 满意100”活动、“金牌服务 满意100”和“便捷服务 满意100”活动，公开十项服务承诺，以勇争第一的精神努力提升企业自身服务品质，努力为消费者营造更加诚信、放心、透明、和谐的消费环境。公司全力发展具有中国自主知识产权的第三代移动通信TD-SCDMA技术，助力国民经济发展和推动社会信息化进程，为建设国家级通信信息枢纽、“无线城市”、“数字成都”提供全方位的信息支撑。公司承建的中西部地区网络规模最大、覆盖区域最广、技术最先进、功能最丰富的应急指挥系统——成都市应急指挥调度无线通信网全面启用。公司主导的“无线成都”项目已建立了完备的管理和运营平台，拥有多项信息化业务能力，并入选为海峡两岸无线城市产业合作试点项目。公司在全市GDP中的比重持续保持在1.7%以上。成立十年来贡献税收超过10亿元，创造直接和间接就业岗位逾十万个。多年来，中国移动四川成都分公司在精神文明建设方面捷报频传，荣获全国五一劳动奖状、省级最佳文明单位、成都市市级文明行业、四川省模范职工之家、全国抗震救灾、重建家园“工人先锋号”等众多荣誉称号。先后有42个营业厅成为国家级、省级和市级“青年文明号”。截至2009年底，客户规模突破1100万户，全年运营收入突破70亿元，建成基站近8000个、交换机容量达2132万户，实现了成都地区100%行政村的移动网络覆盖。

图42：2009年12月22日成都市应急指挥调度无线电通信网络启用仪式现场

【中国联通有限公司成都分公司】 中国联通有限公司成都分公司于2001年4月30日注册登记。公司为成都地区用户提供GSM、CDMA移动通信、本地固定电话、长途固定电话、数据通信、互联网、数据增值业务、无线寻呼等综合电信业务，负责联通成都地区电信业务的经营管理和发展建设，为用户提供差异化、个性化、亲情化的通信产品和服务。公司连年被成都高新

区党工委、成都高新区管委会评为优秀服务型企业、纳税大户。公司的科华北路营业厅也荣获全国“十佳营业厅”、“优秀集体”、“青年文明号”等多项殊荣。2006年，成都地区CDMA网络有效面积覆盖率90%，乡镇覆盖率达到97%，高速公路覆盖率达到99%，国道覆盖率达到99%，铁路覆盖率达到99%，人口覆盖率达到99.5%。公司GSM网络在成都要区各大小城市、乡镇、重要交通路线和绝大多数旅游度假景区的网络覆盖率超过95%。公司“天府农业信息网”平台，在14郊县设立农业信息站124个，为乡镇用户提供“最后50米的通信服务”。公司及下属14个县分公司有员工1148人，平均年龄30岁，专科以上学历员占到全员的87%。

（本分目供稿单位：成都高新区经发局）

机械·食品业

【成都百施特金刚石钻头有限公司】 成都百施特金刚石钻头有限公司成立于1999年7月5日，注册资金1 835万元，公司位于桂溪工业园，从事各类金刚石钻头设计、生产、销售和技术服务，产品包括PDC钻头，巴拉斯钻头，天然金刚石钻头等各类金刚石钻头及特殊工具。公司是2009年“纳税大户”。2009年企业员工256人，资产总额22487万元，销售收入18359万元。

公司拥有一流的专业人才，采用先进的设计手段、制造工艺和设备，国际化的质量保证体系和科学的管理，并与国外有关公司在技术上密切合作和交流，不断进行技术创新，向市场推出品质卓越、性能优良的产品，受到广大用户的普遍认可。

成都百施特金刚石钻头有限公司拥有健全的新产品开发、科研体系和质量体系，被成都市高新区评为“高新技术企业”。公司也建立了国际化的质量保证体系，通过了ISO 9001、API Q1质量体系认证。这类质量优异的产品加快了钻井速度、缩短了钻井周期，大大降低了钻井成本。

公司为促进石油工业以及民族工业的发展，积极参与市场竞争。在管理上坚持以人为本，制定了一系列引进人才的政策，凝聚了一批能吃苦耐劳、能敬业奋进、具有民族自尊心、自信心的高级科技人员和在外企从事过生产制造的专业人才，使本公司的产品达到了国际先进水平，创造和刷新了多项钻井技术指标和使用记录，使成都百施特金刚石钻头有限公司一举跨进了国际大公司竞争对手的行列，成为该行业中一颗新星。

【四川亚美动力技术有限公司】 四川亚美动力技术有限公司公司是四川海特集团的子公司，位于成都高新区桂溪街道，为国内第一家获得中国民航总局颁发的维修许可证的民营航修企业。公司占地3.2公顷，建筑工房面积6600平方米，总体布局包括办公区，分解区，清洗区，故检修理区，附件修理区，部装、总装区。公司主要从事中、小型航空发动机的热检、大修、改装及发动机机载设备的检测等业务。2009年，主营业务收入4806万元，利润2209万元，税金877万元。

【成都旺旺食品有限公司】 成都旺旺食品有限公司源于台湾宜兰食品工业股份有限公司，1990年以“旺旺”为名投资大陆市场。截至2005年，在中国内陆开办工厂100余家，生产线200余条，经销合作伙伴超万家。“旺旺”除经营食品行业外，还涉足医疗服务、餐饮连锁、农业、酒店、房地产等领域。2009年企业员工296人，资产总额11676万元，销售收入8447万元。

（本分目供稿单位：成都高新区经发局）

村
VILLAGES

永安村

【概　况】　成都高新区桂溪街道永安村面积2平方公里，耕地面积2000亩，西邻和平十二队，南邻成都市污水处理厂，北邻红光八队，东邻三瓦窑场镇，有13个生产队（村民小组）；随着成都市城乡一体化进程的开展，永安村全面进入拆迁阶段，拆迁面积2平方公里，村民全部实行农转非安置，住房于2004年安置完毕，永安村村民被安置在和平社区（600~700人）、新北社区（3000多人），总人口为3871人。

（王开惠）

【后续工作】　2008年12月本村工作全面结束。2009年在桂溪街道办事处的安排下，书记、主任留下继续为村民做好拆迁安置后的后续工作。

（王开惠）

和平村

【概　况】　成都高新区桂溪街道和平村位于成昆线以南，武侯大道以北，东接天府大道，西连石羊丰收村。元华路和三环路交叉穿越全村，交通发达；朱家沟与二斗渠流经和平村，水资源丰富。全村面积为3平方公里，其中，耕地面积为3600余亩，总人口为4112人。到2004年12月31日止，村民全部实行农转非安置，住房于2009年4月底安置完毕。和平村的村民被安置在和平社区、新北社区、新光社区、新盛社区和庆安社区。总人口为3827人（不含14组）。

（秦开珍）

【村民服务】　2009年，和平村的主要工作是协助统征办做好1、5、6组剩余的119户村民的分房，结算，入住工作。

根据成都高新区统征办的工作安排，于2009年4月12日提前一周将分房通知送到每户村民手中，告知村民抽签时需要带的相关证件亲自到现场抽签分房。

参与这次分房的村民共计119户，125人，131套（I）住房，其中包括新增的3户中的3人转非，2人住房登记。

分房的时间是2009年4月20日，地点是桂溪街道办事处旁边，新安置房的地点是在新北小区（E区）。采取现场抽签，现场公示的方式进行。

2009年5月上旬，经过结算，村民交清房款后，领取到入住通知。和平村全体村民的住房工作全部结束，村民分别在和平社区、新北社区、新光社区、新盛社区，庆安社区和紫薇社区居住。它标志着和平村的整个拆迁安置工作结束。

（秦开珍）

红光村

【概　况】　成都高新区桂溪街道红光村东至九三公路以西，南至三环路以北，西至益洲大道以东，北至成都火车南站以南沿线，红光村交通发达，水资源丰富，全村面积近2平方公里，其中耕地面积1000多亩，总人口2412人（2003年5月统计）。随着成都向南发展，成都副中心的建设，1999年10月开始，红光村全面进入统征拆迁，直到2003年5月30日，全村拆迁安置完毕，时间近五年，全体村民转为城镇居民，全体村民被安置在和平社区，住房安置人口为2382人（含村民配偶的工、干170人）在籍农业人口2412人。

（徐正根）

【处理遗留问题】　红光村两委按照成都高新区管委会、桂溪街道办事处的安排，对红光村所有集体资产进行处置，根据村代表大会决议，把固定资产全部全部变现后，于2009年8月按全村统征时的在籍农业人口，平均分配，每人分得12475元，集体资产处置后，红光村的工作就基本结束，村两委成员和工作人员，有的被社区选为社区干部，其余的就回家自谋职业，根据街办安排，村书记，主任留下来解决一些遗留问题。

（徐正根）

石墙村

【概　况】　成都高新区桂溪街道石墙村地处府城大道北段（原武侯大道）以南，人民南路南延线（天府大道）贯穿全村，府河以西，北面与桂溪街道的永安村接壤，西面与石羊街道的仁和村、清河村相邻，东临府南河，南面与桂溪街道的五岔子村相连。面积2.7平方公里，其中耕地面积约2300亩。总人口由1950年建村以来约1400人，发展到2006年6月30日4200余人。

（林素香）

【集体资产处置】　石墙村党支部和村委会从2007年11月28日开始启动村集体资产处置工作，历时两年于2009年12月31日全面完成，村民全部实行农转非安置，住房于2009年11月底安置完毕。

（林素香）

五岔子村

【概　况】　成都高新区桂溪街道五岔子村

位于人民南路南延线东西两侧，成仁路以西，成都绕城高速路从该村东西贯穿而过，蜿蜒曲折的府河绕村南流而下，村界内河流全长约7.5公里。全村面积约2平方公里，其中，耕地面积2300余亩，总人口为3648人。截至2006年12月，该村村民全部农转非并进行安置。五岔子村住房安置的村民分别被安置在成都高新区桂溪街道双源、双祥社区，成都高新区石羊街道三元社区、新街社区、新园社区。货币安置的村民基本购房居住在中和街道和华阳街道。五岔子村于2008年底全面完成了村集体资产处置工作。现有村委会主任付冬林继续留任处理村上的后续事务。

（张国清）

【过渡期工作】 2009年五岔子村村委会做好了双土小区拆迁居民困难补助金和过渡费的发放和离婚再婚人员、空号过渡人员的过渡费发放工作；2009年10月配合上级主管部门完成了十一组61户共89人拆迁户空号人员的分房工作，做好了60岁以上老人的统计和生日券的发放工作。

（张国清）

双土村

【概　况】 成都高新区桂溪街道双土村位于天府大道东西两侧，北与成都高新区石羊街道裕民村相邻，西与成都高新区石羊街道花荫村相邻，南与成都高新区桂溪街道民乐村、建设村相邻，东与成都高新区桂溪街道五岔子村相邻，因境内杨柳埝侧有双土地庙，双土村因此而得名。全村总面积约2平方公里，其中耕地面积1861亩，共11个村民小组，总人口为3000余人。2006年完成了双土村集体资产处置工作。双土村共有资产（货币资金）6000000多元，应参加资产处置受益人共计3000余人，全额分配人员人均分配2117.84元。

（田春贵）

【协助工作】 双土村于2006年集体资产处置完毕，工作人员已由街道办事处妥善安置，协助街道办事处做一些安置和稳定工作。

（田春贵）

建设村

【概　况】 建设村东绕府河，西邻双土村，南通勤俭村，北接五岔子村。天府大道从北向南穿越全村，府河从村东北方向绕村流向村南。全村面积约1.5平方公里，其中耕地面积980亩，总人口约1600人。建设村地貌呈西北高，东南低。西北面土质属黏稠性泥土，东南面土质属松散性沙土。建设村有5个村民小组，1组、2组居民和5组部分居民居住在村子西北方地势较高地带，3组、4组居民和5组部分居民居住在村子东南方地势较低的河滩地带。另外还有4组、5组十余户村民居住在“河心”（十八步岛）上。建设村原属双流县中和镇管辖，1996年7月区划调整归成都高新区桂溪乡管辖。2003年3月根据成都市城乡一体化建设的需要，建设村开始征地拆迁。2005年12月村民住房拆迁完毕，2006年12月村民全部“农转非”。2005年9月建设村作为高新区“农村集体资产处置试点村”开始集体资产处置工作，2005年12月20日全面完成工作任务。建设村共有资产（货币资金）2210123.03元，受益人1562人，人均分配1415元。拆迁后住房安置的村民分别居住在石羊街道新街社区、三元社区，桂溪街道双源社区、双祥社区。货币安置的村民购房居住在双流县中和镇、华阳镇。规划建设中的原建设村土地上现已建成西部配套设施齐全的中国软件名城。原建设村的腹心地带建有天府软件园一、二期；原村东府河边建有英郡高层商品房、新会展中心公交站、高新世纪城南路学校、成都第三污水处理厂；原村西天府大道旁建有天府软件园三期、美视国际学校，还有航兴国际、中心通讯、新希望国际等甲级写字楼。

（成华利）

【完成交办事务】 建设村于2005年集体资产处置完毕，2006年村民拆迁安置完毕，村两委成员及工作人员已由成都高新区桂溪街道办事处妥善安置。村两委留守人员积极完成街道办事处交办任务。

（成华利）

勤俭村

【概 况】 成都高新区桂溪街道勤俭村地处成都高新区桂溪街道南部，人民南路南延线穿行而过，纵横交错的道路，将该村分为了几个区域，东邻建设村，北与双土村、民乐村接壤，西与双流县华阳镇伏龙村相连，南邻府河和中和镇会龙村。现在的天府大道南段征用的是勤俭村5、6组的土地，现在的污水处理厂2期，征用的勤俭村6组土地，现在的美视国际学校征用的是勤俭村1、5、7组的土地，现在的美年广场，征用的是勤俭村4、5组的土地。全村共有七个村民小组523户，1800人左右。面积1.332平方公里。因2006年6月30日农转非安置人员1663人，现有1个村民小组45户，152人未转非。勤俭村的村民拆迁安置在新南小区和双源社区，1、2、4、5、6、7组、3组48户拆迁安置在双祥社区。

（林传咏）

【完成交办任务】 2009年勤俭村两委，完成禁烧工作，发放80岁高龄长寿补贴金5人，60周岁生日券发放23人，高中义务教育免费3人，独生子女父母奖励金31人。

（林传咏）

民乐村

【概 况】 成都高新区桂溪街道民乐村，位于成都高新区（南区）南端，与双流县华阳镇接壤，面积1.13平方公里，下设11个村民小组，常住人口2480人。民乐辖区内有两条沟渠，王林沟和廖家沟由北向南，流经全村，灌溉着该村1290亩良田。辖区主要分布在天府大道右侧，剑南大道，益州大道穿越其中，交通十分便利，辖区内区域优势日益显著，电气、通讯、光纤、网络日益完善，强大的城市功能正在形成；1996年6月民乐村由双流县华阳镇区划调整并入成都高新区，2003年6月民乐村9、10、11组因国家建设需要，统一征地拆迁，近500多村民，安置到成都高新区石羊街道办事处新街社区，少量村民选择了货币化安置，在华阳镇购买商品房居住。2007年6月民乐村1、2、3、4、5、6、7、8组，全部拆迁完毕，现有1916人，未进行住房安置及人员转非。

（刘 建）

【村务活动】 民乐村两委针对本村新婚迁入户，新生儿入户，积极做好收集资料，补迁住房安置协议等工作。为全村未转非人员1196人及时申报、清理、发放生活费和过渡费。并组织村劳动力参加技能培训和创业培训，提高就业创业能力。

（刘 建）

铜牌村

【概　况】　成都高新区桂溪街道铜牌村东靠新元华路，南接双流县华阳镇绕城线，西临白家火车站及双源小区，交通四通八达，水源丰富的栏杆河由北至南流经全村，灌溉铜牌村二千余亩良田。铜牌村地形呈长条形，由北至南约5.5公里，由东至西约1.5公里，面积约2.3平方公里。截至2009年4月止，铜牌村农业人口已达2153人（另外3组、11组有674人已全部转非）。

图43：铜牌村村委会办公楼外景

【就业培训】　2009年，铜牌村两委组织失业人员参加职业指导培训会2次，劳动技能培训1次，培训营业员40人，创业培训6人，培训总人数46人。创业培训后成功创业4人，带动辖区就业人员32人，自主成功创业8人，带动辖区就业人员45人。历年自主成功创业共10人，带动辖区就业人员共74人。

【服务村民】　2009年，铜牌村两委积极开展帮困助学工作，其中享受"阳光圆梦工程"共2名，享受"阳光育苗助学"1名，共计6800元。享受桂溪街道"政府奖学金"共9名，共计6400元。享受铜牌村"政府奖学金"共13名，共计6300元，是全街道各村范围内最大额发放奖学金的村。为困难人员樊术清、丁君龙、李治蓉申请了临时救济金，为长期生病人员谭德全申请应急医疗救助。

村两委加大少儿医疗互助金的宣传工作，并发放宣传手册，确保办理医疗证达百分之八十。在农村新型医疗保险的宣传、统计、报账初审工作中村委会严格按条款办事，现已为80名村民出具医疗报账审批表。完成免费义务教育的退费工作，金额88800元。

2009年4月、9月，村两委组织已婚育龄妇女开展妇查工作，参加妇查的人员按10元/人的标准给予误工补贴，共投入9760元。

在重阳节期间，村委会给60岁以上老人发放慰问金30元/人，80岁以上老人发放慰问金50元/人，并发放慰问品，共计资金12940元。全年给予退伍、伤残军人慰问金4850元。

（本分目供稿人：刘连宇）

大源村

【概　况】　成都高新区桂溪街道大源村位于成都高新区（南区）边缘地段，面积2.2平方公里，　成昆铁路线（占该村210亩）纵贯其间，北与成都高新区石羊街道办事处双河村相邻，西与成都市双流白家火车站、成都市双流县白家镇复兴村、高碑村相邻，南与成都市双流县白家镇荣店村相邻，东与桂溪工业园相邻。1996年6月，经区划调整从双流县华阳镇大源村区划调整为成都高新区桂溪街道办事处大源村，因成都高新区基础设施建设，需要将该村5、6组及双河村2组区域规划为双河安置小区，大源村现辖区域东靠元华路，南接双流县老双华路，西临双流白家火车站，北临外环路，交通四通八达，由北至南约2.1公里，由东至西约0.6公里。

·（钟思娟）

【维护农村稳定】 2009年4月前大源村1、2、3、4、7、8组已全部拆迁完毕，现有农业人员1800多人未进行住房安置及人员转非。

（钟思娟）

临江村

【概　况】 临江村位于成昆铁路线双流火车站两侧，东与双流县华阳街道红瓦村相邻，南与双流县西航港街道江安社区隔江安河相望，西与双流县西航港街道江安社区、成白路社区以沟为界，北与大元村、铜牌村接壤。成昆铁路线和双中公路穿越全境，江安河、黄堰河从2组流入境内经3组汇合再经10组出境流至红瓦村。全村的农业生产、生活用水排灌主要靠三吏堰支渠、大桩堰支渠完成，全村面积3.5平方公里，其中耕地面积1700余亩，村民小组10个，共1985户，总人口4286人。临江村由原双流县白家镇的荣店村、复兴村在2004年6月20日在撤乡并村中合并而成，于2008年9月11日因区域调整由双流县划入成都高新区桂溪街道。目前全村主要以农业生产为主，辅以装卸、运输、种、养殖。境内居民多为历史上湖广填四川时陆续迁入定居，其中张姓、杨姓为主要姓氏，总人口中男女比例约为48:52，分散居住在全村10个村民小组、共42个自然村落的居民院内，人口密度较大，每平方公里人口约2000人。境内有双流白家火车站、双流正大公司、中石油双流油库、国粮库等多家企事业单位，小型个体企业数十家。

图44：成都高新区桂溪街道临江村便民服务中心

图45：2009年12月11日桂溪街道各社区和村组织辖区居民和村民参加在和平社区广场举行的冬季运动会，图为临江村舞龙队表演现场。

【社会事务】 为了适应成都高新区桂溪街道的管理工作，尽快从原双流县农村财务代理核算的模式向农村财务专业化管理的方式的转变，由村委会向街道主管部门请示，由街道聘请专业财会人员下派该村管理村、组财务，并通过审计于6月30日顺利完成工作交接，为今后的稳定工作打下了基础。村委会加强村民就业服务工作，随着区划的调整，辖区村（居）民身份的改变，耕地不断减少，就业、再就业的问题就更加凸现出来了。为了解决这个村民极其关心的现实问题，村成立了劳动保障工作站，由村两委专门指派一名村委委员负责该项工作，并在街道劳保所领导下积极开展工作。为了解决该村农村剩余劳动力的临时就业，增加收入，在街道劳保所的大力支持下，成立了桂溪街道临江村临工服务队，解决了部份剩余劳动力。针对本村困扰多年的农业灌溉沟渠三吏堰支渠等沟渠淤塞严重，影响农业生产及排洪防涝的问题，在街道办事处主管部门和高新区相关部门的支持下，投入数十万元，动用大型机械一次性的解决了这个老大难问题。本村环境卫生较差，街道环卫部门从双流接手后，调整了思路，加强了费用的收取，增加了人员，重新分划了责任区域，该村的环卫状况有了极大的好转。对于该村村民普遍反映的生活饮用水较差，广大村民忧心忡忡，严重影响该村居民群众的身心健康的现状，街道党工委、办事处及相关科室领导会同上级部门对该村情况多次实地调研，经过各级部门的努力，为该村各组新打了10口深井，并经过净化，供群众饮用。

【农业生产】 2009年，全村共有耕地面积1500余亩，其中在2006年农业产业结构调整引进食用菌种植500余亩，现实有用于粮食种植的耕地约1000亩，复种面积2000余亩，主要分布在2、5、8、9等4个组。

谷物种植：以种植水稻、小麦为主，水源系都江堰水系自流灌溉。水稻品种多年来以适合该村自然条件的幅优838优质杂交稻为主，间以少量的糯稻。每年的3月下旬至4月上旬播种，5月上、中旬移栽大田，多实行宽窄行栽培，亩均窝数1.2至1.8万窝。

图46：2009年3月26日，成都高新区桂溪街道临江村临时服务队成立启动仪式现场。

中耕管理：6月上旬结合化学除草追施一次复合肥，病虫害防治，虫害主要是螟虫（一代二化螟、二代二化螟、三代二化螟、稻纵卷叶螟），稻蘸马、稻苞虫等，病害主要是稻瘟病（叶稻瘟、苗稻瘟、颈稻瘟）。8月底至9月上旬为水稻成熟收搓期，生育期约110至130天，平均亩产约510公斤。小麦种植面积一般占大春种植面积的二分之一，约500亩，近年来多采用稻草覆盖免耕法的播种方式，播期为10月上、中旬，小麦品种多为绵麦系列为主、直播时撒施底肥后同时进行稻草覆盖，在小麦五叶一心时再进行一次化学除草，次年的4月下旬至5日上旬为小麦成熟收获期，生育期全长约180天，小麦平均亩产约300至450公斤。

油料种植：油菜种植面积一般约占大春种植面积的二分之一，约500亩，油菜品种多以川油系列为主，栽培方式为播种前10至15天进行化学除草，在油菜开盘时再进行一次化学除草，次年的4月下旬至5日上旬油菜进入成熟收获期，生育期全长约180天，油菜子约150至250公斤。

蔬菜种植：蔬菜种植基本上是农户满足自己食用，剩余部分再在自由市场销售，属于自种自销，未形成规模性种植。食用菌种植引进外地种植户进行规模种植约100余家，共500余亩，主要种植香菇、平菇，每亩年产值约3至5万元，主要销往成都市周边地区。

畜牧业：全村2009年有各类养殖户30多家，原有养殖户70多家，由于近年来养殖成本增加，风险加大，养殖户逐年减少至目前数量。养殖种类主要为肉鸭、肉鸡、蛋鸡、生猪等，其中肉鸭养殖规模最大的年出栏量20万只，猪500头。年全村禽出栏量达100万只，产值数千万元。

农产品加工：村内现有农产品加工企业一个成都华星粮油有限公司，主要从事周边地区的油菜子收购、储存、加工及产品销售，成立于2001年，现有职工40余人，年产值约600万元。

（本分目供稿人：张玉聪）

社 区

COMMUNITIES

和平社区

【概　况】 成都高新区桂溪街道和平社区位于成都市火车南站以南，天府大道以东，三环路以北，红星路南延线以西，面积约1.2平方公里。涉农居民住宅分为一、二、三、四期，有42栋居民住宅楼，157个单元，2628套住房，占地面积18.10万平方米，绿地面积3万平方米，总人口1万余人。其中常住人口1955户、6842人，暂住人口673户、2355人，残疾人175人，60岁以上老年人1517人，80岁以上老人141人，90岁以上老人21人；辖区有社区党支部和居委会各一个，办公大楼及配套用房地址在成都高新区天和东街8号，面积约500平方米，其中一楼设社区便民服务大厅及12个一站式服务窗口（计生、民政教育、服务热线、人民解调、社会捐接收工作点、法律援助工作点、劳动保障工作站）80平方米。二楼财务室及档案室18平方米，市民学校及多功能活动室103平方米。三楼书记主任办公室18平方米，居委会办公室（党务、工青妇、综治维稳、残联、社区戒毒社区康复、社区文化）78平方米。辖区有便民超市三处400平方米、电超市一个20平方米、幼儿园两所900平方米、社区卫生服务中心一个1400平方米、社区戒毒社区康复中心一个80平方米、阳光慈善超市一个150平方米、家电维修部一个70平方米、健身广场一处10000平方米、交警超市一个80平方米、图书阅览室一个40平方米；和平社区党支部于2007年10月换届产生，有书记1人，副书记1人，委员3人，平均年龄42岁，全部高中以上文化程度，有党小组12个，党员201人；居委会于2007年12月18日换届选举产生。有主任1人，委员2人，平均年龄46岁，高中以上文化程度。有居民小组长37人，协商议事委员会7人，理财小组7人。分别成立了社区团支部、妇代会、老协会，建立了残疾人协会、安全领导小组、计生协会、民间艺术团、志愿者服务队等。

图47：成都高新区桂溪街道和平社区便民服务中心

【党建工作】 2009年1月，和平社区党支部组织全体党员开展了心系灾区的捐款活动；3月组织全体党员观看了全国两会报告；4月组织全体党员到阳光家园专题学习了谭东的先进事迹；5~8月支部结合“党员责任岗”活动，开展了“学谭东 见行动—党员奉献（月）在院落”活动，充分调动了党员的积极性，发挥了党员的先锋模范作用，且增强了基层党组织的战斗力、凝聚力；5月20日党支部组织全体党员学习党的十七届三中全会及中纪委的三次会议精神；5月12日，在汶川大地震1周年之际，和平社区党支部组织两委人员观看了电影《五月的声音》；5月25日，党支部组织20名党员代表到锦江剧场观看了《谭东》的话剧；6月20日组织全体党员收看了“抵制拜金主义警示录”教育片，开展了一系列的廉政文化宣传活动；在“七一”支部组织全体党员开展了庆祝活动——趣味运动会；在建党节来临之际，分别组织党员参加了党建知识竞赛和演讲。

【社区服务】 和平社区居委会为推进城乡环境综合整治工作，全面打造辖区街面，更换住房雨棚220户。

为丰富群众性文化生活，便于开展文艺晚会，打造文化健身广场，便于群众锻炼身体，提倡全民健身运动，在各院落及广场新增乒乓球桌5台，健身器材20组。

对社区60岁以上老年人、残疾人进行了全面体检。

全年维修石桌石凳36套，新增晾衣竿12处。

对社区各院落化粪池进行了全面清掏。

社区群众反应的白蚂蚁成灾问题，社区联系市白蚂蚁防治中心为居民治理白蚂蚁87户。

社区联系相关部门对三、四期200平方米住房屋面漏水进行了全面维修，并将三、四期屋面全面清扫，解决了居民的后顾之忧。

对社区院落内电源线路老化进行了维修更换3000米，并更换庭院灯50盏。为强化治安管理，在2期4期、南铁院落安装防盗伞194个。

【劳动保障】 2009年，和平社区居委会完成家政培训2期，共80人，创业培训1期29人，合格率均为100%，针对女性就业难问题，开展大型女性专场招聘会2场，共收集用工信息100条，岗位1082个，社区全年新增自主创业45家，帮助两劳人员、残疾人自强创业成功实践10人，对5户就业难家庭，开展“一对一”帮扶活动，并全部推荐上岗，开展了就业援助，成功新创刺绣实操基地，举办刺绣培训班35人，完成刺绣作品80副，与辖区单位签订优先引荐使用区内劳动意向书260份，全年实现就业困难人员再就业917人，就业率达95%，接受了高新区、街道就业督查组工作检查，得到各级领导肯定，2009年2月荣获成都高新区促进充分就业工作领导小组先进单位，全面完成了街道办事处下达的年度劳动就业专项目标任务。

【计划生育】 和平社区居委会利用有线广播、宣传专栏等形式向居民宣传党的计划生育政策，组织计生干部、辖区单位、居民群众政策教育、健康知识讲座，层层落实目标责任书、严格外来人员的管理和登记制度、不定期对外来人员进行抽查，并签订居民出租治安协议书，对育龄妇女进行教育培训、健康检查，全年外来人口登记5342人，并已录入计生V3系统，录入率达90%，育龄妇女检查2002人，办理免费服务证386人，发放爱心券5520元，有406位流动人口育龄妇女享受了免费技术服务，全年社区无1例计划外生育。

【教育工作】 和平社区居委会全面落实了成都市政府《关于免除城市义务教育阶段学生课本费和作业本费的实施意见》，全年为学生退费430800元，全年为贫困大中小学生发放政府奖学金和阳光助学金82880元。

【老龄工作】　和平社区居委会全年帮助老年人办理老年优待证80人，为60岁以上老人发放生日购物券共计1396人，为80岁以上老人发放长寿补贴金共计109150元，举办老年人健康知识讲座2次，举办老年人趣味性运动会1次，荣获高新区社会事业局老年文化教育工作先进单位。

【文化活动】　和平社区两委社区开展了“文明和谐家庭评选活动”，举办文明和谐特色文体活动三次；开展了庆“八一”共创和谐家园文艺晚会；庆祝祖国成立60周年红歌晚会；九九重阳节文艺晚会。

社区两委重视工青妇工作，建立健全志愿者服务体系。开展了义工服务等活动，组织居民志愿者参加社区义工5次，上门为孤寡老人维修家电，禁毒宣传，禁毒及地球日有奖知识问答，交通安全培训，为孤寡老人打扫卫生。开设老年人服务项目二项，一是为老年人办理老年证，二是为60岁以上老党员体检身体。新开设有特色的便民利民服务项目二项，一是四期残疾便民服务超市，二是社区农贸市场。

社区有规范的图书报刊阅览室，建立了图书借阅登记制度，为群众提供借阅服务，开放时间320天，利用市民学校教育阵地开展讲座学习6次。四川大学生暑期支教、九九重阳节老年人健康知识讲座、残疾人康复知识讲座、廉政知识讲座、妇女化妆知识讲座、妇女健康知识讲座。

社区有多功能文化活动室，图书阅览室、残疾人康复中心，建立了交警超市，周一至周五为群众服务，开放率达95%。

社区有民间艺术团（下设腰鼓队、舞蹈队、曲艺队、合唱队、秧歌队、气排球队、老年健身队）7支文化团队，吸收100多名文体骨干，培养文化辅导员16名，成立文体协会3个合唱团协会、健身协会、舞蹈协会。新创文化节目7个，快板：郝来宝、东北二人传、健身操：相约北京、表演唱：故乡是北京、舞蹈：黄河九十九道弯、舞蹈：采茶行、太极拳。每个院落每周开展1次文体活动。居民参加经常性健身活动达60%。

2009年，和平社区两委全年开展具有特色有影响力的活动4次：春节联欢晚会、组织参加5.12地震一周年图片展、组织参加成都第二届国际非物质文化遗产节、开展“和谐杯”社区运动会。

和平社区两委积极协助文化执法部门，每周对本辖区文化市场经营户进行2次以上检查，并有记录和专人管理，做到及时报送文化市场管理材料，辖区内无大棚车演出。

社区有专人组织“桂溪社区”报投稿工作，并联系社区居民、学校老师以及中小学生积极投稿，每月15日前完成原创文稿报送共计20篇，完成新闻类稿件报送共计25篇，并将报纸及时发放到居民手中。

【特色工作】　天仁北一街1号院居民坝坝会收集到居民反应的养犬专业户犬只严重扰民，影响居民生活环境情况，社区工作人员针对此事先从该院落抓起，通过多次与养犬户做耐心细致工作，得到整个社区养犬户的理解支持，使周国先等6户养犬专业大户自觉迁出社区饲养，还居民良好生活环境，10月份，和平社区代表高新区接受成都市动检防疫部门犬只管理检查，全面达标，得到领导的充分肯定；天仁北二街1号院居民坝坝会收集到居民反应的辖区街面住房雨棚严重破损，影响社区环境，要求改造，由于涉及资金问题，社区两委及时与街道办事处协商，得到街道办事处的大力支持，采取的方案是改造辖区街面雨棚，资金由街道办事处与住户各承担一半，并再通过坝坝会将改造方案通报居民，得到居民支持，并实施，使辖区街面改造雨棚220户，现整个街面雨棚美观整齐，取得明显效果。

每月最后一周的星期五，社区工作人员下院落组织居民群众，人人参与清洁日活动，大力宣传讲科学、讲卫生、讲文明除陋习，发动党员、楼栋长、居民群众人人动手齐抓共管，拣垃圾、擦洗庭院灯、清除防护栏、花架、房前屋后一切杂物，保持了整个院落环境优美，干净卫生，2009年1月份接受成都市城调队测评，获全市第一名。

针对社区有线广播，居民要求调整播放时间、内容，社区两委通过居民坝坝会等形式，广泛征求群众的意见和建议，并将播放时间调整为每天中午11：30~12：00，下午4：30~5：00，播放内容主要是，贯彻落实党的路线、方针、政策，通报社情及劳动用工信息、宣传科普知识、老年人健康知识以及贴近居民生活的小常识。通过开创"社区之声"栏目，提升了居民的生活质量，密切了党群、干群关系。

和平社区两委率先在辖区建立了"院落负责制"，并以两委成员和工作人员以及楼栋长包院落楼栋负责制度，确定一名院落负责人，工作落实到人。责任是负责院落环境卫生，解决居民日常生活中反应的问题，不能解决的及时上报解决，同时组织居民开展清洁日活动等工作。如一期居民反应的施工单位扬尘扰民问题，院落负责人吴章清主动找施工单位协调，并及时向社区汇报解决，经过协调，使施工单位主动停工整改，得到居民好评。

为关心社区未成年人成长，丰富他们的暑期文化生活，通过坝坝会，和平社区团支部了解到社区居民普遍文化程度偏低，不能辅导学生的功课。根据这一情况，社区团支部积极与四川大学公共管理学院学生志愿者取得联系，到社区为80名中小学生开展了暑期支教活动，并进行了结业晚会。通过支教活动的开展，使社区中小学生的暑期生活得到了升华，同时，学生的学习成绩也有了一定的提高。

为丰富群众性文化生活，鼓励全民健身，社区两委5月份组织开展了文化进院落"全民健身促和谐"运动会选拔赛，组织各院落居民踊跃报名参与社区羽毛球、乒乓球等选拔赛，最后进行总决赛，并对各项目前三名颁奖。通过系列文化进院落活动，群众参与全民运动的积极性更高，同时丰富了群众文化生活，又凝聚了居民之间的关系。

为解决"4050"人员就业难问题，2009年社区两委成功新创刺绣手工业实操基地，为35人举办了刺绣培训班，全年完成刺绣作品80副。

在天仁北二街2号院内，和平社区两委利用公建房开创2个残疾人就业扶持点，解决了两个残疾人家庭就业，并将原5个残疾人就业扶持点（亭）进行了更换；新创交警便民超市方便辖区驾驶员办证、换证。

【获奖情况】 2009年成都高新区桂溪街道和平社区集体受成都市级部门表彰1次，成都市高新区党工委表彰1次，成都市高新区区级部门表彰4次，成都高新区桂溪街道党工委、办事处表彰13次。

表7：2009年成都高新区桂溪街道和平社区获奖统计表

序号	获奖名称	获奖单位或个人	授予单位
1	优秀项目奖	和平社区	共青团成都市委青年志愿者协会
2	先进基层党组织	和平社区	成都高新区党工委
3	促进充分就业工作先进社区	和平社区	成都高新区人事劳动和社会保障局
4	老年文化教育先进单位	和平社区	成都高新区社会事业局

序号	获奖名称	获奖单位或个人	授予单位
5	残疾人工作先进社区	和平社区	成都高新区残联
6	“巾帼文明岗”先进单位	和平社区	成都高新区妇联
7	2008年度共青团工作先进集体	和平社区	成都高新区桂溪街道党工委
8	2008年度武装民兵工作先进单位	和平社区	成都高新区桂溪街道党工委
9	纪念“建党88周年”知识竞赛二等奖	和平社区	成都高新区桂溪街道党工委
10	获街道工青妇业务知识大练兵知识竞赛二等奖。	和平社区	成都高新区桂溪街道党工委
11	获街道党风廉政建设和反腐败工作知识竞赛二等奖	和平社区	成都高新区桂溪街道党工委
12	2008年度目标工作一等奖	和平社区	成都高新区桂溪街道办事处
13	2008年度文明城市创建工作先进集体	和平社区	成都高新区桂溪街道办事处
14	2008年度安全工作先进集体	和平社区	成都高新区桂溪街道办事处
15	2008年度动物防御工作先进	和平社区	成都高新区桂溪街道办事处
16	2008年度民政工作先进集体	和平社区	成都高新区桂溪街道办事处
17	2008年度城市管理工作先进集体	和平社区	成都高新区桂溪街道办事处
18	2008年度财务工作先进单位	和平社区	成都高新区桂溪街道办事处
19	获街道庆祝建国60周年“红色歌潮.天府新城歌舞飞扬”活动先进集体。	和平社区	成都高新区桂溪街道办事处

（本分目供稿人：晏启顺）

双源社区

【概　况】　成都高新区桂溪街道双源社区位于昆华路以东，南华北路以西，德赛四街以北，大源北二街以南，因地处石羊街道双河村和桂溪街道大源村之间故取名双源社区。是在成都市推进城乡一体化进程中，由成都高新区管委会于2005年2月至2006年3月新建的大型农转非居民集中安置小区。社区面积约0.4平方公里，其中建筑面积36.5万平方米，绿化面积7290平方米。社区正住户居民主要来自石羊街道的花荫村、灯塔村、双河村；桂溪街道的大源村、铜牌村、勤俭村、建设村、五岔子村，共8个行政村拆迁安置人员。现有人口约1.3万人，其中常住人口8425人，暂住人口4599人，残疾人142人，育龄妇女2950人，60岁以上的老年人1384人，80岁以上的老人140人，90岁以上的老人24人，100岁以上的老人2人。共有87栋居民楼，289个单元，4077套住房，7个院落；有85名居民代表，45名楼栋长。按照现代社区规划建设，双源社区配套合理、功能完善。社区内共有五条街道，分别是大源街、大源南一街、大源南二街、大源东街、大源西街。辖区有社区党总支部、居委会各一个，办公大楼地址在成都高新区大源西街83号，面积580平方米，大楼内设有社区便民服务大厅及12个一站式服务窗口、党支部办公室、居委会办公室、劳动保障工作站、民政办公室、信访办公室，综治办公室、警备室、多功能活动室等。辖区设施配套方面：设有社区卫生服务中心一个；54个班级的9年制学校一所——成都双源幼儿园；农贸市场一个及一条商业步行街；社区大型健身广场三处，同时在社区七个院落内都安装有健身器材；便民利民服务超市12家；成都高新区桂溪街道“阳光家园”也在社区内，内设党员活动会议室、阳光在线网吧、图书室等，并定期向社区广大党员群众开放，及其他配套设施。社区环境幽雅、生活便捷，是一个按城市居住区规划标准进行设计和建设的新型现代化社区。

图48：成都高新区桂溪街道双源社区便民服务中心

【党建工作】 党建工作是双源社区党总支的特色工作，社区党总支结合学习科学发展观教育活动的实际，积极探索，勇于创新，开展了社区党建工作“1+3”工作管理模式，即社区党总支下设的各支部按老年、中年、青年分成3个党小组，各小组成立一支3人组成的党员义务队伍，第一小组：老年组成立党员义务监督队；第二小组：中年组成立党员义务劝导队；第三小组：青年组成立党员义务先锋队，并制定出了各支队伍的具体工作职责。各支部分别带领其党员义务监督队、党员义务劝导队、党员义务先锋队行使相关职责和职能，要求1名年轻党员先锋队成员应帮助社区困难群众户2户、党员困难户1户。将此项工作与“三会”“三联”党员志愿者、党员责任岗等党建工作紧紧联系在一起。2009年共对困难党员和困难群众走访、帮扶70余次，并有详细的台账记录及图片资料，有效的体现党员的先进性和支部堡垒作用；坚持重大事项决定等情况及时向党内外进行了公开，覆盖率达100%。公开的内容都根据需要进行了更换。2009年9月份，社区党总支为不断增强社区工作的透明度，创新出版了“双源视线”，每一个半月出版一期，汇集了近期社区的重点工作动态，按时张贴到社区宣传栏内，让广大的居民群众了解社区各项建设和社区两委所开展的工作。同时做好了资料收集，上报信息工作，全面上报信息共100余篇，被街道办事处采用约40余篇。完善公开栏的设置，在社区办事大厅前增加了两幅较大党务公开和居务公开专栏的面积，并在七个院落门口重新设立了较大型的公开、宣传传，社区讨论决定的重大事项、事关党员群众切身利益而又急需办理的热、难点问题及时公开，做到了事关党员、群众切身利益的重大事项公开、透明；为进一步加强基层民主政治建设，调动广大党员和群众积极参与社区的建设，社区总支下设五个支部建立完善了“三联”工作网络，五个支部支委成员15人联系党员代表15人，党员代表联系党员288人，党员联系群众270人。并通过社区今年党建“1+3”创新工作实施帮贫扶困和五个支部分别完成20人就业的工作要求，全年共进行走访看望慰问活动70余次。为困难党员和困难群众等弱势群体解决劳动就业、困难救助、小孩上学等多项困难，其中解决较为重大事项12次，得到了党员和群众的称赞。通过“三联”工作，有效地增强了干群关系，同时，给维护稳定工作起到了支持和推动的作用，特别对社区重点人物的监督和社区少数的不良行为都能得到及时信息，避免了一些因信息掌握不及时而工作被动的场面。

【社区服务】 双源社区自居民入住以来已有4年时间，由于时间较长，很多单元居民的对讲系统老化及人为损坏都不能正常使用，从而给居民带来较大的不便，为此居民反映比较强烈，社区两委也及时将此事反映到街道办事处相关部门，2009年10月份中旬办事处城建科就安排了施工单位对双源社区7个院落的各单元对讲门铃进行了统一更换，共更换了4038户。

社区两委接到片长反映各院落单元梯步

部分没有扶梯，老年人上下楼梯极为不便，为使高龄老人上下扶梯方便，社区特向街办申请新增楼道扶梯，11月初，由街办城建科及时安排了施工单位进场安装，共安装了171各单元的楼道扶梯，总长289.3米。

社区两委为在雨水季节不受洪涝灾害，在12月中旬完成了街面道路及居民院落的雨污分流工程。

由街道办事处城建科组织施工单位在居民楼道单元安装了信报箱，共安装信报箱289个。

双源社区两委为了解决居民晾晒衣物难的问题，在各院落安装了晾衣架，共计安装晾衣架27处（10米一处），从而解决居民晾衣难的问题又优化了社区环境。

【劳动保障】 双源社区两委于2009年4月23日成立了一支由居民代表、商家代表、党员代表和社区工作人员组成的“双源社区就业志愿者”服务队，志愿者共计17名。形成了就业工作“齐抓共管”的新局面。这支促就队伍不仅能进行就业政策宣传，还能开展寻岗等具体就业工作。

【计划生育】 2009年双源社区新生人口30人，计划生育率100%，无政策外生育；无大月份引产；叶酸片免费登记发放率98%；流动人口登记700人，其中已婚育龄妇女279人，登记率90%；流入办证105人，流出办证12人，办理《成都市流动人口计划生育免费服务证》110人，发放流动人口爱心券1020元，全年两次免费“三查”流动人口育龄妇女共检查135人，综合服务率90%；流动人口“WIS”录入630人，做到录入月报月清，录入率90%；计生协会开展活动3次，有文字、图片记录；确保符合政策生育准确率100%；药具计划发放率100%；应用率96%，使用有效率99%；独生子女父母奖励金应发放77550元，实发77550元，兑现率100%；做好今年新增4户和历年社区计划生育“三结合”帮扶户共计11户的跟踪服务。

【文化活动】 双源社区两委于2009年3月11日在步行街广场举行了“人人动起来，气排球飘起来”的运动会。在2009年11月社区成立了足球协会、乒乓球协会、舞蹈协会三个协会，成立协会的目的是让更多的居民投入到全民健身运动中来，让居民懂得民强国才强的深刻道理。2009年社区两委开展了两次大型的丰富多彩的全民健身体育活动，院落乒乓球比赛、院落气排气比赛，8次中、小型运动会，每次活动时间及图片公布于社区7个院落的宣传栏，让居民理解和参与到全民健身活动中来，完成了街道办事处在2009年年初下发的全民健身活动专项目标任务；2009年社区中、老年舞蹈队在成都市第八届老年艺术节中，代表桂溪辖区参加艺术节的节目展演，获得优秀奖。在2009年10月29日双源社区两委协助成都高新区老龄委在社区休闲广场举行了2009年度先进个人、先进单位表彰会及趣味运动会。2009年11月4日，成都高新区老龄委在社区阳光家园召开成都高新区老协调研会，在会上高新区老协领导肯定了双源社区老龄工作的成绩，获得了高新区颁发的“老龄工作先进单位”，这是对双源社区文化工作所取得的成绩的充分肯定。社区开展的各项活动还受到了四川电视台、成都电视台的反复关注。

【民政工作】 双源社区总人口4077户、约13000人，低保户1户、3人，残疾人150人，60岁以上老年人1320人，低保边缘户近1000户，特困户20户，重点优抚对象21人，现役军人31人，退伍军人290人，驻区企事业单位2家。2009年，社区两委开展了扶贫帮困、劳动就业、拥军优抚、计生咨询、房屋中介、家政家教等多层次的社区福利服务和便民利民服务，扶持2名残疾人自主创业，（刘大中做丧葬品生意、文建明做矿泉水生意）实施了残疾人无障碍设施建设，安装扶手5处、无障碍坡道1处，休闲凳60处。开展了为老年人服务工作，为160位80岁以上的老年人发放了长寿金补贴，为20户孤寡老人、残疾人安装了“一键通”呼叫系统。为11名大学生申请了“阳光圆梦”助学金25020元，为23名学生申请了“政府奖学金”10800元，为26名贫困学生申请了“阳光育苗助学金”22000元。为社区贫困群众民政救助45户，救助金额173526元。开展了失业人员再就业服务工作，收集就业岗位50个，开发社区公益性岗位6个，安置劳动力68人，对19名失业人员进行了技能培训。大力开展了救灾工作，组织居民群众向灾区募捐近1万余元，以及救灾衣物和食品。积极开展创建全国文明城市和清洁城市工作，对社区院落进行了综合整治，发放各种创建宣传资料13000余份。司法工作方面共组织司法宣传活动5次，培训活动5次，请法律专家上法制专题培训1次。通过社区成功矫正1人。调解民事纠纷8起，调解成功率达到100%。加强了社区志愿者服务工作，开展了志愿者爱心服务活动，慰问帮扶社区空巢老年人、残疾人150人。

【特色工作】 双源社区两委在抓好服务和管理的同时，加大招商引资工作的投入，2008年至2009年相继引进了四川擎锋通信有限公司、四川锦城颐和实业有限公司、成都佳泰杰空调设备有限公司等企业6家，2009年上缴税收共计1500多万元。

为拓宽就业新渠道，社区两委加大了招商引资工作力度。社区两委利用新农贸市场三楼空铺的丰富资源，采取“走出去、引进来”的方法，于2009年5月，引进了一家大型无污染手工业项目——“智发拖鞋厂”，目前提供社会岗位53个，安置就业53人。并利用“大源西街商铺”的丰富资源，成功引进了一家无污染、无噪音的新型手工业——“精玖编织袋生产有限公司”，目前提供社会岗位24个，安置就业24人。这两家手工业企业的引进，实现了居民就近就业的需求。

社区内具有经营性用房4万多平方米，2009年8月18日，桂溪街道办事处将用1700万元回购的7000平方米商铺，用于打造“桂溪街道创业带动就业示范一条街”活动，鼓励居民积极创业，从而带动更多的社区居民就近就业，致富就业，形成劳动光荣的良好氛围，推进创业带动就业工作。并建立以创业培训为基础，创业扶持政策为推动，创业服务为抓手的“创业带动就业”工作机制。在街道办事处社区两委的鼓励、支持下，目前有营业商铺49户，造就创业小老板49人，带动就业143人。同时桂溪街道办事处还制定了一系列的活动和优惠政策：对 10户“创业示范商家”进行授牌表彰、对吸纳辖区内失地农民的商家给予500元/人/年的就业奖励金以示鼓励、对“创业示范一条街”自主创业并带动失地农民就业的7户商家，进行铺面租金递减优惠政策。

【获奖情况】 2009年，成都高新区桂溪街道双源社区集体受成都高新区党工委、管委会表彰各1次，成都高新区区级部门表彰共6次；个人受成都高新区党工委表彰4次。

表8：2009年成都高新区桂溪街道双源社区获奖统计表

序号	获奖名称	获奖单位或个人	授予单位
1	先进基层党组织	双源社区	成都高新区党工委
2	文明社区	双源社区	成都高新区管委会
3	四星级社区	双源社区	成都高新区建设指导委员会

序号	获奖名称	获奖单位或个人	授予单位
4	第八届老年艺术节“光荣榜”	双源社区	成都高新区社会事业局
5	第六届艺术节汇演优秀奖	双源社区	成都高新区社会事业局
6	老龄工作先进单位	双源社区	成都高新区社会事业局
7	老年才艺秀“二等奖”	双源社区	成都高新区社会事业局
8	时装表演老年文艺展演“二等奖”	双源社区	成都高新区社会事业局
9	优秀共产党员	严雨坤	成都高新区党工委
19	优秀共产党员	茹宗仁	成都高新区党工委
11	优秀共产党员	赵伟	成都高新区党工委
12	优秀共产党员	朱昌兵	成都高新区党工委

（本分目供稿人：苏德军）

三瓦窑社区

【概　况】 成都高新区桂溪街道三瓦窑社区位于成昆铁路以南，成都市三环路以北，红星路南延线以东，府河以西。辖区面积约1.5平方公里。社区内共有4个居民院落、辖区内房屋总户数1752户，常住人口638人，流动人口1660人，其中自住户320户，出租户201户，闲置户1231户。现社区内居民主要以原桂溪乡和平村、永安村、红光村、建设村的农转非居民和成都造纸四厂等国有企业下岗职工为主，并有驻辖区的省级单位1个—成都纺织高等专科学校（正在拆迁）。辖区有社区党支部和居委会各一个，办公地址在成都高新区桂溪东路208号，选举产生居民代表23人，居民小组长6人，协商议事委员会5人，理财小组6人。两委下还成立社区团支部、妇代会、老协会，建立社区警务室治保会、安全领导小组、计生协会、民间艺术团、志愿者服务队等。社区办公大楼200平方米，设办公室、市民学校、多功能活动室、图书室、警务室、信访室、服务大厅及12个一站式服务窗口（计生、劳动就业、民政、残协、安全、综治、法律咨询、服务热线、人民调解委员会、社会捐赠接收工作点、法律服务工作点、劳动保障工作站）。便民超市2处、幼儿园1所，医疗服务站、治安亭、电教室各1个。对讲机4部、办公电脑16台、电话5部。

图49：成都高新区桂溪街道三瓦窑社区便民服务中心

【党建工作】 2009年5月，社区党支部以“一名党员一份责任；一名党员一面旗帜”为目标。通过党员亮身份、树形象，增强党员的荣誉感和责任感。使广大党员自觉按照党员标准严格要求自己，自觉接受群众监督，在群众中起好表率作用，为构建和谐社会、平安社区发挥党员先锋模范作用；一年来，社区党支部2名预备党员按期转正，并收到递交的入党申请书5份，接收党员组织关系5名，增强了党员队伍的新生力量，目前支部共有党员70名；“三联”工作作为今年社区党建工作的中心工作，按照“党组织服务党员，党组织和党员共同服务群众”的原则，突出抓重点、抓特色、抓实效，建立了党员志愿者服务队和党风廉政监督员，为社区的文明创建、环境卫生、迎奥运等等活动中发挥了良好的作用；对支部所有党员的基本信息进行了全面调查和登记，更新了党员信息库，并为他们办理了党员证。面向下岗失业党员及弱势群体开展救助和社会服务，面向社会单位的社会化服务以及下岗失业人员的再就业和社会保障服务，始终坚持把解决就业问题作为一项重要民心工程来抓；2009年10月，社区两委在长桂源广场举行三瓦窑社区打造“零家暴”活动启动仪式。结合社区未出现过家庭暴力事件，开展打造“零家暴”社区的创新活动，努力营造和谐的社区生活环境，加强和谐社区的建设。在启动仪式上，社区居民积极参与，踊跃的在拒绝家庭暴力的横幅上签字，其他后续活动也在之后陆续开展。

【综合治理】 2009年，社区党支部成立了以社区党支部书记为组长的维稳工作小组，建立和完善了三瓦窑社区信息报送制、不稳定因素排查制，于2009年初制订了三瓦窑社区突发事件处置预案。成立了以社区副书记为组长的信访工作领导小组，由社区党支部委员专门负责信访工作。每月按时上报不稳定因素排查表，一年来共上报不稳定因素12次，并有社区主任签字，每季度末上报不稳定因素分析和信访形势分析，全年社区无不正常上访事件发生；2009年辖区共发案件21起，全为外地流窜人员作案，居民犯罪率为零，“两劳”回归人员重新犯罪率为零，无党、团员违法违纪案件发生。积极开展反邪教警示教育活动，对本社区内的“法轮功”人员进行了重点监控，通过跟踪监控，“法轮功”人员已无非法活动。结合保持文明城市成果，积极协助街道城管中队对重点、非重点区域进行环境整治，对社区内的院落开展了常态管理，如规范停车、院落清洁、楼道卫生等不符合文明城市要求的整治，对社区内的违章搭建、菜市场、商铺出摊占道、使用燃煤进行了集中整治。积极开展独立院落“无刑事案件”创建活动。同时，社区自开展“无刑事案件”院落创建活动以来，3个院落无案件发生，达到了100%院落无发案。配合街道城管中队和派出所开展查禁“赌博机”专项行动2次，捣毁赌博机6台，给社区居民营造良好的治安环境；社区设立了社区戒毒（康复）办公室，成立社区戒毒（康复）工作领导小组，并为社区的一名吸毒人员建立社区戒毒台账，免费为其提供美沙酮治疗，两名有吸毒史人员建立社区康复台账，进行帮扶教育。积极搞好“6·26”禁毒宣传，在6月26日，社区悬挂固定横幅2幅，增强了人们的禁毒认识，常住人口无新增吸毒人员。

【城市管理】 2009年，社区两委重视城市管理工作，成立了城市管理工作领导小组，由居委会主任担任组长，1名委员专职负责城市管理工作，对两委成员和工作人员进行了城市管理责任区域划分，分片落实到人，健全了工作制度，落实了环卫整治工作维护队伍，维护周边环境。按要求准时参加街道召开的城市管理工作会议和各项活动，无迟到、缺席的现象，并按要求及时报送城市管理工作信息及报表资料等；积极开展“门前五包”工作，认真落实“门前五包”责任制，与辖区单位、企业、经营户签订了“门前五包”责任书，签约率达100%，履约率达99%。并按责任段分工负责，不定期进行日常检查，并有检查记录。每月组织开展“门前五包”相关知识宣传活动。社区积极开展创“百佳街道”“千佳商铺”活动，制订了“门前五包”责任创佳活动实施方案，有计划、有措施、有检查、有总结，均有文字资料存档备查。现社区有2家商铺（舞东风超市、和平便民诊所）被评为了桂溪街道2009年二季度“千佳商铺”、“门前五包”优秀示范户称号；建立了社区清洁城市相关制度，从街面卫生、店铺管理、街道设施、流动摊贩管理、车辆管理及流浪乞讨人员管理等几个方面开展了工作，进一步规范。确定每月25日为社区清洁日，组织志愿者开展清洁城市活动日整治活动，确保以良好状况巩固全国文明城市创建成果；社区配备了两名专职收费人员开展收费工作，严格按照成都市城市生活垃圾处理费收费标准及相关规定执行，在收费过程中未发生任何违规行为，2009年社区工作人员共收取城市生活垃圾处理费100320元，超额完成街道办事处下达的奋斗目标任务。

【劳动保障】 2009年，辖区总劳动力有1939人，有就业愿望和就业能力的劳动力1913人，其中就业人数1809人，社区的就业率达到98.7%；“4050”人数603人，其中就业人数596人，就业率达98.7%；社区内共有登记失业人员149人，已全部实现就业，登记就业率为100%，登记的“4050”等援助对象54人，已实现就业，“4050”人员就业率100%；新增安置人员149人，其中“4050”人员等援助对象是实现就业人员54人；通过走访收集用工信息岗位共89个；保持“零就业家庭”动态为零；为37人发放灵活就业补贴。

【计划生育】 2009年，社区计划生育工作，社区两委按照国家计划生育相关政策，以及人口与计划生育条例的相关规定，严格审批手续，并根据社区外来流动人员复杂、暂住人口多、流动性大的特点，加强对计划生育工作的管理，并通过签订计划生育协议书，签订率达95%。通过广泛的宣传教育，深入实际的检查管理，使该项工作得到了有效的控制，1年来社区内无非政策外生育人员；无大月份引产人员，做到生育妇女42天内及时发放避孕药具，综合避孕率达100%。确定计划生育困难帮扶户2户的基础下新增了1户。在社区内健全和延伸了计划生育网络体系，做到了社区各居民小组、各院落、各建筑工地计生工作的紧密联系，4月、9月共有170多人次（含流动人口）进行了妇科检查，查出患妇科疾病人员5人，其中严重者1人。建立社区避孕药具的发放登记，药具知情选择签订人数为10人，签订率达100%。

【卫生防疫】 2009年，社区两委设立卫生专栏，每月进行健康教育宣传工作，共计16次，积极开展对禽流感、手足口病、肠道病、艾滋病、及甲型H1N1流感病毒等的防控宣传工作等，还制定了甲型H1N1流感病毒的防控预案，成立了防控领导小组，开展了防控甲型H1N1流感病毒的有奖知识问答活动；定期投放鼠药、积极开展灭“四害”活动工作，共计4次。社区两委还安排了两位消杀人员对社区内198号院落、208号院落、202号院落、及农贸市场、社区公厕、街面、各种垃圾桶设置点、卫生死角等不定期进行喷洒消毒工作，预防疫情的发生；协助卫生服务中心开展对15岁以下人群免费接种乙肝疫苗宣传，并对出生于1994年1月1日至2001年12月31日之间的未在学校就读的人员进行登记，就登记情况进行上报；对辖区内的自办群宴和无证行医摊点进行日常监管工作，本辖区内无无证游医行骗发生，社区居民院落共办理群宴5次，申报群宴共计5次，无食品中毒事件发生；进行了食品安全法的大力宣传，不定期对三瓦窑社区内的工地食堂、餐馆、幼儿园食堂等的卫生情况进行检查，严格要求持证上岗（健康证，卫生许可证），对不符合规定的要求其整改好，对临时市场内的猪肉、家禽来源进行彻底调查，坚决杜决死猪，病猪、病死家禽流入市场。对农贸市场的散装食品进行严格监管，禁止不合格食品进入市场；动员社区居民义务献血，并建立义务献血队伍人员共计29人，随时准备义务献血；积极开展爱国卫生活动，悬挂横幅共计5幅，贴壁报22张、发动群众在198号院落、208号院落、202号院落、农贸市场、街面、及卫生死角等开展清洁活动。并在198号院落、208号院落、202号院落开展争创星级院落评选活动。

【教育工作】 2009年，社区两委配合桂溪街道办事处，为社区13位失地农民子女办理高中教育学费补贴工作；全年共计退学费补贴金15600元。在“六一”儿童节，社区两委对3位低保儿童进行了慰问；为8户低保家庭、8户贫困家庭子女申请“阳光育苗”助学金共计13400元；为1户残疾家庭、1户贫困家庭子女申请“阳光圆梦”助学金共计4340元；为3名今年考入大学的学生申请桂溪街道“政府奖学金”共计1600元。

【老龄工作】 2009年，社区两委在春节前慰问黄龙溪桂溪街道敬老院五保户杨远贵老人，伤残老军人3名、复原老军人1名、低保户老人5户、残疾贫困老人6户、贫困户老人4户、单居贫困老人1户，慰问金共计3800元；为伤残老军人3人、复原老军人1人发放一次性生活补贴金共计720元。配合街办，发放复原老军人1人、伤残军人3人（1~12月）定期定量金共计23760元。协助成都高新区残联为2位精神残疾老年人员办理800元的医疗救助卡；为6位残疾老年人员办理街道红十字会200元的“爱心卡”和成都高新区残联100元的“爱心卡”；为5位低保户老人、3位伤残老军人、1位复原老军人和4位90岁以上老人办理300元的“爱心卡”；为2位残疾老人、5位低保老人办理基本医疗保险；为1名贫困老人申请并办理桂溪街道应急医疗救助，救助金为14270元；为5户贫困老人安装“一键通”；为7位残疾老人发放了“家庭康复仪器”1套；为5户残疾老人安装了残疾人“扶手工程”；在全国“助残日”组织社区部分残疾老人到金沙遗址博物馆参观游览，并为7位残疾老人发放面值50元购物券（共计350元）慰问品；为65名1~12月过生日老人发放面值30元购物券（共计1950元）慰问品；为45名80周岁以上高龄老人发放1~12月长寿补贴金共计27200元；协助街办为辖区内名60周岁以上老年人免费在桂溪社区卫生服务中心体检和免费办理老年证；在九九重阳节为60名60岁以上老年人发放了重阳节慰问金（每人30元共计1800元）；在中秋佳节来临之际，社区到7位高龄老人家中慰问了，为他们送去了慰问品和节日的问候。社区为两户无住房老人申请办理住房保障租金补贴，一户已在享受，一户正在申请办理当中；为庆祝五一节，社区在4月29日举办一场庆五一趣味运动会，此次运动会不仅为社区老年文体活动的进一步开展起到积极的推动作用，也为社区老年体育精英们提供了一个展示健康体魄、银色风采的大舞台。为积极配合中国国际第二届非物质文化遗产节的顺利开展，三瓦窑社区两委于2009年5月27日在长桂源体育广场举办“喜迎端午、弘扬传统、构建和谐”端午节包粽子比赛和交谊舞会，比赛共分为了3个组，分别为老年组、中年组和青年组。在 2009年5月27日，由成都高新区社会事业局举主办，芳草街街道办事处承办“成都高新区老年卡拉OK大赛”中，社区两委组织2位老年人参加，分别荣获了二等奖和三等奖。6月29日晚8点正，在社区举办了《唱支山歌给党听》大型文艺晚会。舞台上，老年演员们载歌载舞、声情并茂，用清亮的歌喉、动感的舞姿来祝福中国共产党建党88周年。在九九重阳节，组织70多位老年人到三圣乡红砂村农家乐游玩，召开老年“茶话会”，并学习《中华人民共和国老年人权益保障法》活动。社区两委在2009年11月2日晚举办了一次让居民快乐的“秋季健身舞会”，参加健身舞会的居民有老年人、中年人、青年人，他们踏着轻快地音乐节奏翩翩起舞，这种健康有益的休闲舞会活动，很受社区群众的欢迎。社区两委在2009年10月30日，组织了10位中老年人到成都高新区双源社区文化广场，参加由成都市高新区社会事业局举办的2009年高新区老龄老协工作表彰会及第七届老年趣味运动会活动。社区李天玉老人获得了“老有所为之星”的称号，任国琼和刘雪蓉两位居民获得了“孝亲敬老之星”的称号。在趣味运动会中，社区10位中老年人获得了乒乓球接力赛第一名。

【文化活动】 2009年，社区两委对原有的文化（体）队伍进行了整合及微调。保留了乒乓球队、象（围）棋队，取消了骑游队，重新组建了腰鼓队，新建了钓鱼队、合唱队、书画、奇石、根雕、盆景展示队，并按要求经常开展日常性活动；社区舞蹈队于9月24日代表社区参加街道举办的《红歌潮、天府新城歌飞扬》大型活动，受到了街道办事处领导的高度赞扬；10月下旬代表街道参加在和平社区广场举办的《成都高新区原创节目展演》，荣获一等奖，将参加成都高新区于11月底组织的《优秀原创节目进社区》的巡回演出，并将代表高新区参加成都市老协于12月上旬举办的舞蹈大赛。腰鼓队自娱自乐，每周活动三次，既健身又娱乐。合唱队每周训练二次，演唱水平逐渐提高。各支队伍每周分别进行活动，充分体现文化进社区。

【民政工作】 2009年，社区党支部和居委会春节前慰问伤残军人4人、复员军人1人、参战人员1人、现役军人家属2人、低保户45户、低保边缘户1户、残疾人14人、贫困老人8人、计生三结合2户、五保户老人1户，发放慰问金共计14400元。为伤残军人4人、复员军人1人、参战人员1人发放一次性生活补贴金共计1080元。为27名残疾人发放康复仪器一套。配合街道办事处，发放1~12月参战人员1人、复员军人1人、伤残军人4定期定量金共计33480元。在“八一”建军节组织社区内伤残军人、退伍军人、参战人员、现役军人家属，开展《爱国歌曲大家唱》为主题的群众性歌咏会活动，并为参战人员1人、复员军人1人、伤残军人3发放面值100元的慈善超市购物卷，共计500元的慰问券；为7名低保残疾人、5名低保老人、2名低保人员、3户计生三结合户、4名伤残军人、1名复员军人、1名参战人员、4名90岁以上老人办理300元的“爱心卡 ”；为16名残疾人、49名低保人员办理200元的“爱心卡”；为50名低保人员、5名残疾人办理基本医疗保险；为7位特困残疾人员办理500元的“爱心卡 ”；为5位精神残疾人员办理800元的医疗救助卡；为24名残疾人办理100元的“爱心卡”；为2名低保精神残疾人办理阳光救助卡；为17户低保户、10名贫困户申请办理办理廉租住房租金补贴；为9户无住房居民进行住房保障意愿调查；为26户低收入家庭进行住房保障跟踪服务调查；配合街道办事处残联，为6名残疾人家庭安装“扶手工程”；5月“助残疾日”，配合街道办事处残联对25名残疾人发放每人50元的“爱心慰问券”；并组织带领6名残疾朋友参观金沙遗址博物馆；12月3日“国际助残人日”，组织残疾人召开“关爱贫困残疾家庭”茶话会，对12户残疾家庭进行垃圾清运费全额补贴，补贴金共计1128元；为7名低保残疾人发放慰问品（苏泊尔好帮手厨具一套）；为刘晓兰申请办理特困残疾家庭专项补助金；为3名贫困户、3名低保户申请办理桂溪街道应急医疗救助金共计34664元。为1名贫困户、1名低保户申请并办理临时救济金共计1600元；组织社区低保户、残疾人到社区卫生服务中心进行免费体检；为5名低保户、4名贫困户子女办理特殊家庭困难学生教育资助；为8户低保家庭、8户贫困家庭子女申请“阳光育苗”助学金共计13400元，为1户残疾家庭、1户贫困家庭子女申请“阳光圆梦”助学金共计4340元；为3名2009年考入大学的学生申请桂溪街道“政府奖学金”共计1600元；社区党支部和居委会组织向台湾“莫拉克”台风受灾同胞募捐活动，募捐金共计2723.7元；组织辖区内26名残疾人更换第二代《残疾人证》；全年对37户低保户进行低保普查；1户新申请低保户进行入户调查、核实、公示；对46户低保户共64人发放1~12月最低生活保障金和补助金，共计114715元；对8名低保残疾人8名按政府规定每月发放100元补助金，2009年1~12月，为特困残疾人发放专项补贴金共计8300元；每月到贫困户家中随访，并有记录；为5名贫困残疾人、3户贫困空巢老人和1名贫困人员安装“一键通”，完成“一键通”的跟踪服务工作；有就业能力残疾人13人，已就业残疾人11人，完成就业率84%以上；有就业能力低保人员3人，已就业低保人员3人，完成就业率100%。

【特色工作】 2009年，社区党总支部制订“党员亮身份，树形象”民主监督公示栏，并制订实施方案。以“一名党员一份责任、一名党员一面旗帜”为目标，通过党员亮身份、树形象，增强党员的荣誉感和责任感，使广大党员自觉按照党员标准严格要求自己，自觉接受群众监督，在群众中起好表率作用，为构建和谐社会、平安社区发挥党员先锋模范作用。并设了意见箱及“有困难找党员”公示牌、党小组长联系电话公示、“固话子机”移动电话，指定专人24小时接受党员、群众来电，每周一查看意见箱，及时对群众反映的意见和建议进行梳理并回复。

家庭暴力是一个社会性的问题，它是对妇女儿童人权的侵犯、是一种社会公害，针对家庭暴力这个社会问题，社区妇联以“党政所急、妇女所需、妇联所能”为切入点，开展打造“零家暴”的特色活动，利用演讲、讲座、文体活动等形式宣传妇女儿童保护法，让社区妇女儿童懂得运用法律武器维护自己的合法权益，预防和制止家庭暴力，创建和谐文明家庭。

社区“阳光短信通”，以街道阳光家园为平台，以阳光热线为载体，建立三瓦窑社区“阳光短信通”，动态管理社区党员、居民代表、工作人员行动、传达党的方针政策和各级部门的有关文件精神、使居民群众随时了解社区党支部、居委会的运行情况、社区建设工作情况和收集广大党员、群众对社区建设的意见和建议、充分发挥广大党员、群众参与社区建设的积极性，进一步促进搞好社区各项工作。

【获奖情况】 2009年，成都高新区桂溪街道三瓦窑社区集体受成都高新区党工委、管委会表彰2次，成都高新区社会事业局表彰1次，成都高新区桂溪街道办事处表彰6次，个人受成都市政府表彰1次。

表9：2009年成都高新区桂溪街道三瓦窑社区获奖统计表

序号	获奖名称	获奖单位或个人	授予单位
1	2008年文明社区	三瓦窑社区	成都高新区党工委、管委会
2	志愿者优秀项目（工作）	三瓦窑社区	成都高新区管委会
3	社区文艺调演三等奖	三瓦窑社区	成都高新区社会事业局
4	综合目标二等奖	三瓦窑社区	成都高新区桂溪街道办事处
5	维稳工作先进集体	三瓦窑社区	成都高新区桂溪街道办事处
6	安全工作先进集体	三瓦窑社区	成都高新区桂溪街道办事处
7	司法工作先进集体	三瓦窑社区	成都高新区桂溪街道办事处
8	创新工作先进集体	三瓦窑社区	成都高新区桂溪街道办事处
9	党风廉政建设和反腐败工作知识竞赛	三瓦窑社区	成都高新区桂溪街道办事处
10	创建全国文明城市工作先进个人	李后全	成都市政府

（本分目供稿人：徐德春）

益州社区

【概　况】　成都高新区桂溪街道益州社区位于站华路以东，府河以西，府城大道以南，南边与华阳大桥交界，代管包括原双土村、建设村、勤俭村、五岔子村、民乐村部分区域。全辖区面积为7.23平方公里。社区总人口约10000人，其中常住人口2800余人，流动人口7200余人（流动人口主要集中在35家在建工地）。在社区成立之前，辖区由双土村、建设村、五岔子村，勤俭村、民乐村组成。社区筹备组成立于2007年11月，魏尤年任筹备组组长，2007年11月~2008年11月，为社区筹备阶段。 2009年1月1日，正式成立益州社区工作站，办公地址在成都高新区天顺路285号，工作站站长陈治平（现任桂溪街道三瓦窑社区党支部书记），工作站副站长罗王军。

图50：2009年12月31日成都高新区桂溪街道益州社区居民与新会展酒店集团工作人员共同参加迎新年长跑活动

【党建工作】　2009年，工作站在党风廉政建设工作中，坚持以科学发展观为指导，认真落实党风廉政建设责任制，加强学习，在街道办事处举办的“党风廉政建设和反腐败工作知识竞赛”中，充分发挥社区良好的团队基础优势，通过精心准备，在竞赛中获得一等奖；工作站深化行政效能建设，规范社区办事流程，建立内部管理制度，努力构建规范化服务型社区；工作站加强自律教育，推动反腐倡廉工作，利用社区每周例会，开展党风廉政教育活动；工作站实施廉政文化进社区，宣传教育入家庭。特别是2009年8月14日上午，在天鹅湖小区院落内开展了益州社区廉政文化进院落暨“廉政短信”征集活动。活动现场吸引近60名居民参加，现场共征集到优秀作品16条；工作站围绕辖区企业服务，开展廉政文化进工地、进企业活动，并于2009年11月，邀请成都高新区检察院职务犯罪预防处副处长许敏同志为企业开展党风廉政建设知识讲座，得到了企业的一致好评。

【工、青、妇工作】　2009年，工作站工青妇专职工作人员在组织建设、活动开展、工作创新以及履行维权职能方面做了大量的工作，2009年工作站成功推进14家企业工会建立，新成立企业共青团支部1家，并成立外籍志愿服务队和空中英语教室志愿服务队，工青妇组织开展各种主题活动达34次，其中成都首支外籍志愿者队伍的打造得到了街办领导的高度认可，工作站充分发挥外籍志愿者特长，在《桂溪社区》报上开辟趣味外语，共投稿七期，受到了较好效果。同时“桂溪街道益州社区《空中英语教室》志愿服务点”在阳光家园的正式挂牌以来，利用暑期共开课13次，受益人数达500余人。通过在阳光家园设立志愿服务点后，一方面能充分发挥阳光家园资源优势，加大塑造阳光家园品牌力度；另一方面作为益州社区工作站“惠民工程”的一项重要举措，也能使桂溪辖区内所有英语爱好者及学生都能得到实惠，最终形成多赢格局。

【综合治理】　2009年，工作站根据辖区综治形势特点创建活动，围绕工地，创新开展“天府新城·和谐工地”项目，该活动以“五无”为指标，以保平安为宗旨，在已过去230多天，参与创建的工地有80%以上实现了“五无”；余下20%的单位也有效控制了工地区域内各种案件的发生。2009年益州社区工地治安发案22起，其中参与创建的工地仅发案2起，占工地总发案的9.1%；工地劳资纠纷发案11起，较2008年的15起下降4起，参与创建工地仅发案6起。创建活动的开展实现辖区社会治安更加稳定、矛盾纠纷得到及时有效化解、案件防控能力明显提高。特别是“建国60周年”大庆及“西博会”期间，工作站全体工作人员按照网格管理、责任到人的原则，配合辖区派出所社区民警一道，下到各个在建工地与工地管理方进行一对一协调并签订治安保证书，确保了这些重要时期内辖区在建工地均达到活动创建标准。在“无刑事案件院落”创建专项活动中，辖区共有10家独立院落参与，截止11月25日，有5家单位超过310天无治安、刑事案件发生。同时社区严抓流动人口、房屋租赁规范化管理工作，定期或不定期的对辖区常住人口，外来暂住人员，重点人员进行调查、登记。

【城市管理】 2009年，工作站建立了益州社区“门前五包”工作站，成立益州社区城市管理工作领导小组；与辖区单位签订《高新区桂溪街道益州社区“门前五包”责任书》40家；积极配合街道城管执法中队对辖区内的软件园二期工地、北京六处、中兴通讯二期工地外的非法流动商贩进行多次劝导，要求自动撤走，做了大量说服工作；对辖区内的户外广告牌进行了一次系统摸底并对商家广告牌设置规范进行了宣传；2次对辖区的内在建工地运渣车带泥及掉落建渣行为进行纠正。

【劳动保障】 2009年，社区内共有6个居民院落，总户数约7500户，户籍在本辖区的总人口约581人，其中劳动力209人。单位就业209人，女性131人，其中“4050”就业人员38人。为进一步做好劳动就业工作，加强寻岗力度和预防各类劳动纠纷案件的发生，工作站实行网格化管理模式，将责任落实到人。2009年共寻找各类岗位420个，其中辖区内岗位320个。成功推荐上岗人员23名，其中“4050”人员6名。2009年9月，成功地开展了“益州社区安保就业技能大比武”活动，“比武”创新采用先视频录制，再统一播放展示的方式进行评比。最后8支安保队伍通过“队列演练”、“拳术”、“交通手势”三个项目的比赛，展示了安保人员的风采，并在安保行业树立了典型，兴起了辖区安保就业技能攀比之风。

【计划生育】 2009年，工作站开展大量宣传活动，为社区育龄妇女大力开展优生优育、避孕节育、生殖保健等知识的宣传，并为辖区育龄妇女进行了免费春秋季妇检两次（共查育龄妇女65人）。同时发放各种宣传资料800余份，避孕药具215盒。对辖区内准备怀孕的育龄妇女大力宣传叶酸片知识，确保辖区内无畸形儿出生，共发放叶酸片26盒。流动人口计划生育管理与服务：针对本辖区工地较分散，流动人口管理方面的困难，社区采取了各种形式的上门服务。工作人员上工地为流动育龄妇女办理《免费服务证》，共办理102份。认真开展了对流动人口的管理，做到底数清、居住地点清、婚育及节育状况清。同常住人口一样做到“三同”即：同管理、同宣传、同服务。对流动人口查验《婚育证明》共15人，发放流动人口告知116份，共发放爱心券640元。并将流入的已婚妇女纳入了我社区的常规管理，归档建卡。

【流动人口管理】 2009年，工作站在辖区内共采集流动人口7235人，在建工地40家，企事业单位22家，辖区楼盘5696户，出租房屋380套，自用房1758套，闲置房3558套，商家店铺33家，房屋采集5969套，房屋采集完成率100%。整个辖区录入流动人口总数6899人，录入人口信息完成率95%，录入房屋信5750套，录入房屋信息完成率96%，档案归总52卷。完善制度，严管登记管理。为加强对流动人口管理，团结社区充分发挥职能作用，以管理好、服务人和教育人为中心，努力提高和谐文明社区的管理水平，对流动人口的管理，实行了规范化、制度化、法制化的管理。

【文化活动】　2009年，工作站成立特色文体团队6支，篮球、羽毛球文体协会2个，实现新创节目6个。利用三八妇女节、端午节、清明节、六一儿童节、中秋节等节日开展各项大型文体活动，营造浓浓的节日的氛围。工作站组织了“益州杯篮球联赛”，辖区共有16支队伍参加，包括桂溪街道办事处、审计署、森警总队、消防支队、成都市商务局、成都市旅游局、美视学校等企事业单位均报名参加了比赛，经过为期1个月的角逐，桂溪街道队荣获第一名。

【民政工作】　2009年，辖区各居住小区为新型高档楼盘，工作站工作人员通过多次走访、调查了解到辖区内暂无低保、贫困、需救助、民政救济等人员。辖区内有部队2支，分别为武警四川森林总队、武警成都公安消防支队。八一节慰问辖区退休残疾军人员2名。发放八一节购物券和爱心卡；2009年7月31日，社区全体工作人员前往大邑荣军苑慰问伤残军人，并送上牛奶等慰问品。

【特色工作】　2009年，“天府新城·和谐工地”创建活动——工作站创建“天府新城·和谐工地”的活动宗旨就是要加大对辖区工地普法宣传力度，突出“打防结合、预防为主、专群结合、发动群众”的工作方针，进一步加强和完善整体联动防范机制、矛盾纠纷及时排查调处等工作措施，充分发挥人防的能动作用和物防、技防的效能作用，以创建活动为工作抓手，实现辖区社会治安稳定、矛盾纠纷及时有效化解、案件防控能力明显提高。从而形成辖区社会环境和谐安宁、经济建设持续发展、人民群众安居乐业的大好局面。“天府新城·和谐工地”已开展230天，通过确立单位专职负责人，加强内部管理力度，同时强调工作的沟通，230天内参与创建的工地均实现了无一起安全事故（生产安全、消防事故、食品安全）的发生、无一起非法上访事件的发生、无一例流动人口计划外生育事件的发生、开展创建活动的工地治安刑事案件发生率也有效降低。通过这些成绩可以发现，在探索新社区工作中，也应随地区的发展而发展，不断创新工作思路，要从问题中找答案，从需求中找方案，有针对性的设计项目，同时还应考虑项目设计的合理性、可行性、实践性以及全方位性。全方位性即以个项目能够将多个职能部门的工作囊括其中，加强整体协作，共同完成项目所设定的目标。

“爱晚亭”健康知识栏—为进一步开拓高档楼盘老年工作，满足老年人日益增长的多样化需求，工作站在格兰晴天小区设立了“爱晚亭”知识栏，以宣传健康卫生知识、普法课堂、娱乐休闲为主题，让老年人老有所学、老有所乐。

老年“雀王”大赛——为丰富社区老年人的精神文化生活，加强社区老年人之间的了解，促进老年人之间的友谊，工作站于2009年6月19日在天鹅湖花园活动中心举办了首届老年“雀王杯”麻将大赛，共有28名选手报名，年龄最大为74岁，最小为50岁，经过3个小时的“激战”，来自天鹅湖的王俊获得了大奖。本次活动的开展是通过调查走访，收集老人兴趣爱好，按照"项目从需求出发"的活动理念，特为辖区老年人设计的活动项目。

打造首支外籍志愿者队伍——为进一步弘扬"奉献、友爱、互助、进步"的志愿者精神，2009年1月，工作站与美视国际学校联合开展"志愿服务无国界·爱心传递你我他"的爱心服务日活动，成功打造桂溪街道首支外籍志愿者队伍。同时，在孵化园、软件园、欧尚等单位设立志愿者招募点，以便招募更多有特色的志愿者，不断扩大桂溪志愿者队伍。

工作站与街道办事处《桂溪报》编辑部联合开创趣味外语学习专栏——美视国际学校外籍志愿者来自不同的国家，拥有不同的语言，发挥他们的语言特长，每期为桂溪报提供日常用语的志愿服务，每期以不同的语言让桂溪辖区每一位居民都以趣味的方式来说说不同国家的语言。现已在《桂溪社区》成功发表2期专栏。

"空中英语教室"志愿服务项目——工作站通过对辖区优势资源的整理，发现具有40多年教育经验的"空中英语"正恰进入四川地区品牌推广。所以通过上门的洽谈后，发现社区的目标任务和企业的需求，都完全与农迁社区孩子英语培训需求完全"接轨"，通过试讲，对农迁社区孩子开展有奖问卷调查后，确定了项目的可行性，最终社区于八月，牵手《空中英语教室》，合力打造出一支公益性队伍——益州社区空中英语志愿者。并利用桂溪街道"阳光家园"多媒体教室和"绿色网吧"资源，挂牌成立"桂溪街道益州社区空中英语教室志愿服务点"，形成每周一次免费培训的常态机制，让项目"做长、做久、做实"。从8月7日到现在，"益州社区空中英语教室"共开课8次，400余人次，让孩子学会"说英语、听英语"，弥补了应试英语中的不足。也使农迁社区青少年及家长深深感受到暑期免费英语培训对英语学习的帮助，同时企业也得到了品牌推广，让大家感受到了"空中英语教室"对少年儿童的关爱，充分发挥桂溪街道"阳光家园"的巨大资源，加大塑造阳光家园品牌力度，壮大了社区力量。

【获奖情况统计表】 2009年，成都高新区桂溪街道益州社区集体受成都高新区桂溪街道党委表彰1次，成都高新区桂溪街道办事处表彰4次，个人受桂溪街道党工委表彰2次，桂溪街道办事处表彰4次。

表10：2009年成都高新区桂溪街道益州社区获奖统计表

序号	获奖名称	获奖单位或个人	授予单位
1	党风廉政建设和反腐败工作知识竞赛一等奖	益州社区	成都高新区桂溪街道党工委
2	桂溪街道2009年度综治工作先进集体	益州社区	成都高新区桂溪街道办事处
3	桂溪街道工青妇业务大练兵知识竞赛优秀奖	益州社区	成都高新区桂溪街道办事处
4	2009劳动保障知识竞赛三等奖	益州社区	成都高新区桂溪街道办事处
5	桂溪街道2009年度创新工作先进集体	益州社区	成都高新区桂溪街道办事处
6	2009年综治工作先进个人	廖发智	成都高新区桂溪街道党工委
7	2009年群团工作先进个人	李　佳	成都高新区桂溪街道党工委
8	2009年社区服务工作先进个人	罗王军	成都高新区桂溪街道办事处
9	2009年目标管理工作先进个人	李　茜	成都高新区桂溪街道办事处
10	2009年老龄工作先进个人	尹　玲	成都高新区桂溪街道办事处
11	2009年统计工作先进个人	周　勇	成都高新区桂溪街道办事处

（本分目供稿人：何　雪）

永安社区

【概　况】　成都高新区桂溪街道永安社区位于三环路以北，南至繁雄大道，西起天府大道，东以锦江为界，辖区总面积1.25平方公里。工作机构为永安社区工作站，办公地址在成都高新区天顺路315号。驻辖区单位有成都市七中初中、凯丽滨江阿波罗爱儿坊幼儿园、中国成都海关、长江三峡公司；辖区内餐饮有新军谭家菜、狮子楼、蜀国飘香、上岛咖啡。辖区金融机构有：工商银行、招商银行、建设银行、民生银行、成都银行、中信银行、中国银行7家银行入驻；永安社区现有11个楼盘，其中高档楼盘10个，经济适用房和商品房混合楼盘1个。共计63栋、142个单元、9218套住房。另外社区还有高档写字楼特拉克斯由戴德梁行物业公司管理。蓝光嘉宝物业、启明星物业、戴德梁行物业均系星级物业管理公司。其中金沙江苑、天府名居、御府花都成立了业主委员会。

【工青妇工作】　2009年，工作站积极响应、重视市青年文明号的创建工作，针对辖区内的情况，永安社区三峡大厦项目部于2008年5月就开始为创建"成都市青年文明号"做准备，在高新区相关部门、桂溪街道办事处的指导下及永安社区工作站和三峡大厦项目部工作人员的努力下，2009年4月23日长江三峡实业公司荣获"成都市青年文明号"；永安社区工作站积极动员、配合指导辖区内的长江三峡实业有限公司成都分公司争创"巾帼文明岗"，2009年9月，长江三峡实业有限公司成都分公司有三个岗位：综合服务班、生活基地食堂、基地公寓服务班争创该荣誉；2009年10月19日，永安社区三峡代表队参加桂溪街道工青妇组织的工青妇业务大练兵知识竞赛获得了三等奖。

【综合治理】　2009年，工作站组织辖区物业管理公司召开社会治安综合管理例会4次。8个独立院落参加创建"无刑事案件院落"活动，到目前为止有3个院落发生刑事案件，其余5个院落没发生刑事案件。开展禁毒宣传，无毒单位创建活动和反邪教警示教育活动。针对辖区内容易发生的案件在各个院落内张贴了温馨提示，告知居民要加以防范。

【城市管理】　2009年，工作站对天长路出摊占道问题进行处理，对天久北巷、天顺路、天环路进行了整治，和辖区内的112家商家店铺签订了"门前五包"责任书。每季度评选了"优秀商家示范户"。

【计划生育】　2009年，工作站共登记流动人口907人，其中男性629人，女性278人。为156位流动人口育龄妇女办理了免费服务证，发放爱心券880元；4月和9月认真组织育龄妇女两次免费妇科普查工作。参加"三查"161人，发放避孕药具21人，查验原籍办证28人；符合政策生育：出生21人（其中男8人，女13人），现孕7人。为15位已婚育龄妇女办理一孩申请指标。避孕药具的发放，建立了使用药具人员花名册、药具随访登记册；为13位已婚育龄妇女发放叶酸40瓶；为28人发放避孕药具283盒，药膜3袋，并签订了知情选择同意书28份。为辖区内的4名农转非0~18岁独生子女申请独生子女父母奖励金240元。为8户办理了《独生子女父母光荣证书》。

【劳动就业】　2009年，工作站为桂溪辖区三家拆迁安置小区失地农民提供岗位40个。

【流动人口管理】　2009年，工作站于2009年

5月成立了流动人口管理工作站，配备协管员2名，全年登记2800余名流动人口。

【卫生防疫】 2009年，工作站每月定时开展卫生稽查工作，全年开展两次鼠药发放工作，并做好卫生宣传。为4户甲型H1N1流感居家隔离人员做好生活保障工作。开展预防狂犬病宣传，加强犬只管理和注射狂犬疫苗工作。

【民政工作】 2009年，春节，工作站对1户台属、2户台胞、17户现役军人家属进行了慰问，共计20户，发放现金2300元；为建设文明社区、构建和谐社区，2009年4月26日与蓝光嘉宝物业公司一起在凯丽滨江开展了“诚信入户，和谐物管，共建家园”文艺演出，得到住户的认同；2009年5月11日，在御府花都广场开展了“普及防震知识，提高减灾意识”的科普宣传教育活动；2009年5月26日，在御府花都广场开展永安社区“端午粽飘香，包粽也快乐”包粽子比赛；积极开展法制宣传活动，做好2名社区服刑人员的矫正工作。为社区9名80岁高龄老人申请了长寿补贴金4500元。

【文体创新工作】 工作站于2009年11月10日成立了永安社区文体总会，归国华侨主席马兴崇老师担任永安社区文体总会主席。委员由四川省音乐特级教师郑文雅老师以及现任四川省曲艺团演员、国家二级演员王小平老师担任。马主席作为永安社区文体总会主席，安排、组织各协会各项活动，两名委员分别作为艺术指导带领合唱协会、舞蹈协会、武术协会三个协会良好的发展，同时作出永安社区的文体特色；2009年5月8日，永安社区舞蹈队的《祝福祖国》被桂溪街道办事处选送参加高新区老年文艺展演，评委由高新区社会事业局相关领导以及桂溪街道办事处社会事业科科长陈攀会组成，各街道选送的节目，老年演员精神饱满、充满激情的上场，把她们最美好的一面展现给评委以及观众，此展演现场评分，经过了一个半小时激烈的比赛，最后桂溪街道办事处永安社区的舞蹈《祝福祖国》脱颖而出，荣获此次高新区老年文艺展演的一等奖。2009年9月22日，合唱协会代表高新区参加了市总工会举行的“祖国颂歌”职工文体比赛及会演，队员激情澎湃，气势昂扬的唱着《四渡赤水出奇兵》这首红歌，尽情地抒发作为老一辈对那个年代的特殊感情。2009年9月26日14点，永安社区合唱协会参加了成都电台新闻广播主办、红旗连锁协办的“红歌颂祖国”庆祝新中国成立60周年大型歌咏比赛。永安社区合唱协会选送了三个节目，经过层层筛选，最终选送的三个节目都进入了此次比赛！经过两个多小时激烈的比拼，永安社区合唱协会黄光盛老师的独唱以及女声小合唱获得了优秀奖，王小平老师深情并茂的演唱了一曲《父老乡亲》博得了在座观众雷鸣般的掌声，脱颖而出，一举夺得一等奖，永安社区也荣获了此次比赛的最佳组织奖。2009年9月24日19∶00，桂溪街道办事处与成都电视台第二频道合作，在和平广场主办了“红色歌潮 天府新城歌飞扬”主题歌会，永安社区合唱协会30人，有幸参与了此次演出，与《说唱就唱》的五位领唱：蔡思涛、冯家妹、王梓、张伊、江智明齐唱《歌唱祖国》《我的祖国》《走进新时代》等多首爱国歌曲；2009年6月7日在成都七中初中羽毛球馆举行了“羽动永安 快乐你我他”主题羽毛球比赛，队伍分别来自高新区机关、桂溪街道办事处、成都海关、三峡总公司、中建三局三峡大厦项目、深长城地产、成都七中初中以及社区的羽毛球队等。永安社区羽毛球队获得了团体第三名，高新区机关羽毛球队获得了团体第二名，桂溪街道办事处机关联队荣获团体一等奖。

图51：成都高新区桂溪街道永安社区居民参加由成都高新区武术协会主办的老年人武术比赛

【志愿者先锋队】 2009年，由于社区楼盘多、楼层高，对于掌握辖区内育龄人群的生育情况、就业情况、维稳情况都存在很大的难度。为了预防辖区内育龄妇女计划外生育，充分的掌握辖区内人员的就业、稳定情况，工作站成立了“志愿者先锋队”。志愿者先锋队分为——就业志愿者分队、计生志愿者分队、文体志愿者分队、综治维稳志愿者分队。该队伍由10位各楼盘的志愿者居民组成，他们平时主要的任务就是宣传相关政策，对于辖区内的孕妇，引导她们正确的领取生育指标，对于社区活动，她们就成为召集者、组织者、宣传者。他们积极的发挥志愿者精神，团结在一起，充分带动全社区的居民积极的参与社区活动，能进一步掌握辖区内的情况，更好的开展各项工作，以构建和谐社区。

【获奖情况统计表】 2009年，成都高新区桂溪街道永安社区集体受成都高新区志愿服务工作委员会表彰1次，成都高新区桂溪街道党工委表彰1次，桂溪街道办事处表彰2次，个人受成都高新区桂溪街道办事处表彰4次。

表11：2009年成都高新区桂溪街道永安社区获奖统计表

序号	获奖名称	获奖单位或个人	授予单位
1	2009年度志愿者工作优秀项目	永安社区	成都高新区志愿服务工作委员会
2	2009年度群团工作先进集体	永安社区	成都高新区桂溪街道党工委
3	2009年度招商引资工作先进集体	永安社区	成都高新区桂溪街道办事处
4	2009年“永安杯”羽毛球赛三等奖	永安社区	成都高新区桂溪街道办事处
5	2009年度招商引资先进个人	魏尤年	成都高新区桂溪街道办事处
6	2009年度司法、文化工作先进个人	秦秀娟	成都高新区桂溪街道办事处
7	2009年度计划生育工作先进个人	林健英	成都高新区桂溪街道办事处
8	2009年度统计工作先进个人	谢君瑶	成都高新区桂溪街道办事处

（本分目供稿人：林健英）

南新社区

【概　况】 成都高新区桂溪街道南新社区位于成昆铁路以南、府城大道以北、天府大道以西、益州大道以东。辖区总面积为1.28平方公里，管辖范围为原和平村。社区总人口约8090人，其中常住人口2218余人，流动人口5872余人（流动人口主要集中在8家在建工地、广和一街出租房）。在社区成立之前，辖区由和平村管辖。2007年11月~2008年12月，社区工作为筹备阶段，社区筹备组成立于2007年11月；2009年1月1日，成立南新社区工作站，办公地址在成都高新区天益北巷54号；社区工作站副站长陈近主持全面工作，副站长李天福。

【党建工作】 2009年，工作站全年开展党风廉政建设和反腐败知识竞赛等内容的学习五次。开展了廉政文化进社区、进家庭的“六进”活动。开展了扬清风正气，建和谐桂溪、廉政监督一卡通、设置廉政屏保、检察院设立定点宣传栏等11次廉政文化宣传。组织辖区共建单位、非公企业党支部、社区合唱队、社区居民、学生，举行了庆七一颂歌献给党歌咏会；开展学习实践科学发展观活动。组织开展了辖区非公企业学习科学发展观动员座谈会、老党员座谈会。收到意见建议7条、设计并开展了学习科学发展观调查问卷，向辖区非公企业支部、单位发放问卷65份，收集到意见、建议14条、征集到105幅作品，开展了“学习科学发展观，构建和谐新社区”作品展、撰写一篇《以科学发展观指导社区党风廉政建设》的理论文章；辖区单位长蓉、狄邦公司二家非公企业，新成立了党支部；参加桂溪街道举办的党风廉政建设和反腐败工作知识竞赛荣获二等奖。

【工青妇工作】 2009年，社区工作站全年指导、协助四川鸿昌电力有限责任公司、成都瑞耀国际贸易有限公司、甲骨文(中国)软件系统有限公司、成都万里石油技术有限公司、成都星科油气技术有限公司、成都富森美家居投资有限公司、上海大漠电子科技有限公司、成都本物之味餐饮有限公司、成都高新区鑫龙网吧、成都高新区太平洋网吧等11家单位组建了工会及联合工会，发展工会会员152人。

3月5日，工作站组织辖区单位宜家家居、富森美家居和天鼎物业公司，参加了桂溪街道总工会举办的“快乐粉色”三八妇女节趣味运动会。富森美家居获得本次趣味运动会一等奖，5月17日，辖区富通集团等单位参加了桂溪街道承办的“华润·凤凰城杯”高新区第二届趣味运动会；6月4日，工作站组织辖区欧尚超市、天鼎物业公司、成都职业技术学院三家单位6名优秀青年工作者，参加了桂溪街道总工会开展的“因为优秀 我们同行”杰出青年观金沙活动；9月11日，组织宜家家居、戴德梁行参加了桂溪街道总工会举办的“情浓职工·清凉一夏”主题趣味游泳比赛。其中，戴德梁行荣获团体一等奖。4名个人分别荣获男子一、三等奖，女子一、二等奖。

工作站开展共青团志愿服务点建设。社区注册志愿者158名，同时成立了综治、帮扶、文明劝导、禁毒、科普等志愿者小分队6支；2009年年初，与印江理发店达成共识，签订了南新社区商铺志愿服务协议书，桂溪街道于2009年10月13日，为志愿服务点授牌；传承优秀文化，大力开展志愿者服务活动。 全年开展志愿者活动28次。其中，文明礼仪宣传活动5次；综合治理宣传活动6次；防邪、禁毒教育宣传活动2次；辖区志愿者协助社区开展各类活动15次；社区开展了家庭警语名句的征集活动，并选送5份优秀的作品参加桂溪街道妇联的“多样桂溪 才智母亲”文明家庭警语名句的评选活动。其中王晓莺、马爱莲的作品获高新区2009“文明家庭警语名句”优秀奖。2009年7月，社区退休老人苟正康被成都市妇联评为2009年度成都市家庭教育优秀志愿者。南新社区被高新区授予“巾帼文明岗”荣誉称号。

图52：成都高新区桂溪街道南新社区工作站组织辖区志愿者开展义务劳动活动

【综合治理】 2009年，工作站全年协助相关部门及时处理突发事件5件。其中十号地块3件，欧尚路口1件，高新国际广场1件，做到了及时处理和上报；全年在天晖北巷、天益街小广场、成都职业技术学院开展禁毒宣传3次，社区内无吸毒人员，无新增吸毒人员，无复吸人员；新南天地联动队2009年工作突出，受到了高新区、桂溪街道领导充分肯定。特别是“7·12”案件的成功挡获，得到了多家新闻媒体的报道；帮助寻找离家出走的15岁小女孩，并帮其回到家中，此举使小女孩父母非常感激，为社区送感谢信一封；顺利完成了交投公司地块捡种的协调和补偿工作；顺利完成了对辖区1628套房屋（其中出租房屋625套），5872名流动人口的全面清理工作。

【城市管理】 2009年，工作站开展了城乡环境综合整治，对广和一街、天益街小广场的卫生、综治、占道经营、使用燃煤、赌博机等情况进行8次整治；与108家经营户签订了“门前五包”责任书，签约率达100%，履约率达95%以上。积极开展创“百佳街道”“千佳商铺”活动。全年对辖区14家单位分别进行了现金200元奖励；积极协助街道办事处对广和一街“30户”使用燃煤及整改情况进行了解、验收、跟进；配合街道办事处和上级部门对广和一街铁路沿线的违章建筑进行了拆迁；5月19日，在天益街小广场开展了“巩固创建成果，提升城市品位”知识问答活动；开展邻里和谐、家庭美德、个人日常文明礼仪、学习礼仪、弘扬传统学国画等文明礼仪讲坛活动5次；组织志愿者到车站等公共场所进行文明劝导8次，开展“与文明同行，让爱融化你我”、“与文明同行，让生活精彩”、“与文明同行，建和谐社区”、“同做文明使者，共建幸福家园”、“城乡文明进校园”等宣传活动6次；社区全年与欧尚、富森·美家居、宜家家居、茂业工地大厦项目部、戴德梁行、富通公司、成职院、华昌物业、国电、特勤二中队等16家单位开展了整体联动演练、消防演练、劳动合同示范区、劳动争议调解工作站、知识竞猜、七一颂歌献给党、学习科学发展观画展、迎新春文艺晚会等共驻共建活动32次；发动、帮助社区居民苟正康，撰写了《太阳神鸟的故乡》一书，以赞颂成都为主线，大力讴歌成都自改革开放以来城乡建设的非凡成就。

【劳动保障】 2009年，工作站全年共寻岗502个，推荐上岗22人，其中4050人员6人。为解决新南天地商圈用人需求，与友好合作社区联合召开2场新南天地专场招聘会；做好失业证与再就业优惠证办理。协助街道为居民办理56个《失业证》。同时做好灵活就业登记申报工作，为2名在社区从事家政服务的芳草街道居民办理了灵活就业社保补贴审核证明；做好居民养老金上门核查、服务工作，为小区残疾居民进行养老金核查上门服务。加强劳动监察力度，全年调解了3起劳动纠纷，保护了劳动者的合法权益，构建出和谐的劳动关系；为保护劳动者合法权益，社区协助街道在欧尚超市、富森美家居创建合同示范区。在欧尚超市、富森美家居设立2个劳动纠纷调解工作站。

【计划生育】 2009年，工作站组织辖区124名已婚育龄妇女开展了春秋两季妇检。办理《流动人口免费技术服务证》292本，查验《流动人口婚育证明》91本，发放爱心券2540元；组织在建工地的9名女工，参加成都市建筑工地“新市民健康倍增计划”启动仪式。在江南岸开展义诊1次，为45名住户进行免费测血糖、测血压，并建立健康档案。开展了“女人一生话题”、“饮食习惯与健康”、“关爱女孩，青春健康”、“关爱你我，关注健康”等讲座6次；在5月29日协会日、世界人口日、出生缺陷干预日、艾滋病日等特殊纪念日均开展各类宣传活动。全年开展日常性宣传10次，集中性宣传4次；配合桂溪街道办事处社事科对协会的8名会员进行了“三结合”帮扶慰问。

【流动人口管理】 2009年，工作站在辖区内共采集流动人口5970人，采集在建工地9家，企事业单位83家，商家店铺148家；采集居民小区2个934户，广和一街694户，共1628套（其中：出租房屋625套，自用房682套，闲置房311套，借用10套）居民住房。房屋采集完成率100%。整个辖区录入流动人口总数5872人，录入人口信息完成率98%；录入房屋信息1628套，录入房屋信息完成率100%；档案归总3卷。2009年，社区明确流动人口工作服务机制，切实做好流动人口服务。社区针对流动人口开展了一系列的活动：进工地宣传流动人口、卫生、法制、计生等十个项目知识的“十进”工地活动；给城市建设者免费赠送防暑药品；免费在工地播放当季大片热片如《南京·南京》；向流动人口中的学龄儿童免费发放学习用具和玩具；联合计生工作人员一起给流动人口妇女发放爱心券、生活必需品及慰问资金；开展流动人口知识竞猜等等。

【文化活动】 2009年5月，工作站在桂溪街道辖区率先成立了舞蹈、声乐、武术、书画等四个协会，并首次在协会中引入“财政监理”来完善协会管理机制，被《成都日报》于2009年6月10日报道，现已发展会员达146人。3月份启用了综艺学堂，将综艺学堂作为文化信息共享点，每周至少有三个半天用于居民们的唱歌、绘画、书法教室，使居民们能就近学到综合性知识，丰富自己业余文化生活和退休生活。开展文化活动，丰富群众生活，全年原创节目有《璇璇璇》、《床前明月光》、《秧歌》、《白毛女》、《格桑娜》、《灾后的坚强》等6个节目。全年开展文化活动17次，参与人数达1000余人次。1月10日，组织居民在欧尚超市开展了“歌颂时代·畅享生活”迎新春歌咏比赛，参加人数达100人次（《成都商报》2009年1月14日报道）；2月，社区举办了“环保作品比赛”，辖区居民50人次参加活动；4月15日，组织辖区青少年文艺队45人参加桂溪街道举行的“和谐高新 美好家园”—— 高新区第六届社区艺术节桂溪辖区节目预选赛，其中《璇璇璇》舞蹈被选送参加区级比赛；4月25日，组织辖区青少年文艺队26人参加高新“美丽家园和谐高新”全民读书活动·第六届社区文艺会演，荣获二等奖；6月5日，社区在天晖北街小广场举办了“南新社区文体协会成立暨文艺会演”活动，参加人数达200余人次；7月3日，组织辖区青少年孙磊、钟玲参加“高新区第三届交谊舞大赛”，荣获优秀奖；8月4日，组织居民在融城理想开展了“盛夏运动·清凉你我”的趣味游泳会，参加人数达100人次；8月18日，组织居民在社区文化活动室开展了“快乐宝贝·欢乐你我他”幼儿活动，参加人数达50余人次；8月19日，组织居民在社区文化活动室开展了“美丽一生·幸福永存”化妆讲座，参加人数达40余人次；8月21日，组织辖区青少年30人在社区文化活动室开展了“爱国歌曲大家唱”歌咏会；10月15日，组织辖区青少年文艺队参加高新区“首届原创节目大赛”，荣获三等奖。

工作站加强文化市场管理。对辖区内太平洋网吧、鑫龙网吧进行了96次的检查；收集原创稿件52篇，投发原创稿件36篇，投发新闻类稿件124篇。全年被《桂溪快讯》采用信息41篇；以科学普及为指导，大力开展社区文化活动。利用文化活动室、图书室，建立了社区科普宣传活动室。开展“科教进社区、科教进校园、科教进工地”科普宣传活动。

【民政工作】 2009年，工作站开展送温暖活动。春节前夕，对参战人员、残疾人、台属进行了慰问。八一前夕，配合桂溪街道社事科，为一名伤残军人和一名参战人员发放 “八一慰问券”；关爱残疾人。社区现有残疾人3名，年内配合街道办事处开展了残疾证换证工作。为1名残疾人发放医疗爱心卡；及时发出倡议，为台湾地区受“莫拉克”台风受灾的同胞捐款1202.1元。

【特色工作】 2009年，工作站打造社区综艺学堂。根据社区居民需求，充分利用社区活动室，使之成为社区居民群众的文化信息共享点，每周至少有三个半天用于居民们的唱歌、绘画、书法教室，使居民们能根据自身需求，就近学到综合性知识，丰富自己业余文化生活和退休生活；8月13日起，连续三天在十号地块、都会路苑、凯丹广场开展了廉政、流动人口、法制、卫生、计生、文化、安全、治安防范、劳动保障、环保等“十进”工地活动。活动共发放各类宣传资料近千份，清凉解暑药品500份。活动得到广大城市建设者的欢迎和广泛好评；拓展了计划生育培训内容，丰富了培训形式，使日常计划生育讲座受到更多单位和群众的欢迎和好评（如为成都职业技术学院学生开展的“关爱女孩，青春健康”和为宜家家居员工开展的“关爱你我，关注健康”专题讲座）；主动与成都消防大队特勤二中队结为友好共建单位，除进行日常宣传外，还在新南天地商圈组织开展了消防整体联动演习，使商家和更多的群众受益。

【获奖情况统计表】 2009年，成都高新区桂溪街道南新社区集体受成都高新区社会事业局表彰1次，成都高新区桂溪街道办事处表彰5次，个人受桂溪街道党工委表彰2次，桂溪街道办事处表彰3次。

表12：2009年成都高新区桂溪街道南新社区获奖统计表

序号	获奖名称	获奖单位或个人	授予单位
1	文化活动优秀组织单位	南新社区	成都高新区社会事业局
2	综合目标一等奖	南新社区	成都高新区桂溪街道办事处
3	流管工作先进集体	南新社区	成都高新区桂溪街道办事处
4	招商引资先进集体	南新社区	成都高新区桂溪街道办事处
5	信息宣传先进集体	南新社区	成都高新区桂溪街道办事处
6	社区建设先进集体	南新社区	成都高新区桂溪街道办事处
7	群团工作先进个人	秦芳	成都高新区桂溪街道党工委
8	党建工作先进个人	杜在春	成都高新区桂溪街道党工委
9	统计工作先进个人	陈利	成都高新区桂溪街道办事处
10	信访工作先进个人	李天福	成都高新区桂溪街道办事处
11	文化工作先进个人	陈近	成都高新区桂溪街道办事处

（本分目供稿人：陈　利）

人物 PERSONAGE

副处级以上领导简介

【成都高新区桂溪街道党工委书记樊晓峰】 生于1965年10月，民族：汉，籍贯：四川省大竹县，中共党员。1986年毕业于重庆大学机械工程二系焊接专业。1986年8月至1990年2月，在成都汽车制造厂任工艺员；1990年3月至1993年3月，在成都市武侯区委组织部任科长；1993年4月至1994年5月，在成都市武侯区桂溪乡任党委副书记；1994年6月至1996年6月，在新加坡工业园任党组成员、征地拆迁部任主任；1996年7月至1997年7月在成都高新区桂溪乡政府筹备组任组长；1997年8月至2003年2月，在成都高新区经贸发展局任处长、副局长；2003年3月至2005年3月，在成都高新区西区管理办公室、合作街道办事处任书记；2005年4月至2009年12月，在成都高新区桂溪街道任党工委书记。2003年7月被高新区工委评为2001–2003年度优秀共产党员；2004年7月被高新区党工委评为2003–2004年度优秀共产党员；2005年4月被中共成都市委，成都市人民政府评为全市同法轮功等邪教组织斗争先进个人；2008年12月被中国人民解放军四川陆军预备役高射炮兵评为先进个人；2009年2月被高新区党工委武侯区人武部评为党管武装工作无进个人。

【成都高新区桂溪街道党工委副书记、办事处主任张学文】 生于1972年9月，民族：汉，籍贯：四川省仁寿县，中共党员。1993年毕业于重庆交通学院交通运输管理专业。1993年7月至1997年2月，在成都市公用事业职工中专校任助理讲师；1997年3月至2004年5月，在成都高新区经贸发展局任主任科员；2004年6月至2005年4月，在成都高新区党工委管委会办公室任主任科员；2005年5月至2008年2月，在成都高新区肖家河街道任党工委副书记、纪工委书记；2008年3月至2009年12月，在成都高新区桂溪街道任党工委副书记、办事处主任。2007年7月被高新区党工委评为2005–2007年度优秀共产党；2009年4月被成都市委、市政府评为“创建全国文明城市工作先进个人”；2009年12月，被四川省人民政府经济普查领导小组办公室，四川省统计局评为“四川省第二次全国经济普查先进个人”；2009年12月，被中国人民解放军四川陆军预备役高射炮兵师后勤部评为先进个人。

【成都高新区桂溪街道党工委副书记、纪工委书记陈长贵】 生于1963年3月，民族：汉，籍贯：四川省成都市，中共党员。2005年毕业于中央党校函授学院本科班法律专业毕业。1980年10月至1983年11月，在云南省怒江军分区通讯连任司务员；1984年1月至1990年3月，在成都金牛区石羊场乡人民政府计生办任干事；1990年3月至1996年6月，在成都武侯区石羊场乡人民政府计生办任主任兼城管办主任；1996年6月至2001年8月，在成都高新区石羊场乡人民政府经济发展办公室任主任；2001年8月至2005年5月，在成都高新区石羊街道办事处任办事处副主任。2005年5月至2009年12月，在成都高新区桂溪街道党工委任党工委副书记、纪工委书记。1985年和1991年被成都市人民政府评为计划生育先进工作者；1996年被成都高新区党工委评为优秀共产党员；1999年被成都高新区党工委、管委会评为争做人民满意公务员先进个人；2005年被成都市人民政府评为就业工作先进个人。

【成都高新区桂溪街道党工委委员、办事处副主任张仲常】 生于1963年3月，民族：汉，籍贯：四川省叙永县，中共党员。1986年7月毕业于沈阳航空工业学院飞机制造专业。1986年7月至1991年8月，在成都飞机公司任助理工程师、工程师；1991年8月至1996年6月，在成都市委工业交通政治部任主任干事；1996年6月至1998年6月，在成都高新区两委办公室任主任科员；1998年6月至2005年5月，在成都高新区芳草街道党工委任委员、办事处任副主任；2005年5月至2009年12月，在成都高新区桂溪街道党工委任委员、办事处任副主任。1994年获四川省新闻学会、四川省新闻工作者协会联合颁发的“四川省新闻奖”一等奖、1995年获中共四川省委宣传部“四川省首届四川新闻奖”、2003年被成都市人民政府评为成都市城市管理先进个人、2010年被成都市人民政府评为成都市消防工作先进个人。

【成都高新区桂溪街道党工委委员、办事处副主任王子琦】 生于1971年3月5日，民族：满族，籍贯：河北省唐山市，中共党员。1997年四川师范大学政教系政治教育专业本科毕业。1990年12月至1994年12月，在成都武侯区城管委监察中队任会计；1994年12月至2008年6月，在成都高新区肖家河街道办事处，历任街道团委书记、党政办副主任、劳动保障所所长、办事处副主任；2008年7月至2009年12月，在成都高新区桂溪街道党工委任委员、办事处任副主任。

【成都高新区桂溪街道党工委委员、办事处副主任高健】 生于1965年3月20日，民族：汉族，籍贯：四川省成都市，中共党员。2005年四川省省委党校函授学院行政管理专业（本科）毕业。1984年8月至1990年9月，在成都金牛区石羊场乡任团委书记；1990年9月至1996年7月，在成都武侯区石羊场乡任宣传干事、办公室主任；1996年7月至1999年1月，在成都高新区石羊场乡社会事务办公室任办公室主任，1999年1月至2001年8月，在成都高新区石羊场乡任副乡长；2001年8月至2009年5月，在成都高新区桂溪街道党工委任委员、办事处任副主任，2009年5月调出。2004年3月，被成都市创“国家环保模范城市”领导小组评为“2003年度排水户雨污分流整治先进个人”；2005年12月，被成都市市容环境管理局评为“2005年度城市生活垃圾处理收费工作先进个人”。

【成都高新区桂溪街道党工委委员、办事处副主任全少英】 生于1962年12月14日，民族：

汉，籍贯：四川省成都市郫县，中共党员。1986年毕业于西安工业学院金属材料及热处理专业。1986年8月至1995年8月，在成都光明器材厂九分厂任技术组长；1995年8月至1996年6月，在成都市工商行政管理局任职；1996年6月至2004年3月，在成都高新区经贸发展局任主任科员；2004年3月至2009年5月，在成都高新区财政局任主任科员；2009年5月至2009年12月，在成都高新区桂溪街道党工委任委员、办事处任副主任。1998年被成都市第一次农普领导小组评为全国第一次农业普查市先进个人、2007年被科技部评为全国开发区债券发行工作先进个人。

【成都高新区桂溪街道党工委委员、武装部部长马玉良】 生于1967年10月25日，民族：汉，籍贯：辽宁省法库县，中共党员。1999年毕业于中央党校函授学院经济管理专业（大专），2002年毕业于中共四川省委党校法律专业（本科）。1987年10月至1990年12月，在第二炮兵后勤部服兵役任战士；1991年1月至1994年8月，在成都武侯区城管监察中队任队员；1994年8月至2006年4月，在成都高新区肖家河街道办事处任职，历任城管科副科长、社会事务与计划生育科科长、办公室副主任；2006年5月至2008年6月，在成都高新区芳草街道办事处任城管科科长；2008年6月至2009年12月，在成都高新区桂溪街道党工委任委员、武装部任部长。

【成都高新区桂溪街道党工委委员、党政办主任瞿蓉芳】 生于1962年11月4日，民族：汉，籍贯：湖南省长沙市，中共党员。1984年毕业于重庆大学化学冶金专业。1984年8月至1997年2月，在成都无缝钢管厂任科长；1997年3月至1999年2月，在成都高新区桂溪乡人民政府任党政办副主任；1999年3月至2001年6月，在成都高新区桂溪乡人民政府先后担任党政办主任、乡党委委员、乡纪委副书记、乡妇联主席；2001年7月至2008年4月，在成都高新区桂溪街道办事处（原乡人民政府）任社事办主任、社事科科长、党政办副主任；2008年至2009年12月，在成都高新区桂溪街道党工委任委员、党政办任主任。2003年被成都市司法局评为优秀人民调解员、2005年被成都市司法局评为指导人民调解工作先进个人、2007年被中共成都高新区工委评为优秀共产党员。

【成都高新区桂溪街道办事处副局级调研员谭伯祥】 生于1949年12月，民族：汉，籍贯：重庆市万州区，1970年3月加入中国共产党。1993年毕业于四川师范大学汉语言文学专业（本科）。1969年1月至1971年10月，在中国人民解放军50军直属高炮团第3营指挥排任战士、班长、排长；1971年11月至1992年11月，在中国人民解放军成都市西城区人民武装部任历任干事、秘书、政工科副科长、军事科科长；1992年12月至1996年12月，在四川省新都县人武部任部长；1997年1月至1997年7月，在成都高新区征兵办和成都高新区芳草街道办事处任副主任；1997年7月至2001年8月，在成都高新区三瓦窑街道党工委任书记、桂溪乡党委任书记、桂溪乡人大主席团任主席；2001年9月至2009年12月，在成都高新区桂溪街道办事处任副局级调研员。期间2004年至2009年12月，兼任成都高新区地方志编委会委员、地方志办公室副主任和总编。2009年主持成都高新区地方志办公室工作，主编的《成都高新技术产业开发区年鉴（2009年）》被四川省地方志系统评为一等奖、被中国地方志系统评为二等奖。2006至2009年连续4年个人被成都市地方志编纂委员会评为地方志工作先进个人，其撰写的修志论文《大事记浅谈》等在《巴蜀史志》上发表，编写的《地震中的婚车》等文章在《西部观察》上发表。1985年9月1日，被四川省军区政治部“记个人三等功一次”，1994年12月6日，被四川省军区评为“民兵通信装备管理先进个人”，1992年7月和1999年6月，分别被成都市青羊区人武部党委和成都高新区党工委评委“优秀共产党员”，1992年12月被成都市人民政府和成都军分区评为“民兵‘参治’工作先进个人”，2001年7月，被中共成都市委、成都市人民政府评为“‘九五’期间计划生育工作先进个人”，2001年7月，被中共成都高新区工委评为“优秀党务工作者”。

【成都高新区桂溪街道办事处调研员刘焕春】 生于1955年2月4日，民族：汉，籍贯：四川省成都市，中共党员。2003年四川省委党校法律专业本科毕业。1975年8月至1981年，任大队团支部书记；1976年9月至1978年1月，在胜利中学、八大队小学任教师；1978年2月至1983年3月，在成都市金牛区琉璃场乡八大队任大队会计、副大队长、大队长、代理党支部书记；1984年1月至1989年9月，在成都市金牛区琉璃场乡政府任副乡长、乡长；1989年10月至1992年2月，在成都金牛区（武侯区）桂溪乡政府任副乡长；1992年3月至1995年12月，在成都市武侯区致民路街道办事处任副主任；1996年1月至1999年2月，在成都高新区芳草街街道办事处任副主任；1999年3月至2005年4月，在成都高新区高新区桂溪乡（桂溪街道办事处）任乡长助理、副调研员；2005年5月至2009年12月，在成都高新区桂溪街道办事处任调研员。1991年、1992年、1993年三次被成都市委、市政府评为创卫生城市先进个人、1994年被成都市委、市政府评为“严打”斗争和社会治安综合整治先进个人、2002年被四川省人民政府评为第五次全国人口普查先进个人。

【成都高新区桂溪街道办事处助理调研员王无】 生于1955年8月28日，民族：汉，籍贯：山西省介休市，中共党员。1998年西南政法大学法律专业大专毕业。1970年12月至1973年5月，在中国人民解放军第五十四陆军医院任战士；1973年5月至1976年8月，在成都军区后勤部重庆三十七分部司令部任报务员；1976年8月至1996年8月，在中国人民解放军第五十四医院任主管技师；1994年8月至1996年5月，在成都武侯区桂溪乡人民政府（三瓦窑街道办事处）任武装部长；1996年6月至2005年5月，在成都高新区桂溪乡人民政府（三瓦窑街道办事处）任副书记、纪委书记、武装部长；2005年5月至2009年12月在成都高新区桂溪街道办事处任助理调研员。1995年被成都市人民政府评为爱国卫生先进个人、1996年被中共成都市委党校17期处级班评为优秀学员、1996年被成都市国防教育委员会评为国防教育先进个人、2000至2004年连续被成都高新区管委会评为征兵工作先进个人、2002年被成都高新区党工委评为“处法”工作先进个人、2003年被成都高新区党工委评为民兵预备役先进个人。

【成都高新区桂溪街道办事处助理调研员陈羽】 生于1961年10月20日，民族汉，籍贯：四川省成都市，中共党员。1984年毕业于四川省林业学校采伐运输机械化专业（中专），2006年中央党校函授学院经济管理专业本科毕业。1984年7月年至1986年9月，在四川省林业学校学生工作科任干事、团委任干事；1989年7月至1991年7月，在四川省林业学校团委主持工作；1991年7月至1995年11月，在成都市武侯区总工会任副主任科员；1993年4月至1996年6月，在成都新加坡工业园管理委员会规划建设部任副主任；1996年6月至1997年7月，成都高新区新加坡工业园负责人，1997年7月至2003年8月，在成都高新区新加坡工业园管理办公室任副主任（副处级）；2003年8月至2005年5月，成都高新区桂溪街道办事处党工委委员、办事处副主任；2005年5月至2008年3月，成都高新区桂溪街道办事处任助理调研员。2008年3月至2009年12月，在甘孜州理塘县任县人民政府副县长。1991年被中共成都市委宣传部、市总工会评为成都市“双基教育”先进个人、2001年被中共成都高新区工委评为优秀共产党员、2002年被中共成都市委、市总工会评为新经济组织建会工作先进个人、2004年被中共成都市委党校评为优秀学员，2009年12月被中共甘孜州委组织部评为优秀公务员。

【成都高新区桂溪街道办事处副调研员张景山】 生于1955年5月9日，民族：汉，籍贯：河北省邢台市，中共党员。1987年毕业于四川教育学院文史专业（大专），1990年中央电大法律专业大专毕业。1972年8月至1973年11月，在原新疆军区陆军步兵学校任学员；1973年11月至1982年8月，在原新疆军区政治部体工队男子篮球队任副队长（副连职）、队长（正连职）；1982年8月至1983年3月，在成都军区空军第二飞行学院保卫科任干事（正连职）；1983年3月至1990年3月，在成都军区空军指挥所军事检察院任检察员（正营职），空军少校军衔；1990年3月至1997年3月，在成都军区空军司令部直属政治部保卫科任科长，空军中校军衔；1997年3月至1999年9月，在成都军区空军司令部军务处任动员主任，正团职、空军上校军衔；1999年10月至2008年7月，在成都高新区桂溪乡政府、桂溪街道办事处历任乡、街道机关工会主席、社会事务办公室主任、党工委委员、党政办主任、街道武装部部长；2008年3月至2009年12月，在成都高新区桂溪街道办事处任副调研员。1977年被原新疆军区政治部授予集体三等功、个人三等功一次、1978年1979年被原新疆军区政治部授予个人三等功各一次、1983年被成都军区空军政治部授予个人三等功一次、1985年、1989年四次获得成都军区空军政治部嘉奖、2006年被成都警备区授予“爱军习武”标兵、2007年被四川省军区授予“十佳专武干部”2008年被成都警备区授予“5·12”抗震救灾先进个人、并荣立个人三等功。

科室领导简介

【成都高新区桂溪街道党政办公室副主任李从节】 生于1972年11月25日，民族：汉，籍贯：四川省乐山市，中共党员。1994年毕业于四川农业大学畜牧专业（本科）。1994年7月至1997年3月在成都市乳品公司乳品三厂任职；1997年至1999年，在成都市高新区桂溪乡人民政府任科员；1999至2009年，在成都高新区桂溪街道办事处任副主任科员、主任科员，2008年8月，任党办副主任；2004年3月，被成都高新区管委会评为动物防疫工作先进个人、2006年6月，被成都高新区党工委、管委会评为创建全国文明城市工作先进个人。

【成都高新区桂溪街道治安城管巡逻大队大队长（城管中队长）、综治办副主任黄涛】 生于1967年9月4日，民族：汉，籍贯：四川省成都市，中共党员。1988年，毕业于沈阳炮兵指挥学院地炮指挥专业（中专）。1984年10月至1986年9月，在云南蒙自35215部队任职士兵；1988年8月至2000年8月，在云南宜良35118部队任干部；2000年8月至2009年，在成都高新区桂溪街道办事处任主任科员。1997年被35118部队党委授予个人三等功、1999年被35118部队党委授予个人三等功。

【成都高新区桂溪街道社会事务和人口与计划生育科科长陈攀慧】 生于1966年10月12日，民族：汉，籍贯：四川省成都市双流县，中共党员。1988年8月毕业于昆明陆军学院指挥系专业（本科）。1988年8月至1997年8月，在成都军区云南文山军分区连防第三团服役，历任排长、指导员、宣传干事、正连职、上尉军衔；1997年8月至2009年12月，在成都高新区桂溪街道办事处任主任科员。2006年4月，任劳动保障所副所长，并于10月以副所长职务主持工作；2008年7月至2009年12月，在社事科以副科长职务主持社事科工作。1990年被成都军区云南文山军分区授予个人三等功。

【成都高新区桂溪街道经济发展科科长李婷】 生于1973年3月4日，民族：汉，籍贯：四川省成都市，中共党员。2005年毕业于中央党校函授学院本科班法律专业毕业。1992年至1997年，在国营成都三环实业开发总公司任职员；1997年至1999年，在成都高新区桂溪乡人民政府任科员；1997年3月至2005年1月，在成都高新区桂溪街道办事处（原成都高新区桂溪乡人民政府）任科员、副主任科员；2005年1月至2006年3月，任社区服务中心主任；2006年4月至2009年12月，任经济发展科科长。2000年被成都市教育委员会评为九五”托幼先进个人、2004年、2006年被成都市文化局评为文化工作先进个人。

【成都高新区桂溪街道城市管理科科长李发云】 生于1962年5月21日，民族：汉，籍贯：四川省成都市，中共党员。1995年获四川省行政财贸管理营销专业大专学历。1986年3月至1996年6月，在成都武侯区桂溪乡政府农副办任科员、副主任科员；1996年7月至1997年4月，在成都高新区经贸发展局任副主任科员；1997年5月至1999年2月，在成都高新区桂溪乡政府农副办任副主任科员；1999年3月至2000年3月，在成都高新区桂溪乡政府农副办任办公室任副主任；2000年4月至2004年6月，在成都高新区桂溪街道办事处农技中心办公室任办公室副主任；2004年7月至2008年3月，在成都高新区桂溪街道办事处经发科任副科长；2008年3月至2009年12月，成都高新区桂溪街道办事处城市管理科任科长。1993年获农业部全国农牧渔业丰收奖（个人三等奖）、1991年、1994年、1995年三次被成都市人民政府财贸办公室评为“蔬菜产销工作先进个人”、1995年获成都市农牧局农牧技术进步一等奖、2003年被成都高新区党工委、管委会评为“农业结构调整工作先进个人”，2010年被桂溪街道评为“联系群众帮扶工作先进个人”。

【成都高新区桂溪街道财政所所长韩霜】 生于1974年2月18日，民族：汉，籍贯：湖北省枣阳市，中共党员。1995年毕业于西南农业大学机械设计与制造专业（本科）。1995年9月至1996年10月，在成都市郫县工商行政管理局任职；1996年10月至1997年10月，在成都高新区桂溪乡人民政府任科员；1997年11月至1999年2月，在成都高新区桂溪乡人民政府任桂溪乡妇联副主席；1999年3月至2001年2月，成都高新区桂溪乡人民政府任财政所副所长；2001年3 月至2002年8 月，任财政所所长；2002年9月至2006年，任劳动和社会保障所所长；2006年至今任财政所所长。1997年被四川省农业普查领导小组评为全国农业普查省级先进个人。

【成都高新区桂溪街道劳动和社会保障所所长张琼】 生于1968年6月19日，民族：汉，籍贯：四川省成都市，中共党员。1993年毕业于川大函授经济管理专业（大专）、1999年中共四川省党校经济管理专业本科毕业。1989年2月至2006年3月，在成都高新区石羊场乡人民政府（街道办事处）历任团委书记、妇联主席、党政办副主任、社事科科长；2006年4月至2009年12月，在成都高新区桂溪街道办事处历任社事科科长、劳动和社会保障所所长。1999年、2000年、2001年、2002年、2003年、2004年在石羊街道办事处工作期间连续六年被评为优秀公务员；2000年1月被成都市人事局、保密局评为成都市保密先进工作者；2003年6月，被成都高新区党工委评为高新区优秀共产党员；2003年被成都市档案局评为市档案工作优秀个人；2005年1月，被成都高新区管委会评为“爱岗敬业树三心加速发展强三力”干部集中教育活动先进个人；2006年、2007年、2008年、2009年在桂溪街道办事处工作期间连续四年被评为优秀公务员。

【成都高新区桂溪街道社区管理服务中心主任徐德文】 生于1968年8月1日，民族：汉，籍贯：四川省成都市，中共党员。1990年毕业于昆明陆军学院军事指挥专业（大学）。1990年7月至1999年9月，在山地步兵第五十三旅任军官；1999年9月至2002年9月，在成都高新区桂溪乡人民政府任副主任科员；2002年9月至2006年5月，在成都高新区桂溪街道办事处经济发展科任科长；2006年5月至2009年12月，在成都高新区桂溪街道办事处社区管理服务中心任主任。

村、社区党支部领导简介

【成都高新区桂溪街道永安村党总支书记陈古锡】 生于1942年11月，民族：汉，中共党员。1984年至2009年12月，一直担任成都高新区桂溪街道办事处永安村党总支书记。1980年——2006年连续担任成都市金牛区、武侯区人大代表，成都市第九届党代表，四川省第七届党代表；被相关部门授予“成都市优秀企业家”、“成都市农业劳动模范”、“省优秀企业家”等称号，1996年被四川省省委、省府授予“四川省优秀乡村干部”称号，1999年被四川省省委组织部评为“四川省十佳明星党支部书记”，2002年又被成都市市委、市政府授予“思想政治工作先进个人”称号。

【成都高新区桂溪街道和平村党支部书记杨人瑞】 生于1946年，民族：汉，中专文化，1978年入党，1995年8月至2009年12月，任成都高新区街道办事处和平村党支部书记。1965年至1979年，任成都市武侯区桐子林村5组出纳，会计；1969至1995年，担任武侯区桐子林村5组长；1984年至1995年，在桐子林工作，任村委委员，分管村的企业、综治工作、后任支部委员后分管组织和宣传工作；1995年8月，调入和平村担任党支部书记至2009年12月，曾多次获得市、区、乡三级表彰：1998年中共成都市委评为优秀村党支部书记的称号；2003年中共成都市委，市人民政府评为：成都市思想政治工作先进个人称号；1997年中共成都市委，成都市人民政府评委1997年至1999年社会治安综合治理先进个人；获1996年、1997年、2001年、2003年、2005年、2007年优秀共产党员、优秀党务工作者称号；1984年以来历任桂溪乡人民代表和乡人大主席团成员。

【成都高新区桂溪街道红光村党支部书记彭建国】 生于1958年12月3日，民族：汉，文化程度：高中，中共党员。2009年任成都高新区桂溪街道办事处红光村党支部书记。1977年在成都得胜中学高中毕业；1978年回村参加工作；1984年被桂溪乡政府调到桂溪商业公司工作，任经理；1993年通过村委会换届选举，回到红光村任村委会主任；1994年经红光村党支部换届选举任党支部书记至2009年12月。

【成都高新区桂溪街道石墙村党支部书记袁德昌】 生于1950年11月22日，民族：汉，文化程度：大专，中共党员，1995年8月，由原桂溪乡（现桂溪街道办事处）委派到石墙村任党支部书记至2009年12月。1976年至1984年，任生产队副队长，队长；1985年至1986年，调任永安村办公室工作，先后任村委委员、党支部委员、企业会计；1987年至1992年，任华西味精厂副厂长、成都市热缩材料厂副厂长兼财务科科长；1993年至1995年7月，任永安村村委会主任；1995年8月至2009年12月，任石墙村党支部书记。1990年获"成都市优秀青年厂长"称号。

【成都高新区桂溪街道五岔子村党支部副书记、主任付冬林】 生于1964年12月10日，民族：汉，中共党员。现任成都高新区桂溪街道办事处五岔子村村委会主任。1982年至1985年，在云南省建水县35209部队服兵役，期间1984年4月，参加中越自卫反击战，获个人三等功。1985年12月退伍；1987年任五岔子村村委会委员、治保主任；1998年任五岔子村村委会主任；2001年任五岔子村党支部副书记；2004年12月，任五岔子村村委会主任；2005年12月，任五岔子村村委会主任并主持党支部书记全面工作至2009年12月。

【成都高新区桂溪街道双土村党支部书记田春贵】 生于1964年3月28日，民族：汉，高中文化，中共党员。现任双土村党支部书记。1986年至1992年经商。1993年至1998年任双土村村委会主任；期间于1996年至1997年，任桂溪乡党委委员；1998年至2009年12月，任双土村党支部书记。曾多次获得区乡两级表彰；2002年至2007年，任成都武侯区人大代表；2002年7月，被成都高新区党工委评为优秀党务工作者；2003年7月，被成都高新区党工委评为优秀共产党员；曾多次受到桂溪街道党工委、办事处表彰。

【成都高新区桂溪街道建设村党支部书记张基勇（四川省双流县人）】 1975年4月出生，汉族，大专文化，1994年7月加入中国共产党，1993年至1995年，在新疆36106部队服役；1998年4月至2002年1月，任桂溪街道办事处建设村两委成员；2002年1月至2006年12月，任建设村党支部书记兼村委会主任；2006年12月至2008年4月，任桂溪街道办事处双源社区筹备组组长、党支部书记；2008年4月至2009年12月，任三瓦窑社区党支部书记。

【成都高新区桂溪街道民乐村党支部书记廖德猛】 生于1956年8月16日，民族：汉，文化程度：高中，中共党员。1963年~1968年在民乐村小学读书；1968年至1971年，在协和中学读书；1971年至1974年，在中和中学读书；1975年在民乐村种子站工作；1981年在民乐村泥制品厂工作，先后任技术员、会计、副厂长；1984年任民乐村村委会委员；1987年任民乐村村委会主任；1993年加入中国共产党；1999年至2009年，任民乐村党支部书记。多次被成都高新区党工委，桂溪街道党工委评为优秀共产党员和先进基层工作者。

【成都高新区桂溪街道勤俭村党支部书记陈华永】 生于1954年7月7日，民族：汉，中共党员。1974年至1979年，在民乐小学当教师；1980年至1984年，在协和机砖厂任车间主任兼村支部委员；1984年至1986年，任民乐村支部委员、副村长；1987年至1999年，任民乐村党支部书记；1999年至2009年12月，任勤俭村党支部书记。

【成都高新区桂溪街道铜牌村党支部书记李忠根】 生于1962年8月5日，民族：汉，初中文化，中共党员。现任成都高新区桂溪街道办事处铜牌村党支部书记。1977年7月至1980年10月，在家务农；1980年11月至1984年11月，在51029部队服役，担任卫生员，并于1983年7月加入中国共产党；1984年12月至1988年10月，复员后退伍后，调入协和乡政府彩印厂工作；1988年11月至1992年12月，在铜牌村村委会工作，担任村委会委员；1993年1月至2009年12月，任铜牌村党支部书记。

【成都高新区桂溪街道大源村党支部书记王书义】 生于1956年12月30日，民族：汉，文化程度：高中，中共党员。1976年至1981年，服役，1979年10月入党；1987年至1989年，任和平村组织委员；1989年至1994年，任和平村村委会主任，党支部副书记，武侯区第一届人民代表；1998年在桂溪乡国土办工作；1999年至2000年，在桂溪乡从事计划生育工作，被评为先进个人，优秀共产党员；2000年8月至2009年12月，在大源村任党支部书记；2001年、2003年被桂溪街道党工委评为党建工作先进个人，优秀共产党员。

【成都高新区桂溪街道临江村党支部书记杨根】 1972年10月28日生，民族：汉，中共党员，大专学历。1995年12月参加工作，历任原双流县白家镇复兴村主办会计、复兴村村委会主任。2004年6月，复兴村、荣店村合并为白家镇临江村后，任临江村党支部书记，2006年任双流西航港街道临江村党支部书记，2008年临江村划归高新区后任成都高新区桂溪街道临江村党支部书记至2009年12月。

【成都高新区桂溪街道和平社区党支部书记李国涛（女）】 生于1973年3月19日，民族：汉，文化程度：本科，中共党员。1992年8月至1994年2月，在华西糖尿病科研所担任外勤、出纳，期间取得了会计证书；1994年3月至1994年10月，由红光村两委推荐参加了成都武侯区组织部举办的农村骨干培训班在成都武侯区党校脱产学习；1994年11月至2006年12月，在成都高新区桂溪街道红光村村委会工作，先后担任红光村村委会委员、村党支部委员、村党支部副书记职务，分管民政、妇联、计生、党建等工作。2007年1月至2007年10月，在成都高新区桂溪街道三瓦窑社区担任党支部副书记；2007年11月，支部换届，通过公推直选，当选为三瓦窑社区党支部书记；2008年4月，街办对社区书记进行了岗位交流，被调到和平社区担任党支部书记至2009年12月。被成都高新区党工委评为2003至2005年度“先进基层党务工作者”，期间取得了大专文凭；被成都高新区工委评为2007年至2009年度“优秀共产党员”，期间取得了社区管理专业本科文凭，工作期间被桂溪街道党工委评为先进工作者。

【成都高新区桂溪街道三瓦窑社区党支部书记陈治平（原桂溪街道勤俭村主任）】 生于1962年4月14日，民族：汉，文化程度：大专，中共党员。1978年7月至1980年10月，在家务农；1980年11月至1984年10月，在中国人民武装部队四川省总队阿坝支队直中队服兵役，期间加入中国共产党；1984年12月至1998年11月，分别在双流白家铸造厂、双流远兴实业公司、成都长城集团公司从事经营工作；1998年12月至2001年12月，在成都高新区桂溪乡勤俭村村民委员会担任两委成员（期间在成都市委党校学习3年）；2002年1月至2006年12月，在桂溪乡勤俭村村民委员会担任主任；2006年12月至2008年12月，在桂溪街道双源社区筹备组担任副组长、站长、勤俭村委会主任；2009年1月至2009年10月，在桂溪街道益州社区工作站担任站长兼勤俭村委会主任；2009年10月9日至12月，在桂溪街道三瓦窑社区担任党支部书记；1999年6月，被桂溪乡党委评为优秀共产党员；2000年1月，因在两个文明建设中表现突出被桂溪乡党委评为先进个人；2005年7月，被成都高新区党工委评为2003—2005年度优秀共产党员；2010年2月，被桂溪街道党工委评为

2009年度招商引资工作先进个人；2010年7月，被桂溪街道党工委评为2009—2010年度优秀共产党员。

【成都高新区桂溪街道双源社区党总支书记严雨坤】 生于1963年6月20日，民族：汉，文化程度：高中，中共党员。1981年10月至1985年9月，在新疆36137部队81分队服役，任班长及代理排长。同时，被团部推荐到新疆北疆军区伊犁军事院校学习；1985年10月至1989年10月，在原成都高新区桂溪乡政府党办工作，任纪检信访干事。同时，被选任为纪委委员；1989年11月至1991年10月，挂职锻炼，任和平村党支部书记；1991年11月至1994年10月，任三瓦窑街道劳动就业所所长；1994年11月至1996年10月，在成都高新区桂溪乡政府工作，任政府办副主任兼招商办主任；1996年11月至1998年10月，代表成都市武侯区、桂溪乡政府，任西南食品城管委会主任；1998年11月至1999年10月，任成都市武侯区火车南站街道办事处国有资产所所长兼招商办主任；1999年11月至2001年10月，任成都市劳务服务公司总经理；2001年11月至2008年4月，成都高新区桂溪街道任和平社区党支部书记；2006年11月28日，当选为成都市武侯区第五届人大代表；2008年4月至2009年12月，任成都高新区桂溪街道双源社区党总支书记；1981年10月至1985年9月，在部队服役期间，荣获连级嘉奖3次，营级嘉奖2次，团级嘉奖1次，被全团树立为雷锋标兵战士；1986年被评为成都市金牛区优秀纪检员；1987年被评为成都市纪检信访优秀干部和先进个人；1988年被四川省纪委评为优秀纪检干部和先进个人；1990年被成都市武侯区区委、区政府评为农村基层党组织优秀党支部书记；1993年、1994年连续两年被成都市、武侯区劳动局评为劳动就业所优秀所长；2002年被成都高新区党工委评为优秀共产党员；2003年被桂溪街道办事处评为民政工作先进个人；2004年、2005年连续被桂溪街道工委评为优秀党员；2006年7月，被成都高新区党工委组织部评为优秀基层党支部书记；2007年被成都高新区评为优秀党支部书记。2008年被桂溪街道办事处评为综治维稳工作先进个人；2009年被桂溪街道办事处评为司法工作先进个人。

村委会、社区居委会主任简介

【成都高新区桂溪街道永安村村委会主任王开惠】 生于1954年11月5日，民族：汉，初中文化，中共党员。2009年任成都高新区桂溪街道办事处永安村村委会主任。1974年至1978年在84763部队服役任战士；1987年至1992年在永安村工作，任企办主任；1992年至1998年在永安村农业办公室任主任；1998年至2002年任永安村村委会副主任；2002年至2009年12月，任永安村村委会主任。

【成都高新区桂溪街道和平村村委会主任符顺福】 生于1954年7月25日，民族：汉，文化程度：初中，中共党员。2009年任成都高新区桂溪街道办事处和平村村委会主任。1988年，担任和平村六组组长至2004年12月31日；1992年，被选举担任和平村副村长至1998年；1998年，被选举担任和平村村长至2009年12月；1995年，加入中国共产党，多次被评为街道办先进个人、区先进个人等荣誉。

【成都高新区桂溪街道红光村村委会主任徐正根】 生于1953年2月1日，民族：汉，文化程度：初中，中共党员。2009年任成都高新区桂溪街道办事处红光村村委会主任。1974年5月任红光村团支部三分支委员，武装民兵；1976年加入中国共产党，1977年1月，被选为村党支部委员直到1998年10月；1987年5月至1994年10月，被选为村党支部委员，村委会副主任；1998年11月，被选为红光村村民委员会主任，红光村党支部委员至2009年12月。

【成都高新区桂溪街道石墙村村委会主任廖泗河】 生于1952年8月25日，民族：汉，文化程度：初中，中共党员，1995年12月，被石墙村村委会选举为主任，并连任至2009年。1976年当选石墙村三组第一作业组组长；1979年当选石墙村三组组长1984年当选石墙村村委会委员；1992年当选武侯区第二届人大代表；1993年当选石墙村村委会委员；1995年当选石墙村村委会主任，并继续担任三组组长；1997年当选成都武侯区第三届人大代表，同年加入中国共产党；1998年当选石墙村村委会主任至2009年12月。

【成都高新区桂溪街道民乐村村委会主任高兴贵】 生于1964年5月3日，文化程度：初中，中共党员。1984年至1987年，任民乐村团支部书记；1987年至2002年，任民乐预制厂会计，同时担任民乐村二社社长；2002年任民乐村委会主任至；多次被桂溪街道办事处评为先进基层工作者。

【成都高新区桂溪街道铜牌村村委会主任高冬】 生于1975年11月30日，民族：汉，大专学历，中共党员，2009年任成都高新区桂溪街道办事处铜牌村村委会主任。1995年12月至1998年4月，在53508部队服役；1998年4月至1998年11月，在海军陆战队服役；1998年12月至1999年7月，在家待业；1999年8月至2001年12月，担任铜牌村党支部委员兼团支部书记；2002年1月起任铜牌村党支部副书记和村委委员兼团支部书记；2005年3月22日，当选铜牌村党支部副书记、铜牌村村委会主任至2009年12月。1998年6月至9月，参加“九八长江抗洪抢险”；1996年4月，获“连嘉奖”；1996年、1998年被评“优秀士兵”；1999年被评为“村先进党员”；2000年被评为“乡先进党员”；2001年被评为“乡先进党务工作者”；2002年6月，参加成都高新区国土局组织的“国土知识竞赛”并取得第一名；2002年被桂溪街道办事处评为“先进团干部”、“先进国土工作员”；分别在2003年、2005年、2007年、2009年四次被成都高新区党工委评为“优秀共产党员”；2004年被桂溪街道办事处评为“土地管理及征地拆迁先进个人”。

【成都高新区桂溪街道大源村村委会主任高世成】 生于1957年1月7日，文化程度：初中，中共党员。1983年3月至1987年，任大源村副主任。1988年至1998年，任大源村支部委员. 1999至2009年12月，任成都高新区桂溪街道办事处大源村村委会主任。

【成都高新区桂溪街道临江村村委会主任张朝忠】 生于1961年3月27日，民族：汉，中专学历，双流县第十五、十六届人大代表。1985年1月，参加工作，历任原双流县白家镇荣店村村委委员、村主办会计、村委会主任。2004年6月，复兴村、荣店村合并为白家镇临江村后任村委会主任；2006年，任西航港街道临江村村委会主任、2008年9月至2009年12月，任成都高新区桂溪街道临江村村委会主任。

【成都高新区桂溪街道和平社区居委会主任张庆】 生于1960年3月10日，民族：汉，文化程度：大专，中共党员。1979年11月，应征入伍，在四川万县市武警部队服役，担任班长，任武警集训队军事教员。1982年5月，加入中国共产党。在部队期间，因军事技术过硬，表现好，受到部队7次嘉奖。1983年11月，退伍。1984年4月，被调到成都武侯区桂溪乡政府工作，担任工业公司副经理。1987年8月，调到桂溪乡财政所工作。1996年7月，调入成都高新区桂溪乡政府企业办公室工作。2000年7月至2001年，在和平小区居委会筹备办公室担任负责人。2002年担任和平社区支部纪检委员，居委会主任。1992年7月，被桂溪乡机关支部评为“先进党员”。1993年10月，分别荣获成都市人民政府、武侯区政府“创建工作优秀个人”、“先进个人称号”。1994年9月，被成都市武侯区桂溪乡政府评为“尊师重教先进个人”。1995年5月，被成都市武侯区政府税收、财务、物价大检查办公室评为先进个人。1998年被桂溪乡政府评为“两个文明”建设先进个人、“优秀共产党员”。2003年被桂溪街道办事处评为“非典”防治工作先进个人。2003年7月，被桂溪街道党工委评为2002度“优秀共产党员”。2005年7月，被成都高新区党工委评为2003年度和2004年度“优秀共产党员”。2006年2月，荣获第五届人民代表换届选举先进个人。2008年1月，被桂溪街道办事处评为2007年度防洪工作、就业工作先进个人。2008年12月，被成都市高新区残联评为优秀残疾人工作者。2009年4月，被成都市政府评为“创建全国文明城市先进个人”。2009年1月，被桂溪街道办事处评为2008年度“综治维稳工作先进个人”。

【成都高新区桂溪街道三瓦窑社区居委会主任李后全】　生于1969年10月7日，民族：汉，文化程度：大专、中共党员。1969年10月7日，出生于成都市双流县中和镇建设村4组；大专文化程度。1988年1月至2002年，从事机械设备行业；2002年至2006年12月16日，担任建设村四组组长、村委会主任；2006年至2009年10月9日，担任三瓦窑社区居委会主任；2009年，担任双祥社区筹备组组长。2006年荣获成都市武侯区人大代表换届选举先进个人奖。

【成都高新区桂溪街道双源社区居委会主任胡华英】　女，生于1963年12月12日，民族：汉，文化程度：大专，中共党员。1989年至1994年，任桂溪乡双土村十一组组长，兼村计划生育专干；1995年至2006年经选举任桂溪街道双土村村委会主任；2006年12月，村集体资产处置后，调到桂溪街道双源社区筹备组任副组长；2007年经选举任双源社区党总支部副书记、居委会主任至2009年；1995年至2006年，曾多次被桂溪街道办事处评为“优秀共产党员、先进个人”；2006年被桂溪街道办事处评为“优秀党务工作者”；2007年被成都高新区党工委、管委会评为“成都高新区优秀社区工作者”；2007年被桂溪街道办事处评为“财务管理工作先进个人”；2008年被桂溪街道办事处评为“文明城市创建工作先进个人”；2009年被桂溪街道办事处评为“城乡环境综合整治工作先进个人；2009年至2010年，被成都高新区党工委、管委会评为“创建全国文明城市工作先进个人”；2009年至2010年，被桂溪街道办事处评为“优秀共产党员”。

【成都高新区桂溪街道永安社区工作站副站长魏尤年】　生于1972年2月12日，民族：汉，文化程度：大专，中共党员。1992年12月至1993年3月，在北京武警总队训练基地服役，1993年至2000年，在武警射击队服役；2000年至2005年，武警总队后勤部服役；2005年至2007年11月，在石岭房产办公室任主任；2007年11月至2009年1月，任益州社区筹备组负责人；2009年1月至12月，任永安社区工作站副站长；1993年3月被北京武警总队四支队评为“学雷锋标兵”；1995年荣立三等功；1998年荣获优秀士兵称号；2008年至2009年，荣获桂溪街道办事处招商引资先进个人。

【成都高新区桂溪街道益州社区工作站副站长罗王军】 生于1982年4月2日，民族：汉，：学历：本科，中共党员。2001年至2005年就读于四川农业大学农业资源与环境工程专业，在校期间先后被评为“四川农业大学优秀团员”、“四川农业大学优秀大学生”和“四川农业大学优秀毕业大学生”等称号。2005年9月通过考试，参加成都市首批“一村（社区）一大”志愿服务计划，分配至桂溪街道和平社区劳动保障站工作；2006年7月调至桂溪街道办事处任劳动监察；2007年6月调至桂溪街道党政办从事文明城市创建、工青妇等工作；2009年3月通过公开竞聘，成为桂溪街道益州社区工作站副站长；2009年10月起主持益州社区工作站全面工作。荣获“2008年度成都市抗震救灾优秀共青团干部”、“成都市抗震救灾优秀志愿者”、“成都高新区创建全国文明工作先进个人”、“桂溪街道2008年度文明城市创建工作先进个人”和“桂溪街道2009年度社区服务工作先进个人”等荣誉称号。

【成都高新区桂溪街道南新社区工作站副站长陈近】 生于1977年，民族：汉，学历：本科，中共党员。1997年8月至2006年5月，在成都市第九幼儿园工作，工作期间多次被评为优秀教师，在1998年参加成都市幼儿教师风采赛中获三等奖；写文章《从瑞吉欧教育体系的角度看幼儿园体育活动存在的问题》获2003年成都市金牛区第七届教育科研优秀成果二等奖；2006年6月至2007年10月，在成都高新区桂溪街道办事处就业所工作；2007年11月至2009年12月，在高新区桂溪街道南新社区工作站任站长；曾荣获2006年度街道优秀工作人员、2008年度街道招商引资优秀个人、2009年度街道文化建设优秀个人。

（本分目内容供稿单位：党政办）

站、所、学校领导简介

【成都高新区桂溪街道三瓦窑派出所所长门建新】 男，1963年10月出生，民族：汉，共产党员，本科学历，一级警督。1997年12月，任成都市公安局高新区分局三瓦窑派出所副所长兼刑警队长，2004年11月，任石羊场派出所副所长兼刑警队长，2005年5月，任刑侦署刑事侦察大队大队长，2007年4月，任三瓦窑派出所所长（2009年8月下旬调出）。

（潘　茜）

【成都高新区桂溪街道三瓦窑派出所教导员李永辉】 男，1962年11月出生，民族：汉，大学文化，中共党员。1979年11月参加工作，一级警督。2007年9月，任副处级侦察员，现任三瓦窑派出所政治教导员。李永辉同志从1996年5月至2009年12月，先后任高新分局治安大队副大队长、大队长；分局公共信息网络安全监察科科长；三瓦窑派出所教导员等职务。

（潘　茜）

【成都高新区桂溪街道新益州派出所所长叶祥渝（2007年～2009年）】 男，1963年4月出生，民族：汉，本科学历，中共党员，一级警督。1982年8月至1992年7月，在成都市公安局交警支队三大队任民警；1992年7月至1996年6月，在成都市公安局政治部任副科级侦察员；1996年6月至2000年1月，在成都市公安局高新分局巡警大队任副大队长；2000年1月至2003年5月，在成都市公安局高新分局治安大队任教导员；2003年5月至2007年4月，在成都市公安局高新分局芳草街派出所任教导员；2007年4月至2009年8月，在成都市公安局高新分局新益州治安派出所任所长。2006年10被市局记个人三等功一次。

（周 璟）

【成都高新区桂溪街道新益州派出所所长周又光】 男，1964年2月出生，民族：汉，本科学历，中共党员，一级警督。1980年8月至1989年12月，在成都市青白江区龙王、玉虹中学任教师；1989年12月至2005年6月，在成都市公安局青白江区分局任民警；2005年6月至2007年4月，在成都市公安局高新分局肖家河派出所任民警；2007年4月至2009年8月，在成都市公安局高新分局新益州治安派出所副所长；2009年8月至2009年12月，在成都市公安局高新分局新益州治安派出所任所长。2007年3月，被成都市公安局、成都市教育局评为“成都校园卫士”；2009年11月因在国庆暨西博会安保工作突出被成都市公安局嘉奖一次。

（周 璟）

【成都高新区桂溪街道新益州派出所教导员杨顺刚（2007年～2009年）】 男，1969年7月出生，民族：汉，本科学历，二级警督。1989年10月至1994年4月，在成都市公安局防暴支队一大队任民警；1994年4月至1996年6月，在成都市公安局防暴支队城管治安队任民警；1996年6月至1997年12月，在成都市公安局高新分局治安大队一中队任中队长；1997年12月至2000年1月，在成都市公安局高新分局三瓦窑派出所任副所长；2000年1月至2001年7月，在成都市公安局高新分局芳草街派出所任副教导员；2001年7月至2003年5月，在成都市公安局高新分局芳草街派出所任教导员；2003年5月至2007年4月，在成都市公安局高新分局治安大队任教导员；2007年4月至2009年7月，在成都市公安局高新分局新益州治安派出所任教导员。

（周 璟）

【成都高新区桂溪街道新益州派出所教导员骆永红】 男，1969年10月出生，民族：汉，硕士研究生，中共党员，三级警督。1992年7月至1995年7月，在四川省营山县消水中学任教师；1997年7月至1998年7月，在成都市青白江区教师进修学校任教师；2001年8月至2002年10月，在成都市公安局交警支队政治处任民警；2002年10月至2006年3月，在成都市公安局政治部队建处民警；2006年3月至2009年7月，在成都市公安局高新分局政治处任民警；2009年7月至2009年12月，在成都市公安局高新分局新益州治安派出所教导员。2006年6月，因在能手竞赛活动中宣传工作突出被成都市公安局嘉奖一次；2008年3月，被肖家河街道办事处评为二〇〇七年度文化工作先进个人；2008年11月，因在维稳处突中成绩突出被成都市公安局嘉奖一次；2009年2月，被共青团成都市委评为2008年度成都市“优秀团干部”；2009年7月，因2006~2008连续三年优秀公务员被市局记个人三等功一次。

（周 璟）

【成都高新区桂溪街道新会展派出所所长魏勇】 男，1968年6月出生，民族：汉，本科学历，中共党员，一级警督。1984年12月至1990年7月，在成都市公安局交警支队一大队工作；1990年7月至1998年12月，在成都市公安局三处治安大队工作；1998年12月至2000年8月，在成都市收容所教育所、强制戒毒所工作；2000年8月至2002年10月，在成都市公安局三处治安大队工作；2002年10月至2009年12月，在成都市高新区公安分局新会展派出所任所长。1991年在围歼7.17持枪抢劫凶犯战斗中因表现突出，成都市人民政府颁发荣誉证书，市公安局记个人三等功一次；1992、1995、1997年度因工作成绩突出受到市公安局三处嘉奖；1992年被评为市级机关、市公安局优秀团员；1993、1994、

1998年度因工作成绩突出受到市公安局嘉奖；2003年当选四川省青联十一届委员会委员；2003年至2005年度被高新区党工委评为优秀共产党员；2004年在成都市公安局举办的“五长”比武竞赛中表现突出，受到高新分局嘉奖；2009年10月，在“西博会”安保工作中派出所纪集体三等功。

（李　非）

【成都高新区桂溪街道新会展派出所教导员周朝晖】　男，1968年5月出生，民族：汉，本科学历，中共党员，一级警督。1985年10月至1989年2月，在武警涪陵支队服役；1989年10月至1991年8月，在成都市公安局巡警支队工作；1991年8月至1996年6月，在成都市锦江分局工作；1996年6月至2009年12月，在成都市高新分局新会展派出所任教导员。2007年度被评为市政府防邪工作先进个人。

（李　非）

【成都高新区桂溪街道卫生服务中心主任熊伟】　生于1974年9月12日，籍贯：四川达州。学历：本科。1994年7月至1999年7月在四川省达州市宣汉县华景计划生育技术服务指导站任医生、站长；1999年8月至2002年4月，在四川省达州市宣汉县人民医院临床外科任医生；2002年5月至2005年4月，在成都市锦江区书院街社区卫生服务中心担任主任；2005年5月至2007年4月，在成都市武侯区火南社区卫生服务中心担任主任；2007年5月至2007年8月，在成都市武侯区红牌楼社区卫生服务中心担任副主任；2007年9月至2008年3月，在成都高新区石羊社区卫生服务中心担任副主任；2008年4月至2009年12月，在成都高新区桂溪社区卫生服务中心担任主任；曾获得“中英贫困医疗救助项目（UHPP）”先进集体、先进个人奖励。

【成都高新区桂溪街道卫生服务中心副主任黄勇】　生于1967年1月2日，籍贯：四川成都市，学历：本科。1990年7月至2007年3月，在成都普天电缆股份有限公司医院担任医师、主治医师、院长助理等职。期间于2003年1月至2007年3月，在成都高新区卫生防疫所担任医政科、学校卫生科科长；2007年3月至2007年11月，在成都现代医院担任医务科科长、门诊部主任、急诊科主任；2007年11月至2009年12月，在桂溪社区卫生服务中心担任副主任。

（陈　燕）

【成都高新世纪城南路学校筹备组组长高坚】　生于1963年10月14日，中共党员，双大专学历，中学数学高级教师。1984年8月至1987年7月，在双流县红石中学（现改名为金桥中学）任数学教师，1985年9月至1987年7月，担任学校团总支书记；1987年8月至1992年7月，在成都电视设备厂子弟校任数学教师，其中1987年至1990年任初1990级二班班主任，1990年至1992年任学校团总支书记、厂团委委员；1992年8月至1997年7月，在成都高新中学任数学教师，1992年至1995年，担任学校政教处主任，1995年至1997年，担任学校教务处副主任，1994年至1995年，担任成都市市属中学政教第一片副片长；1997年8月至2009年12月，在成都高新实验中学任数学教师，并担任教务处副主任、主任；1996年9月至1998年8月，任高新区中学中心教研组组长、区数学教研员，1998年9月至2000年8月，担任高新区中心教研室中学理科组组长、区数学教研员。2007年3月至2009年7月，成都市教育局安排，由高新区派到都江堰市支教，任都江堰市驾虹九年制学校校长。2009年8月，任成都高新世纪城南路学校筹备组组长。1995至1996学年度学校中青年教师赛课获一等奖；1996至1997学年度高新区首届教育教学论文评奖中，论文《课堂提问的方法》获三等奖，并在该年度获成都市优秀论文三等奖；1997年获高新区优秀教师称号；1999年论文《数学课堂教学中如何体现以人为本的学生观》和《搞好中小学数学教学衔接工作的一些想法》分获成都市优秀论文二等奖和三等奖；1998年至2001年负责学校区省级科研课题《中小学衔接中双边教育行为目标的确定和实施办法》的子课题研究工作（已于2001年结题）；2000年获高新区优秀教育工作者称号；2001年获高新区优秀共产党员称号；2006年3月，作为主研人员参加学校《学科教研组在研究性学习中的地位和作用》课题研究，获成都市首届基础教育课程改革优秀成果二等奖。2008年7月获都江堰市胥家镇抗震救灾先进个人称号；2008年9月获成都市教育系统抗震救灾先进个人称号；2008年、2009年连续两年评为都江堰市优秀校长；2009年评为高新区优秀支教教师。

（余　峰）

【成都高新世纪城南路学校筹备组副组长李久林】　生于1963年11月，汉族，北师大研修生学历，小学高级教师。1981年7月至1985年7月，在磨子桥学校工作；1985年7月至1996年7月，在三瓦窑学校工作，任学校大队辅导员；1996年7月至2000年7月，在成都高新区桂溪中心校工作，任副校长；2000年7月至2009年7月，成都高新区桂溪第二小学工作，任校长、党支部书记。获得高新区优秀青年教师；高新区优秀德育工作者；高新区优秀共产党党员；高新区优秀校；成都市优秀校长。

（余　峰）

【成都高新和平学校校长、党支部书记邓铭】　生于1963年2月，汉族，中共党员。2003年7月，起任成都高新和平学校校长、党支部书记，主持学校工作。中学高级教师，北师大教育管理研究生课程进修班结业。先后被评为成都市优秀教育工作者、成都市十佳班主任、成都市优秀青年教师、成都市学科带头人、武侯区优秀教师、武侯区优秀青年教师、高新区优秀共产党员、高新区优秀教育工作者。

（廖有俊）

【成都高新和平学校党支部副书记廖有俊】　生于1963年7月，汉族，中共党员。2003年9月起任成都高新和平学校党支部副书记，分管学校德育及安全工作。小学高级教师，北师大教育管理研究生课程进修班结业。先后被评为成都市优秀中小学校长、成都市优秀教育工作者、成都市优秀德育先进工作者、高新区优秀教育工作者、高新区优秀党员、高新区优秀中小学校长、桂溪街道优秀党员。

（廖有俊）

【成都高新和平学校副校长林淑琼（女）】　生于1964年1 月，中共党员。2008年9月，起任成都高新和平学校副校长，分管学校教学工作。中学高级教师，北师大教育管理研究生课程进修班结业。先后被评为四川省德育工作先进工作者、四川省青年骨干教师、高新区优秀党员、高新区优秀党务工作者、高新区师德标兵、高新区学科带头人。

（廖有俊）

【成都高新大源学校校长于建】　生于1961年12月，民族，汉。籍贯河南1985年8月入党，1978年7月至1982年7月，四川师范学院本科毕业。1982年9月至1989年7月，在乐山市五通桥竹板中学任校团委书记、教导处副主任；1989年9月至2002年8月，在乐山市五通桥中学任团委书记、政教主任、教务主任、教科室主任、副校长兼党总支副书记；2002年8月至2008年9月，在成都高新实验中学任副校长；2008年9月至2009年5月，在成都玉林中学任副校长主持肖家河校区工作；2009年5月至2009年12月，在成都高新大源学校任副校长主持学校全面工作兼党支部书记。2005年评为成都市安全保卫工作先进个人；教学业绩科研论著情况《中学教师继续教育远程机制实践研究》获四川省教学成果三等奖；《努力创造良好的育人环境》获市教科所二等奖；《数学教学中重视学生创造性思维培养》获市一等奖；《浅谈考试与考试评价》获市一等奖；《信息化进程中教育技术发展研究》获中古教育技术一等奖；《学科教研组在研究性学习中的地位和作用》获市一等奖。

（张　圆）

【成都高新大源学校副校长（成都市武侯区人大代表）杨中亚（女）】　出生年月，1960年12月，籍贯，四川大竹。1979年至1981年四川省大竹师范学校毕业。1981年8月至1983年8月，在大竹县人和学校任教；1983年8月至1992年8月，在大竹县城东中学任教（1984年任教导主任，1988年9月至1990年6月，达县教育学院中文系离职学习）；1992年8月至2000年8月，在四川省大竹县实验小学任教；　2000年8月至2009年11月，成都高新区石羊小学任校长；2002年9月至2004年6月，北京师范大学教育经济管理研究生课程班结业；2003年9月至2005年6月，四川大学行政管理学院学习本科毕业，当选为成都武侯区第四届和第五届人民代表，2006年9月，被成都高新区纪工委和监察局聘请为成都高新区党风、政风监督员，2009年被成都高新法院聘为监督员；2009年12月至今任高新大源学校副校长。1998年8月被评为四川省首批特级教师后备人选；1998年9月被教育部评为被评为“全国优秀教师”；2002年9月，被评为高新区“优秀教育工作者”；2003年7月及2005年7月，均被评为高新区“优秀共产党员”；2005年3月，被评为成都市“环保教育先进个人”；2007年7月，被高新区党工委表彰为2005至2007年度“优秀共产党员”；2007年12月，被成都高新区社会事业局表彰为街道教育发展特别奖先进个人。

（张　圆）

【2009年成都高新工商局石羊工商所所长刘毅盛】　生于1976年10月文化程度：大学。1992年12月参加工作，1992年12月至1998年6月，在成都市龙泉驿区工商局工作 1998年6月起在成都市高新工商局工作，2006年6月至2009年4月，任成都市工商局工商公平交易执法分局执法科副科长，2009年4月至2009年12月任成都市高新工商局石羊工商所所长。

（李　艺）

【2009年成都高新工商局石羊工商所副所长李艺】　女，生于1971年9月6日，文化程度：本科。1988年参加工作，1998年12月至1997年4月，在成都市工商局工作。1997年4月起在成都市高新工商局工作。2006年6月至2009年12月任成都高新工商局石羊工商所副所长。

（李　艺）

【2009年成都高新区国税局税源管理二处副处长黄至】　生于1972年12月，汉族，四川成都人，大学学历，1993年12月参加工作，2000年7月入党。1993年12月至1996年5月，任成都市武侯区国家税务局办事员；1996年5月至1998年5月，任成都高新区国家税务局稽查局办事员；1998年5月至2005年10月，任成都高新区国家税务局稽查局稽查科副科长、科长，2005年10月至2009年12月，任成都高新区国家税务局税源管理二处副处长，负责该处全面工作。

（付　斌）

【2009年成都高新区国税局税源管理二处副处长葛正华】　生于1967年12元，汉族，四川成都人，研究生学历，1985年12月参加工作，2000年5月入党。1985年12月至1998年12月，历任双流国税局科员、副主任科员、主任科员，1998年12月至2009年8月，历任双流国税局税务所副所长、所长、副分局长、科长、分局长，2009年8月起任成都高新区国家税务局税源管理二处副处长。

（付　斌）

【2009年成都高新区地税局第一直属分局管理四科科长谭丽霞】　女，生于1971年9月6日，文化程度：本科，党员。1990年3月，入伍在中国人民解放军87433部队担任卫生员。1991年3月至1992年9月，在成都军区药材库担任通讯员。1992年9月至1994年7月，在成都军医学院学习。1994年7月至1997年12月，在西藏军区总医院工作。1998年1月至2003年7月，在成都军医学院工作。2003年10月转业到成都高新区地方税务局工作，2006年至2009年担任管理四科科长。2009年被成都高新区管委会评为“优秀党员”。

（谭丽霞）

【2009年成都高新区南区供电所所长程亮】　男，生于1981年12月，学历：大专。2002年7月毕业于四川电力职业技术学院；2002年3月至2004年11月，高新供电局桂溪供电所工作，任专职电工；2004年11月至2007年3月，高新供电局合作供电所工作，任实收专责；2007年3月至2008年9月，高新供电局合作供电所工作，任营销专责；2008年9月至2009年12月，在成都高新供电局桂溪供电所工作，任供电所所长。

（田科娜）

有贡献人员

【宋荣娥】　女，生于1962年5月12日，民族：汉，籍贯：山西省洪洞县，中共党员，现在成都高新区桂溪街道办事处综合治理办公室任综治干事（主任科员）。1998年毕业于凉山警察学校法律专业（大专——在职教育）。1980年12月至1992年9月，在四川省得荣县公安局任公安干警；1992年9月至1995年8月，在四川省巴塘县公安局任二级警司；1995年8月至1998年8月，在四川省巴塘县公安局任一级警司；1998年8月至2002年9月，成都高新区桂溪乡人民政府任副主任科员；2002年8月至2009年12月在成都高新区桂溪街道办事处综合治理办公室任综治干事（主任科员）；1991年被甘孜州人民政府颁证办、州公安局评为“先进工作者”；1996年1月，被巴塘县县委、县人民政府评为“先进工作者”；在2009年6月，宋荣娥被四川省禁毒委评为“2008年《禁毒法》集中宣传行动优秀禁毒志愿者”。

图53：宋荣娥

在成都高新区桂溪街道办事处综合治理办公室任综治干事期间，她严格按照相关要求，对吸毒人员的基础信息、尿检情况、美沙酮替代治疗情况、近期表现情况、谈话情况、参加活动情况、康复情况等统一编码，及时进行登记，建立健全了社区戒毒（社区康复）个人档案；并将社区戒毒（社区康复）手册分为社区戒毒和社区康复及工作手册。

在做好本职工作的同时，利用业余时间，积极为吸毒康复人员寻求再就业培训的机会。她联系设立了社区戒毒（社区康复）人员家电维修技能培训点，并找专人定期对他们进行专业培训。同时，她努力在辖区内做好相关企业的思想工作，广泛宣传社区戒毒（社区康复）的意义，积极为吸毒康复人员储备就业岗位，解除吸毒康复人员及其家属的后顾之忧。她力争做到"戒毒1人、稳定1人，康复1人、平安1家"的禁毒志愿目标。并结合辖区实际，因地制宜的推进社区戒毒（社区康复）试点工作，组建成立了"桂溪街道禁毒志愿者服务队"，组织开展日常的禁毒志愿服务工作。她不断深化桂溪"小手拉大手"品牌，广泛开展禁毒宣传活动。

在2008年11月28日，她积极组织禁毒志愿者开展《禁毒法》集中宣传进社区活动。参与的禁毒志愿者达60余人次，悬挂禁毒横幅5条，展出宣传展板35张，散发各类宣传材料3000余份，受教育群众达5000余人。2008年12月8日，她又组织街道综治办、工、青、妇、卫生等部门志愿者深入新华职业技术学院开展了以"参与禁毒斗争，构建和谐社会"为主题的宣传活动。此次活动特邀请了高新公安分局禁毒大队，将新型毒品冰毒、K粉、麻古带到现场，对学生进行了耐心细致的讲解。宣传活动共出动禁毒志愿者35人次，展出展板30张，发放宣传手册、禁毒宣传扑克1000余份，受教育青少年3000余人次。2008年11月1日至12月15日，充分利用其亲和力优势积极配合、协调相关部门，组织志愿者宣传队深入家庭、公共场所和文化娱乐场所、农村以广播、放电影等形式广泛宣传禁毒的基本知识及其危害，特别是新型毒品的知识及危害，让广大人民群众提高识毒、防毒和拒毒的能力。在2009年6月26日"国际禁毒日"前后，她积极深入辖区开展"珍爱生命 拒绝毒品"万人签名活动，毒品知识竞赛活动，以直观的形式对广大群众进行宣传。宣传活动取得了极大效果，获得了群众的广泛认可。

她和桂溪辖区的禁毒志愿者行动小组积极参与由派出所、社区干部、单位领导和家庭成员组成的"四位一体"帮教小组，根据戒毒人员的具体情况和特点，对其全方位、多角度的帮教，用真心、爱心去教育他们，用耐心、热心去感染他们，使他们逐步摆脱毒品，走向新生。

（张景山）

【岳炳瑞】 男，生于1964年6月16日，汉族。1983年10月考入成都印染厂，长期从事宣传和技术工作，1986年8月人民日报新闻函授中心毕业，1987年至1990年——分别担任香港经济导报西南办事处首席摄影记者，经济文汇报经理部首席摄影记者，海南经济报成都办事处记者部主任首席摄影记者，专门负责广交会特刊的图片资料采访。1996年创办海韵彩扩部。2001年6月获得中华人民共和国国家中级注册摄影师职称。2006年创办具有自己特色的摄影工作室"成都高新区岳炳瑞数码摄影工作室"。

图54：岳炳瑞

2007中国西部TOPONE精英模特大赛总摄影顾问，摄影团主席，2009海南七仙女选秀总摄影师，2009西模中国超模大赛摄影团主席，总摄影顾问，2009亚洲小姐川渝赛区总决赛评判长。

四川省青年摄影家家协会会士，成都市摄影协会会士，资深模特赛事策划，模特形体培训，造型指导，影像指导专家，国际巨星刘德华师傅变脸大师彭登怀指定摄影师，中江表姐景雯老师指定摄影师，巴蜀笑星，媒体名主持人指定摄影师。

作品《蜗牛》获2009年佳能优秀奖，作品《天府新广场》获2009新年新面貌三等奖，作品《梦里水乡》获城市摄影大赛优秀奖，个人被评为中国西部TOPONE精英模特大赛最佳摄影贡献奖。

（张景山）

获奖集体和个人

【成都高新区桂溪街道集体获奖情况】 2009年桂溪街道集体受四川省级部门表彰1项，成都市市委政府、成都警区、成都市总工会表彰各1项，受成都市级部门奖励8项，受成都高新区党工委、管委会表彰6次。

表13：四川省级部门表彰统计表

表彰单位	受表彰单位	文号	内容	时间	备注
四川省禁毒委员会办公室	桂溪街道办事处	川禁毒办发[2009]18号	社区戒毒（社区康复）工作省级示范点	2009年5月	奖牌及文件

表14：成都市委市政府、市政府表彰情况统计表

表彰单位	受表彰单位	文号	内容	时间	备注
成都市委、市政府	桂溪街道办事处	成委发[2009]16号	创建全国文明城市工作先进集体	2009年4月	奖牌、证书及文件
成都市总工会	桂溪街道总工会		抗震救灾、重建家园“工人先锋号”	2008年9月	奖牌（2009年领取，未计入2008年考核加分）
成都警备区	桂溪街道人民武装部		抗震救灾先进单位		

表15：成都市级部门表彰情况统计表

表彰单位	受表彰单位	文号	内容	时间	备注
共青团成都市委、成都青年志愿者协会	桂溪街道志愿服务总队		2008年度成都青年志愿者行动先进集体	2009年3月	证书
成都市城市管理局	桂溪街道办事处	成城发[2009]15号	成都市2008年度城市生活垃圾处理收费先进集体	2009年1月	奖牌及文件
成都市绿化委员会	桂溪街道办事处	成绿委[2009]2号	成都市2008年度绿化工作先进单位	2009年2月	证书及文件

表彰单位	受表彰单位	文号	内容	时间	备注
成都市扬尘整治工作指挥部	桂溪街道办事处		成都市2008年度扬尘整治工作先进单位	2009年2月	奖牌
成都市“巾帼建功”活动领导小组	桂溪街道办事处社会事务服务中心	成建功发[2009]3号	成都市第八届“巾帼文明岗”荣誉称号	2009年9月	奖牌及文件
成都市劳动和社会保障局办公室	桂溪街道办事处劳动保障所核查点	成劳社办[2009]462号	2009年度社会保险待遇领取资格核查工作“优质服务核查点”	2009年12月	证书及文件
成都市关心下一代工作委员会	桂溪街道党工委	成关委[2009]15号	成都市关心下一工作先进组织	2009年12月	文件
成都市质量技术监督局	桂溪街道办事处	成质监食[2009]53号	关于表彰2009年食品生产加工领域质量安全监管工作先进单位(集体)和先进个人的通报	2009年12月	文件

(本条目供稿单位:党政办)

表16:成都高新区党工委、管委会表彰情况统计表

表彰单位	受表彰单位	内容	时间	备注
中共成都高新区工委、成都高新区管委会	桂溪街道办事处	2008年度高新区信访工作先进集体	2009年2月	奖牌
中共成都高新区工委、成都高新区管委会	桂溪街道办事处	2008年度高新区防邪工作先进集体	2009年2月	奖牌
中共成都高新区工委、中共成都市武侯区人民武装部委员会	桂溪街道办事处	2007-2008年度国防教育先进单位	2009年2月	奖牌
成都高新区管委会、成都市武侯区人民武装部	桂溪街道办事处	2008年度征兵工作先进单位	2009年2月	奖牌
中共成都高新区工委办公室	桂溪街道办事处	高新区创建全国文明城市工作先进集体	2009年8月	文件、奖牌
成都市武侯区人民武装部、成都高新区管委会办公室、成都高新区社会事业局	桂溪街道办事处	2008年度民兵军事训练先进单位	2009年2月	奖牌

(本条目供稿单位:党政办)

【桂溪街道受上级表彰的先进个人】

宋荣娥:2009年3月被团中央、国家禁毒委员会办公室、中国禁毒基金会评为“全国2008年《禁毒法》集中宣传行动优秀禁毒志愿者”

黄　涛:2009年被成都市政府评为“成都市抗震救灾先进个人”。

谭伯祥:2009年被成都市地方志编纂委员会成都市地方志编纂委员会评为“修志工作先进个人”。

张景山:2009年被成都警备区评为“抗震救灾先进个人”。

罗王军:2009年被共青团成都市委、成都青年志愿者协会评为“共青团成都市委抗震救灾优秀共青团干部、成都市志愿服务工作委员会成都市抗震救灾优秀志愿者”。

郭　科:2009年被成都高新区管委会评为“高新区抗震救灾对口援建工作先进个人”。

张景山、李天福、刘剑、崔静彧、辜建、袁凌在2009年荣立成都市武侯区武装部个人三等功。

(本条目供稿单位:党政办)

【桂溪街道优秀公务员】

王子琦、瞿蓉芳、李从节、李婷、张琼、郭科、徐爱武、何顺燕、周学儒、谢名清

【桂溪街道2009年度先进集体】

综合目标评比先进集体:南新社区工作

站、和平社区居委会、双源社区居委会

党建工作先进集体：和平社区党支部、双源社区党支部

群团工作先进集体：永安社区工作站

安全工作先进集体：和平社区居委会、三瓦窑社区居委会

综治工作先进集体：益州社区工作站

维稳工作先进集体：三瓦窑社区居委会

信访工作先进集体：双源社区居委会

流管工作先进集体：南新社区工作站

招商引资工作先进集体：永安社区工作站、南新社区工作站

农经工作先进集体：临江村村委会

信息宣传工作先进集体：南新社区工作站

计划生育工作先进集体：和平社区居委会、双源社区居委会

老龄工作先进集体：双源社区居委会

文化工作先进集体：永安社区工作站、双源社区居委会

民政工作先进集体：和平社区居委会

司法工作先进集体：三瓦窑社区居委会

卫生防疫工作先进集体：社区卫生服务中心

动物防疫工作先进集体：临江村村委会

食品安全工作先进集体：和平社区居委会

水务工作先进集体：临江村村委会

社区建设工作先进集体：和平社区居委会、南新社区工作站

财务管理工作先进集体：双源社区居委会

环保工作先进集体：临江村村委会

城乡环境综合整治工作先进集体：和平社区居委会、双源社区居委会、治安城管巡逻大队、经发科、城管科、社区服务中心

创新工作先进集体：三瓦窑社区居委会、益州社区工作站、党政办、社事科、财政所、劳保所

【桂溪街道2009年度先进个人】

党建工作先进个人：陈善军、杜在春、陈军、石英

招商引资工作先进个人：陈治平、魏尤年、高世成、高冬

统计工作先进个人：陈利、谢君瑶、周勇

安全工作先进个人：李洪元、张德才

环保工作先进个人：袁刚、但永宏

综治先进个人：廖发智、刘泽富

维稳先进个人：杨根、王瑞

信访工作先进个人：李天福、朱昌兵

流管工作先进个人：何译、朱艳

武装民兵及预备役工作先进个人：叶建国、刘剑

目标管理工作先进个人：晏启顺、李茜

群团工作先进个人：秦芳、李佳

老龄工作先进个人：方义国、尹玲

城市管理工作先进个人：宁月荣、赵庆元

土地管理工作先进个人：张朝忠

计划生育工作先进个人：梁玉梅、张会英、成华利、林健英

民政工作先进个人：张蓉华、茹宗仁

司法工作先进个人：严雨坤、秦秀娟

卫生防疫工作先进个人：熊伟、黄铁

动物防疫工作先进个人：张洪建、罗安松

防洪工作先进个人：彭建

文化工作先进个人：陈近、姜素群

社区服务工作先进个人：张庆、罗王军

规服工作先进个人：廖丽蓉

城乡环境综合整治工作先进个人：李国涛、李后全、胡华英、周林、何少红、陈光南、晏江、田海波、张吉伟

机关工作先进个人：韩霜、曾林彬、何明山、蒋艺兰、高国容、张帆、石旭东、符佳毅、高超、邱玉梅、谭莉、陈立容

（本条目供稿单位：党政办）

长寿老人

【100岁以上老人】 2009年，桂溪街道有100岁以上老人3人，其中男性2人。

表17: 2009年桂溪街道100岁及以上长寿老人统计表

姓　名	性别	身份证号	地　址
何登贵	男	510122192811010797	大源村8组
张万芬	女	510122190912200763	大源南二街178-9-2-1
陶玉山	男	510111190706273911	大源南二街5-8-4-1

（高国容）

【90岁以上老人】 2009年，桂溪街道90岁以上老人有80人，其中男性27人。

表18: 2009年桂溪街道90岁及以上长寿老人统计表

姓　名	性别	身份证号	地　址
黄昌久	男	51011119191001353X	天仁北一街1号4-1-3
颜洪兴	男	510109191911110871	天仁北二街3号5-1-1
白素华	女	510111191703013529	天仁北二街3号1-1-1
陈林氏	女	510111191609083520	天仁北二街3号6-1-8
芦素华	女	510111191503053526	天和东街8号1-4-5
苏素华	女	510122191103032020	天和东街8号8-7-20
冯子俊	男	510122191303220771	天和东街8号8-4-6
蒋少成	男	510122191201132017	天和东街8号8-11-39
章　德	男	510111191607203517	天和东街8号5-4-3
王素云	女	510102191606186122	天和东街8号6-2-18
何素芳	女	510111191706133526	天仁南街3号3-3-6
卢明惠	女	510111191708173521	天仁北一街1号3-2-3
李贵荣	女	510111191404053520	天和东街8号4-1-2
林万武	男	510111191801223511	天仁北一街1号2-3-5
曾素芬	女	510111191608173524	天仁北二街1号4-4-9
马富元	男	510111191801153517	天仁北二街1号3-1-3
陈茂清	男	510111191301163516	天仁北二街1号4-2-4
冯玉芳	女	510111191807243521	天仁北二街2号3-5-11
林万琼	女	510111191510073541	天和东街8号8-13-36
敖术堂	女	510111191307223524	天仁南街3号2-2-1

姓　名	性别	身份证号	地　址
李世华	男	510102191901124397	天仁北二街1号3-1-2
高联德	男	510111191812113510	天仁北二街3号5-4-1
方礼成	男	510111191901213513	天仁北二街2号9-3-4
高素芳	女	510122191904222043	天和东街8号8-16-27
赵静如	女	510102191803174665	天仁北二街2号4-4-11
林茂秋	女	510111191908183548	三瓦窖街205号5-3-1号
薛文举	男	510102191707238411	造纸四厂宿舍2-3-6
甯万福	男	510111191710133510	三瓦窑西二巷新一楼3号
罗林根	男	510122191902160774	铜牌村9组
李吴氏	女	510107191902210862	三瓦窖街208号2-3-3号
徐兴发	男	510122191905030772	铜牌村4组
林世珍	女	51012219151012076	铜牌村10组
黄国华	女	510122191511280863	铜牌村6组
邱陈氏	女	510122191902282026	双土9组
廖福珍	女	510122191807072020	双土7组
白万金	男	510122191702172017	双土8组
黄传金	男	510111190301351	桂溪敬老院
李素英	女	510122191805280766	大源村3组
李素清	女	510122191711250769	大源村3组
邱素清	女	5101071913102110869	大源村2组
罗素珍	女	51012219190305761	大源村3组
李秀英	女	510122191412095527	临江三组
周世琼	女	510122191907145522	临江四组
张益贞	女	510122191701025525	临江四组
屈志清	女	510122191610015524	临江四组
白玉清	女	510122191412105529	临江四组
曾明章	男	510122191608125513	临江五组
尹素清	女	510122191906065520	临江五组
马久芬	女	510122191204185528	临江六组
张黄氏	女	510122191205195525	临江八组
王淑芳	女	510102191709173762	天益街78号17-1-2
赵锡珍	女	510111191911203925	大源南二街145-8-2-2
徐吉祥	男	510111191908053911	大源南二街152-7-2-4
罗世秀	女	510111191910133929	大源南二街5-19-1-3
林素会	男	510122191809132023	大源南二街178-13-1-1

姓　名	性别	身份证号	地　址
贾素珍	女	510111191808283920	大源南二街152-10-2-1
叶其芝	女	510122191811040769	大源南二街48-9-4-10
段少明	男	51012219180422077x	大源南二街48-4-1-1
廖素芬	女	510111191802023925	大源南二街152-6-2-1
陈少庭	男	510122191701300777	大源南二街178-12-2-2
左明富	男	510122191702152016	大源南二街48-8-4-2
刘术芳	女	51011119170628392X	大源南二街5-12-3-2
袁素芳	女	510107191706050865	大源南二街178-18-2-2
徐启贵	男	51011119170421391X	大源南二街5-4-1-1
江会清	女	510107191607160866	大源南二街178-10-2-2
张云芳	女	510122191509150764	大源南二街178-9-1-1
王素珍	女	510111191501033927	大源南二街5-18-2-1
王正清	女	510122191410082028	大源南二街145-4-3-1
李术芳	女	510111191401093922	大源南二街5-7-2-1
徐焕清	男	510111191408173917	大源南二街145-2-2-1
屈志珍	女	510111191310103929	大源南二街5-12-3-4
周海云	男	510122191311050274	大源南二街178-19-1-5
郑素芳	女	510107191106061261	大源南二街5-5-2-4
漆素芳	女	510111191109043928	大源南二街145-13-1-15
吴会清	女	510111191102093920	大源南二街152-4-2-2
卢凤英	女	510122191910060765	民乐村8组
汪绍琼	女	510122191909190765	民乐村8组
李福元	男	510122191901280774	民乐村6组
张素华	女	510122191608270761	民乐村7组
黄素芳	女	510122191312300765	民乐村7组

（高国容）

文件存目
LIST OF DOCUMENTS

2009年成都高新区桂溪街道党工委文件目录

件号	责任者	文　号	题　名	日期	页数	备注
1	中共成都高新技术产业开发区桂溪街道工作委员会	成高桂委[2009]1号	成都高新区桂溪街道办事处关于成立南新、益州、永安社区工作站的通知	20090101	4	
2	中共成都高新技术产业开发区桂溪街道工作委员会	成高桂委[2009]2号	关于报送2008年度工作目标完成情况的自查报告	20090105	47	
3	中共成都高新技术产业开发区桂溪街道工作委员会	成高桂委[2009]3号	成都高新区桂溪街道办事处关于印发《桂溪街道办事处聘用管理人员考核办法(试行)》的通知	20090107	16	
4	中共成都高新技术产业开发区桂溪街道工作委员会	成高桂委[2009]4号	关于报送2009年工作目标和工作措施的报告	20090108	8	
5	中共成都高新技术产业开发区桂溪街道工作委员会	成高桂委[2009]5号	成都高新区桂溪街道办事处关于2008年度各村、社区目标考核评分结果及发放目标奖的通知	20090109	5	
6	中共成都高新技术产业开发区桂溪街道工作委员会	成高桂委[2009]6号	成都高新区桂溪街道办事处关于表彰2008年度先进集体和先进个人的决定	20090109	9	
7	中共成都高新技术产业开发区桂溪街道工作委员会	成高桂委[2009]7号	成都高新区桂溪街道办事处关于社区及社区筹备组2008年创建全国文明城市专项目标考核评分结果及发放目标奖的通知	20090109	5	
8	中共成都高新技术产业开发区桂溪街道工作委员会	成高桂委[2009]8号	成都高新区桂溪街道办事处关于表彰2008年度促进充分就业工作达标单位进行表彰奖励的决定	20090109	4	
9	中共成都高新技术产业开发区桂溪街道工作委员会	成高桂委[2009]9号	成都高新区桂溪街道办事处关于2008年度农村集体资产处置工作目标考核评分结果及发放目标奖的通知	20090109	5	
10	中共成都高新技术产业开发区桂溪街道工作委员会	成高桂委[2009]10号	关于报送2008年度基层党建工作专项目标完成情况的自查报告	20090119	30	
11	中共成都高新技术产业开发区桂溪街道工作委员会	成高桂委[2009]11号	成都高新区桂溪街道办事处关于开展“文明和谐家庭”评选活动的通知	20090213	26	
12	中共成都高新技术产业开发区桂溪街道工作委员会	成高桂委[2009]12号	关于罗王军、李天福两位同志任职的通知	20090227	3	
13	中共成都高新技术产业开发区桂溪街道工作委员会	成高桂委[2009]13号	关于印发《桂溪街道敬老院工作人员选聘及公开招录工作方案》的通知	20090303	17	
14	中共成都高新技术产业开发区桂溪街道工作委员会	成高桂委[2009]14号	关于同意成都微创椎间盘突出症研究所党支部选举结果的批复	20090304	4	
15	中共成都高新技术产业开发区桂溪街道工作委员会	成高桂委[2009]15号	关于同意四川金科成地理信息技术有限公司党支部选举结果的批复	20090304	4	

件号	责任者	文号	题名	日期	页数	备注
16	中共成都高新技术产业开发区桂溪街道工作委员会	成高桂委[2009]16号	关于同意成都市洪睿餐饮有限责任公司党支部选举结果的批复	20090304	4	
17	中共成都高新技术产业开发区桂溪街道工作委员会	成高桂委[2009]17号	关于同意四川省金园物业管理工程有限公司格兰.晴天管理处党支部选举结果的批复	20090304	4	
18	中共成都高新技术产业开发区桂溪街道工作委员会	成高桂委[2009]18号	关于同意成都高新区孵化园第一联合党支部选举结果的批复	20090304	4	
19	中共成都高新技术产业开发区桂溪街道工作委员会	成高桂委[2009]19号	关于印发桂溪街道办事处关于《鼓励促进就业带动就业打造双源社区"创业带动就业示范一条街"的实施意见》的通知	20090305	7	
20	中共成都高新技术产业开发区桂溪街道工作委员会	成高桂委[2009]20号	成都高新区桂溪街道办事处关于王静同志非领导职务晋升的请示	20090309	4	
21	中共成都高新技术产业开发区桂溪街道工作委员会	成高桂委[2009]21号	关于同意成立中共四川长蓉投资有限公司支部委员会的批复	20090309	4	
22	中共成都高新技术产业开发区桂溪街道工作委员会	成高桂委[2009]22号	关于四川省和华物业管理有限公司党支部选举结果的批复	20090310	4	
23	中共成都高新技术产业开发区桂溪街道工作委员会	成高桂委[2009]23号	关于深入开展"三心一推进"主题实践活动助推非公有制企业应对危机、加快发展的实施方案	20090310	8	
24	中共成都高新技术产业开发区桂溪街道工作委员会	成高桂委[2009]24号	成都高新区桂溪街道办事处关于档案管理工作自查情况的报告	20090311		
25	中共成都高新技术产业开发区桂溪街道工作委员会	成高桂委[2009]25号	关于开展"党员责任岗"活动的通知	20090312	11	
26	中共成都高新技术产业开发区桂溪街道工作委员会	成高桂委[2009]26号	关于印发《桂溪街道流动党员管理服务工作实施方案》的通知	20090312	9	
27	中共成都高新技术产业开发区桂溪街道工作委员会	成高桂委[2009]27号	关于补充一名区聘工青妇专干的请示	20090317	3	
28	中共成都高新技术产业开发区桂溪街道工作委员会	成高桂委[2009]28号	关于开展"党员责任岗"活动的通知	20090323	9	
29	中共成都高新技术产业开发区桂溪街道工作委员会	成高桂委[2009]29号	关于拟聘桂溪社区卫生服务中心医护人员的请示	20090325	6	
30	中共成都高新技术产业开发区桂溪街道工作委员会	成高桂委[2009]30号	关于推荐符佳毅同志为区聘工青妇专干的请示	20090331	8	
31	中共成都高新技术产业开发区桂溪街道工作委员会	成高桂委[2009]31号	成都高新区桂溪街道办事处关于表彰2008年度纳税大户、优秀纳税企业的决定	20090402	14	
32	中共成都高新技术产业开发区桂溪街道工作委员会	成高桂委[2009]32号	成都高新区桂溪街道办事处关于授予何吉伦等94名企业法人代表(经营者)2008年度企业经营发展优秀奖的决定	20090402	14	
33	中共成都高新技术产业开发区桂溪街道工作委员会	成高桂委[2009]33号	关于同意成立中共四川狄邦出国事务有限公司支部委员会的批复	20090403	3	
34	中共成都高新技术产业开发区桂溪街道工作委员会	成高桂委[2009]34号	关于四川长蓉投资有限公司党支部选举结果的批复	20090403	3	
35	中共成都高新技术产业开发区桂溪街道工作委员会	成高桂委[2009]35号	关于印发2009年度各社区工青妇工作目标的通知	20090407	15	
36	中共成都高新技术产业开发区桂溪街道工作委员会	成高桂委[2009]36号	关于"公民道德建设宣传月"活动总结的报告	20090407	13	
37	中共成都高新技术产业开发区桂溪街道工作委员会	成高桂委[2009]37号	成都高新区桂溪街道办事处关于印发促进充分就业工作专项目标考核细则及奖励办法的通知	20090408	16	
38	中共成都高新技术产业开发区桂溪街道工作委员会	成高桂委[2009]38号	关于印发《桂溪街道目标管理实施细则》的通知	20090408	13	
39	中共成都高新技术产业开发区桂溪街道工作委员会	成高桂委[2009]39号	关于党工委管委会领导班子民主生活会前征求意见分解落实有关事项的回复	20090408	12	
40	中共成都高新技术产业开发区桂溪街道工作委员会	成高桂委[2009]40号	2009年桂溪街道预防违纪与职务犯罪工作安排	20090428	14	

件号	责任者	文号	题名	日期	页数	备注
41	中共成都高新技术产业开发区桂溪街道工作委员会	成高桂委[2009]41号	关于2009年促进充分就业专项目标的补充通知	20090504	5	
42	中共成都高新技术产业开发区桂溪街道工作委员会	成高桂委[2009]42号	成都高新区桂溪街道办事处关于深入推进辖区流动人口服务管理基础工作建设的实施意见(试行)	2009512	24	
43	中共成都高新技术产业开发区桂溪街道工作委员会	成高桂委[2009]43号	关于成立推进流动人口服务和管理工作领导小组的通知	20090512	8	
44	中共成都高新技术产业开发区桂溪街道工作委员会	成高桂委[2009]44号	关于设立社区流动人口服务管理工作部的通知	20090512	7	
45	中共成都高新技术产业开发区桂溪街道工作委员会	成高桂委[2009]45号	关于党工委办事处领导、有关同志分工及调整领导的部门联系社区、村的通知	2090601	7	
46	中共成都高新技术产业开发区桂溪街道工作委员会	成高桂委[2009]46号	关于做好纪念中国共产党成立88周年活动安排的通知	20090608	9	
47	中共成都高新技术产业开发区桂溪街道工作委员会	成高桂委[2009]47号	关于调整桂溪街道预防违纪与职务犯罪工作领导小组成员的通知	20090609	3	
48	中共成都高新技术产业开发区桂溪街道工作委员会	成高桂委[2009]48号	关于成都优博创技术有限公司党支部选举结果的批复	20090612	3	
49	中共成都高新技术产业开发区桂溪街道工作委员会	成高桂委[2009]49号	关于熊伟、黄勇两位同志任职的通知	20090703	3	
50	中共成都高新技术产业开发区桂溪街道工作委员会	成高桂委[2009]50号	关于同意成立中共成都中节能环保发展股份有限公司支部委员会的批复	20090703	4	
51	中共成都高新技术产业开发区桂溪街道工作委员会	成高桂委[2009]51号	关于同意成立中共银都物业服务有限公司天府软件园物业服务中心支部委员会的批复	20090703	4	
52	中共成都高新技术产业开发区桂溪街道工作委员会	成高桂委[2009]52号	成都高新区桂溪街道办事处关于对成都百施特金刚钻头有限公司在区内搬迁给予财政补贴的报告	20090707	6	
53	中共成都高新技术产业开发区桂溪街道工作委员会	成高桂委[2009]53号	成都高新区桂溪街道办事处关于印发《桂溪街道2009年公共文明指数测评迎检工作方案》的通知	20090709	12	
54	中共成都高新技术产业开发区桂溪街道工作委员会	成高桂委[2009]54号	关于纪念建党88周年活动总结的报告	20090713	5	
55	中共成都高新技术产业开发区桂溪街道工作委员会	成高桂委[2009]55号	关于报送2009年度工作目标半年完成情况的自查报告	20090715	15	
56	中共成都高新技术产业开发区桂溪街道工作委员会	成高桂委[2009]56号	关于印发《桂溪街道2009年度基层党建、民主政治建设工作专项目标》的通知	20090715	21	
57	中共成都高新技术产业开发区桂溪街道工作委员会	成高桂委[2009]57号	关于成立深入学习实践科学发展观活动领导小组的通知	20090820	6	
58	中共成都高新技术产业开发区桂溪街道工作委员会	成高桂委[2009]58号	关于同意成立中共成都金山数字娱乐科技有限公司支部委员会的批复	20090831	3	
59	中共成都高新技术产业开发区桂溪街道工作委员会	成高桂委[2009]59号	关于印发《成都高新区桂溪街道办事处菜市场规范管理奖惩实施办法》的通知	20090907	21	
60	中共成都高新技术产业开发区桂溪街道工作委员会	成高桂委[2009]59号	关于给予张基勇、蒲晓玲二人开除党籍处分的建议	20090905	3	
61	中共成都高新技术产业开发区桂溪街道工作委员会	成高桂委[2009]60号	关于调整桂溪街道关心下一代工作委员会成员的通知	20090914	5	
62	中共成都高新技术产业开发区桂溪街道工作委员会	成高桂委[2009]61号	成都高新区桂溪街道办事处关于印发《成都高新区桂溪街道非公有制企业及"两新"组织党建工作专项补贴申请办法(暂行)的通知》	20090923	9	
63	中共成都高新技术产业开发区桂溪街道工作委员会	成高桂委[2009]62号	成都高新区桂溪街道办事处关于进一步深化信访逐级负责制构建社会矛盾民纠纷"大调解"工作体系的实施意见	20090925	15	
64	中共成都高新技术产业开发区桂溪街道工作委员会	成高桂委[2009]63号	关于印发《桂溪街道社区居委会主任助理选聘方案》的通知	20091012	13	
65	中共成都高新技术产业开发区桂溪街道工作委员会	成高桂委[2009]63号	关于陈治平、李后全、高琴英、罗王军4位同志工作调整的通知	20090929	5	

件号	责任者	文号	题名	日期	页数	备注
66	中共成都高新技术产业开发区桂溪街道工作委员会	成高桂委[2009]65号	成都高新区桂溪街道办事处关于成都高新区2009年度农转居社区发建设和管理服务工作督办事项的回复	20091013	4	
67	中共成都高新技术产业开发区桂溪街道工作委员会	成高桂委[2009]66号	成都高新区桂溪街道办事处关于表彰桂溪街道庆祝建国60周年“红色歌潮·天府新城歌飞扬”活动先进集体、先进个人的通知	20091013	7	
68	中共成都高新技术产业开发区桂溪街道工作委员会	成高桂委[2009]67号	关于同意成立中共成都高新孵化园第三联合支部委员会的批复	20091021	3	
69	中共成都高新技术产业开发区桂溪街道工作委员会	成高桂委[2009]68号	关于调整桂溪街道武装工作组织机构人员组成的通知	20091028	5	
70	中共成都高新技术产业开发区桂溪街道工作委员会	成高桂委[2009]69号	关于印发《桂溪街道办事处用工单位奖励办法》的通知	20091109	5	
71	中共成都高新技术产业开发区桂溪街道工作委员会	成高桂委[2009]70号	关于认真做好2010年党刊征订发行工作的通知	20091111	7	
72	中共成都高新技术产业开发区桂溪街道工作委员会	成高桂委[2009]71号	桂溪街道办事处关于2009年保密工作专项目标完成情况的自查报告	20091119	9	
73	中共成都高新技术产业开发区桂溪街道工作委员会	成高桂委[2009]72号	成都高新区桂溪街道办事处关于创建国家级创业型城市工作实施意见	20091125	20	
74	中共成都高新技术产业开发区桂溪街道工作委员会	成高桂委[2009]73号	关于聘用社区居委会主任助理的通知	20091130	6	
75	中共成都高新技术产业开发区桂溪街道工作委员会	成高桂委[2009]74号	关于王秋霞等3位同志工作调整的通知	20091130	2	
76	中共成都高新技术产业开发区桂溪街道工作委员会	成高桂委[200975号	成都高新区桂溪街道办事处关于2009年依法治区专项目标完成情况的自查报告	20091130	25	
77	中共成都高新技术产业开发区桂溪街道工作委员会	成高桂委[2009]76号	关于同意成立中共双流白家荣富铸造厂支部委员会的批复	20091202	7	
78	中共成都高新技术产业开发区桂溪街道工作委员会	成高桂委[2009]77号	关于同意成立中共电子科大科园教育中心支部委员会的批复	20091202	7	
79	中共成都高新技术产业开发区桂溪街道工作委员会	成高桂委[2009]78号	桂溪街道办事处2009年统筹城乡专项目标完成情况的自查报告	20091203	36	
80	中共成都高新技术产业开发区桂溪街道工作委员会	成高桂委[2009]79号	桂溪街道关于2009年职工维权工作专项目标完成情况的自查报告	20091210	7	
81	中共成都高新技术产业开发区桂溪街道工作委员会	成高桂委[2009]80号	桂溪街道2009年社区建设工作考核目标完成情况的自查报告	20091210	25	
82	中共成都高新技术产业开发区桂溪街道工作委员会	成高桂委[2009]82号	关于召开桂溪街道领导班子学习实践活动专题民主生活会暨2009年街道党工委、办事处领导干部民主生活会的请示	20091221	5	
83	中共成都高新技术产业开发区桂溪街道工作委员会	成高桂委[2009]83号	成都高新区桂溪街道办事处关于表彰三瓦窑社区刘雪蓉等391户“文明的谐家庭”和陈晓丽等10户“文明和谐家庭标兵户”的通知	20091222	7	
84	中共成都高新技术产业开发区桂溪街道工作委员会	成高桂委[2009]84号	成都高新区桂溪街道办事处关于表彰双源社区付方松等3920户“文明的谐家庭”和徐言东等42户“文明和谐家庭标兵户”的通知	20091222	11	
85	中共成都高新技术产业开发区桂溪街道工作委员会	成高桂委[2009]85号	成都高新区桂溪街道办事处关于表彰和平社区高素清等2595户“文明的谐家庭”和邓长安等27户“文明和谐家庭标兵户”的通知	20091222	9	
86	中共成都高新技术产业开发区桂溪街道工作委员会	成高桂委[2009]87号	关于认真贯彻落实12月23日高新区工委（扩大）会议精神的情况报告	20091230	13	
87	中共成都高新技术产业开发区桂溪街道工作委员会	成高桂委[2009]88号	关于印发《桂溪街道贯彻落实党风廉政建设责任制实施办法》的通知	20091231	32	
88	中共成都高新技术产业开发区桂溪街道工作委员会	成高桂委[2009]89号	关于印发《桂溪街道加强党员干部反腐倡廉教育意见》的通知	20091231	11	

2009年成都高新区桂溪街道办事处文件目录

件号	责任者	文号	题名	日期	页数	备注
1	成都高新技术产业开发区桂溪街道办事处	成高桂街[2009]1号	关于报送2008年度规范化服务专项目标完成情况的报告	20090107	29	
2	成都高新技术产业开发区桂溪街道办事处	成高桂街[2009]2号	关于发放2008年度村经济目标奖励的通知	20090109	5	
3	成都高新技术产业开发区桂溪街道办事处	成高桂街[2009]3号	关于发放2008年度社区经济工作奖励的通知	20090109	5	
4	成都高新技术产业开发区桂溪街道办事处	成高桂街[2009]4号	关于加强春节前后安全生产工作及开展春节前安全生产检查的通知	20090119	6	
5	成都高新技术产业开发区桂溪街道办事处	成高桂街[2009]5号	桂溪街道办事处安全生产委员会关于深入开展“百日安全生产活动”、切实抓好今冬明春安全生产工作的通知	20090119	17	
6	成都高新技术产业开发区桂溪街道办事处	成高桂街[2009]6号	关于印发《桂溪街道办事处政府采购管理暂行办法》的通知	20090204	15	
7	成都高新技术产业开发区桂溪街道办事处	成高桂街[2009]7号	关于征收2009年度城市生活垃圾处理费目标任务的通知	20090210	4	
8	成都高新技术产业开发区桂溪街道办事处	成高桂街[2009]8号	关于补助城市生活垃圾处理费收费工作经费的通知	20090210	5	
9	成都高新技术产业开发区桂溪街道办事处	成高桂街[2009]9号	关于双源社区住宿楼下餐饮店油烟扰民整治行动方案的通知	20090206	11	
10	成都高新技术产业开发区桂溪街道办事处	成高桂街[2009]10号	关于成立桂溪孵化园卫生服务站请示	20090218	3	
11	成都高新技术产业开发区桂溪街道办事处	成高桂街[2009]11号	关于成立桂溪街道办事处知识产权工作站的通知	20090225	7	
12	成都高新技术产业开发区桂溪街道办事处	成高桂街[2009]12号	关于印发《落实“门前五包”责任制开展创佳活动的实施办法》的通知	20090309	23	
13	成都高新技术产业开发区桂溪街道办事处	成高桂街[2009]13号	关于2009城乡环境综合整治的实施方案	20090317	12	
14	成都高新技术产业开发区桂溪街道办事处	成高桂街[2009]14号	关于成立桂溪街道民营企业城乡环境综合整治工作领导小组的通知	20090318	4	
15	成都高新技术产业开发区桂溪街道办事处	成高桂街[2009]15号	关于三瓦窑社区三道桥城镇居民住宅房屋的情况报告	20090319	3	
16	成都高新技术产业开发区桂溪街道办事处	成高桂街[2009]16号	关于桂溪敬老院发行工程的立项报告	20090402	4	
17	成都高新技术产业开发区桂溪街道办事处	成高桂街[2009]17号	关于和平小区广场改选工程的立项报告	20090402	4	
18	成都高新技术产业开发区桂溪街道办事处	成高桂街[2009]18号	关于新北小区第四期E区（抽空号及新增人员）农迁房分房工作的实施意见	20090413	18	
19	成都高新技术产业开发区桂溪街道办事处	成高桂街[2009]19号	关于印发《桂溪街道2009年防洪抢险工作预案》的通知	20090415	30	
20	成都高新技术产业开发区桂溪街道办事处	成高桂街[2009]20号	关于下达2009年各社区、村社会事务目标及考核办法的通知	20090422	8	
21	成都高新技术产业开发区桂溪街道办事处	成高桂街[2009]21号	关于印发《桂溪街道办事处突发公共卫生事件应急预案（试行）》的通知	20090504	29	
22	成都高新技术产业开发区桂溪街道办事处	成高桂街[2009]22号	桂溪街道办事处安全生产委员会关于深入开展安全生产责任落实年活动的实施意见	20090325	13	
23	成都高新技术产业开发区桂溪街道办事处	成高桂街[2009]23号	关于下达2009年度城乡环境综合整治暨城市管理工作专项目标的通知			

件号	责任者	文号	题名	日期	页数	备注
24	成都高新技术产业开发区桂溪街道办事处	成高桂街[2009]24号	关于双源社区卫生服务中心装修工程的立项报告	20090520	4	
25	成都高新技术产业开发区桂溪街道办事处	成高桂街[2009]25号	关于桂溪街道敬老院购买车辆的请示	20090604	4	
26	成都高新技术产业开发区桂溪街道办事处	成高桂街[2009]26号	关于开展安全生产与消防防范整治工作的通知	20090609	8	
27	成都高新技术产业开发区桂溪街道办事处	成高桂街[2009]27号	关于"小金库"专项治理自查自纠工作的总结	20090617	7	
28	成都高新技术产业开发区桂溪街道办事处	成高桂街[2009]28号	关于公布失效的行政规范性文件的报告	20090617	6	
29	成都高新技术产业开发区桂溪街道办事处	成高桂街[2009]29号	关于印发2009年全民健身活动专项目标的通知	20090622	10	
30	成都高新技术产业开发区桂溪街道办事处	成高桂街[2009]30号	关于减少2010年粮食直补面积的报告	20090702	3	
31	成都高新技术产业开发区桂溪街道办事处	成高桂街[2009]31号	关于下达2009年ISO14001环境管理体系运行暨ISO14000国家示范区持续改进工作专项目标的通知	20090707	7	
33	成都高新技术产业开发区桂溪街道办事处	成高桂街[2009]33号	关于开展"安全生产责任落实年"三季度工作的通知	20090714	8	
34	成都高新技术产业开发区桂溪街道办事处	成高桂街[2009]34号	关于建设劳动合同制度示范区的实施意见	20090730	11	
35	成都高新技术产业开发区桂溪街道办事处	成高桂街[2009]35呈	关于做好盛夏季节防火防汛安全生产与消防防范监管工作的通知	20090803	5	
36	成都高新技术产业开发区桂溪街道办事处	成高桂街[2009]36呈	关于对不具备安全生产条件的无证生产经营单位进行清理整顿的紧急通知	20090803	6	
37	成都高新技术产业开发区桂溪街道办事处	成高桂街[2009]37号	关于加强辖区道路及附属设施安全管理工作的实施意见	20090803	7	
38	成都高新技术产业开发区桂溪街道办事处	成高桂街[2009]38号	关于撤销桂溪第二小学建制的报告	20090813	3	
39	成都高新技术产业开发区桂溪街道办事处	成高桂街[2009]39号	桂溪街道办事处安全生产委员会关于开展"迎国庆、保安全"安全生产大检查的通知	20090909	10	
40	成都高新技术产业开发区桂溪街道办事处	成高桂街[2009]40号	关于转发《成都高新工管委会关于印发成都高新区甲型H1N1流感传播控制工作方案(试行)的通知》的通知	20090916	24	
41	成都高新技术产业开发区桂溪街道办事处	成高桂街[2009]41号	关于成立成都高新区企业联合会桂溪工作站的报告	20091021	7	
42	成都高新技术产业开发区桂溪街道办事处	成高桂街[2009]42号	关于新南四期(一阶段)农迁房分房工作的实施意见	20091026	16	
43	成都高新技术产业开发区桂溪街道办事处	成高桂街[2009]43号	关于桂溪街道科技商务楼简易装修的立项报告	20091117	4	
44	成都高新技术产业开发区桂溪街道办事处	成高桂街[2009]44号	关于桂溪街道双源社区44号院绿化试点改选的立项报告	20091117	4	
45	成都高新技术产业开发区桂溪街道办事处	成高桂街[2009]45号	关于桂溪街道双源社区体育运动中心的立项报告	20091117	4	
46	成都高新技术产业开发区桂溪街道办事处	成高桂街[2009]46号	关于桂溪街道双源社区餐饮集中建设的立项报告	20091117	4	
47	成都高新技术产业开发区桂溪街道办事处	成高桂街[2009]47号	关于桂溪街道益州社区办公用房装修工程的立项报告	20091117	4	

件号	责任者	文号	题名	日期	页数	备注
48	成都高新技术产业开发区桂溪街道办事处	成高桂街[2009]48号	关于对辖区优秀用工单位进行了表彰的决定	20091201	5	
49	成都高新技术产业开发区桂溪街道办事处	成高桂街[2009]49号	关于对建设劳动合同示范区先进单位进行表彰的决定	20091201	7	
50	成都高新技术产业开发区桂溪街道办事处	成高桂街[2009]50号	桂溪街道办事处2009年社会综合治税工作专项目标完成情况的自查报告	20091203	7	
51	成都高新技术产业开发区桂溪街道办事处	成高桂街[2009]51号	关于2009年城乡充分就业重大决策项目目标完成情况自查报告	20091203	9	
52	成都高新技术产业开发区桂溪街道办事处	成高桂街[2009]52号	关于2009年大气和水环境综合整治专项目标完成情况的自查报告	20091210	8	
53	成都高新技术产业开发区桂溪街道办事处	成高桂街[2009]53号	关于开展2010年“元旦”前安全生产与消防防范检查工作的通知	20091210	7	
54	成都高新技术产业开发区桂溪街道办事处	成高桂街[2009]54号	关于2009年安全生产“责任落实年”专项工作目标完成情况的自查报告	20091215	18	
55	成都高新技术产业开发区桂溪街道办事处	成高桂街[2009]55号	关于2009年度创建世界一流高科技园区专项工作目标完成情况的自查报告	20091211	6	
56	成都高新技术产业开发区桂溪街道办事处	成高桂街[2009]56号	关于2009年度创建国家知识产权试点园区专项目标完成情况的自查报告	20091215	5	
57	成都高新技术产业开发区桂溪街道办事处	成高桂街[2009]57号	关于开展“百日安全生产活动”切实抓好今冬明春安全工作与消防工作的通知	20091230	19	
58	成都高新技术产业开发区桂溪街道办事处	成高桂街[2009]58号	关于开展“送温暖 献爱心”慈善捐助活动的通知	20091230	10	

（本类目供稿单位：党政办）

附录

APPENDIX

调研文章

加强社区党员队伍建设的思考

桂溪街道办事处地处天府新城核心区域，其特殊地理区位对党员队伍建设、管理机制、管理水平在产业发展方面提出了更高要求，为摸清辖区党员队伍建设存在的问题，找准新时期辖区党员队伍建设关键突破口，笔者通过实地考察、走访座谈，获得了第一手资料。

一、基本情况

桂溪街道现辖12个行政村、3个农转非社区、3个社区工作站，户籍人口46979人；现有机关党支部2个、社区（村）党总支部2个（党支部14个）、学校党支部1个、社区卫生服务中心党支部1个、非公企业党支部27个、流动党员党支部1个；在册党员1198名。

由于社区党员队伍人数多，成份相对复杂，流动性较大，因而呈现以下三个特点：

（一）分布广泛 随着城市化的快速发展，离退休党员不再是社区党组织的全部对象，下岗失业党员、外来务工党员、两新经济组织党员纷纷涌入到社区党员队伍行列。据统计，街道2009年社区党员中，离退休党员有248人，占20.7%，农业党员有204人，占17.03%，两新经济组织党员和下岗失业党员有315人，占26.29%。，在岗职工党员有431人，占35.98%。

（二）成份差异性较大。由于社区党员的年龄不一、文化层次不同等，相互间存在较大差异。从年龄看，35岁以下占32.72%，36—45岁占16.78%，46-60岁占20.03%,60岁以上占30.47%。从文化程度看，初中及以下学历有566人，占47.25%；高中学历有231人，占19.28%，大专及以上学历有401人，占33.47%。从职业看，有公务员，有两新济组织职工，有个体私营业主，有退休居民等。从来源看，有辖区发展的党员，也有外来流入的党员。从思想境界看，也是高低不一，良莠不齐，甚至有一些下岗职工党员下岗后从不过组织生活等等。

（三）进出流动性较大。随着市场经济的空前活跃，社区党员的流出和流入日趋频繁。2009年，全辖区共流入党员156名，流出党员18名。如社区中的大中专毕业生党员和下岗失业党员等，他们变换于各个新的工作单位或在外从事临时性工作，这些党员的工作时间和地点往往不固定，其中多数党员不能正常过组织生活，给管理带来了很大的困难。

年份	离退休	农业党员	两新经济	在岗职工
2005	45	612	32	58
2006	102	407	45	136
2007	227	323	179	194
2008	263	208	240	245
2009	248	204	315	431

二、存在的问题

（一）农村党员队伍结构不合理，党员政治素质不够高。桂溪辖区农村党员数量还占有一定比例，其年龄偏老，文化偏低，缺乏生机和活力。因为拆迁，党员居住地分散，部分党员对村党支部工作和社会公益事业漠不关心，思想道德开始滑坡。一些农村党员想问题、做事情习惯于老一套，满足于现状“小富即安、不富也安”。

（二）社区党员队伍管理力度和制度执行监督力度不强。客观上随着新形势的发展，对党员管理的要求越来越高，难度越来越大，工作面也越来越广，而一些社区对党员教育制度上缺乏长效机制，对党员教育工作的重要性认识不足，抓党员教育时紧时松。一些社区每年民主评议党员流于形式，党内生活缺乏思想性和原则性，党员监督管理的约束力不强。

（三）“两新”组织党员队伍思想认识、工作方式、教育管理不到位。部分党员认为自己是“打工仔”，谈不上发挥党员先锋模范作用，过不过组织生活无所谓；有的认为在非公企业工作不稳定，不愿把组织关系转来转去，也不主动与党组织联系。有的企业主认识模糊，甚至怕党组织建立起来以后，对员工的管理带来不利，影响企业生产经营，也就不支持建立党组织。辖区非公企业多数为高新技术产业，党员队伍呈年轻化、知识化、时代化的特点，而现有的教育管理体制因缺少载体对他们来说缺乏针对性和吸引力。

（四）缺少组织载体：一是党组织覆盖面不广，存在“盲点”现象，致使不少流动党员个体游离于党组织之外，成为“口袋”党员、档案党员、隐性党员，失去了受正常教育和监督的机会；二是缺少阵地载体。一些党组织受活动场所等因素的限制，难于组织开展有效的党员教育活动，使“两新”组织党员教育管理变成了一纸空文；三是受企业生产时间、人员流动性限制，较难把大家组织到一起，并且缺少活动载体，一些党组织开展的党员活动经常只是读读文件，看看录像，收收党费，流于形式，难于吸引党员参加教育活动。

（五）社区党务工作者能力素质不高。社区党务工作者社区工作经验不足，近年来，虽然社区党务工作者从年龄、文化程度等方面进行了优化，但对党务工作经验与党员之间沟通协调缺乏一定基础，社区党组织书记在统筹社区工作中，与居委会主任分工、具体履职过程红有失权重现象，眉毛胡子一把抓。某些社区党务工作者待遇普遍偏低，很难调动其工作激情，同时也难于从社会上选拔到素质较高的社区党务工作者。

（六）社区党员活动经费保障不够。近年来，各级党委、政府重视社区建设，逐年增加了一定的社区工作经费。但是，由于社区工作发展迅猛，工作任务十分繁重，经费缺口仍然很大。社区党务工作者对社区党员教育活动的经费保障反响较大。一是党员教育活动经费标准偏低。近年来随着物价的上涨，按原有的经费标准难于安排经常性的、针对性强的、有吸引力的活动；二是社区党员活动经费沿用历史形成的习惯性，如例会支出经费、活动经费缺乏系统保障，上级政府更未以正式文件或明确的财政比例确定，存在很大的随意性。

三、加强党员队伍建设的主要对策和措施

针对当前党员队伍存在的问题，当前应重点在提高社区党务工作者的执政能力和发挥社区党员的先进性作用上下功夫，具体从以下五个方面着手落实。

（一）加强领导班子建设，提高党务工作者水平 通过组织选派、公开招聘、竞争自荐等多种途径和方式，配强社区党组织班子，尤其要选好“领头雁”。要充分挖掘社区人才资源，注重从年轻大学毕业生党员中公开招聘录用培养一批党组织书记，进一步拓宽社区党务工作者的来源渠道，确保社区党务工作者在任前就能具备较高的能力素质。同时，对现有的党务工作者要加大培训力度，实行多层次、经常性、多形式的轮训，重点围绕党员队伍如何参与城市管理和社区建设等方面的知识培训，帮助他们掌握社区工作方法，提高他们做群众工作的能力和社区事业发展的能力。

（二）实施分类教育管理，增强党支部的凝聚力 一是针对社区中的纯居民党员、离退休党员、企业下岗职工党员、待业人员中的党员及单位在职党员的年龄、文化、职业、兴趣爱好等不同特点，实行“双向性、互动性、开放性”的分类教育，提高社区党员的整体素质。二要充分利用好“党员信息登记表”，准确统计党员数据，掌握党员信息，针对不同党员对象采用不同的管理方法，以提高社区党员管理的有效性。三是对流动党员实行跟踪管理，探索建立“流动党员跟踪卡”，随时了解他们的思想、工作等状况。四是对家庭有实际困难的党员，主动与之联系，继续发挥好街道贫困党员互助金、“政府奖学金”、“阳光圆梦”、“阳光育苗”作用。五是对下岗职工党员进行专业技能培训；充分发挥双源“创业带动就业一条街”功能和辖区手工业基地项目引进作用，鼓励引导有条件的党员自主创业或实现再就业。

（三）充分发挥党员志愿者作用 按照社区两委、党员志愿、社会发展的要求，积极探索新形势下社区党员志愿者队伍从建立、运作到发展的新路子。对有技术专长、掌握一定科技知识的党员志愿者，社区党组织要适当安排他们利用业余时间和节假日为居民开展便民服务性活动或培训活动。对普通党员志愿者，社区党组织可组织他们参加绿地养护、环境保洁、对困难老党员或社区居民进行“一对一”的帮扶等工作，让群众亲身感受到党的工作的实际效果，扩大社区党员的影响力。

（四）创建社区特色，推进党的群众工作 一要充分挖掘社区现有教育资源、文化资源和历史资源等，进行充分的整合，培育特色社区文化，并发挥社区文化的教育、引导、愉悦和交流功能，最大限度地用好社区文化这一载体，吸引更多的党员和群众“走出小家，深入大家”，增进社区党组织与党员、党员与党员、党员与群众之间的沟通交流；经常开展展现居民群众风采的活动，让党员在交流中知耻明礼，比学赶超，发挥先锋作用。二要进一步完善现有的党员活动中心——阳光家园的功能，更充分的利用“阳光在线”“阳光论坛”“温馨谈心室”“图书阅览室”等资源进行交流和学习，从而推动社区党的群众工作的开展。

（五）增加学习活动经费，完善社区党员考核激励机制。根据不同时期，不同区域，不同的工作要求提供相应的经费保障，并明确社区党务工作经费的比例和额度，列入年度同级财政预算。同时提高社区党务工作者的待遇，在此基础上完善考核激励机制，进一步调动和激发社区党务工作者的工作积极性。对社区党员志愿者建立“党员服务登记卡”制度，每一次自愿服务后社区做好相应的记录作为年底“评优”的依据之一，在累计达到一定的次数，可以

参加免费的体检或提供限额的购物券等，以吸引更多的人参与到党员志愿者队伍中来。

社区党员队伍是社区群众的主心骨，是社区全面发展的核心力量，因此把加强党员队伍建设、夯实执政基础有机地统一起来，已成为对基层党建工作者的迫切要求。今后的工作中，我们仍将以增强基层党组织活力，发挥党员先锋模范作用为重点，积极探索新的基层党组织设置形态和大党建管理模式，让每个社区党员树立“我是桂溪人，我为桂溪发展做贡献”的思想，使桂溪街道社区党组织成为巩固党在基层执政地位的一处坚强堡垒，打造文明和谐桂溪。

（桂溪街道党工委副书记、纪工委书记 陈长贵）

街道经济职能定位及其走势取向

改革开放前的街道办事处，主要承担区域性的社会事务，是政府的最基层组织，为政府的派出机构。随着政府服务职能的“属地化”和社会事务的“下沉”，街道办事处由原来只承担具体社会事务转变为今天的集社会事务、城市管理、基层党建、社区服务、社会治安、劳动就业和街道经济为一体的“小政府”、“大服务”综合性区域服务体。在上述的街道社会职能演变中，街道经济由原来的街道“副业”，逐渐发展成为今天的街道“主业”，其“职能定位”和“走势取向”也引起了不少的争论。有人认为，街道应集中精力搞好社区建设，不应该发展经济，主张取消发展经济的职能；而有的人则认为，街道应该发展经济，街道经济是各项社会事务的财力支撑，要倡导和给予积极鼓励。我个人认为，现阶段街道发展经济符合市场经济发展规律，是街道体制在适应中演变的必然产物，走的是街道社区发展和社会进步应走的过渡性必经之路。下面，我就从以下几个方面对街道发展经济谈谈个人的看法。

一、要不要发展街道经济

街道工作从大的方向分为社会事务、城市管理、基层党建等10多项。作为“小机构”“大服务”的街道办事处要承担如此繁杂的社会事务，没有足够的“经费保障”，无异于“无米之炊”。许多人将街道经济称之为街道工作的支撑。在现阶段，这种认识应该是现实的和正确的。前几年，有人曾提出由上一级政府购买街道社会事务，但一经测算，这是一个天文数字，政府在现阶段的财力根本无法承受。仅桂溪街道办统计，去年全口径财政收入4.3亿元，街道留存部分近1亿元主要用于了社区建设。如果高新区的5个街道社会事务由区财政买单，区财政将不堪负重，难以承受。可以说，现阶段街道发展经济符合当今经济社会快速发展的客观要求，顺应时代，切合实际。

街道承担的社会事务与职能，同前几年相比，量已经扩大了数倍。加之上一级部门的社会职能的“属地”和“下放”，街道的工作人员已由原来的四、五十人扩大到现在的四、五百人（主要是增加聘用人员），要支撑如此大的机器运转，没有足够的资金保证，街道工作是无法正常运行的。由于社会事务等工作面的扩大和民生工程、社区建设等覆盖面的加宽，对经费投入的需求量也由原来的几十万上升到几千万。试想，如果都由上一级财政买单，街道的社会事务工作就可能会出现“等钱办事”，“有多少钱，办多少事”，致使办事效率低下，许多涉及民生的问题可能得不到及时解决，甚至产生新的不稳定因素，造成工作被动。

从另一个侧面，责、权、利也要强调统一。省和市、市和区、区和街道都有责、权、利统一的问题。如果街道没有可以支配的自有资金，做每一件事的工作经费都要向上一级去要，等米下锅，街道就会如同一个职能部门，但却要承担“块块”的职能，如此体制，会极大的挫伤街道工作的积极性，不利于街道充分发挥基层组织的作用。通过对成都市各项社会事务工作搞得好的街道进行调查，都是街道经济发展好，实施有足够的财力做保障和支撑。相反，经济发展欠佳的街道，往往各项社会事务工作都不尽人意。近几年高新区各街道经济的快速发展，有力推动了街道各项工作的健康发展，象城市管理、城乡环境综合整治、农贸市场达标升级等，在成都市都位居前列，这都归功于有强大的街道经济作保障。

这一切，都证明一个命题，在当前和今后一段时期内，街道经济工作只能加强，不能削弱。

二、街道经济职能如何定位

街道经济应当如何定位，关键在于对街道职能有一个科学的定位。我认为，街道就是一个“小政府”、“准政府”，其职能如同“大政府”的浓缩，也就是政府的派出机构，它承担了政府应有的各项社会服务职能，但它与一级政府的职能取向却不尽相同，其区别在于职能的核心集中体现在社区建设上，包括社会事务、城市管理、劳动就业等，最大的特点就是“具体”，也就是上一级政府职能的细化。经济工作体现的是街道工作的“支撑”，所处的地位是“配角”，而非街道工作的“主业”。所以，街道经济职能的定位应该是支撑“产业”，它和社区建设在街道职能中的定位是“次”和“主”的关系，也就是街道经济工作服从于、服务于社区建设，两者在街道工作中的位置不能互换。否则，就会本末倒置。

但在现实中，几乎是所有独立财政的街道办事处，大都将发展经济放在了第一位。理由也很实际，没有强有力的经济作支撑，街道的各项工作都将步履艰难，并在竞争中滞后。同时，没有财力，很难想象会搞好社区建设。所以许多街道都将发展经济放在了街道工作的重要位置。从人员的配置、工作的重心、花费的精力、以及各种保障措施，都向经济发展岗位倾斜。来自外部的压力，特别是上一级对街道的考核，经济指标尤为突出，成了重要考核依据。如果街道经济上不了，目标考核结果一定是排后，既影响了街道领导的政绩，也影响了街道的利益。在内挤外压之下，街道以“经济建设为中心”便顺理成章。我认为，要把街道功能定位的核心体现在社区建设上，对街道经济工作的量化考核就要弱化，减少所占分值和比例，将考核的重心和量化的重点放在社区建设上，只有这样，才能在机制上保证街道职能在实际运行中正确定位街道经济。

三、怎样发展街道经济

作为高新区的街道，发展街道经济应紧扣高新区建设发展的主旋律，具有高新区街道发展的特色。

（一）在高新区全员招商中扮演好角色，体验人人都是投资环境。高新区的发展导向就是“发展高科技，实现产业化”，推动区域经济的快速健康发展，在成都市乃至西部起到带动示范作用。不论是高新区的部门，还是高新区的街道，都是高新区经济建设和产业发展的内在动力构成。高新区的街道在经济发展中的角色是高新区街道的功能定位决定的，有别于其它行政区，具体讲就是积极配合高新区职能部门做好招商引资工作，认真宣传高新区的优惠政策和优化投资环境。也要求高新区的街道在做好社区建设和其它本职工作的同时，立足街道，发挥好街道的区位优势，开展切合街道实际的招商引资工作。特别是用好高新区的优惠政策，打好天府新城这张牌。截止2009年12月20日，仅统计桂溪街道，办事处和社区新引进企业超过560家，其中注册资金上百万的企业就达100家。

（二）利用社区服务信息资源，开展好协税护税。通过街道社区建立的服务平台，我们获知，有为数不少的企业虽然入驻高新区的写字楼和其它商业楼盘，但工商注册和税收关系却在区外，也就是经营场所和实际不符，应当予以“纠正”。而在高新区，这一类型企业还为数不少，他们用活了高新区的资源，享受了高新区的服务，却未给高新区作出贡献。针对这一现状，街道办事处就要发挥熟悉区域的优势，向企业作好宣传，热心服务企业，让企业读懂高新区的优惠政策，让他们切身感受在高新区投资是最明智的选择，让他们心甘情愿的将工商注册和税收关系转移到高新区。近几年，我们通过街办和社区的服务工作，已有相当可观的入驻辖区的企业把工商注册和税务关系转移到高新区。有的企业了解到高新区的政策和投资环境后，还主动在高新区开办了分公司或第二个公司。这些都表明街道在高新区协税护税中，具有得天独厚的优势和良好的条件。

（三）切实为企业服好务，努力推动投资软环境建设。企业服务的内容是多方面的，高新区的部门和街道办事处对企业服务侧重有所不同。作为街道办事处，对企业的服务除了向企业提供优惠政策信息外，主要是为企业排忧解难，如为企业办理有关证照、协助办理子女入学、整治周边环境等。象富森美家居举办家居节，桂溪办事处就主动提供上门服务，并提供50名治安巡逻队员为其作好城管和治安服务，特别是治安巡逻队挡获了一特大盗车团伙，得到了富森美家居和辖区企业的高度赞扬和肯定。街道办事处为企业提供的良好服务，在政府和企业之间搭起了一个信息与沟通的平台，推动了高新区投资软环境建设。近年来成都市每年一次的投资软环境测评，高新区在全市都排名前列，高新区各街道办事处所做的工作和成效是显而易见的。这一切都说明，街道办事处在高新区企业服务和投资软环境建设的作用是不可忽视的，同时也说明，街道办事处在高新区经济发展中起好了积极的配角作用。

四、街道经济发展取向

（一）继续维持街道发展经济的职能。街道经济是高新区经济的有机组成部分，也是高新区经济的补充，与高新区经济建设和产业发展并不矛盾。仅统计2008年，高新区5个街道对高新区全口径财政收入的贡献比例高达15%。特别是协税护税，防止区内税源流失，街道起到了很大的作用。同时，作为街道要维持高新区90多平方公里正常的社区建设需要投入大量的资金，需要街道在现阶段大力发展街道经济支撑社区建设，弥补高新区对社区建设经费投入的不足。因此，在现阶段，高新区还要继续支持街道大力发展经济，并提供良好的内部支撑政策和有利于街道发展经济的激励机制，遵循责、权、利相统一的激励法则。

（二）对街道发展经济考核要逐渐弱化。街道发展经济是过渡时期的产物，当上一级财政有足够的财力做保证，整个保障机制已经建立，内外环境发展已经不需要街道发展经济的时候，它就完成了它的历史使命。因此，上一级对街道的目标考核和各种工作安排，重心放在社区建设上，逐步淡化对街道经济工作的考核，尤其是对经济指标的目标考核权重，要逐渐减少甚至取消，而不是逐年加码。以行政考核手段指导街道经济工作，将导致街道职能的变形和失真。目前，街道工作都是以经济建设为中心，而不是以社区建设为“主业”，正好说明了这一问题，值得我们深思。桂溪街道取消对村级组织下达经济目标任务，制定了鼓励社区参与街道发展经济的激励政策，鼓励社区用活区域、楼宇等资源，在作好社区服务等本职工作的同时，开展招商引资和协税护税工作。如此做法，有一定的积极意义。对社区发展经济，桂溪街道不下目标任务，没有目标考核等任何附加条件。“只奖励不下考核任务”，如果高新区以这种新的理念科学客观正视街道经济工作，走自己体制创新之路，应该不失为一种好的全新模式。

（桂溪街道党工委委员、办事处副主任　张仲常）

关于巩固稳定就业、逐步降低灵活就业率、稳步提升就业质量的思考

就业是民生之本、稳定之基，是一项关系到民生的重要工程。近年来，各级党委、政府高度重视就业工作，都纳入了重要议事日程，经过全体就业工作者几年的努力，成果显著，就业率得到大幅度提高，比如笔者所供职的成都高新区桂溪街道办事处，2009年11月城镇劳动力就业率已高达97.4%(其中单位就业占58·4%　自主创业占8·97%，灵活就业占22.03%)。但具体分析高比率的就业率中灵活就业占了相当大的比率，这里的灵活就业是指城镇登记失业人员中没有在任何单位或组织中就业，也没有领取个体工商营业执照，在社会内从事家政服务、缝纫织补、修理、废旧物资回收等社会服务性质的工作。其特点：岗位不固定、工作时间不固定、收入不固定、劳动关系不固定，且随时可转为失业。如何把灵活就业转化为单位就业或自主创业将是我们巩固稳定就业、提升就业质量的重点工作之一。

下面我将2009年成都高新区桂溪街道办事处在巩固稳定就业、逐步降低灵活就业率方面所作探索做一分析：

一、2008年10月三个农迁社区就业基本情况

2008年10月就业基本情况表

时间	社会	城镇劳动力总人数	单位就业	自主创业	灵活就业	资产性收入等其他	城镇失业人数
2008.10	和平	3396	1983	154	1055	116	88
	三瓦窑	1908	583	57	1118	143	7
	双源	5064	2965	603	781	534	181
	合计	10368	5531	814	2954	793	276

上表显示去年10月三个农迁社区就业基木情况：城镇劳动力总人数10368，城镇就业人数10092，城镇失业人数276，城镇就业率97·3%。但灵活就业人数占了就业人数的29·27%，绝对人数近 3000人，如何帮助这部份人群转化为稳定的单位就业和自主创业引起了各级领导的高度重视。2008年10月9日，高新区党工委委员、组织部部长、人事和社会保障局局长袁宗勇同志到桂溪街道办事处工作调研时就向我们提出了2009年在就业工作上要做好两件事：一是要突出特色，打造 “创业带动就业一条街”；二是要提高就业质量，逐步减少灵活就业人数。街道党工委、办事处也在2009年工作务虚会上提出 2009年就业工作的重点是高度关注灵活就业人群特别是双灵活就业家庭，采取多种措施降低灵活就业人数。

二、2009年在巩固稳定就业、逐步降低灵活就业率方面采取的措施

（一）街道出台系列奖励措施，鼓励稳定就业和自主创业

1.继续延用街道2005年制定的《岗位引荐人奖励办法》：每推荐1名辖区失业人员成功就业，可获得100元岗位引荐人奖励。今年通过岗位引荐成功上岗192人，兑现引荐奖励金额1.92万元。

2.为鼓励辖区企业大量录用辖区失业人员，今年街道出台了《用工单位奖励办法》，凡录用辖区失业人员5人以上的单位（工作地点在本辖区，含注册地在外区的企业），由办事处对企业的法人代表、人事部经理或主管给予不同金额的奖励，此项奖励今年已兑现近 4万元。

3.鼓励失地农民积极创业，2008年底，街道根据《高新区鼓励转非小区配套经管场所用于促进充分就业的暂行办法》出台了《鼓励创业带动就业打造双源社区“创业带动就业示范一条街”的实施意见》。街道将1700万元回购的7000多平方米商铺采取优惠出租和创业带动就业基地低价出租方式(优惠幅度第一年50%，队第二年30%,第三年 10%)，用于鼓励辖区失地农民积极创业。创业带动就业基地现已成功引进7个项目，租用铺面2000m^2，7个项目三年累计优惠租金近40万元。“示范一条街”共造就小老板50家，提供社会就业岗位196个，带动本辖区失地农民就业117人。

（二）夯实基础工作，提高工作质量

从2008年12月起，街道自制了《社区常住居民劳动力走访记录》，用时半年安排就业协管员对网格内的所有常住户逐一进行一户一表核查，彻底摸清辖区劳动力底数，提高基础数据准确度，掌握了三个农迁社区的真实就业状况，为一对一开展个性化就业服务，提高我们的就业服务工作质量奠定了良好基础。

（三）积极开展就业服务活动

一是邀请了成都新华职业技术学院硕士职业培训师在和平社区和双源社区举办了就业观念转变的引导性培训。

二是举办各类招聘会，今年共组织大小招聘会17场，帮助辖区108名失地农民成功上岗。

三是与辖区用工单位签订优先用工意向书和建立大型单位用工项目库，目前已与126家用工单位签订此协议，将91家大型用工单位纳入用工项目库管理，据统计上述单位已使用木辖区居民达858人。

三、2009年在巩固稳定就业、逐步降低灵活就业率方面取得的成效

通过以上措施综合并举，我们在巩固稳定就业、逐步降低灵活就业率方面取得了显著成效：今年10月灵活就业人员总数共2379人，与去年同期的2954人相比减少了575人；灵活就业人数占城镇劳动力就业人数的比率由08年的

29.27%下降到今年的22.03%，下降了7.24个百分点。

主要稳定就业去向如：各类招聘会上岗108人(单位用工)，岗位引荐就业192人，创业带动就业196人，双源幼儿园16人、三个新农贸市场30人，部分新单位的入驻用工(如泊联数据处理公司守车员和市政府后勤集团后勤用工共35人等)；"一帮一"帮扶对象17人，均已就业(其中双源10人：单位就业8人，公益性岗位2人；和平社区5人；单位就业3人，自主创业1人，灵活就业1人(承包社区车棚)；三瓦窑社区2人：均为灵活就业(1人在市场经营肉铺，1人创业扶持点卖早点)，已由原来不稳定就业转向稳定就业和单位就业，大大提升了就业稳定性（见下表）。

2008年10月与09月10月灵活就业对比情况统

时间	社区	灵活就业结构					
		灵活就业人员总数	家政服务	缝纫织补	修理修配	废旧物资回收	其 他
2008·10	和平	1055	284	58	98	7	608
	三瓦窑	1118	126	22	22	10	938
	双源	781	326	82	85	44	244
	合计	2954	736	162	205	61	1790
2009·10	和平	826	248	128	125	13	312
	三瓦窑	782	123	27	20	10	602
	双源	771	414	101	95	39	122
	合计	2379	785	256	240	62	1036
对比结果	和平	-229	-36	70	27	6	-296
	三瓦窑	-336	-3	5	-2	0	-336
	双源	-10	88	19	10	-5	-122
	合计	-575	49	94	35	1	-754

四、下一步在巩固稳定就业、逐步降低灵活就业率方面的工作思考

2010年，按照学习实践科学发展观活动和成都市创建 "充分就业城市"的要求，桂溪街道办事处劳动保障工作应围绕着 "继续夯实基础、巩固稳定就业、发挥资源优势、提升特色亮点、打造就业品牌"的工作思路，着力抓好以下工作：

一是继续对辖区内常住户逐一进行一户一表核查工作，特别是大源三期农转非居民入住后，对新增加的这近万家住户要及早介入，摸清底数，做好基础工作。

二是继续推行09年制定的各项创业、就业优惠扶持政策，鼓励辖区单位优先录用木地失地农转非居民、鼓励辖区失地农转非居民自主创业，适时推出鼓励不稳定就业和失业人员参加有针对性地提高劳动技能培训的奖励政策。

三是深入挖掘辖区资源优势，打造桂溪就业品牌。针对辖区内会展、楼宇、单位企业多，后勤服务人员需求量大，劳动力特别是大源三期入住后新增劳动力多的资源优势，继续做好单位和失地农转非居民两方面的服务工作，搭建好平台，逐步打造出"双源创业一条街"、"双源手工业基地"、"和平手工业基地"、"会展后勤服务公司"、"桂溪就业帮帮队"等具有桂溪特色的就业品牌。

（桂溪街道办事处　王子琦）

关于桂溪街道农转居社区物业管理的思考

农转居社区是经济社会发展特定时期的产物。成都高新区的农转居社区是近十年来，随着成都市城乡一体化战略的实施，特别是高新区经济社会的迅猛发展，高新区管委会为解决失地农民的生活问题，集中规划建设的安置小区。目前高新区共有这样的社区六个，主要集中在南部园区的桂溪、石羊和西部园区的合作街道，涉及院落43个，总建筑面积约400万平方米，安置农转居人口10.91万人。

一、桂溪农转居社区的特点

从1999年至今，桂溪街道辖区内形成了和平、三瓦窑、双源三个农转居社区，并呈现以下特点：

1.规模大。三个农转居社区共计14个院落，总建筑面积约70万平方米，安置农转居人口约1.50万人，居住总人口约2.88万人，加上明年初双源三期入住，总建筑面积将增至约140万平方米，安置农转居人口约2.79万人，居住总人口约4.29万人。农转居社区的安置人口、建设规模占全区的三分之一。

2.区域位置特别。三个农转居社区规划建设都位于成都市新规划的天府新城的核心区域，这里将是未来成都市政治经济发展的中心区域。

3.安置的时间跨度长，对象特别，社会矛盾突出。99年成立的和平社区是高新区区划调整后设立的第一个农转居社区，和明年交付使用的双源三期相比，时间跨度11年，在这十一年中安置执行的政策先后经历了加大变化，加之失地农民自身条件限制，农转居居民的就业难问题尚未彻底解决等因素，造成各种社会矛盾较为突出。

4.基础设施老化较为严重，配套设施尚未完善。年代较久的社区普遍存在房屋、供电、供水设施老化，安全、消防、环卫文体活动、市场、停车位等设施配套不足的问题。

5.社区管理的治理结构尚未完善。近十年来桂溪街道也在积极探索实践农转居社区建设管理模式，取得一些成绩，但由于农转居社区的特殊性，在社区建设管理的组织形式上尚未取得突破性的进展。

二、桂溪农转居社区的物业管理现状

由于桂溪街道农转居社区上述形成原因以及其特殊性，一直以来街道工委、办事处充分认识到农转居社区物业管理问题，直接关系到广大农转居居民的民生问题，关系到社会稳定问题，给予高度重视，不断从组织形式上、管理模式上积极探索适应我农转居社区的物业管理方式，并投入了大量的人、财、物。特别是近年来随着全市城乡环境综合整治工作的不断深入，要求越来越高，投入力度进一步加大，基本满足老百姓对物管服务需求和城乡环境综合整治的要求。

目前桂溪街道各农转居社区的物业管理模式是：以办事处为主体提供物业服务，由办事处及社区居委会共同组织实施。其中院落的卫生保洁（道路、绿化、楼道等）和绿化养护由办事处通过向社会购买服务的方式解决，办事处和社区对有关公司进行考核，根据考核情况按月支付相应费用；秩序维护（门卫、停车等）、公共设施维修维护由社区两委及办事处城管科负责。所需经费全部由街道财政负担。09年街道财政在上述两项的实际支出约565.41万元，10年安排预算约1004.23万元（含双源三期）。

三、现有物管模式存在的问题

1.物业管理专业性、政策性强，办事处作为提供物业服务的主体提，履行农转居社区物管职责，鉴于缺乏专业的物业管理机构、人员，对社区物业管理服务指导性不强，监管难以到位，影响社区物业管理的发展。

2.服务起点低、专业化、系统化程度不高。现有组合物管模式造成服务难以规范、标准低、内容少，管理服务水平低。

3.政府公共财政承担日益增长的物管和维修费用显失社会公平，不利于农转居社区物业管理和设施设备维护的可持续发展。

4.主体缺位。物业管理应该是市场向社区居民提供的一种服务，需求的主体是社区的居民，办事处主导社区物管，扩大了基层政府提供公共管理和公共服务的范畴，造成农转居居民对政府依赖思想日益严重，而一旦管理中出现问题，又将在政府与居民间造成新的矛盾，引起新的不稳定。

四、今后农转居社区物业管理模式的思考及建议

当前，农转居社区物业管理问题已成为制约社区建设管理，进一步深入推进城乡环境综合整治的突出问题，引起高新区党工委、管委会领导的高度重视，已责成有关部门研究制定相关指导意见。

作为一名刚到基层从事公共事务管理工作不久的基层领导干部，即将入住总建筑面积达60多万平方米的双源三期电梯公寓的物管问题，也是我近期研究考虑最多的问题。经调研认为高新区现有的两种农转居社区的物业管理模式：一是合作、石羊聘请专业物管公司派出专业顾问或组建社区物管办，招聘物业项目经理，通过对社区管理队伍进行专业指导与办事处向社会购买服务方式结合的模式；二是桂溪由办事处向社会购买服务与社区管理结合的模式，这些模式都是基层政府更多考虑农转居社区的特点，从保稳定、保民生角度出发长期摸索形成的，在农转居社区建设发展的过度时期也是行之有效的。由于上两种模式都存在一定缺陷，随之也会带来不可避免的上述问题。

要进一步提高农转居社区物业管理水平，从根本上彻底解决其可持续发展问题，逐步引导农转居社区实行社会化物业管理才是解决问题的关键。

近期我也欣喜看到，管委会有关部门已初步提出农转居社区物业管理的指导性意见，并将社会化物业管理模式作为今后农转居社区物管发展的最终方向，为尽早实施，现就如何引导农转居居民接受这一物管方式提出以下建议：

1.解决主体缺位，推动农转居社区业主大会设立和业主委员会选举是关键。建议在过度期将政府物管补贴由暗补变为明补，将物管补贴量化到户，并告知每户居民，政府承诺对于设立业主大会和业主委员会的小区，选聘物管公司后，直接将补贴发放到户，鼓励社区设立业主大会和业主委员会，走社会化物业管理之路。

2.为体现社会公平，减少社会矛盾，建议由管委会下发农转居社区物业管理指导意见，在区房管部门的指导下，在全区所有农转居社区整体推进该项工作的实施。

3.区房管部门制定农转居社区物业管理标准，办事处结合标准，指导业主委员做好物管

公司选聘工作。

4.过度期结束后，应研究制定对于困难群众物业管理费继续补贴的政策，确实解决其困难，争取这部分人群的支持。

5.要大力宣传《物权法》、《物业管理条例》和《居委会组织法》，让老百姓明白房屋业主和社区居民的关系，明确业主在物业管理中的权利和义务，明确社区居民在社区自我管理服务中的权利和义务。

6.各级要更加重视农转居居民再就业问题，进一步增加他们的收入，这是实行社会化物管的根本保障。

7.建议在办事处设立专门的物业管理科室，协调农转居社区物业管理出现的各种矛盾，加强工作的指导、监督。

（桂溪街道办事处　全少英）

以科学发展观为指导 坚持以人为本 促进城市管理工作健康发展

科学发展观的核心是以人为本，这就要求我们在城市管理过程中要树立和落实科学发展观，以构建和谐社会为目标，把提高城市管理水平和维护广大人民群众的根本利益结合起来，走出一条依法管理与亲民管理相结合的新路子。城市的繁荣与发展、构建和谐社会与城市管理的水平密不可分。在学习实践科学发展观活动中，面对新形势、新要求，如何准确定位城管工作，促进经济繁荣、更好地服务于广大人民群众，成为摆在城市管理者面前的一个新课题。

一、转变观念，树立科学的城市管理理念

党的十七大明确提出建设生态文明,并把它作为全面建设小康社会的一项重要目标,这就对城市管理工作提出了新的更高的要求。目前城市管理工作所涉及的环境卫生、市容市貌、市政设施、环境保护、违法建设、园林绿化、垃圾清运、户外广告及标志、施工工地、公共场所、临街景观、光彩工程等，方方面面都与经济发展有关，都与广大人民群众的切身利益有关。第一，耐心、细致地做好宣传，提高市民的城市管理意识和对参与意识。由于城管工作的对象基本上是社会弱势群体，要想得到群众的理解、支持，必须运用各种形式，多视角、多渠道、深层次地开展耐心、细致地宣传。宣传不可能是一劳永逸、一蹴而就，要循序渐进、不厌其烦的宣传。我们在日常管理中遇到的各种纠纷，很多就是因为群众对城市管理工作不理解，对城市管理法律法规的不了解，而执法人员又缺乏耐心地宣传而引起的。因此，不断提高城市参与者的主动参与度，是提升城市管理水平的先决条件。第二，结合实际，因地制宜，创造性地开展城市管理工作。每个城市的发展都应有自己的特色，城市的定位都会不同。同时受到经济发展、自然条件、人口素质等客观条件的影响。一个城市的发展要借鉴其他城市好的经验、好的做法，但绝不能照搬。城市的发展要立足于自身的特点、实际，不能搞一个模式。成都高新区作为成都市乃至于整个西南地区发展的排头兵，城市管理工作要结合高新区长远发展的整体规划以及民生工程、招商引资、社会稳定、社区建设、

环境保护等工作创造性地开展。第三，以人为本，强化城市管理服务于民的思想。城管工作说到底就是做好“人”的工作。树立以人为本的城市管理理念，是科学发展观的关键所在，也是新形势下城市管理工作的出发点和落脚点。坚持以人为本就是要着力解决广大人民群众衣、食、住、行等根本问题，尤其是生活在城市里的弱势群体的就业、谋生等问题。在城市建设与发展还不够完善的今天，特别是在成都高新区内，除了各类高档商业楼盘、消费场所的存在外，还有数以万计的“农转非”居民，他们由于历史的原因造成的文化不高、年龄偏大、技能缺乏等原因，使得他们在就业、谋生手段上处于较为被动的局面，虽然经过政府再就业工程多年的努力解决了大部分人的就业问题，但收入普遍较低，生活质量明显不高，因此占道摊点和流动商贩将在相当长时间内存在，成为城市居民不可缺少的一部分，我们作为城市管理工作者必须要考虑其存在的合理性，不能一味强调禁止、清理、取缔，要“疏堵结合”，根据实际情况进行合理疏导，在疏导的基础上加强管理。

二、加强学习，不断完善队伍地建设

按照建设学习型政府、学习型机关的要求，城市管理行政执法队伍更需要与时俱进、加强学习，建设一支高素质的学习型行政执法队伍。第一，加强法制培训，提高队伍的法律意识和业务水平。加强法制建设，提高基层执法队员的执法办案水平，提升全体执法人员依法行政的能力。城市管理队伍是一支为人们管理城市的队伍，我们的服务对象是全体市民，同时我们又是在广大市民监督下开展咸亨是管理工作的，提高队伍的法律意识，尽量避免各种纠纷显得尤为重要，杜绝打着法律的旗帜做违法的事情，做到依法行政。同时在遇到问题是，懂得用法律的手段来解决。加大党风廉政建设和行政执法督察力度，严厉查处执法人员违规、违纪行为。第二，提高认识，加强队伍的组织纪律性和作风建设。要想打造一支人民满意、政府放心的城市管理队伍，加强组织纪律性是保障；队伍素质的高低、作风的好坏，是建设城管文明之师的基础；要按照准军事化管理，加强队伍吃苦耐劳精神和团队精神，为辖区的经济发展、社会稳定、老百姓安居乐业保驾护航，是我们队伍的原则。听从指挥、服从命令、令行禁止是我们的底线。队伍的组织纪律性、作风的好坏关系到高新区建设、发展、招商引资的整体形象。高新区需要这一张对外的城市管理形象的“名片”。第三，树立责任意识，提高综合素质和解决问题的能力。加强城市管理队伍责任意识的培养，树立强烈的责任心，是我们做好城管工作的基础。不断加强自身的学习、修养，提高综合素质是提高解决问题能力的手段。学习才能提高，学习才能进步，自身提高了才能更好地理解和掌握好自己所承担的工作和职责。责任意识是我们对工作的态度，有了责任心，有了正确的工作态度，我们的工作就会做得很好。第四，健全监管机制，防止滋生腐败现象。权力一旦失去监督，必然滋生腐败，这是一条铁的定律。城市管理工作握有法律赋予的对违章行为的处罚权，如果放松监督，就会导致权力滥用，执法不公，甚至以权谋私，违法乱纪，危害公共利益和群众利益。有了监督，才能将责任落实到位。经了解，全国其他城市，如上海等多个城市的城市管理系统都有专门监督管理队伍，通过建立监督机制，才能保证队伍健康成长。第五，加强沟通、交流，广泛听取不同的意见。沟通、交流的目的是建立一种人与人之间相互信任、相互理解的关系。不论是违章者还是围观者、不论是我们内部还是其他部门，作为城市管理工作者运用随机访问、定期例会等方式，广泛的、虚心征求对城管工作的意见。了解相互的想法，听取对队伍管理、工作开展的情况意见、建议，集思广益，改进不足。“兼听则明，偏听则暗”，只要有利于我们队伍的建设、有利于工作的开展、有利于高新区的发展，“有则改之，无则加勉”。

三、理顺关系，建立长效管理机制

城市管理工作处于各种矛盾的焦点，城市管理工作应该在建设中国特色社会主义、落实科学发展观的理论基础上，统筹兼顾，既要总揽全局，又要抓住事关群众利益的突出问题，着力推进、

重点突破。第一，处理好“灵活就业”与乱摆摊点的关系。随着近年再就业工作的不断推进，重点解决了下岗职工及农转非居民的就业问题，基本上杜绝了“零就业”家庭，取得了可喜的成绩。但“灵活就业”的群体庞大，就业稳定性得不到有效的保障，且收入不高。在这部分人当中有相当一部分愿意用自己的劳动收入改善家庭的生活质量，但又无法承担高额的房租，只好以街为市、乱摆摊点，这又与城市管理工作相冲突而产生新的矛盾。如何处理好这种矛盾，将成为城市的管理工作一个新的课题。第二，处理好群体间的关系，保障大多数人的利益。城市管理工作要达到的目标除了环境优美、秩序良好、市容整洁的基本要求外，更根本的是要使全体市民的感到满意。对影响广大居民正常生活的各类违法行为（如：噪音扰民、油烟扰民、乱搭乱建、侵占公共绿地等行为）要坚决打击，严格管理，加大执法力度，维护好绝大多数群众的利益。同时也要加强对弱势群体的关心，帮助他们解

决实际问题，在不影响公共利益的前提下，最大限度地保护弱势群体的利益。第三，转变观念，建设服务型城市管理队伍。建设服务型政府，是构建和谐社会的重要标志。城管部门作为面向群众的窗口单位，应该转变观念，树立自己的形象，按照科学发展观的要求，树立全心全意为人民服务的思想，做到秉公执法，执法为民。同时要求我们在新的形势下，要学会做群众工作，改变陈旧落后的管理方式，变简单的处罚为宣传和服务，以宣传教育为主，注重引导，以行政处罚为辅。行政处罚不是目的，是教育的一种手段。我们应该多接近群众，多了解、多沟通、多动员，对他们的困难尽量想办法给予考虑、解决，共同建设和谐城管、和谐社会。第四，着眼长远，建立长效管理机制。城市管理是一项充满矛盾、长期复杂的工作，要解决城市管理中的实际问题不能用短期行为，必须立足于城市的发展和人民群众的利益，它的效益要几年甚至更长时间才能体现出来。我们要用发展的眼光看待城管工作，用科学发展观指导城市管理工作。特别是在高新区对那些符合部分人眼前利益、能带来短期效益，但影响城市长效管理的短期行为坚决制止。同时，理顺管理体制、分清职责、明确分工，不能把别人不想管或管不了的都交给城管部门进行管理，杜绝各部门间的相互推诿，建立各职能部门联动的长效管理体制，共同使城市管理工作更加科学化、规范化，实现城市的和谐文明发展。

常言说，一座城市是三分建设七分管理，就是说的城市管理工作是城市建设、发展的基础工作，建设一座城市容易，管理好一座城市难。目前就高新区而言，作为成都市发展的中心城区，随着建设、发展，对城市管理工作的要求越来越高。市容环境的好坏直接关系着招商引资和经济发展的前景，优美的城市环境，不仅可以为人民群众提供良好的生活环境，而且还将成为招商引资的有力条件，从而通过加强城市环境的建设，有效地促进城市的经济发展。作为城市管理部门，必须牢固树立“抓城市管理，就是抓经济发展”的观念，立足优化

环境、增加亮点、提升品位，

充分意识到城市环境的建设是发展的需要，构建和谐社会的需要，同时也是加强党的执政能力、建设的必然要求，是把高新区建设成世界一流科技园区的需要。

（桂溪街道办事处　马玉良）

加强团队建设　打造活力团队

随着成都市委、市政府的南迁和天府新城的建设，高新区已经成为了成都的政治、经济、文化、科技中心，桂溪街道也由过去的城乡结合部演变为中心城区。那么我们的团队能否适应形势的发展，有力推进各项工作呢？就目前的情况而言还有一定的差距，原因如下：

1.人员素质参差不齐。街道正编人员50人，平均年龄为42.18岁，本科及以上31人、大专18人、高中1人；聘用人员347人，平均年龄为27岁，本科24人、大专74人。多年来，除少数处级干部接受了系统的脱产培训外，大多数人员仅参加过业务部门组织的零星培训，在理念的更新和知识的拓展上很难做到与时俱进。

2.激励机制不健全。由于工资体系改革，取消了各种奖励，对工作人员的业绩考核缺少了调控手段，干与不干一个样，干多干少一个样，使大家干劲、冲劲逐渐消退。

3.人文关怀不到位。高新区小机构大服务，人少事多，工作人员忙碌了一周，周末想休整一下，料理家务，但一些学习培训、文体活动安排在周末，既影响了大家参与的积极性又未达到预期的目的。

4.工作压力过大。现在各项工作调研、测评、检查过于频繁，基层工作人员要确保顺利过关并力争名列前茅，既劳神又费力，压力可想而之。

如何采取有效措施，解决存在的问题，建设一支素质优良、充满活力、团结一致、勇于创新的队伍，是摆在我们面前的一项重要任务。我认为可以从以下几方面入手：

1.优化人力资源

一是通过公开招聘。通过网站、报刊的人才招聘专栏面对社会广泛招聘协管员并从中择优录取，吸纳优秀人才，改善基层人才队伍的知识结构和年龄结构，培养和储备基层人才队伍资源，为他们服务于基层，服务群众创造环境，提供广阔的舞台。通过人才资源的组合、充实，使机关干部队伍进一步年轻化、知识化，为辖区建设发展提供重要的保障。

二是开展创建学习型机关、部门活动。《天下无贼》有句台词："二十一世纪，缺的是人才"，的确当今社会缺少的不是人而是人才。然而人才不是天才，它的养成取决于后天的培养学习，基于勤奋学习，如果说学历可以有终点，那么学习则无止境。因此我们必须整合各种资源，丰富形式和内容，对工作人员进行有针对性的系统培训，鼓励工作人员参加各种学历教育、职业技能培训，内强素质、外树形象，提高工作质量和服务水平。

2.探索激励机制

一是增强荣辱意识。《管子》说，"仓廪实而知礼仪，衣食足而知荣辱"。马斯洛说："社会上所有的人（病态者除外）都希望自己有稳定、牢固的地位，希望得到别人的高度评价，需要自尊、自重或为他人所尊重。"要在团队中展开荣辱观的教育，对表现突出的人员给予表彰，对取得成效的工作予以肯定，在全体人员中形成巨大的感召力和影响力，引导大家树立以先进为荣，以落后为耻的荣辱观，营造争先创优的良好氛围。

二是完善制度建设。推行一种规章制度的诱因在于提高组织的协调性和管理的有效性，协调组织内各部门之间协作效果和组织与外部衔接的有效性。以完善的制度约束人，以严格的管理培养人，才能做到令行禁止，提高团队的执行力。因此我们在加强制度建设的同时，应督促检查制度的贯彻落实情况，避免形同虚设。

三是拓宽上升空间。希望改变的人,就不会是平庸的人。人事制度改革就是要给想干事的人以机会，给能干事的人以平台，给干成事的人以荣誉，给不干事的人以危机。在中层干部竞聘、重要岗位的选聘中，可以打破因循守旧、论资排辈的传统观念，突破身份界限，用人所长，选择合适的人选到合适的岗位，最大限度的激发工作人员的工作和创新激情，形成敢于突破、勇于竞争的局面。

3.增强凝聚力

一是提高认同度。开展每月主题活动，引导全体人员参与活动的组织管理。让所有人员了解活动的目标，吸引每一个人员都能直接参与各种活动，可以使全体人员不仅贡献劳动，而且贡献智慧，通过对活动的认可，提高对团队的认可。

二是增强归属感。很多人认为薪酬能够提升工作人员的归属感，但在某种程度上加薪能够保证工作人员不辞职，却无法保证他们有你所期待的积极性。其实除了薪酬外，权力、目标参与、培训、晋升、情感、荣誉、尊重等等都能够提升工作人员的归属感。因此我们应依托机关第二党支部、团支部、工会组织系列平台，通过“团队建设、培训学习、激励机制”三位一体管理模式，加强临聘人员的团队建设，增强临聘人员的归属感。

三是建立经常沟通和协调的机制。沟通主要是通过信息和思想上的交流达到认识上的一致，协调是取得行动的一致，两者都是形成集体的必要条件。良好的沟通是建立在双方相互了解和理解的基础之上的，因此要多了解和理解沟通对象，树立我为人人，人人为我的思想，用“双赢”的沟通方式去求同存异，才能达到良好的沟通目的。采取新老社区结对、机关部门结对等方式，加强交流，街道与社区之间、部门之间、上下级之间紧密相连，相互协作、群策群力，更好地调动广大干部群众创新开展工作。

4.给予温馨关怀

一是重视情感投资。领导要增强亲和力，注重人情味和加大感情投入，加强与工作人员的感情沟通，相互尊重；积极主动地去了解和解决工作人员在工作、学习、生活当中碰到的困难，给予适当的情感抚慰。如留意每个节日与工作人员的生日，送上节日庆祝与生日贺卡。不仅仅是对他们的祝福，还可以调节日常的工作氛围。而探望生病的家属、邀请家属参加活动等对工作人员家属的关怀往往更能抓住工作人员的心，使工作人员始终保持良好的情绪以激发其工作热情。

二是丰富文化活动。提高工作人员的素质和文化品位，改变上班事务缠身，下班生活单调的生活方式，活跃团队文体生活，让团队动起来、活起来。丰富活动内容，拓宽活动渠道，由自发性零星活动变为系统性、制度化、广泛性的篮球、羽毛球、自行车游、钓鱼、摄影、登山等活动。让大家在活动中调整心态，释放压力，增强自信，重塑自我，主动融入天府新城建设，增创区域转型的新成效。

（桂溪街道党工委委员、党政办主任　瞿蓉芳）

桂溪的来源及特点

作为桂溪人，探究桂溪的来源，传承桂溪演变的历史，记述桂溪辖区的现状，对规划未来，启示后人，实现成都高新区创建“全国一流、西部第一”园区的发展目标，实现成都市推进城乡一体化，“建设世界现代田园城市”的战略目标，践行科学发展观，建设和谐文明的现代城市街道具有十分重要的现实意义。

“芙蓉泣露坡头见，桂子飘香月下闻。”这是宋代诗人虞俦对“九天开出一成都，千门万户如画图”（唐·李白）的真实写照与生动描绘，真可谓簇花之城，流芳之都跃然纸上。可世人多有为成都的芙蓉舒锦绣，刀州披虹霓而欣喜，却少有为益州的桂子云中落，天香云外飘而陶醉。仁者乐山，智者乐水，见仁见智仅是不同的人对不同的景致所产生的不同感受而已。锦城芙蓉妍，故有蓉城的美称，成都桂花香，却无桂都的芳名，也许是人们的偏见，也许是历史的遗憾。

成都有芙蓉的妩媚，亦有桂花的温馨。唐代诗人李峤就写下了这样的诗：

未植银宫里，宁移玉殿函。
枝生无限月，花满自然秋。
侠客条为马，仙人叶作舟。
愿君期道术，攀折可淹留。

全诗8句40字，未箸一个“桂”字，但句句都在写桂树桂花，写桂树的神奇故事和优美传说，写桂树的壮志豪情和侠气仙韵，把桂树苗写得光彩照人；写桂花朴实清纯降岁月，写桂花雅致高洁满乾坤，把桂花勾画得芳魂醉人。这个人见人爱的桂花树在成都的大街小巷、东西南北无不遗留下几多的韵致，无不传说着几多的趣闻。

仅就地名而言，成都与桂花树有关联的地方可不少，颇有名气的当数城中的东桂街（原桂花街）、桂王桥街，它们都是明蜀王府花园，因园中桂花树成林而芳名传承。城北的桂花池，城南的桂花庄，都是不同朝代的蜀王府达官贵人游玩休闲的去处，即便上千亩的良苑佳构，早已沧海桑田，陈迹难觅，其盛况丽景、绰约风姿却清晰地留在一代又一代人的记忆里。就以桂溪庄上的桂溪而言，其雅号一直沿用至今。那么桂溪之名由来何时呢？

桂溪，属于都江堰清水河水系。现今桂溪两岸为成都高新技术产业开发区所辖之地。桂溪桥、桂溪庄、桂溪场、桂溪寺以及桂溪乡、桂溪人民公社、桂溪街道办事处等。其桂溪之名得来的时间各说不一，现将诸说归纳整理后，依据较为充分一些的不外乎如下几种说法。

一说桂溪之名形成于唐代中后期。唐德宗兴元元年（公元784年），状元及第的韦皋（公元754至805年），年方三十拜剑南节度使而镇蜀。韦皋镇蜀21年，累迁大将军，封南康郡王，功高爵显，储藏益丰，俨然是一方土皇帝，骄奢淫靡。他在城北天回山建南康庄，以此迎接来自长安的皇上及朝廷命官，亦供自己游猎消遣，南康庄气势宏伟，富丽堂皇，好似骊山华清池。韦皋当年以汉白玉装饰栏杆的石桥，后来人们称它为玉垒桥，桥南的南康庄后来将它更名为马觉寺，寺内还有楹联：“星映小池，亭妃尚明华盖；山环古寺，楼高直并天骠。”韦皋镇蜀期间，还在城南锦江西岸植桂林千亩，桂林中有溪名桂溪（俗称桂溪河），桂溪上建桥名高攀桥（人们也称它为桂溪桥），意为蟾宫折桂，状元及第，攀龙附凤。高攀桥北建桂溪庄，酿桂花酒，制桂花糕，以宴饮文人雅士，饯别高朋挚友。城南桂溪庄恰与城北南康庄遥相呼应，相传有联云：“金秋放鹰玉垒桥，丹山溢彩南康庄。青天揽月高攀桥，碧水流芳桂溪庄。”还传说，韦皋常常邀约才女艺伎薛涛及其他文人雅士踏歌于桂溪翠微，吟诗于桂溪芳菲，品茶于桂溪庄苑，送别于锦江岸边。今日之合江亭，唐时称之为江楼，就是韦皋当年建在合江园内，专供游宴饯别的处所之一。

一说桂溪之名形成于五代时期。公元907年，岁次丁卯，身为李唐王朝大将的王建自称皇帝于西蜀，史称前蜀。前蜀政治清明，天下豪杰志士多会于此，经济文化得到空前发展。至王衍及后蜀孟昶，他们偏安于成都，享乐于西蜀。这些蜀王，或沉醉于自身的骄奢淫逸，或满足于宠妃的喜乐放荡，或应酬于朋党的迎来送往，他们不惜动用国库军饷，大兴土木。譬如，公元919年，前蜀王衍登基后，动用大量财力和人力，掘挛诃池十余里，曲曲折折直达蜀王宫中，水面宽阔，蜀王与爱嫔宠妃常泛舟于其上，昼夜不舍。老臣唐求对此写诗抨击道：“桂冷香闻十里间，殿台深不似人寰。日斜回首江头望，一片晴云落后山。”再如，公元950年，后蜀国君孟昶为博妃子花蕊夫人欢心，下令全国将士、全城百姓，不惜人力财力在周长达42里的城墙上种植芙蓉树，以便秋高气爽之时与宠妃同赏芙蓉花。当时出生于新津县的诗人张立对此很是反感，并以《咏蜀都城上芙蓉花》为题而讥讽云：“四十里城花发时，锦囊高下照坤维。虽妆蜀国三秋色，难入豳风七月诗。”又如孟蜀时，凤凰山右之凤凰河上建有以芳林苑、桃花林、芙蓉渚为主要园区的皇家花园，凤凰河下游掘有荷花池，占地近千亩。还在凤凰山之东辟地3000余亩以为池，此池就叫桂花池，因为池四周遍植桂树千万株，待到秋天桂花开，郁郁馨香满蜀宫。并在城南锦江西岸营造桂花苑，占地4000来亩，桂花盛开时，十里闻香，香气袭人。曾有墨客对此盛景吟唱道：“十里桂林花又开，万里戍边人未回。一轮明月当空照，天涯可有望乡台？”更有骚人赞叹云：“两岸芦苇已白头，有花怒放如锦绣。由他绚丽桂溪庄，占断城南十里秋。”由此可见，桂溪桂花，城南一景，蓉城一绝，名播四海，享誉百代。

一说桂溪之名形成于明代初期。明太祖朱元璋的第十一子朱椿（封献王），对桂花情有独钟。他做了蜀王后，精心营造了一座又一座桂花园。明蜀王宫内，且不说桂树遍地，桂花常香，献王还在蜀王宫之东南建桂王府，府内建石拱桥名桂王桥。在蜀王宫之西南建有桂花园，即今锦江区人民南路街道辖区内的东桂街，因位于中、下南大街交接处之东而得名，于康熙二十六年（公元1 687年）由桂花街更为此街名，今天成都人称它为老南门二巷子。与此同时，献王还在城南锦江西岸营造桂林，桂林之水便名桂溪，溪边之屋便名桂溪庄。《华阳县志》载：“治东南城外十里，明蜀府中涓所建，蜀王常游玩于此，所谓桂溪庄也。”桂溪庄又称桂溪寺。此文献还记载：“嘉靖时宁仪（宜）、周琦两承奉卒，皆葬于桂溪寺后。”故明代有人撰联云：“桂溪寺书明，宫人冢一阙。”宫人冢就是太监墓，即人们所说的桂溪寺皇坟。傅崇矩（樵村）的《成都通览》对此说得比较清楚：“桂溪寺皇坟，在东门外十里之高攀桥侧，寺为前代古庙。古坟系前明太监之坟，有古碑。”并按云：“明蜀藩承奉司承奉正宁宜墓、蜀藩承奉司承奉副周琦墓均在此。”桂溪寺附近的小场镇名桂溪场，后因建瓦窑而排序为第三家（头窑在磨子桥附近，二窑在高攀桥附近），人们又叫桂溪场为三瓦窑。三瓦窑曾是桂溪乡治所。

桂溪乡，清代属华阳县石羊镇管辖，1914

年，民国政府提倡地方自治，桂溪乡划为华阳县中和镇九合三团。1935年，民国政府实施以教、养、管为宗旨的联保制，桂溪乡属华阳县石羊联保管辖。1940年，民国政府实施新县制，桂溪乡所属的华阳县石羊联保划分为石羊乡和桂溪乡。桂溪乡管辖9个保，乡公所设在三瓦窑文昌宫。1950年，桂溪乡所辖9个保改为9个村。l 952年，桂溪乡人民政府成立。1958年，桂溪乡人民公社管理委员会成立。1959年10月31日，桂溪人民公社划归成都市郊区。1960年，桂溪人民公社属成都市金牛区管辖（成都市郊区更名为成都市金牛区）。1968年，桂溪人民公社革命委员会成立。1984年4月，桂溪人民公社革命委员会更名为桂溪乡人民政府。1990年，桂溪乡划归成都市武侯区。1996年4月23日，桂溪乡并三瓦窑街道划归成都高新技术产业开发区。2001年12月，桂溪乡撤销，保留三瓦窑街道，2002年7月，改名为桂溪街道。截至2009年，成都高新区桂溪街道下辖大源、铜牌、民乐、勤俭、临江5个村，下辖和平、三瓦窑、双源、永安、南新、益州、双祥7个城市社区，占地面积23.06平方公里，有人口67800多人，全口径财政收入5.7289亿元，经济发展在成都市街道中名列前茅。桂溪街道地处成都市南部新区和成都高新区的腹心地带，地理优势十分明显，在成都高新区高技术产业发展和成都市统筹城乡一体化的建设中得到快速发展，从20世纪的一个比较后进的城郊乡镇迅速发展成为一个配套功能比较完善的现代城市街道辖区。

桂溪街道基础设施基本完善。邮政、通信、移动、网络全部开通，供水、供电、供气充足。全辖区有大小街道100多条，形成了城市街道路网。有天府大道、益州大道和科华南路从北到南纵贯辖区全境；三环路（南段）、府城大道、绕成高速路（南段）横贯辖区东西。成（都）昆（明）电气化铁路从桂溪街道北部和西部经过，设火车站一个，成都地铁一号线从桂溪街道中心穿过，途中经停火车南站、高新、金融中心、孵化园、海洋公园和世纪城6个地铁站，大大方便了老百姓的出行。

桂溪街道科技和经济优势显著。成都市最大的软件产业园——天府软件园（一、二、三期），在桂溪街道的南部落户；成都高新孵化园在桂溪街道中部安家；新世纪会展中心，成都达成工程公司、四川联通公司、国电大渡河电力工程调度指挥中心、华电四川公司等知明大企业总部设在桂溪街道。

教育资源富足。成都高新区建区之初唯一的一所高校——成都纺织专科学校，设在桂溪街道三瓦窑社区；新兴的成都职业技术学院设在桂溪街道的南新社区。桂溪辖区在城市化前每个村都开设有小学校，现在有从小学到初中的9年制学校多所，如：和平学校、大源学校、世纪城南路学校、成都七中初中部、成都美视国际学校。真可谓，城市发展，教育先行。

政治、金融、商贸地位突出。中共成都市市委、成都市人大、成都市人民政府、成都市政协四大班子及所属办事机构在桂溪辖区办公，成都海关、国家审计署成都特派员办事处、武警四川森林总队、成都公安消防支队机关均设在桂溪街道辖区，成都高新区党工委、管委会的治所——成都高新区国际广场设在南新社区。成都工商银行、建设银行、农业银行、交通银行、农业发展银行、中信银行、兴业银行等多家银行都在桂溪辖区设有分行，具有中国西部“鸟巢”之称的天府国际金融中心，进驻了多家商业银行；正在设计筹建中心的金融后台服务中心也在桂溪辖区内。商贸行业发展好。占地100公顷，总建筑面积173万平方米，被称为中国“西部第一馆”成都“世纪城”新国际会展中心，坐落在益州社区，2005年开展以来，每年各类商业展会不断。宜家家居、欧尚综合超市、迪卡龙体育用品超市、富森·美家具、苏宁电器广场、凯丹广场等大型零售卖场均在辖区经营。

农迁社区设计合理功能齐全。桂溪街道的和平社区、双源社区均为上万人居住的大型农迁社区，新建居民住房及功能配套胜过开发楼盘，占地面积大、容积率小、道路、绿化、灯饰、休闲广场或公园配套齐全，小区通邮、通电、通气、通公交，学校、医疗、公安、社区服务中心设置合理，社区党总支、居委会以及社区服务队等街道党委、政府的延伸机构工作开展卓有成效。南新、永安、三瓦窑、新益州城市新建社区中高档楼盘比比皆是：军区南苑、融城理想、深长城、凯丽滨江、东苑小区、御府花都、华敏世家、格南晴天、天鹅湖、英郡（一、二、三期）、华润凤凰城、中海蓝庭等许许多多的现代开发楼盘落于各个现代城市社区，让城市居民享受改革开放成果，过上现代都市生活。

桂花树长绿，花开香飘四溢，受人拥戴。人们继承古人传统在辖区的公园、绿化地、景观处、街边路旁种植各种桂花树，桂溪大地正在加快城市化进程，将建设成为西南大都会的城市副中心。在这块“体制新区、经济特区”的宝地上，“青天揽月，蟾宫折桂”的高新技术产业就像桂花一样四季芳香，香飘八方。待到天府新城建成和桂溪街道城市化进程走完的金秋时节，就会“桂花开放幸福来”！

（桂溪街道办事处副局级调研员　谭伯祥）

坚持以人为本共建共享共创和谐“农转居”社区

近年来，随着我市城市化建设的不断发展和统筹城乡的进一步深化，越来越多的失地农民住进了由政府统一规划、建设的农迁社区，由过去的农民变成了现在的居民，这本是社会发展的一大趋势，但由于我国长期的城乡二元结构体制造成了城乡经济、文化等各方面发展不均衡，社会矛盾较为突出。“农转居”社区在建设、管理和服务等方面还有待进一步规范和提高，如何坚持以人为本，改善农迁社区居民的生活状况，实现充分就业；如何转变政府职能，更好的建设、管理、服务好农迁社区，促进农迁社区的社会经济发展；如何转变农迁社区居民的思想观念，尽快融入城市居民生活，共享资源，共创和谐是当前解决农迁社区社会矛盾的主要课题。桂溪街道现有六个社区，其中有三个是农迁社区，通过调查走访，这三个农迁社区有以下八个主要问题。

一、人员构成多为失地农民，年龄结构偏大。这三个农迁社区居民均是国家建设征地后统一安置的失地农民，且年龄结构偏大。以和平社区为例，和平社区总人口为5597人，40岁以上人员就有3103人，占了总人口的55%。

二、文化程度普遍不高。由于三个社区都是由政府征地拆迁后统一安置的失地农民，文化程度普遍不高。以和平社区为例，其成年人高中以上文化程度人口仅为926人，仅占其总人口的16%，初中、小学文化程度2355，占其总人口的42%。

三、无法促进充分就业。由于农迁社区居民均为失地农民，文化程度普遍不高，而且多为4050人员，因此在就业方面存在很大的困难，而且就业多为服务行业，并且不能保证稳定就业，对生活的后续保障心里无底。同样以和平社区为例，其总劳动力为3421人，已就业人数3240人。4050劳动力887人，就业800余人。

四、基础设施配套相对滞后。由于规划、建设时间紧、任务重，在关系到农迁社区居民的衣食住行和子女就读等一系列的生活配套基础设施建设相对比较滞后。一是学校、幼儿园等教育基础设施不配套，如双源社区、和平社区；二是公共基础设施存在问题，除双源社区有个群宴广场在建，其他社区均未规划；三是办公设施陈旧、办公场地有限。绝大多数社区下属小区及党支部没有办公场所，连最基本的办公条件都不具备。

五、文化生活过于单调。虽然社区都建立了自己的图书馆、电脑室、广场和文化活动中心等一些文化活动场所，也成立了一些文化活动组织，但形式大于内容，没有根据各个社区自身的特点有针对性的开展文化活动。文化活动的组织和参与比较单一，主要就是老年秧歌队、老年舞蹈队之类的文化活动，参与者基本上是老年人，忽视了中青年在文化生活中的广泛性和主体地位，文化氛围不浓。

六、尽管居住环境发生了变化，但农民在文化心理和生活习惯上变为市民，客观上需要一个漫长的过程。比如在物管和垃圾费用征收上所遇到的种种阻碍，客观上反映了农迁社区居民思想观念还没有得到根本的转变。

七、社区干部的素质参差不齐。社区干部虽经“公开招聘、民主选举、竞争上岗”产生，但在工作能力、知识结构、业务水平上还有差距。主要原因：一是还未摆脱原村委会的工作模式，对社区工作的定位把握不准，缺乏系统的理论学习培训，缺少对外部社区建设的了解；二是部分社区党员对社区建设的积极性不高。

八、社区工作重心偏离社区管理和服务宗旨。农迁社区工作应突出社区管理和服务这两个重点，目前，社区还难以做到“以人为本，服务居民”。一是由于经济条件的制约，往往将工作的重心放在经济创收上，忽视社区管理服务；二是由于应付上面的指定工作、摊派任务、检查验收，社区不能更好地进行管理服务，对居民反映的许多实际问题不能及时解决。

桂溪街办的部分失地农民本来就对政府的拆迁安置政策不满，对失地后的生活保障心中无底。因此，建设、管理、服务好这些农迁社区是创建和谐社会，保证社会稳定，促进社会经济发展，统筹城乡、共建共享的根本保证。我认为，在做好农迁社区的建设、管理、服务方面，着重应做好以下几点。

建设方面

街道要作为社区建设的主导，以建设好社区为抓手，按照“政策配套、科学规划、设施完善、队伍优良、民主自治、文明和谐”的要求，以保民生为重点，以促进就业为依托，着力构建农迁社区建设保障体系。一是制定配套政策，完善农迁社区公共服务设施设置标准、公共服务设施管理、社区服务、社会保障和劳动就业等配套政策。二是科学制定规划，对社区的建设要有计划、有组织、有安排。涉及民生的重大项目要广泛征求居民的意见，要召开“听证会”，避免盲目、重复建设。三是强化服务设施的建设和利用。加强对公共服务设施的规划、投入和优化配置，加大基础设施的配套建设，方便社区居民的生产生活。四是加强队伍建设，不断提高社区两委人员工作能力。建好“两支队伍”，即建立一支专业化、职业化、适应社区情况的社区工作者队伍；建立一支数量充足、专业领域广泛的志愿者队伍。五是加强社区民主建设，充分发挥社区自治功能，增强居民的民主自治意识，完善社区自我教育、自我服务、自我管理和自我监督的各项制度，增强社区居民的归属感、认同感和社区自我管理能力，调动居民自觉参加社区建设的积极性、主动性和创造性。六是着力打造和谐的社区文化，根据社区的人员构成特点和社区的地域特点，依托学校、社区文化中心、社会文化团体等有效载体打造有社区特色的文化氛围。通过各种各样的文化活动，丰富社区居民的精神文化生活，潜移默化的改变社区居民的文化心理和生活习惯，使之尽快的由农民向居民转变。

管理方面

（一）坚持以爱国主义教育为主线，以思想道德建设为根本，以丰富多彩的创建活动为抓手，以不断提高思想教育活动的感召力和渗透力为指针，着眼于农迁社区居民素质的提高。充分利用社区市民学校这个阵地，广泛对居民进行社会公德教育、职业道德教育、家庭美德教育和形势政策及理想信念教育。一是利用宣传橱窗和楼门文化展示居民自己的诗歌、书法创作等，既美化了环境，又陶冶了情操。二是利用宣传橱窗举办科普图片展览，聘请专业人员讲授科学健身、医疗保健，养植花卉等各种技能知识，引导居民学科学、讲科学、用科学。三是举办法律知识讲座和法律咨询服务，帮助居民树立正确的法律意识，提高居民学法、用法、守法的自觉性。

（二）建立健全社区组织，加大对社区两委的管理教育力度。社区两委成员多来自所在社区，执行上级命令和指示时有时打折扣，有时瞻前顾后。要把对社区两委成员的管理教育纳入街道工作计划，定期或不定期的对社区两委人员的学习教育进行检查和对理论政策水平进行考核，使之与上级党委的决策保持一致，充分发挥社区支部的战斗堡垒作用。严格奖惩，调动社区工作人员的积极性。加强街道社区服务中心建设，发挥社区服务中心在社区管理中的指导和桥梁纽带作用。

（三）制定和完善各项制度，建立农迁社区管理责任制，做到定人、定位、定岗。一是落实监督机制，实行居务公开，设立居民意见箱，公布举报电话，畅通居民诉求渠道，充分发扬民主。二是建立和完善社区居民意见反馈系统，及时掌握社区居民的意见和建议。三是建立有效防控体系和等级管理等形式扎实开展社会治安综合治理工作。四是继续抓好评选“五好家庭户”等活动，努力做到制度化、规范化、常态化，不能简单的流于形式。要确实通过这些有效载体，提高社区的管理水平。

（四）广泛开展社区互助和军民、警民、街企共建等活动，不断推进社区管理的社会化进程，努力使社区内单位之间、楼群之间、邻里之间形成良好的互助关系。充分利用画廊、广播、文艺活动等形式，宣传社区管理工作，广泛深入地发动群众，大力挖掘社区资源。加强对社区挂靠户口人员和外来暂住人员的联系和管理服务，及时了解他们的生产生活情况，积极主动的为他们提供服务。

（五）要尽快制定和建立农迁社区的公共管理体制，对农迁小区实行专业的物业管理，整合现有资源，借助社会力量对社区的基础设施进行管理，要大力进行宣传和教育工作，使这项工作得到居民的支持和拥护。

服务方面

社区服务的根本出发点和立足点是满足居民的生活需求，因此，在做好社区服务方面，应着重做好以下两个方面：

一、促进充分就业。就业是社区服务的重中之重，失地又失业是农迁社区目前存在的主要矛盾。农民失去了赖以谋生的土地，身无一技之长，年龄结构又偏大，对后续生活保障心中无底，社会和谐便无从说起。因此政府要加大对就业的政策扶持力度，充分利用属地化管理的优势，整合辖区企业资源，广泛开展共建共享，积极向企业推荐就业。同时，现在社区组织的一些技能培训过于形式化，比较单一，多为家政等服务行业，不能达到企业的用人标准，因此，在就业培训这一块要改进现有培训模式，要确实做到学有所成，学有所用。继续加大对4050人员教育的投入、创业扶持和推荐就业，确保实现充分就业。

二、完善社会保障体系。加大对社区孤、老、病、残等弱势群体，特别是因病返贫人员的救助。一是积极为困难、弱势群体提供社会救助，关心他们的就学、就医、住房、就业等问题；二是为老年人服务。成立老年活动中心，以老年活动中心为服务平台，为社区老人提供棋牌娱乐、图书阅览、健身、电化教育等服务。

社区建设是一项系统而复杂的工程，建设好、管理好、服务好社区，是党委政府贯彻落实科学发展观，创建和谐社会最基本的工作，特别是对于农迁社区，要摸清它的规律和特点，有针对性的开展工作，既要看到农民向居民发展的社会大趋势，也要承认历史因素造成的特殊性，因此在工作中要统筹兼顾，注意方式方法，不可急于求成。努力做到“全面建，整体上”。要让农民真正享受到改革开放三十年的成果，努力把农迁社区建设成“公共服务设施齐全、生态环境优雅舒适、居民自治机制健全、社会保障体系完善、基层社会管理有序”的新型的社区，为全面建设小康社会打下坚实的基础。

（桂溪街道办事处党政办）

桂溪街道探索以人为本社区戒毒（社区康复）新道路

2008年6月1日，《中华人民共和国禁毒法》正式实施。《禁毒法》确立了生理脱毒、身心康复、回归社会三位一体戒毒康复新模式，明确了社区戒毒（社区康复）的科学内涵、特征及法律地位。桂溪街道党工委、办事处根据禁毒工作的新形势、新任务和新要求，坚持以人为本、深入贯彻落实科学发展观，按照禁毒法的规定，结合辖区实际，着力抓好身心康复、回归社会两个重点，积极拓展社区戒毒（社区康复）工作新思路，探索出一条具有“桂溪”特色、以人为本的社区戒毒（社区康复）工作新道路。

氛围温馨　环境留人

为给街道社区戒毒（社区康复）人员营造一个有益身心健康的人文环境，街道办事处投入经费5万余元，设立了面积达150平方米的社区戒毒（社区康复）活动中心。活动中心整洁而舒适，并配备了图书、电视、DVD、电脑、乒乓桌、健身器、谈心室等，社区戒毒（社区康复）人员能够随时前往活动中心阅览图书、健身娱乐、接受心理辅导。形式多样、充满人性关怀的活动中心，让社区戒毒（社区康复）人员真切地感受到“家”的温馨。

美沙酮替代治疗　构筑爱心平台

街道党工委、办事处充分认识到社区美沙酮替代治疗工作的重要意义，将社区美沙酮替代治疗工作与禁毒工作有机结合，积极稳妥地推进社区免费美沙酮替代治疗工作，使社区美沙酮替代治疗门诊成为禁毒帮教的工作基地。实行一系列人性化服务的美沙酮替代治疗门诊不仅能够使社区戒毒（社区康复）人员“进得来”，更使他们“留得住”，它已成为吸毒成瘾者重返社会的“中转站”。目前，桂溪街道有4人正在接受社区美沙酮替代治疗。

在区禁毒大队的指导下，街道社区戒毒（社区康复）工作领导小组办公室认真分析辖区涉毒人员的具体情况，责成社区民警、治保主任督促戒毒人员定期到指定医院进行尿检。目前，已有13人定期到医院进行尿检。

“多位一体”结对帮教

自去年开展社区戒毒（社区康复）工作以来，形成了由街道领导、派出所、街道各部门、社区干部、楼栋长、志愿者、家庭成员组成的“多位一体”帮教格局。其中街道确定12名帮教专、兼职人员，各小区、院落、楼栋、单元分别确定1名义务帮教人员。同时，充分利用现有社区卫生服务中心的有利条件，针对吸毒人员的心理需求，成立了以社区卫生服务中心医务人员为主的心理咨询、辅导、帮教为一体的心理帮教工作小组，定期对参与社区康复的吸毒人员进行心理辅导，为戒毒、康复者彻底摆脱毒魔，纠正病态人格，树立了良好的自信心。

深化每月主题活动　寓教于乐

为丰富社区戒毒（社区康复）人员的文娱生活，帮助社区戒毒（社区康复）人员逐渐恢复健康，重拾生活的信心和乐趣，综治办组织社区戒毒（社区康复）人员及其家属每月开展一次主题活动，今年3月在黄龙湖休闲中心开展了垂钓比赛、4月在社区戒毒（社区康复）活动中心开展了体育竞技比赛、5月开展了“端午节”包粽子比赛、6月到洛带古镇开展了登“金龙”长城户外活动，通过开展不同的主题活动，增强了社区戒毒（社区康复）人员的自信，增进了人与人之间的沟通，为其尽快摆脱毒瘾走上正常生活轨道搭建了平台。

帮扶就业　就业无后顾之忧

为帮助社区戒毒（社区康复）人员尽快步入社会，实现再就业，街道积极对社区戒毒（社区康复）人员进行再就业培训，设立了社区戒毒（社区康复）人员家电维修技能培训点，定期对社区戒毒（社区康复）人员进行专业培训。

此外，街道还积极鼓励社区戒毒（社区康复）人员自主创业，并在政策条件允许下实施优惠政策；同时，在辖区内做好相关企业的思想工作，积极为戒毒康复人员储备就业岗位，最大限度帮助解决就业难题，实现社区戒毒（社区康复）人员在戒毒、康复过程中安心，在求职就业道路上顺心。

目前，就业培训6人，实现就业11人。如社区戒毒（社区康复）人员白某某，在康复领导小组详细了解其家庭及本人情况后，街道党工委书记主动关心并和社区商量聘用白某某为社区康复活动中心工作人员。白某某在活动中心工作时，协助综治办以现身说法家访、感化帮助中心其他康复人员戒毒。

桂溪街道本着“以人为本、依法管理、科学戒毒、综合矫治、关怀帮助”的社区戒毒（社区康复）工作方针，坚持尽职尽责为社区戒毒（社区康复）人员服务。并通过各种有效的教育、帮扶、矫治手段，促使社区戒毒（社区康复）人员清晰认识到毒品的危害性，重树了生活信心，成为一名合格公民。

2009年6月9日，省禁毒委授牌桂溪街道“社区戒毒、社区康复工作省级示范点”，评选街道宋荣娥同志为全国“2008年《禁毒法》集中宣传行动优秀禁毒志愿者”。在下一步社区戒毒（社区康复）工作中，桂溪街道将按照国家禁毒局副局长陈绪富同志的指示，继续创新工作措施，推进社区戒毒（社区康复）工作向纵深发展，为争创国家示范典型努力。

（桂溪街道办事处
社会治安综合管理办公室）

新时代城市管理执法的思考

实施城乡环境综合整治，是提升桂溪形象的现实需要，也是加快发展的客观要求。城乡环境与群众生活密切相关，人人都渴盼有一个优美整洁的工作、生活、居住环境，而优美整洁的城乡环境也是现代文明生活方式的一个重要标志。随着“全国文明城市创建”工作、城乡环境综合整治的相继开展，特别是今年以来，办事处把学习实践科学发展观同城乡环境综合整治有机结合，将城乡环境综合整治作为重大活动来抓，以城乡环境“七乱”治理为主，以解决市民最关心、利益最直接的急难问题为突破口，全力开展游商小贩、占道经营、乱贴乱画、乱倾乱倒等整治工作，城区市容市貌显著提升，城区环境大为改善，受到了广大居民的广泛好评。

但是，这些显著的成效背后包含着我们城管队员很多的辛酸和委屈。前几年，城管执法虽然时不时出点问题，如简单粗暴、程序不合法等问题，但对出摊占道流动摊贩的整治力度是强有力的，成效是明显的。从2007年文明城市创建工作以来，以和谐为主体，要求对城市管理文明执法，以宣传为主、教育为辅。由于执法环境不好，如有不文明执法现象，媒体就大肆渲染，使城管执法人员畏手畏足，久而久之商家将出摊占道当成了理所当然，对他执法就认为是为难他，就跟执法人员对抗，聚集亲朋好友责难执法人员，不明真相的群众起哄，少数极端分子会捣乱、攻击执法人员。我们在城管执法中跌跌撞撞、左突右冲，暴力抗法事件层出不穷，如果对出摊占道不执法，群众就会投诉，影响市容、阻碍交通。如果执法，就会说执法人员野蛮，并邀请不明真相的媒体进行负面的报道，使执法工作陷入两难。另外，公安机关对阻碍执法、暴力抗法打击力度不够，从而就使城管执法难上加难。

那么，造成目前这种暴力抗法事件逐渐增多的原因何在呢？通过几年来的城市管理工作体会：执法对象素质较低是一个重要原因，当前城管执法所面对的人大多是外地来蓉务工人员、城市下岗职工、无业人员以及地痞流氓。有的小贩甚至背井离乡，挑一担水果走街串巷的叫卖，可能是要养活一个三口甚至五口基本没有社会保障的家庭，或者有的其他小商贩可能是为了即将或正在上大学的子女筹集高昂的学费，或是为正卧病在床的亲人筹集高昂的医疗手术费等等。想想这样的生活，这些小商小贩他们在被执法时能安心接受吗？如今的城市，许多的公园、小区都建成了，城市确实靓丽了，可是为小商小贩的经营空间留下了方便吗？没有，他们的空间越来越小了。办事处、社区纷纷要求去租个门面或者进市场卖，但他们又租不起，也就只有在街角、在僻静处、在天桥下，躲着卖，城管执法人员来了就跑，跑不脱的被抓住了，一天的生活可能都没有着落。况且，这些人文化程度不高，法律意识淡漠，部分人甚至对政府怀有不满情绪，因此在被城管执法人员处理时易产生对抗情绪，使用暴力抗法。许多人同情他们的现状，我们执法过程中也往往得不到居民的支持。

自从分管街道治安城管巡逻大队以来，在城市管理工作不断的探索与创新中，同时借鉴遂宁市的城市管理经验，个人思考几点不成熟的想法供领导和城管工作人员参考：

宣传为主，奖励为辅

大力宣传《成都市市容市貌管理暂行规定》和《四川省环境保护条例》，每一个社区增加3至5名专职宣传员、城管文明劝导员，宣传城市管理的法律法规，劝导不文明行为。农迁社区居民陋习多，法律意识不强，可根据社区情况多增配人员。城管劝导员要聘用有文化、懂法、守法的人员担任，他们既是宣传员又是劝导员，通过大力宣传让大部分人的行为规范有所改善。同时，对守法经营户要大力表彰，扩大奖励范围，提高奖励标准。

疏为主，堵为辅

成都流传千年的饮食文化有其深远的历史，流动摊贩走街穿巷到处叫卖，居民能在商贩那儿得到实惠，这是老百姓喜欢又能接受的消费方式，我们城管执法人员将这部分传统饮食习惯按流动摊贩进行整治，造成了摊贩反对，居民反感。既然堵不住，我们是否可以考虑疏导和规范管理呢？为小商小贩留下一片经营之地，或者协调相关部门，在基本没有车流的一些街道临时设立小商小贩经营区，或者设置一些下岗工人再就业摊位区，统一划线、按时清洁，切实地解决小商小贩的经营场地问题，同时也方便人民群众的采买需要。遂宁市为小饮食专门制作了销售小车，指定区域指定时间去营业，为困难家庭解决生计又规范管理了流动摊贩的经验值得借鉴。

文明执法，执法必严

文明执法并不等于不执法，文明是指在执法过程中语言要文明，依据要充分，程序要透明，文书要规范。现有城市管理执法对部分商家在规定限期内配合很快可结案，但对于一些拒不整改，拒绝配合执法的商家（单位）时，往往采取的是证据先行保存（固定证据），当事人接受处理，当采取证据先行保存无法进行（当事人不配合）或先行保存证据不值钱时，那么当事人不来接受处理的情况时有发生。怎么办呢？我认为，只要证据确凿，可直接下达行政处罚决定书，到期不接受处理，也不申请行政复议的，可申请人民法院强制执行，只有通过法院的强制执行手段，才能体现行政执法的严肃性，才能杜绝城管人员的野蛮，如果说每一次执法，当事人配合的可快速结案；遇当事人不配合时，也没有必要非要扣物（证据先行保存）才能处理，也可照相、摄像取证，程序合法就可以对违法单位进行行政处罚，处罚执行可由法院来执行，执行费由执法局（办事处）支付。

近年来，阻碍行政机关执行公务的违法行为时有发生，这种违法现象的存在是一个综合性的问题，有着多种原因。其中，对违法者处罚的力度不够是主要原因之一。目前，在文明城市创建工作要求文明执法，构建社会和谐，所以行政部门、公安机关为了维护辖区社会稳定，构建和谐社会的要求，在执法中处罚偏轻，应当追究刑事责任的没有追究，该给予行政处罚的也未处罚，甚至有的将其作为一般的民事纠纷进行调解处理等。长此以来就不利于对公共秩序的维护，损害的是大多数人利益、公共利益，也助长了违法行为人无视法律法规的行为发生，不断出现有妨碍执法、暴力抗法事件。

因此，要提升行政部门执法力度，扩大社会认知度，就要对妨害公务行为依法追究行政（刑事）责任，对违法者的惩罚不仅是对本人使其不再重犯，同时对其他违法人员也起到威慑，从而实现对社会秩序的维持，对于违法行为者依法应当处罚的，必须处罚，对拒不执行行政处罚的单位和个人，可依法申请法院强制执行。

加大执法经费投入

城管执法、离不开民警的大力支持，申请法院强制执行，都增加了公安和法院的工作量，为此在经费预算上要增加公安办案经费、法院执行经费，财政应将相关办案经费列入年度财政预算给予保证。由于城市管理行政执法涉及社会生活的方方面面，因此特别需要工商、公安、卫生、环保、法院等其他相关部门的有力配合。在明年的工作中，我们要多方联系有关职能部门，实行部门协作、联合执法、联合办案。以此来提高办案效率，增强办案能力，有力地处罚、打击各类违法行为，取得事半功倍的效果。平时加强沟通，定期召开执法工作座谈，完善（补充）证据（材料），只要经费得到保障，就能在执法工作中得到各部门的大力支持，解决执法难的问题。

（桂溪街道办事处治安城管巡逻大队）

成都高新区桂溪街道社区财务管理初探

近几年，随着街道办事处加大对社区资金的投入，社区通过各种形式壮大自己的财力和物力，改变了过去无资产、无资金、无财务的局面。因而加强财务审计，规范社区财务，出台相应的财务改革措施，已成为促进社区健康发展的重要环节。

长期以来，由于传统管理模式的影响，社区财务管理工作不到位，在实行社务公开措施后，财务状况一直无法公开，社区居民有意见。主要原因：一是社区财务管理没下移，责任不明。社区的办公经费没有下放，社区用款需向街道办事处打报告、审批，社区的其他收入支出很少，因而财务的管理由街道办事处代管，责任不明。二是社区财务管理不规范，第一责任人的权限不明。社区财务一般采取记流水帐的管理方式，办公经费的开支不能按规定要求落实。同时社区只设一名兼职的所谓财务人员，帐目不设科目、不做报表，更谈不上财务公开和财务监督审计。

针对以上情况，我们对街道3个社区社区财务进行了全面审计。通过审计发现一些问题：有的社区虽然有帐簿，但没有列出明细，科目不齐全，帐目混乱；我们思考的解决办法是：

一、社区办公经费全部下拨，由街道统一帐簿，列出明细，设置科目，进行规范管理，做到收支两条线；我们创造性地开展了社区预算编制工作。在社区实行收支两条线，收支全部纳入预算管理。编制社区年度经费支出预算，基本支出严格执行“定员定岗定额”的编制原则，将各社区的人员、公用支出规范统一为一个标准。项目支出则覆盖了社区的各项日常工作，根据工作对象、范围的不同核定项目经费额度。通过这种改革，使社区的经费拨付从以往的一事一议改变为社区在年度预算金额内自行安排工作经费的管理模式，各项支出更加清晰明了。既充分保证了社区的工作经费，调动了社区干部的工作积极性，又简化了工作程序，提高了办事效率。

二、加强对社区财务管理工作的监督，首次在辖区内开展的社区负责人的离任审计。从6月2日起，我们组织成都志和会计师事务所的审计人员对原双源社区党支部书记张基勇、原和平社区党支部书记严雨坤进行任期经济责任审计。本次审计在以往的财务收支审计的基础上，增加了干部遵守国家财经法规和廉政规定的情况，干部所在单位重大项目经济决策和工作目标完成情况，资产的保值增值情况等方面的审计内容。使审计范围更加广泛，对干部的评价更加全面。目前，审计工作正在进行之中，相信通过这种任期经济责任审计工作的有效开展，将帮助社区干部进一步树立规范意识，提高管理水平和决策能力，自觉接受组织和群众的监督。

三、对向社区居民收取的费用和辖区单位捐助的资金使用情况，一律实行社务公开。在此基础上对社区担任财务管理工作人员进行多次培训，制定了相关财务管理制度，对办公经费的使用范围、审批权限、预算内外的收支等都做出明确规定。此外，为提高透明度，加强监督，还制定了集体讨论、每月财务收支帐目公开等项制度。街道成立了民主理财小组，对社区财务实行一季度一抽查、半年一审计、年终全面复核的检查方法。

上述举措，有效地改变了作为自治组织的社区无财务支配权的不合理状况，使高新区的社区在建设中的主体地位得到了实质性的提升，而且加强了社区的财务监督。政务、社务同时公开，增强了社区社务的透明度，增强了社区的廉政意识，扩大了基层民主。

在此基础上，我们对社区财务管理工作改革新举措，也进行了如下两点思考：

一、社区财务管理改革，是依法实行民主自治的重要保障，有利于建立廉洁高效的办事制度。通过社区财务管理改革，居务开支实行定期公开，不仅使社区居民做到心里有数，社区财务干净运行，而且可以增强社区居民的凝聚力，使社区居民了解社区工作，更加主动积极地参与社区管理。

二、对社区的财务进行必要的监督，是社区财务管理走向规范成熟的重要表现。街道办事处对社区的财务管理实行监督和审计，实际上是变资金上的宏观调控为制度上的宏观调控，这样做，既有利于调动社区自治作用的发挥，又有利于规范社区财务管理，使社区在各种监督机制的制约下，注意科学合理使用资金，增强增收节支意识。

三、有保障社区正常运转的工作经费。

在社区实行收支两条线，将社区的收支全部纳入预算管理。编制社区年度经费支出预算，除正常的人员支出外，还根据社区的工作对象、范围的不同，预算了社区的日常办公经费和项目经费。2008年，共计支出1330591万元，保障了社区各项工作的顺利开展。

四、规范社区财务管理，对社区各项经费的使用进行审计和监督。

强化对社区财务管理工作的监督，在辖区内6个社区全部实行会计委派制，进一步规范社区的财务管理。建立专项经费单独核算机制，要求各社区严格专款专用，杜绝截流和挪用现象的发生，并在财务公开内容中增加专项经费的使用情况，接受社区居民的监督。

建立对社区的日常审计制度，定期对各社区的财务收支进行审计。2008年，首次在辖区内开展的社区负责人的离任审计。在以往的财务收支审计的基础上，增加了干部遵守国家财经法规和廉政规定的情况，干部所在单位重大项目经济决策和工作目标完成情况，资产的保值增值情况等方面的审计内容。使审计范围更加广泛，监督更加有效。

最后，我们相信，在财务监督机制和财务公开的双向制约条件下，社区的财务管理会逐步走向规范，走向成熟，为增强社区的自治功能作出更积极的贡献。

（桂溪街道办事处财政所）

企业服务对招商引资的影响

随着改革开放以来经济的发展，地方政府对招商引资的工作发挥着越来越重要的作用，近几年来，桂溪街道办事处每年新引进企业的数量总体上呈一个上升的趋势：2001年新引进企业178家；2002年新引进企业285家；2003年新引进企业253家；2004年新引进企业 286家；2005年新引进企业383家；2006年新引进企业327家；2007年新引进企业381家；2008年新引进企业426家；2009年1-6月份办事处自己就新引进企业259家；2008年和2009年在国际金融危机和四川5.12大地震的影响之下,办事处能取得这样的成绩很不容易。我们分析了一下，之所以能取得这样的成绩，主要是以下几个方面的原因：

一、政策优势。高新区相对成都其它五个区具有较为宽松的税务环境，我们办事处每年新引进的许多企业都是冲着高新区良好的税收环境和办公环境而来。

二、领导重视、目标明确。办事处有一个专门负责招商引资的团队具体组织、协调办事处的招商引资工作，经发科全体工作人员按照“集体决定招商项目，分人落实招商责任，自定项目工作方案”的运作方式，在办事处领导对招商引资工作的大力支持下，大家细化工作程序、明确工作任务、严明工作纪律、强化工作实效，一心一意搞好招商引资工作。

三、立足资源抓招商。我们根据本地具备区位优势的实际，突出本地特色优势，扬长避短，通过整合资源，利用我们桂溪地处城南新中心的独特地理位置，引进大量房地产开发项目，形成优势项目招商，重点引进的企业有成都金控置业有限公司、成都中节能环保发展股份有限公司、成都大鸿置业有限公司等。这些企业项目开工建成以后将会是我们办事处税收来源的生力军。

四、优化环境、延续经典。为使招商引资真正达到引得进、留得住、能发展的实际效果，我们努力在工作方法上创新，在改善环境上下功夫。我们延用了蹲点招商的成功模式，在各职能部门的大力支持下，在政务中心蹲点招商，及时为企业解答疑问，现场为企业办理工商注册证照手续，极大的方便了前来办照的企业。

五、增强联系、加强沟通。我们进一步增强与辖区一些园区和写字楼的联系。如：我们经常跟高新区孵化园、天府软件园、高新国际广场、国际会展中心、软推办等单位的招商部负责人联系，形成了良好的沟通渠道，在新设立公司过程中，他们会主动与我们沟通，让我们协助企业完成工商注册手续。

另外，以商招商也是取得招商引资工作成功的原因之一。因为企业老板对业内人脉资源、信息资源、投资需求等信息都非常清楚。他们常常都能给我们提供一些非常有价值的信息，在我们引进的企业中，有一部分就是企业老板介绍的。招商引资请企业老板出马，也是招商引资成功的方法之一。

我们的招商引资工作，虽然取得了一定的成绩，但招商引资形势依然严峻，我们将2009年1-6月份的新引进企业进行统计，见表一：

表一 2009年1-6月份企业情况统计列表

注册资本	1亿以上	1千万以上	200万以上	100万以上	50万以上	3-50万	分公司	合计
家数	2家	5家	11家	26家	56家	148家	11家	259家
所占比例	0.77%	1.93%	4.25%	10.04%	21.62%	57.14%	4.25%	100%

从表一中可以看出:

第一、1亿以上企业仅2家,占引进企业总数的0.77%,千万以上企业仅5家,占总数的1.93%。造成这种情况可能的原因是:一方面在国际金融危机和四川5.12大地震的大环境影响下,对大规模企业冲击很大,很多大开发商在目前经济形式尚不是很明朗的情况下,不敢轻易下手,就导致了招商项目中大税源型项目不多;另一个方面就是辖区资源不足,软硬件配套设施有待完善。

第二、虽然我们今年新引进企业的数量很多,1-6月份办事处就引进了259家,但是中小企业数量较多。其中注册资本100万以上的企业有26家,注册资本50万以上的企业有56家,3-50万的小企业有148家,这三者之和所占的比例很重,达到了总数的88.8%,表明我们现在招商引资项目主要是以中小企业为支撑,说明我们目前的服务能够满足中小企业需求。如何抓住更多的中小企业是我们目前工作的重点,将来工作的重点要加大引进大企业力度。

据此分析,为了我辖区的纳税企业稳定而良好的发展,建议从以下方面进行努力:

一、进一步加强硬件设施的配套和完善。我们办事处现引进的企业大多是靠虚拟注册的方式引进,因为辖区内的写字楼还太少,就大家熟知的写字楼只有高新国际广场、天府软件园、高新孵化园等,前段时间在对天府软件园、高新孵化园的企业走访调查过程中发现,这两大园区有30余家企业是区外企业,这些企业中有不少企业去年的税收在20万元以上。这些区外企业占用了我们本来就很紧张的环境资源,导致我辖区的许多大型企业无法入驻。如果能通过作好各项政策解释工作,将这些企业引进来,是最好的结果。如果不能,我们应多方面协调,也可让我们的企业像这些区外企业一样"走出去"。下一步最重要的是建议办事处在将来的建设规划中,将写字楼的建设放在重点,加快辖区硬件配套设施的完善,让更多企业落户桂溪。

二、进一步加强软件设施的配套和完善。具体体现在政策的优惠上,我们现有的各项政策已经很宽松,目前要做的就是进一步加大政策落实程度,另外我们应该努力着手解决外地企业人士子女"就学难"问题。随着辖区经济的快速发展,越来越多外地人士在桂溪工作、学习、生活,他们的子女接受基础教育的需求也日益多样化。我们应该联系相关部门在一定程度上帮助解决外地人士子女"上学"的问题。

三、进一步加强与企业的联系与沟通。通过领导走访、举办讲座、开展企业服务活动等形式达到与企业沟通的目的。

1.领导走访重点企业。领导到企业走一走,与干部职工聊一聊,主动关心、帮助企业解决发展中遇到的实际困难,这样不仅可以改善辖区的投资环境,掌握第一手企业增资扩股、投资发展信息,更重要的是能让辖区的重点纳税企业更安心、更放心的留在桂溪发展。

2.举办企业服务系列讲座。办事处应该邀请有关部门的专家对最新海关、外汇、财务、税务政策等进行详细解读,帮助辖区重点企业了解新政策，适应新形势，规避经营风险和法律纠纷。

3.开展多种形式企业服务活动。如开展企业座谈会、企业联谊会等，把企业聚集起来，收集企业经营过程常遇见的问题，对企业提出的具有共性的问题即时解决。通过这些活动，我们能够得到企业更多的信息。可以对已经落户的项目实行跟踪服务、积极向金融机构推荐企业投资项目、帮助企业落实技术改造项目优惠政策等，对企业不分所有制，不分行业，不分类型，不分大小，都一视同仁积极搞好服务。

总之，我们通过招商引资把企业引进门后，后续服务必须跟进，这就要求我们要以“服务企业、服务项目、服务基层、让群众满意”为主要内容，重视发展，以提高行政办事效率和质量，促进政府向服务职能的转型，以解决企业发展中存在的困难和问题为切入点，不断改善投资软环境，营造“亲商、安商”氛围，提高服务品质，让企业感到温暖。这样，我们才能更好的做好招商引资工作，让招商引资工作再上一个新台阶。

（桂溪街道办事处经济发展科）

做好农迁社区公共就业保障提高管理水平的措施建议

建设和谐社会，首先是社区和谐，老百姓才能安居乐业。社区服务领域还蕴藏着巨大的就业空间，扩大就业是促进经济发展和维护社会稳定的重要保证，加强农迁社区就业保障服务，是构建和谐社区的重要工作内容。为进一步提升农转居住区就业工作质量，拟采取以下措施：

一、多渠道、多形式开发就业岗位

1.结合社区居民多方面、多层次生活服务的需要，大力开发 “三保”（保安、保洁、保绿）、“三管”（物业管理、车辆管理、公共管理）等便民利民服务岗位，特别是面对居民家庭和个人的家政服务岗位。

2.结合对企业退休人员实行社会化管理的需要，开发 “三托”（托老、托幼、托病）、娱乐以及老年生活照料等工作岗位；

3.结合社区组织建设、公共管理和公益性服务的需要，大力开发社区治安、市场管理、环境管理等社区工作岗位，特别是开发社区保洁、保安、保绿、车辆看管等社区公益性就业岗位，对下岗、失业人员中年龄较大、再就业困难且家庭收入低的人员实施就业援助。如：“三保”（保安、保洁、保绿）、“三管”（物业管理、车辆管理、公共管理）。

二、切实加强社区就业服务和再就业培训

1.社区劳动保障站对求职的每位失业人员实施人本服务。通过与求职人员谈心的方式，了解其就业过程中存在的困难和问题，帮助他们克服重重障碍。

2.加强社区就业培训，提高社区就业人员的就业能力。结合社区就业实际需求，开发符合社区就业特点，形式多样，实用性强的再就业培训项目，让培训出特色。（如：家政是新兴

产业，加强培训，提高有意从事家政服务工作的社区妇女技能，观念决定行动，提倡观念更新、营造职业无贵践的社会环境）。通过培训，不断提高社区居民的就业技能，以及适应职业变化的能力。

三、落实各项扶持政策

1.严格按照《鼓励促进创业带动就业打造双源社区“创业带动就业示范一条街”》的实施意见进行政策扶持，全面推进创业带动就业工作。

2.对在社区或街道来申请政府救助的人群有就业能力的给予400元，4050人员奖励500元奖励，通过激励方式，鼓励更多就业人员由不稳定就业转入稳定就业当中，促进稳定就业、素质就业，居民增收。

3.对每个家庭中有单位就业人员（签订劳动合同且不间断购买社保1年以上）的给予200元/年补贴，（需提供劳动合同复印件和社保清单）。通过这种激励机制，使大量灵活就业人员转向单位就业，促进稳定就业、素质就业、居民增收。

4.对暂无就业愿望人员设立居民“爱心卡”，定期跟踪，提供个性化服务。

（桂溪街道劳动保障所）

桂溪街道低保户现状调查分析报告

最低生活保障救助是社会救助工作中最基本、最重点、最难的工作，为认真贯彻好《国务院城市居民最低生活保障条例》和《成都市城市居民最低生活保障实施办法》，落实“以人为本，大力推进社会救助体系建设，构建和谐社会”的要求，桂溪街道社事科对辖区低保现状进行了认真调查分析。

一、目前辖区最低生活保障救助基本情况

桂溪街道最低生活保障全面实行“分类施保、应保尽保”，严格执行低保救助标准对家庭人均收入低于最低生活保障标准300元/人.月的居民实行补差救助。并对无劳动能力、无生活来源、无法定赡养人或抚养人“三无人员”、重点优抚对象、重度残疾人（1级残疾）、70岁以上的老年人，按照最低生活保障标准上浮20%；对学前教育、义务教育阶段的低保家庭学生，给予低保标准上浮20%的生活补助；对高中教育阶段的低保家庭学生，给予低保标准上浮40%的生活补助；对大学教育阶段的低保家庭学生，给予低保标准上浮80%的生活补助；对低保家庭中残疾人的学生子女、低保家庭的残疾学生，在上述标准的基础上再给予10%的生活补助。截至2009年12月，桂溪街道有低保户73户，享受低保人员95人，其中：残疾人41名、老年人20名、因病无劳动能力12名、学生16名、有就业能力6名（已就业4名、未就业2名叶长才、郑华军），无劳动能力的占低保人数93.9%，有就业能力的占低保人数6.1%。

二、2005年辖区低保人员情况

1.2005年12月底，辖区低保户192户，326名，其中：残疾人48名、老年人47名、因病无劳动能力32名、学生77名、有就业能力122名

（已就业12名、未就业116名），无劳动能力的占低保人数62.6%，有就业能力的占低保人数37.4%。

2.低保人员减少分析：2005年12月底有低保人员326名，目前继续享受低保救助50名，减少了276人。分析情况：低保关系随户籍转走158名、占57.2%，就业增加收入28名、占10%，领取社保金增加收入30名、10.8%，拆迁领取附作物补偿、过渡费、生活费等增加收入47名、占17%，房屋出租增加收入8名、占3%，死亡及其他5名、占2%。

三、前后两年低保人员数据对比分析

目前的低保户与2005年的低保户相比，低保户数、人数、有就业能力的人员均大幅度下降。其中户数减少119户、下降了163%，人数减少231名、下降了243%，老年人减少27名、下降了135%，因病无劳动能力减少20名、下降了166%，学生减少61名、下降了381%，有就业能力的低保人员减少116名、下降了1933%，通过分析，原因如下：

1.城乡环境整治效果好，居民得实惠。

城乡环境整治好了，居民的居住环境得到了很大改善，房屋出租收入的有了大幅度增加，以前老百姓的房屋租金一套一的才150元/月，现在最低600元/月，增加幅度达300%。比如现在和平社区有出租房1060套，占居民总户数的40.36%。

2.社会保障、社会救助体系的完善，居民实际困难得到有效解决。

政府财力增强了，有足够的资金建立完善居民的社会保障与救助体系，居民现在均能享受社保、医保政策。

目前辖区居民男60周岁以上、女50周岁以上，均能至少领取714元/月的社保金，辖区已领取社保金的居民达 人。

同时医疗保障体系的健全，解决了居民的看病难问题，辖区居民在征地拆迁农转非时，男满40周岁以上、女满30周岁以上，政府给予补贴，均为居民购买了5年以上的医疗保险，居民只需最多购买10年的医疗保险，就能终生享受医疗保险待遇。未农转非居民、残疾人、低保户、重点优抚对象等由政府全额承担了购买医疗保险的资金；未满18周岁的儿童或已满18周岁的城镇居民均可购买由政府补贴后，自己只需承担40-100元/年的医疗保险费，就能享受医疗报销待遇；其中住院报销标准达65%以上，最高报销金额可达8万元，门诊医疗费达1000余元/年。

为保障老百姓的利益，政府加大用工单位的劳动监察力度，所有用工单位必须为员工购买社保、医疗保险，同时对用工单位给予一定的补贴。

政府不仅健全了社会保障体系，而且健全了社会救助体系，出台了一系列的医疗、就学、住房等社会救助政策，确保了困难群众看得起病、读得起书、有房居住。现在义务阶段和高中（含职高）学生不仅享受免费教育，学校还对困难家庭给予“特殊家庭困难学生教育资助”、“牛奶鸡蛋工程资助”；街道对贫困学生给予500-4000元/年.人的“阳光育苗”、“阳光圆梦”助学救助，对考入大学的新生给予了“政府奖学金”资助，09年街道发放助学金达24.4万元。对低保家庭和生活在低保边缘的贫困家庭街道不仅资助购买医疗保险，还给予医疗救助，门诊医疗救助最高可达2500元/年.人，住院医疗救助最高可达9万元/年.人；09年桂溪门诊医疗救助921人，救助金额16万元；住院医疗救助159户，救助金额51.5万元。对低保家庭和年收入在22000元以下的无房户或人均住房面积在16平方米的租房家庭给予廉租住房租金补贴，补贴金额三口之家最高可达1008元/月，使困难居民完全能在辖区租房居住，其中09年办理廉租住房租金补贴40户，办理经济适用房84户，实物配租房3户。

3.城市化进程的加快，居民收入稳步增长。

征地拆迁后，失地农民能够领道一笔可观的附作物补偿款、生活补助、过渡费等，不仅缓解了暂时的困难，也有更多的时间从事相应稳定收入的工作，比过去做农田的收入增加了很多倍。如：目前拆迁的生活补助、过渡费740元/人.月，除掉租房的费用，仅此一项收入就远远高于现在的最低生活保障标准300元/人。另外以前农民种田，人均耕地面积大概也就0.5-0.6亩，年人均收入不过1000元，还没有除肥料、种子、农药的成本费，由于要种田，外出务工的时间也少；现在不一样了，不种田了，可以一年12个月都能外出务工，且务工的工资标准也提高了，最低工资都是650元/月，就是到环卫公司扫地都是800元/月，还买社保、医疗保险。

4.充分就业举措多，居民就业率高。

街道将充分就业工作作为政府的重要工作，制定出台了一系列措施，使居民成功就业，稳定提高收入。如：开展“送政策、送服务、送岗位”、“就业一人，稳定一家、上岗一人，温暖一家”、“我为就业献一策的金点子意见征集”等活动，随时掌握辖区居民的就业信息；开展免费就业技能培训、转变就业观念、免费招聘会、免费推荐就业岗位等活动，制定“小额担保贷款”、“创业带动就业示范一条街”等就业优惠政策，使广大居民的就业观念由“要我就业”转变为“我要就业”，同时增大居民创业就业的机会。总之截止09年12月底，辖区总劳动力19092人，全口径有就业愿望和就业能力的17728人，就业17448人，就业率达98.4%。

5.建立完善了“低保与就业联动”制度和“救助渐退”机制

动态管理低保家庭，对有劳动能力的低保家庭实行每半年复核一次，对年老、残疾、患重病等无劳动能力的低保家庭实行一年复核一次。强化低保承诺制，低保人员必须每半年书面向所在村（社区）如实报告家庭人员及收入情况。对低保申请人实行先求职后保障的政策，在法定劳动年龄段内有劳动能力的未就业的低保申请人，应首先到社区劳动保障站登记，接受就业岗位推荐，无正当理由拒绝岗位推荐的低保申请家庭，不得享受低保待遇。低保人员就业上岗在3个月后，经核实家庭收入超过低保标准的，停止享受低保待遇。

同时也规定了几类人员暂不能或不能申请，如：外地来成都就读的学生；拥有并使用机动车辆、空调、移动电话等高档消费品和高档商品住宅的；有赌博、吸毒、嫖娼等违法行为的；按有关政策领取一次性安置费、补助费、补偿费等，不能说明合理用途和提供相关证明材料的；安排子女择校或在民办、私立学校就读的家庭；无正当理由人户分离半年以上的取消其享受最低生活保障待遇资格；对低保对象中有劳动能力未就业的人员，应由社区劳动保障站介绍就业，一年内介绍两次就业而无正当理由拒不就业的，其家庭停止享受低保待遇；低保人员中在法定劳动年龄段有劳动能力未就业的人员，应参加社区组织的公益劳动，两次无正当理由不参加的，其家庭暂停1个月享受低保待遇。体现了政府只对确属生活特别困难的群众进行救助的态度，而且“奖勤罚懒”，鼓励低保对象积极就业和参加公益劳动。

四、存在的问题

1.人户分离现象严重。现有的73户低保家庭，有26户属于人户分离，占总户数的35.6%，但他们属于无房户或在县份上卖房的户口又无法迁出。

2.低保家庭收入难以核准。低保户家庭成

员从业，90%是从事灵活就业和帮私人打小工，当事人为了能申请到低保金，90%的人员在申请低保时隐瞒一定的收入，如：从事登三轮车者月收入800元，他说只有300元；从事菜摊、水果摊者月均收入1500元，他说只有300元；有的人甚至说赊本。从事钟点工的明明月收入500元，顾主出证明200元；帮人看铺子，明明包吃包住600元，顾主出证明200元；以上类似情况数不胜举，造成在低保家庭收入难以核准。

3.大家争当“低保户”。现行的低保政策，对低保户家庭有许多优惠政策，如：子女读书可以享受“特殊家庭困难学生教育资助”、“牛奶、鸡蛋工程”、“阳光育苗”、“阳光圆梦”等助学救助；就医可以享受医疗救助，“爱心医疗卡卡”、住院医疗救助；住房困难可以享受“廉租住房租金补贴”等优惠政策，造成辖区部分居民争当“低保户”，提供就业岗位不愿意上岗，说社区、办事处故意刁难他、整他。

五、建议

1.进一步落实低保对象动态管理机制，确保低保对象有进有出，标准有升有降。为有效甄别隐性就业，社区定期组织有劳动能力的低保对象开展义务劳动、参加社会治安综合治理，凡连续数次无正当理由不参加劳动或不签到的，即视为自动放弃低保待遇。对有劳动能力的低保对象连续2次推荐不就业的取消低保。使低保救助真正做到更重实情和民情，绝不让懒汉躺在低保上，更不让一户困难居民漏保，使动态低保管理机制真正落实到位，落实到每一个低保居民的心坎上。

2.进一步加大社会救助政策的宣传。现有的救助政策将低保边缘户纳入了救助范围，如：对低保边缘困难群众（低保1.5倍以下）中的单亲家庭和大学生家庭、重度残疾人（1级残疾），纳入了“桂溪街道慈善爱心购物券”救助；将成都市最低工资标准以下的困难群众纳入了教育救助、贫困群众医疗救助、应急救助范围，使这些收入虽高于低保标准但遇到临时性困难的群众能够得到有效而及时的救助。

3.建议组织相关协会或专业人员制定各行业统一收入标准。

（桂溪街道社事科）

如何让社区发挥辖区资源

社区是社会构成细胞，和谐社会的基础在社区。社区工作的面越来越广，社区与居民的关系越来越密切。社区工作和百姓的幸福息息相关，只要心中装着老百姓，我们就会充满力量，就会想出很多工作办法和途径，老百姓就会真正有幸福感。随着时代的变迁，社区也承担着越来越多的行政职能。我们只有凡事从细微处着手，时刻树立全局观念，才能在新形势下处处为民谋福利，为政府分忧，不断做好社区工作。

首先社区建设的基本原则是：以人为本，服务居民，坚持以不断满足社区居民的社会需求，提高居民生活质量和文明程度为宗旨，把服务社区居民作为社区建设的根本出发点和归宿。资源共享，共驻共建。充分调动社区内机关、团体、部队、企事业组织等一切力量广泛参与社区建设，最大限度地实现社区资源的共有、共享，营造共驻社区、共建社区的良好氛围。责权统一，管理有序。改革城市基层社区管理体制，建立健全社区组织，明确社区组织的职责和权利，改进社区的管理与服务，寓管理于服务之中，增强社区的凝聚力。扩大民主、民主自治。坚持按地域性、认同感等社区构成要素科学合理地划分社区；在社区内实行民主选举、民主决策、民主管理、民主监督，逐步实现社区居民自我管理、自我教育、自我服务、自我监督。因地制宜，循序渐进。坚持实事求是，一切从实际出发，突出地方特色，从居民群众迫切要求解决和热切关注的问题入手，有计划、有步骤地实现社区建设的发展目标。

第二，要以服务为重点，体现和谐社区的人文关怀。要建设完善社区的基础服务设施，社区志愿队伍为补充，上下联动，左右联网的社区便民、医疗、养老、就业、社保、救助等服务网络体系。以“居家养老”为平台，打造“暖心工程”为社区空巢老人提供日常家政、就餐送餐、医疗健康、安全保障和精神慰藉五大类服务，加大辖区的综合治理，以一个优良的投资环境和服务质量来为辖区单位服务。

第三，要以文化为载体，拓展和谐社区的文化内涵。要整合资源，形成浓郁的文化氛围。要大力加强团队建设，结合社区自身优势，广泛吸收各种人才，建立起以青少年、下岗失业人员及退休老年人为主的文艺团队，并通过抓两头带中间，来发展文化志愿者队伍，营造具有特色的社区文化氛围；创新载体，开展群众性文化活动。要积极倡导原创性群众文化，针对不同的群体、围绕不同的主题，开展丰富多彩的活动，如各种晚会、亲子活动、趣味运动会等等，在异彩纷呈的文化活动中，实现群众的自我教育、自我管理、自我提升。即丰富群众的文化生活，又提高了社区文化活动的质量和档次。

社区建设的主要目标：适应城市现代化的要求，加强社区党的组织和社区居民自治组织建设，建立起以地域性为特征，以认同感为纽带的新型社区，构建新的社区组织体系。以拓展社区服务为龙头，不断丰富社区建设的内容，增加服务的发展项目，促进社区服务网络化和产业化，努力提高居民生活质量，不断满足人民群众日益增长的物质文化需求。加强社区管理，理顺社区关系，完善社区功能，改革城市基层管理体制，建立与社会主义市场经济体制相适应的社区管理体制和运行机制。坚持政府指导和社会共同参与相结合，充分发挥社区力量，大力发展社区事业，不断提高居民的素质和整个社区的文明程度，努力建设管理有序、服务完善、环境优美、治安良好、生活便利、人际关系和谐的新型现代化社区。

（桂溪街道办事处社区管理服务中心）

图54：桂溪街道辖区农迁小区绿化实景

索引
INDEX

D

E

F

G

H

I

R

S

T